政协文史“亲历、亲见、亲闻”文库

辛亥革命

·第三辑·

《“三亲”文库》编纂工作委员会　编

中国文史出版社

1911 年 9 月 24 日，文学社与共进会在武昌召开联合代表大会，组建起义总指挥部。图为召开会议的武昌胭脂巷 11 号胡祖舜寓所。

1911 年 10 月 9 日，孙武等人在起义指挥部政治筹备处——汉口俄租界宝善里 14 号秘密配制炸弹，不慎爆炸。图为宝善里 14 号。

1911 年 10 月 10 日晚 7 时许，湖北新军第八镇工程第八营革命党人熊秉坤等率先起义。次日，武昌全城“光复”。图为第八营营房旧址。

起义军占领楚望台军械库的情景。

被起义军炮火摧毁的湖广总督署。

1911 年 10 月 11 日，革命党人在武昌宣告成立湖北军政府。

湖北军政府成立后，以起义士兵为骨干，扩编革命军。图为湖北谘议局大楼和正在训练的革命军新兵。

准备奔赴战场的革命军新兵。

1911 年 10 月 12 日，清政府命令陆军大臣荫昌、海军提督萨镇冰率水陆两军前往湖北镇压革命军。图为清军乘火车沿京汉铁路南下。

清军装备的德国克虏伯野战炮，具有较远的射程和精度。

1911 年 10 月 18 日，革命军率先向盘踞在刘家庙一带的清军发起进攻。图为准备开炮的革命军。

1911 年 10 月 30 日，清军第一军军统冯国璋命令所部放火焚烧汉口房舍。图为大火之后的汉口。

驻扎在长江边的湖北新军第二十一混成协第四十一标第三营，武昌起义后该营很快加入革命军。

革命军占据壕沟。

百姓自愿加入到救助革命军伤员的队伍。图为受伤的革命军被抬下战场。

外国军舰在汉口附近的长江上巡弋。

目　录

第三辑　武昌起义

工程第八营发动武昌起义纪实

熊秉坤*

一　湖北革命之演进

孙中山先生成立兴中会的第八年（光绪二十六年）[①]，湖北留日学生吴禄贞（云梦人）与傅良弼（潜江人）等参加唐才常（湖南人）之自立军在汉口事泄，唐、傅等从容就义于武昌大朝街湖畔[②]，吴禄贞仍去日本留学。时湖北学界刊行书报，从事革命宣

* 熊秉坤：时任湖北新军第八镇工程第八营正目（班长），后任湖北军政府第五旅旅长。新中国成立后，任第二至四届全国政协委员，中南军政委员会参事室参事。本文原标题为《辛亥首义工程营发难概述》。

① 孙中山于光绪二十年（1894 年）在美国檀香山成立兴中会，至光绪二十六年（1900 年）唐才常自立军起事，应为第七年。

② 唐才常，湖南浏阳人。傅良弼，湖北潜江人。傅及林述唐、李炳寰、蔡承煜、王天曙、黎科、瞿河清等 7 人遇害，是庚子年七月二十七日（1900 年 8 月 21 日），地点在武昌天符庙。唐才常遇害是七月二十八日（8 月 22 日），地点在武昌大朝街。唐绝命词有云："剩好头颅酬死友，无真面目见群魔。"张之洞奏折叙其事甚详。

传，流行海内外。迨吴禄贞毕业日本士官学校归国，湖广总督张之洞委吴为新军教练官。吴倡谈革命，以领导自任；奔走其间者，大有人在[①]。未几，湖北军、学各界选派青年学子出国留学，吴亦调任北京骑兵监督。旋由吕大森、朱和中等组织一活版印刷公司，专门翻印《猛回头》《警世钟》《扬州十日记》《嘉定屠城》一类书籍。同时刘成禺、蓝天蔚、程明超等在日本刊行《湖北学生界》杂志，输入内地，湖北军、学各界，大受其影响。至光绪二十九年（1903 年），又由吕大森、曹亚伯、刘静庵、张难先、何自新等在武昌阅马场多宝寺组织科学补习所[②]，以革命反清为宗旨。至翌年事泄，科学补习所被清吏查封，同志星散。继起者为日知会。该会原为宣传教义之所，主其事者刘静庵以传教为名，宣传革命，每星期日开演说会一次，听者约在千人以上。其中以科学补习所同志为多，属于工程营者，有冯特民、吴兆麟、罗子清、卢宝珊、胡廷佐、熊继贞、熊秉坤等。《孔孟心肝》[③]《扬州十日记》等为军中正课外之经常读物。同营人士加入者甚多，唯以组织欠密，系统不明，仍存观望。至光绪三十二年（1906 年），萍、醴起义失败，日知会大受其影响，鄂督张之洞照会美国领事，要求引渡刘静庵；并令统制张彪、巡警道冯启钧率军警包围武昌高家巷圣公会。美领事佯许而阴令教会纵去，但后卒被捕。同时

① 吴禄贞，字绶卿，于光绪二十八年（1902 年）自日本返鄂，任各军事学校教官，寓水陆街。因吴倡言革命，有志青年多趋就之。翌年冬，并偕李书城、耿伯钊两先生往说湘抚赵尔巽，赵称誉无已。

② 吕大森，湖北建始人。曹亚伯，阳新人。刘静庵，潜江人。何自新，黄冈人。张难先，沔阳人。科学补习所成立于光绪三十年甲辰五月二十日（1904 年 7 月 3 日），癸卯年误。

③ 《孔孟心肝》为黄冈吴贡三著，经李康爵修改者。其内容系借春秋大义，倡种族革命。此外尚著有《作新民》《破梦雷》等书。

入狱者有胡瑛、梁钟汉、朱子龙、吴贡三、殷子衡、李亚东、季雨霖、张难先等[①]。季、张旋被保释；冯特民以事赴新疆得免；吴昆在黄冈原籍，派舰追捕未获；刘、朱死于狱。出亡者有梁耀汉、曹亚伯、熊继贞、范尚立、徐竹屏、林兆栋、刘锦春诸人。工程营之胡廷佐、吴兆麟、罗子清、卢宝珊等，以均在职，被迫上书自白，始得免究，湖北革命受一顿挫。其唯一存在之交通机关，则为彭养光、赵鹏飞、陈雨苍等所组织之安郡公益社。社员多革命志士，固不限于安郡人也。

光绪三十一年（1905 年），中国同盟会成立于日本东京，以孙中山先生为总理。湖北留学东西各国者纷纷加入，计有胡秉柯、龚村榕、黄大伟、蒋作宾、蓝天蔚、吴禄贞、唐克明、石星川、居正、田桐、白逾桓、杨时杰、杨玉如、张知夫、何成濬、李书城、孔庚、刘襄、刘英、孙武、李子宽、冯镇东、但焘、胡石庵、吴昆、刘成禺、宋开先、宋镇华、蒋文汉、张我华、陈镇藩、冯特民、成炳荣、余晋域等。有奔走海内外作文字宣传者，如田桐、李基鸿、冯镇东、胡石庵、蒋文汉是也；有回国后立功东北与西北者，如蓝天蔚、孔庚是也；有反正于绝域者，如杨缵绪、冯特民、郝可权是也；有于阳、夏战役为革命军之将领者，如李书城、季雨霖、成炳荣、姜明经、蒋作宾、冯嗣鸿是也；有声威远播而遭清廷所忌者，如吴禄贞是也；有两次讨袁，举兵与北洋军阀抗衡于川、鄂、闽南诸地者，如黄大伟、石星川、唐克明、蓝天蔚是也；他如居正、张我华等，或为同盟会之代表，或为一部分之领导，均为吾鄂先进，大有造于湖北革命之

① 此即丙午之狱。9 人中至 1957 年尚存者：张难先、殷子衡、梁钟汉 3 先生。张、殷年已 83，梁亦七十有九。殷以当时受刑较重，呈瘫痪。

宣导。辛亥首义，得以推翻清廷260余年之王朝，上列诸人与有力焉。

当张之洞总督两湖时，厉行新政，风气大开，有志之士，以科举既废，乃投笔从戎。科学补习所及日知会虽先后失败，而湖北军界秘密团体之组织，若雨后春笋之茁发。如黄申芗、贺公侠、蔡济民、高尚志、杨王鹏、胡冠六、胡祖舜、胡玉珍、董天人、谢超武、杜武库、马骥云、杜邦俊、邓玉麟、刘复基、蔡大辅、唐牺支、蒋伯夔等，组织群治学社、种族研究会、文学研究社、自治团、军队同盟会、兰友社、益智社、德育社等团体。组织名目虽殊，潜谋革命则一。而群治学社更组设汉口《商务报》为革命机关，由詹大悲、宛思演主其事，一面以文字宣传革命，一面作军事联络。至宣统二年（1910年）夏，湖南发生抢米风潮，欲调湖北新军前往弹压，同志决议乘时举义。查光佛、孙昌复等潜运炸药事泄，张彪恐激成事变，不欲深究。黄申芗乃走申、林兆栋走川以避之；《商务报》亦被查封，湖北革命运动又为之一挫。于是蒋伯夔（翊武）、刘复基、唐牺支、蔡大辅、杨王鹏又改群治学社为振武学社，以研究学说相号召，实一革命机关也。在狱之胡瑛实预闻其事。詹大悲又在汉口创办《大江报》，鼓吹革命，至四川川汉铁路收归国有风潮起，《大江报》被查封，詹大悲与何海鸣同时入狱。

适刘公、孙武归自日本，用共进会名义联络军界同志，由查光佛、邓玉麟等在标、营进行活动，以蛇山蕲春学社作为革命秘密机关。步兵第二十九标、第三十标、第三十一标、马队第八标、炮队第八标、工程第八营、辎重、工程队等，均有士兵加入。嗣以有一部分人泄露秘密，为当局所侦悉，查光佛避嫌退伍走皖，邓玉麟去江苏十二圩。至杨时杰由日本返汉，偕杨玉如晤孙武、刘玉堂商湖北革命之进行，乃电邓、查二人回汉襄助。

辛亥（1911 年）春，同盟会拟在广州举义，由黄兴主持其事，同时筹及长江流域，以便响应，黄促居正回鄂主持一切。居正、孙武、杨时杰等在汉口长清里设一总机关，武昌胭脂路设分机关；又在黄土坡开一酒店，以黄土坡邻近步兵第二十九标、第三十标、第三十一标、第四十一标以及工程第八营、陆军测绘学堂，易于联络也。主持人为邓玉麟，其进行方略均照同盟会指示。

迨广州三月二十九日事败，同志等乃专注意武汉。其时武汉革命力量有两大部分：一为孙武之共进会；一为蒋伯夔之文学社。两派人数以蒋较占优胜，于是查光佛、刘复基等从中斡旋，联成一气，并开一联合大会，分任职守。熊秉坤、徐万年、刘复基、彭楚藩、胡祖舜、王宪章等，于首义之先一月，在蛇山抱冰堂开各标、营代表大会，到者二三十人，制定规约。其组织分为排、队、营、标，各有代表；非标代表或独立营代表，不能参加干部会议；标或独立营代表，乃能传达干部决议。兹将各标、营代表姓氏列下：

宪兵营：彭楚藩。

第二十九标：蔡济民、杜武库、高尚志、杨选青、夏一鸣、甘绩熙、马骥云。

第三十标：王宪章、王文锦、张廷辅、方维、谢超武、谢涌泉、萧国保、陈复元、冯中兴、罗良骥。

第三十一标：李建中、黄元吉、曾省三、李少白、田智亮。

第三十二标：孙昌复、曾尚武、单道康、冯扶青、李华谟、朱黄强、向海潜。

马队第八标：章裕昆、黄维汉、饶升甫。

炮队第八标：孟发承、徐万年、蔡汉卿、陈国桢、黄驾白、陈子龙。

工程第八营：熊秉坤、金兆龙、罗炳顺、马荣、吕中秋、周定原、徐少斌、程定国、林振邦、陈连魁、饶春堂、舒继武、张靖川、任正亮、散洪恩、杨正全、郑挺军、孙松轩。

第四十一标：李宗义、丁景良、蒋伯夔、唐牺支、李抱良、杨王鹏、蔡大辅、廖湘芸、李达五、王华国。

第四十二标：祝制六、张哲夫、刘化欧、邱文彬、王缵承、黄振中、林翼支、胡玉珍。

炮队第十一营：赵士龙、龙潮海、陈天寅、彭瑞麟。

工程队：蔡鹏来、管心源、韦斌、黄世杰、陈英烈。

辎重队：李鹏升。

马队第十一标：江炳灵、陈孝芬。

前陆军特别学堂：李乃斌、胡干城、向讦谟、胡杰三（特别学堂于前一年毕业停办，学生散布各营）。

陆军测绘学堂：李翊东（西屏）、方兴、朱次璋。

陆军第三中学堂：谢复、雷洪、席正铭、王天培、邓汉祥。

湖北两湖师范学堂：蔡寄鸥、张国恩、谢石钦、牟鸿勋、邢伯谦、苏成章、陈鸿诰、梅宝玑、姜笛笙。

共进会、文学社两革命团体接洽合作之后，川汉铁路风潮愈趋剧烈，川人争之于先，湘、鄂两省继之。川督赵尔丰囚四川谘议局议长蒲殿俊，更激动民愤，围攻督署。赵令卫兵开枪示威，死伤无辜民众数十人，风潮因以扩大。清廷特派端方入川查办，端率领湖北新军第三十一标及第三十二标（缺第二营）前往（第三十一标原多党人）。军中党人欲杀端方揭举义旗，居正恐影响武汉，促胡祖舜、杨玉如等加以劝阻。同时混成协之第四十一标第三营左队亦出防岳州。新军之留防于武汉者，有一触即发之势，唯经费尚无着落。适刘公由襄阳原籍来汉，携款5000元①，同人不得已，用杨玉如策，由宪兵营同志彭楚藩威胁刘公捐助，作为革命用费，即拨3000元交居正、杨玉如赴申购买手枪；并电香港统筹巨款，请黄兴、宋教仁亲来武汉主持发难。胡瑛在狱闻之，函止其行②。同志等以迟迟不能久耐，致有南湖炮队农历八月初三日之变。是日孟发承、蔡汉卿等祖饯离营同志，侈谈革命，为长官所嫉，由口角以致用武。炮声轰然，全标震动，以无实弹，于事无补，孟等暂时逸去，其事遂寝。此事发生后，杨玉如先期回汉，居正暂留申江。同志等大失所望，乃急电黄、宋、居刻日来汉；并一面推定蒋伯夔为临时总指挥，孙武为参谋长，蔡济民为参议长。刘复基选徒手必死同志60名，佩以手枪、炸弹，为发难时之先锋队；李作栋（春萱）、邓玉麟等专司通讯，传达命令。此湖北革命党演进之大略也。

二　湖北新军分布情况

湖北新军于光绪二十六年（1900年）裁撤武工、武防5营，以其遗饷招募护军前、左、右、后、中5营，其编制操练方法仿德式；同时开办武备学堂，聘德人何福满、泰泼福、福克斯为军事教官。学生大半系湖北候补人员之子弟，亦有本省人，如吴禄贞即由武备

① 应为5000两。

② 送信者为汉川岑楼。岑字伟生。据谈：辛亥年七、八月间，两次奉胡命赴沪。第一次系向宋报告革命进行情况，第二次则为止宋来武汉。

学堂挑选留日者。又招募武建8营，改恺字营为左旗8营。嗣广西桂林有事[①]，调武建八营前往镇压，即驻两广，饷糈由广东负担。因是湖北又扩充右旗8营，改护军5营为炮标各营，并募教练队两营。各营所用枪械，德、日均有。光绪二十八年（1902年）成立将弁学堂，始聘日人充教官，分步、马、炮、工、辎各科，操法逐渐效法日本。光绪三十二年（1906年）以后，各新军一律改为日式。同年，遵照陆军统一编制，全国定为36镇，就各种田赋、税收岁入1/5，充作军费。大省两镇或一镇一混成协，小省一镇或一混成协不等。湖北练兵最早，就原有之两个镇，改为一镇一混成协，即陆军第八镇及第二十一混成协（全省新军实力18700人）。其分布情况如下：

番号	驻地	革命党人
陆军第八镇司令部	武昌城内大都司巷	无
步兵第十五协司令部	武昌城内中和门右旗	无
步兵第二十九标	第一、二两营驻右旗，第三营驻钟祥县	十分之二以上
步兵第三十标	全标驻右旗，第一营旗籍十分之七八，第二、三两营汉多旗少，第三营调驻襄、郧一带	十分之一二
步兵第十六协司令部	原驻左旗在大东门内，辛亥七月随端方赴川	无
步兵第三十一标	全标随端方入川，留有少数在省守营	十分之三四
步兵第三十二标	第一营守中和门外南湖，第二营随端方赴川，第三营驻宜昌听端方令待发	各营少数

① 此指光绪二十九年（1903年），广西巡抚王之春勾结法帝镇压人民，引起人民反抗一事。

（续 表）

番 号	驻 地	革命党人
骑兵第八标	驻中和门外南湖	仅数人（外调者应不在内）
炮兵第八标	驻中和门外南湖，八月初三之变，同志逃去甚多	十分之二三
工兵第八营	驻武昌城山前分水岭邻近陆军测绘学堂及步兵第十五协	十分之四
辎重第八营	驻平湖门外，工程营发难时居反对地位，由张彪带往汉口	无
陆军第二十一混成协司令部	驻大东门内左旗	无
步兵第四十一标	第一营驻沙市，第二、三两营驻大东门内左旗	十分之二三
步兵第四十二标	第一营驻汉阳兵工厂，第二营驻汉口，第三营驻京汉路自大智门至黄河南岸止	十分之二三
骑兵第十一营	驻武昌中和门外南湖，与第八标炮队相近	少数
炮兵第十一营	驻武胜门外坛角恺字营原址	少数
工兵队	驻武胜门外坛角大江边恺字营原址	十分之二
辎重队	驻武胜门外坛角恺字营原址	十分之二
宪兵第八营第一队	驻中和门楚望台	少数
教练队第一营	驻督署，发难时与革命军为敌，为张彪带走	无
陆军测绘学堂	驻第十五协后面，即陆军特别学堂原址，该学堂分两班，旧班学生 50 名，新班 100 名	十分之二三
陆军第三中学	驻中和门外南湖	同志不多，战斗力薄弱，临时虽来响应，但大局略定，为革命军维持地方治安，得力不少

三　工程第八营之沿革及其革命组织

光绪十九年（1893年），张之洞在湖广总督任内招募三楚青年入伍，成立工程队，聘德人何福满、沙赫德二人为教练官，武器均购自德国，地址在省城平湖门外之皇华馆。光绪二十四年（1898年），复将工程队扩充，名为护军工程队，训练地点移驻城内山前紫阳桥附近之分水岭。光绪三十年（1904年），湖北新军整编为常备军，分为两个镇，张彪任第一镇统制，黎元洪任第二镇统制。其护军工程队改编为湖北常备军第一镇工程第一营，李克果任管带。光绪三十一年（1905年），全国新军整编（计分36镇），统一番号。湖北常备第一镇改编为陆军第八镇，张彪任统制；湖北常备第二镇缩编为陆军第二十一混成协，黎元洪任协统；故工程第一营扩编为陆军第八镇工程第八营，管带仍以李克果充之，计一个营，分为前、后、左、右4个队。至宣统二年（1910年），李克果调升湖北督练公所帮办，即由工兵课员王永泉继任管带。工程营发难之先，王永泉因公出差，即以工程第八营督队官阮荣发代理管带。工程队及工程营之沿革大概如此。

湖北新军之有革命党，本不自工程第八营始，而该营之有革命党人，亦不自熊秉坤始。盖工程营成军较早，其设备较他兵种为优，故清末西南各省成立新军者多于此选拔干部。党人蓝天蔚、胡瑛、朱子龙、吴禄贞、冯特民、郝可权、熊继贞、常汝川、胡廷佐、吴兆麟、罗子清、唐克明、石星川等，莫不挟其革命精神，投身该营，散播其革命种子，不过熊秉坤最后以该营革命总代表身份领导发难而已。

光绪三十四年（1908年），安徽太湖秋操，熊成基起义安庆，湖北新军次于亮停河畔。革命党人赵鹏飞、贺公侠等，欲举兵以应，商于熊秉坤、容景芳等，事为军中长官所知而未果。赵、贺走川，容景芳、黄秉忠、曹振武等去苏州以避之。湖北革命运动屡遭挫折，由此几致停顿。

辛亥三月（1911年4月），工程第八营同志田智亮与熊秉坤至武昌城内分水岭32号谒孙武，座中有居正、邓玉麟、徐万年等，谈论颇洽。熊自是加盟于革命，承嘱负工程第八营一营全责，名之曰总代表。自后各级队长之编配人选，悉自便处理，熊于是得再张革命旗鼓于工程第八营。先定4队队代表，每队1人：前队徐少斌；左队罗炳顺；右队杨金龙；后队熊自兼，旋改任金兆龙。如同营之中有愿参加革命者，需得两同志介绍，由各队队代表直接负责，决不令其他人知晓，各司其事，分途进行，以防泄露，波动全局。未及3个月，人数已达百余人之多。同志中有名雷振声者，颇忌熊秉坤，时相龃龉，熊惧，即报机关部，得杨玉如、刘复基两同志调处，嘱其分道扬镳，各不相犯，雷乃不语，然终不免时有怨声。后雷以介绍人不慎，宣誓词存根为长官所得，雷慷慨直认不讳，并供出同志一人，长官亦莫如何，但开除雷之军籍了事。自此以后，熊始放胆领导，即编20名同志为一支队，三支队为一正队，四正队为一大队。前队以徐少斌为正队长，张得发副，杨正全、孙松轩、郑挺军各支队属之；左队罗炳顺为正队长，马荣副，张良臣、任正亮、袁凤山各支队属之；右队杨金龙为正队长，张靖川副，吕中秋、舒耀武、金树林、蒋楚杰各支队属之；后队以金兆龙为正队长，程定国副，桂振邦、饶春堂、陈连魁各支队属之。又以周定原为参议，熊秉坤自任大队长。其余彭正绶、陈亚平、散洪恩、王锡斌、贾也红、陈振武、王青全、王振东、尹金魁诸同志，分任参谋、副官、书记等职。另派李泽乾为交通员，利其出入无阻（卫生工作）；章盛恺、于郁文充密探，利其与长官接近，借以窥伺长官举动，以免阻碍革命进行。此项组织，纯系目兵，官长与教职员则不得参与，恐彼等为利欲所熏，一旦有事，不愿为革命牺牲也。

四　官方戒备与三烈士之死

自南湖炮队于八月初三日（9 月 24 日）发生事变后，清吏在表面上似尚镇定，内心实极恐慌，一面宣布戒严，一面令各标、营、队主管人员严密取缔革命党人，遇有形迹可疑之官佐、目兵，由直接负责之主管长官立时呈报。如是者数日，以致武汉三镇人民，莫不人人自危。谣言蜂起：有谓八月十三日起义者，有谓八月十五日中秋佳节举事者。实则以宋、黄未来，首义之举，原无定期。而清方则特开防务会议：武官自管带以上，文职自司道以上，武、阳、夏三镇首县均被召列席。工程第八营管带王永泉因参加永平秋操，由督队官阮荣发代为出席。席间阮袖呈名册，报告工程第八营革命党人最多。军事参议官铁忠，提议以第三十标第一营旗籍兵士替换工程第八营兵士守楚望台军械库，免生意外。事为黎元洪所否决，谓湖北创练新军，工程营最早，经张之洞 4 度改编，成绩优异，且目兵中眷属随居省城占大多数，决不致有其他变故，可不必换防。当决议派前管带李克果、参议厅工兵课员及工兵课长成炳荣、马祖荃、张策平、刘绳武诸人，常川驻军械所监视。同时又决议如下 6 项：

（一）调陈得龙所带之右路巡防营三营来省城助防。

（二）派李襄麟为防卫督署指挥官，所有教练队一营、辎重一营、机枪一队、消防队一队、宪兵队一队、水机关枪4挺、第八镇司令部卫兵一排，均听其指挥。

（三）令楚豫、楚谦、楚材、楚有等兵舰，夜间升火，布置江防，上至金口，下迄阳逻，昼夜严密逡巡。

（四）令巡警道王履康即日武装警士，加派双岗，各城门亦加派警士，早7时开，晚6时闭，夜间行人无通行证者，不许通过，旅社、客栈一律细密检查。

（五）令各标、营、队官长，设法劝导目兵，如受革命党欺骗，势必累及家属；倘若觉悟，不究既往。并密令检举革命党人，确认形迹可疑者，即格杀勿论。

（六）自农历八月十二日起至十六日为戒严日期。楚望台附近，即时建筑防御工事，增加战斗力量。

以上各项决议，即以命令执行。

八月十七日（10月8日），孙武在汉口俄租界宝善里制炸弹失慎，火药爆发，孙面部受伤，送入医院诊治。所有炸药、旗帜、文告、符号、印信等件，均被巡捕房搜检，移送武昌官署。清吏大恐，即时禁绝江面交通，对街上行人亦严加检查。右路巡防营与警察队布满第十五、十六两协以及工程营附近路口，巡警道王履康奉令闭城搜索，各营目兵不准外出。汉口长清里总机关亦遭破获，捕去刘氏叔嫂等20余人[①]，刘氏叔嫂惧刑，稍露党中内幕。又有刘某、齐某

① 刘氏叔嫂，指刘公弟刘同、刘公妻刘一，在宝善里被捕。

意志不坚，亲投张彪告密，张密令搜捕。武昌分水岭、黄土坡、胭脂巷、龙神庙各机关均先后遭破坏，捕去同志十六七名，杨洪胜亦于是夜在寓被捕。宪兵营同志彭楚藩，匆促觅得刘复基、蒋伯夔于小朝街张廷辅寓内，会商立即发动，正拟下令动员，而逻者至，刘复基挺身而出，投以炸弹未发，遂被执；彭、蒋跳墙欲逸，为后门步哨所执；彭楚藩身服宪兵制服，于跳墙时头部受伤；蒋谎骗逻者，自称为房主伙夫，监视稍疏，故得乘间逃出，潜往湖南岳州[①]。

是日夜间，清总督瑞澂、汉黄道齐耀珊、巡警道王履康[②]、军事参谋官铁忠等，会同审讯彭、刘、杨3同志。彭楚藩索笔书供云：“鞑虏入关，残暴已极，扬州十日，嘉定三屠，各省驻防，残民以逞。使我炎黄华裔，皮骨仅存。最近亲贵用事，卖官鬻爵，丧地失权，犹腼然曰：‘宁赠友邦，弗与家奴。’我炎黄子孙不忍见我民族沉沦，特伸救国救种大义，‘驱除鞑虏，恢复中华，建立民国，平均地权’。尔等冥顽不灵，助桀为虐，行见死神临汝。苟能翻然悔悟，余当在革命军前为尔等请命，尚不失为革命功臣；否则噬脐无及，惟尔等图之！”审讯诸贼，相顾失色。次讯刘复基，亦大骂不绝。再讯杨洪胜，酷刑用尽，不吐同党一人。瑞澂怒，掷笔于地曰：“杀，杀，杀！”[③]3同志遂于次晨上午2时至7时就义于督署东辕门内，时辛亥八月十九日（1911年10月10日）也。

是日，武汉特别戒严，全城入于恐怖状态中。张廷辅于本晨在第三十标操场内被捕，其夫人亦于先一日在其寓中逮去。武汉各革命机

---

① 蒋翊武是日方自岳州回，此次出走，乃循汉水而上，至新沟闻武昌起义即折返。

② 武昌知府陈树屏漏列。

③ 瑞澂未参与审讯。

关均已破坏，同志潜逃者甚多，担任领导任务者亦多避匿无踪。城门紧闭，交通断绝，各营、队代表，限于平时严守秘密，至此亦难往还。倘非工程营于是夜首先发难，则是后之情况，有不堪设想者矣。

五　工程第八营发难经过

当三烈士就义之先一日，即八月十八日（10月9日）下午5时，邓玉麟偕杨洪胜匆促到工程营前队第三棚徐少斌处，密召熊秉坤曰："昨日汉口炸弹失慎，孙武受伤入院医治。清吏恐慌，大事搜捕。我等决定今日起事，炮队先行发动。军械所系汝营驻守，今夜无论如何困难，一听炮声，必须即行占领。发难后各营需要子弹，此点甚为重要。旗帜、符号，今日已被搜去。少数子弹、炸药，由杨洪胜随后送来，作为响应之用。"熊与邓、杨、徐等，当拟定简单办法如下：

（一）肩章反扣，白绷带缠右臂以代符号，俾易识别；

（二）军队出动时，全副武装，去其背囊减轻累赘；

（三）工程营进据楚望台后，立派兵一部出城迎接南湖炮队进城，占领阵地；

（四）今夜口号："同心协力"。

邓、杨旋即辞去，即将此办法分别通知各标、营同志。一面又由熊秉坤令支队长郑挺军速通知驻楚望台军械所同志妥为准备，届时内应勿误。嗣杨洪胜复到工程营，密交枪弹两盒于熊秉坤曰："少顷再送炸药来。"同志见了子弹，极为兴奋，几有抢夺之势。熊秉坤棚与排长哨棚毗连，恐生事端，急示意于杨，杨会意而去，复曰："汝营门卫兵须换一同志，免生阻碍。"时营门卫舍长系右队代表杨金龙，当由熊介绍见面，如言照办。杨洪胜去后，熊将子弹自留6粒，各队代表各3粒，平时胆大与长官有恶感者各发两粒。发动时向操场发3响，以为信号，其余留作必要之用。又嘱诸同志，如官长不加反对，决不故意残杀。分布已毕，静候炮队动静。

以后杨洪胜又送炸弹到营，适与本营右队队官黄坤荣（系卫兵司令官）遇，虽有杨金龙在场，仍无法掩护，炸弹因以落空。杨金龙事后谈及，杨洪胜携酒瓶式之炸弹一束到营，当时黄坤荣监视甚严，守卫兵不敢启门。杨叩之急，卫兵佯问："是谁？"杨答以"我"。卫兵不得已再问："汝姓什么？此时戒严，不能会客。"黄知有异，即呼："捉歹徒。"杨闻不妙，即返身遁。迨门启，杨已远逸，黄与卫兵亦未追。

杨返寓喘息未定，而捕杨之军警至（杨洪胜住第十五协西营门左侧第一家，房主系李襄麟之差弁，平时见杨形迹可疑，料杨是革命重要分子，遂白李捕杨）。杨见捕者多人，即投以炸弹，未发，返身而逃。军警尾追，杨再以第二弹投之，爆力极弱，未能伤人。追者不舍，杨又投第三弹，亦未伤人。杨力促气败，匿于工程营前伏龙寺后之菜园内，军警搜捕得之，送与督署，此10月9日夜11时也。是日晚9时半熄灯就寝，竟夕以待，不闻炮声，实深诧异。炮队本为军中骨干，行动须得步兵掩护，始能发生作用，各方戒备森严，其不果行，亦意中事也。

是日夜间，工程营戒严，官长均领弹携枪守各排出口，并武装巡查各棚，嘱各安心睡觉，且曰："革命不能成事。某时某处杀多少革命党徒。何必拖累家庭。"云云。士兵大小便者，即令以痰盂盛之，防范之严，可想而知。左队支队长任振纲平时勤慎奉公，颇得排长信任，此次戒严令下，即唤任携枪领子弹。但任早受总代表熊指示，右臂已缠有白布，排长一见，即夺任手中枪，枪内且装有子弹两粒，因是被其看管。熊秉坤闻讯，愈加不安，辗转床褥，一夜未曾合眼。翌日，熊派李泽乾出营探听消息，李回告各机关均闭门，彭、刘、杨已遇害，城门未开，右路巡防营放哨已自第十五协至我营左右各街。早操毕，熊令李泽乾通知各队代表，饭后不要分散，有话相商。会餐时，官长到者极少，熊谎于众曰："今日奉总机关令，责工程营首先发难。因军械所为我营所守，如各营响应，亦必先到军械所领取子弹；如我营不先动，别营必不敢有所举动。"当约定下午3时晚操发动，众以无子弹对。熊问昨日所发子弹，则以昨夜未用，置之身边恐生危险，已弃置矣。熊亦无可如何，其余均照昨议，并派人送信至军械所。此时安排虽定，其实毫无把握，正忐忑间，工程营后队传达兵送信来云，今日由熊秉坤棚接守卫班，嘱预备一切。熊闻之喜极，盖工程营守卫向由前、后、左、右4队轮值，一天一换；今日轮班，应归后队第三排，因昨夜附属右队去军械所挖掘战沟（专供守卫兵抗御革命力量），辛苦一夜，不能接班，故轮到第一排。守卫班长名曰卫舍长，虽在卫兵司令指挥之下，而换班接哨，均由班长指挥，无形之中增加许多便利。所虑者厥唯子弹。忽本排第二棚同志吕功超向熊言其家有子弹，问其故，则答："余兄昔充吴元恺营马弁，恺字营由北通州回鄂解散，余兄携回子弹交余嫂存放楼上箱内，并嘱好好保存，将来有大用。余兄现去川……"话犹未已，该排排长亲信于郁文、章盛恺两同志接言曰："排长有子弹，如熊总代表要用，我俩负责盗取。"熊即令吕、于、章3人分途去取，各得两盒。当令金兆龙分发给各同志，时已12点矣。熊嘱副班长陶启元在营督率造饭，监视官长，严防匪徒乘机抢劫；又令于郁文盗取腰牌两面，一交李泽乾，一自佩，相偕外出，入第十五协南营门，先至第三十标第三营前队；同志方维、谢涌泉正言今日在操场捕去张廷辅事，见熊至，急问曰："怎么样？"熊答曰："干！特来请你标响应。"方等要熊上楼与王文锦商议。王为该队司书，居队官室，熊告以发难事，王曰："你如何办就如何好，这边不成问题。"旋至第二十九标第二营第二排，蔡济民掀被而起，泪痕未干，盖因彭、刘、杨惨死故也。熊谓不应作儿女态，并询以炮队发难计划。蔡曰："哪里有计划？他们都跑了，摇清（即孙武）面部炸伤，只有教炳三（即邓玉麟）再去炮队试他一试。"熊曰："我营决定今日下午3时晚操发难，汝标可能响应？"蔡曰："现只有望老哥干一干，我决带队响应。"并约定，发难后带队过第十五协西营门以放枪三响为信号，直趋军械所会合。蔡允诺，熊辞返营。

下午3时许，谢涌泉来工程营问晚操动静，并谓该标已布置响应。熊以晚操未下，必是汉奸走漏消息，乃另约晚间点头道名后、二道名前，即7点钟时发难，其余仍如前约；并请转知第二十九标。谢去，熊复通知各队及守卫同志，小操场发枪3响，一齐动手，先杀与我等对抗之官长，即鸣警笛集合，并再次通知军械所。至此，营中排长方定国、队官罗子清均向熊表示不加干涉；熊亦说明革命旨在反清，只要不妨害革命行动，绝不杀害汉人。方、罗均先行离去。

此时已点头道名，熊即顺前、后、左、右四队巡视，以验士气如何，各同志均跃跃欲试，唯一般非同志士兵呈惶恐状，见熊曰："我辈应如何？"熊令照样武装，听从指挥。熊行至本队第一排第三棚，闻第二排有吆吼声。熊知有变，即取枪在手，且装且行，遥见第二排排长陶启胜对面跑来，熊开枪对其射击，陶下楼逸去。熊上楼至穿堂间，同行之章盛恺、程凤林两同志为对方击中，金兆龙、程定国、林振邦、饶春堂、陈连魁诸同志均下楼不得。楼梯门为代理营长阮荣发，楼下为右队队官黄坤荣、司务长张文涛诸逆所堵塞，若辈一面放枪，一面大呼曰："汝等均有家小父母住在此地，此等事做不得，要灭九族的。赶快觉悟，各回本棚，不要胡闹！"熊等见此情景，即将痰盂、花盆、瓦钵、板凳诸物充作兵器，向下抛击，诸逆仍不退阵。同志吕中秋向阮击一枪，阮带伤返身向前队穿堂人丛中开枪数响，毙同志冯某。同志徐少斌还击，毙阮于水沟内。熊与诸同志见阮返身向前队奔去，即一拥下楼，程定国一枪打死黄、张两逆，其余官佐有越墙者，有匿于厕所者，均未究。熊即鸣警笛集合，唯以人声嘈杂，应者甚少。撬开军械库，得开口军刀 24 柄，当分发各代表佩用。熊与杨金龙领队头，金兆龙等押队后，率队出营。向左转弯，遇前队队官李占魁，李向队头连发 3 枪，未伤人，杨还击，李即逸去。过第十五协西营门，熊向内放 3 枪，以践前约。此时随行者，不过 40 人，其余仍在营内吆喝。少间罗炳顺、马荣等亦举兵响应，派人送信与熊代表。同志们闻军械所得手，一个呼哨，即抵军械所目的地矣①。

六　革命军占领楚望台与各标营之响应

楚望台为湖北新军军械库所在地，革命党人固以此为目标，清方

① 作者云："陶启胜小腹中弹，奔回家中，翌日毙命。其弟启发却为革命同志。程凤林受伤后以治疗失时，三日后身死。又武昌子药库原在三佛阁，迁楚望台后，改称军械库或军械所，称局者非是。"

官吏亦势在必守。自八月十一日（10月2日）之后，李克果等即会同阮荣发派兵在军械库附近建筑防御工事，防止党人进攻。八月十九日（10月10日）晚7时，工程营熊秉坤等在营内发动后，枪声与人声即传至军械库，守库之左队同志罗炳顺、马荣等，知本营业已发难，正拟响应，监视官李克果集守卫兵士谓之曰："余与汝等前在工程营共事五年之久，今有一言相告，不知愿听否？"众云："可。"李曰："外间喧嚷，汝等闻否？"曰："闻。"李曰："余为汝等计，如系徒手不法匪人来此，汝等责任重大，须要抵抗；如系军队到来，汝等人少，可即避开。"罗等曰："我等未见一粒子弹，何能抵抗？"李于是令军械所主任纪某，转饬管库工人将库门打开，搬出子弹两箱，分发各兵士。同志等得子弹后，即向空中放一排枪，李等见此情况，即与工程营左队官佐等穿墙逾垣而逃，楚望台军械库垂手而得。

时熊秉坤所率工程第八营同志40余人已到楚望台，左队代表罗炳顺、马荣等出而欢迎之。军械库既为党人所有，械弹可以自由取用。正议论间，周定原同志亦率队到达。熊集合队伍讲话后，即在楚望台布置防务，又派侦探两班：一由汪长林带领，巡视楚望台至通湘门窥探宪兵营动静；一由汤启发带队巡视中和门正街、西街地段。熊以总代表身份下达命令：

1.本军应冠以"革命军"三字，称"湖北革命军"，其兵种队号，暂袭用旧制。

2.本军今夜作战，应以破坏湖北行政机关、完成武昌独立为原则。

3.本军作战以清督署为最大目标。敌方张彪、铁忠、李襄麟等，在大小都司巷、恤孤巷、吴家巷、望山门正街、水陆街、豹头堤等处布防。

4.敌人兵力为教练队二营、辎重第八营、机关枪一连、水机关枪4挺、第八镇警卫一连、宪兵一连、消防救火队100名，共1500名左右。

5.本军以楚望台、蛇山为炮兵阵地，自阅马场、大朝街向南至保安门正街，为步兵防守线。暂以楚望台为本军大本营驻地。

6.金兆龙带后队第二排及右队第一、二排出中和门，经十字街往南湖威胁炮队第八标响应，并掩护进城。

7.林振邦带左队第三排占领千家街，向第十五协铁佛寺、伏龙寺方面警戒。

8.徐少斌带领前队第三排占领楚望台、中和门高地，向津水闸方面布防。

9.其余部队均作总预备队，在本军械所待命。

10.今夜口号为："同心协力。"

总代表兼大队长熊秉坤发于军械所，午后8时20分

命令发出后，熊精神上极不自在，良以责任重大，稍有差池，即功亏一篑。盖军中生活，士兵以官长为依附，此时既无官长，士兵不免放纵，秩序渐见凌乱，较之发难时之指挥如意，已截然不同，盖士兵临时加入者居大多数也。士兵在防地上条陈大发议论，如清方窥破此中消息，派兵袭击，其危殆可胜言哉。无何，汪长林带左队队官吴兆麟来，众兵无不喜形于色，欲戴为总指挥。熊即召各队代表集合会商，多数不以为然，但为发挥全军攻击精神起见，不能不随兵士之愿，即举吴兆麟为革命军临时总指挥，熊则处于参赞和监视地位。

先是汪长林等巡哨至楚望台西南城墙附近边沿，见人影幢幢，汪发言曰：“汝等是人是鬼？”吴答曰：“我。”汪固识吴之声音，即谓：“汝为何不出？”吴曰：“恐遭杀害。”汪曰：“均属同胞，何得如此，我带汝等去见熊代表。”吴意未决，适排长曹飞龙、黄楚楠在旁，谓吴曰：“我们去见熊，有汪老总保护（‘老总’二字系兵士之尊称）。”吴亦赞成其说，即随汪去。吴既出，又为众兵士所戴，故愿受临时总指挥之职[①]。吴随至各防地巡视一周，每到一地，即大声询于众曰：“汝等代表推余为总指挥，汝等愿否？”众曰：“愿。”吴曰：“愿，须听指挥。”众曰：“听。”吴又曰：“违令者斩。”众曰：“诺。”吴乃就原地复下令：

1. 前队排长伍正林带前队第一、二两排，经津水闸向保安门正街搜索前进，攻督署前。

2. 右队排长旷名功带右队第一、二两排，经紫阳桥向王府口搜索前进，攻督署后。

3. 马荣带兵一排，向宪兵队东南端进攻；黄楚楠带兵一排，向宪兵队西南端进攻，互取联络，即时将宪兵队扑灭之。

4. 周占奎率兵两排，固守楚望台北端阵地。

5. 徐少斌、郑廷钧、汪长林、杨金龙带兵两排，由徐少斌指挥，先夺取中和门，策应金兆龙迎接炮队。

6. 张伟、任正亮、饶春堂等带兵一小队，由张伟（靖川）指挥，出中和门掩护炮队进城。

---

① 作者云：“吴在刘绳武家暂避。”编者访工程营士兵向炳昆，据说吴十九日夜匿津水闸八号，向劝他出来抓权。其他记载大同小异。

7. 陈有辉带兵一班，往通湘门附近侦察；唐荣斌带兵一班往中和门附近侦察。

8. 楚望台附近交通，着罗炳顺、程定国、杨云开、刘定基、孙元胜等，分途彻底破坏。

9. 其余为总预备队，由副指挥[1]熊秉坤率领，在楚望台北端待命。

10. 今夜口号改为："兴汉。"

临时总指挥吴兆麟发于楚望台军械库，八月十九日（农历）午后10时半。

此时，各标、营、队尚无动静。吴即令总预备队一部分进入散兵壕（此壕系清吏于八月十二日所筑，全为我用），向第十五协猛烈射击，促其响应。未几，第三十标同志方维、谢涌泉，排长马明熙带兵百余名来会；第二十九标蔡济民、胡效骞等带百余人亦到；方兴、李翊东诸同志带陆军测绘学堂学生百余名亦至楚望台。此时两路进攻队伍方始出发，蔡济民自愿随右路旷队进攻。吴又派马明熙、方维等带兵出城助金兆龙接炮队。吴令测绘学生作总预备队，旋派往中和门至通湘门一带城墙放哨，以防敌人来袭。逾时炮队进城，即在楚望台布置炮位。

先是金兆龙带兵经中和门，欲出城往南湖迎接炮队。金至城门，门已下键，守门者逃无踪迹，锁无匙不得开。金兆龙用双手扣锁两端，用力向怀中一拔，长尺许、重3斤之铁锁，碎为数段，得以出城。张彪知我军必迫炮队响应，电话令第三十二标标统孙国安转派队官楚英

① 一云无副指挥。

（旗人）带兵两队，布置要道。在长虹桥与金遇，激战数分钟，楚以兵无斗志而退；金续前进，至南湖阅兵亭，又与马队哨兵接触，数分钟，马队兵士自动退走。金兆龙突破两道障碍，始达到炮队第八标后营门，时炮队内部已响应，金遂与炮标同志蔡汉卿、程国桢、孟发承、徐万年等谈城内同志盼炮队进城如大旱之望云霓。唯夜间不便驾驶，由双方同志与士兵拖炮 3 门，向城内进发。同来者有李作栋、邓玉麟两同志，系昨夜送信炮队未走者。马明熙、方维亦带队会同进城。

七　攻占督署及黎元洪之出处

清吏瑞澂、张彪、铁忠诸逆，惊闻工程营兵变，急饬各协、标、营长官，一面制止内部响应，一面嘱派可靠兵队会剿。唯各标、营自管带以上各官，均以身家性命是惜，不但无会剿之勇气，且纷纷离营，唯恐祸及其身。只第三十标第一营管带部翔宸将营门堵塞，使外不能入，内不能出；第三十二标标统孙国安，仅派楚英带两队兵士，反抗我军；其他如第二十一混成协协统黎元洪及第十一营炮队管带张正基亦曾反抗于一时，结果均遭失败。足见人心思汉，乃革命成功之基础也。我革命军自炮队进城之后，不独士气为之一振，即武昌完全独立亦由此隆隆之炮声有以促成之也。炮声初起，第二十九标第三营杜武库、杨选青各同志，第三十标第二、三营徐达明、吴醒汉各同志，均举兵来会；第二十一混成协所属之炮、工、辎各营队同志，如陈天寅、李鹏升、管心源、章斌等亦各率队前来。吴总指挥令炮、工、辎十一营各队占领蛇山阵地；又令第八标炮队总代表徐万年回标，将所有大小各炮扫数运到楚望台。此时兵力增大，士气甚旺，吾人最大而最重要之工作，即攻督署而占领之也。

右路旷名功、蔡济民攻督署后院，至王府口小菜场时即行停止。此处距都司巷仅一箭之隔，敌人有兵驻守，旷、蔡派战斗侦探搜索前进，大队随之。方左转，而敌之机关枪发矣，兼之街市黑暗，殊难进展。蔡将所部分布于官钱局、造币厂、善后局诸财政机关任守护，而旷则带所部回工程营大操场休息。吴总指挥闻此消息，欲置旷于法，经同人缓颊得免，队伍复返军械所。左路进至恤孤巷口，因失察为敌巷内伏兵截断，亦不利，退回津水闸布防待令。

两路进攻均失利，炮队射击目的亦欠准确，吴总指挥及诸同志均主火攻，即令周定原、黄楚楠、杨金龙等各带士兵三五不等，分3路前往放火。一由王府口至小都司巷之线，一由水陆街进大金龙巷至小菜场一带，一由保安门正街至望山门正街到东辕门。约半小时后，3处烈焰照空，我炮兵乃得乘势猛击。吴并派吕中秋、张靖川带兵10余名，割断电信、电话线，使敌人失却联络。

督署附近火起，炮又猛烈，瑞澂即率卫兵一排，携家小、细软，洞穿督署后垣，由文昌门逃上楚豫兵舰；铁忠、果青阿诸人随行；张彪、李襄麟则作最后顽抗。此时炮火虽烈，而步兵仍无长足进展，吴总指挥乃将工程营队伍集中，再拟攻击命令如下：

1. 熊秉坤带后队全队，经津水闸、保安门正街攻督署前，伍正林带前队全队协助熊秉坤沿保安门城墙向望山门前进，惟须派兵一棚为两线中间联络。

2. 黄楚楠带左队全队，经王府口小都司巷攻督署后，以姚金镛带第二十九标第三营右队在后跟进为黄楚楠之预备队。

3. 陈国桢拨过山炮两门，在保安门城上布置放列，向督署开炮射击。

4. 曹飞龙带右队士兵一排，掩护保安门炮队。

5. 方兴以测绘学生百余名为总预备队，并巩固楚望台及军械所防务。

总指挥吴兆麟发于军械所，二十日（农历）午前2点钟

此令一下，各自分途进行。唯所有军队对攻督署热心从事者固多，而徘徊逡巡者亦不少。吴兆麟指挥权力虽仅限于工程第八营，幸各单位同志均能和衷共济。吴总指挥以第四十一标与第三十标第一营旗籍军队尚待解决，即令炮队用全力轰击，并曰："今夜如不将敌击溃，一待天明，吾辈必为所虏也。"适黎元洪派马弁柳国祥至，柳曰："黎统领命令，次早5时到楚望台。"言毕即走。熊秉坤与邓玉麟呼之返而诘之曰："黎来系降吾党乎，抑带兵作战耶？"柳不知所对，当嘱问明黎氏再来报告。柳去后，熊即与伍正林带队出发，第三十标马明熙、徐达明、彭纪麟各带士兵若干附熊部前进；第四十一标岳少武、阙龙、李宗义，第二十九标杜武库、杨选青、夏一青，亦各领兵若干附伍正林由城上前进。此时敌将张彪带机关枪暨辎重营约两队，并武装消防队数十名，占据望山门城墙。熊由保安门正街直进，与马、徐诸同志约，将队伍分作3小部，更番跃进；每到一横巷，将敌人驱逐后，即派兵把守，此乃市街战之战术原则也。

先头部队进至望山门街陈宏发酱园门口，距督署东辕门不过百米，一经冲锋，即可得手。忽后方队伍纷纷退挫，据云望山门城上之敌已下城断我后路，谣风偶播，人如潮落，我徐、马诸同志均无

法遏止，退回津水闸。伍正林由城上进攻之部队，遇敌将张彪亲自督队反击，并竖大白旗，上书：“本统制带兵不严，致尔等叛变。汝等均有身家，父母妻子倚闾在望，汝等宜早反省，归队回营，决不究既往；若仍冥顽不灵，则水陆大兵一到，定即诛灭九族，玉石俱焚，莫谓本统制言之不预也！”伍等与附属之炮队因奏效甚微，而敌又抵抗甚力，其武装消防队曾两次冲锋我军阵地，我军死伤颇大。因督队阙龙之负伤，以致纷纷退下，不特失炮两门，保安门城上阵地亦几为敌所夺去。伍正林挥兵反攻，众莫之应；伍欲自刎，为左右救免。际此紧急阶段，熊乃挑选敢死之士约 40 名，附带引火诸物，专由保安门正街一线前进。伍正林、马明熙、彭纪麟、徐少孺、陈振武、饶春堂、林振邦、陈连魁、胡效骞、徐少斌、杨正全、张得发、孙松轩在前，熊秉坤殿后，杜武库、杨选青、夏一青等扼守保安门城上。此时敌人专注城上，对于城下略形疏漏，故敢死队得以顺利进展。迨冲至东辕门时，敌守兵不敢撄其锋，退至西辕门以诱我前进。我军志在火焚督署，不与恋战，乃直入头门，敌则反兵包围，前进诸同志均被截断在前。此时我军之危险程度，确属千钧一发，当面大堂有敌机枪放射，后面又被包围。熊秉坤见状情急，即将所有士兵散开，将围我前锋之敌，予以包围，敌遂凌乱；而督署门房又复着火，敌乃分途溃窜，弃枪投诚者亦夥。

查门房之火，乃工程营同志纪鸿钧所发。纪君勇敢非常，左、右手各挟煤油一桶，附徐、马之冲锋队前进，跃到督署门房，即破桶举火。火发而纪君亦饮弹矣，功成身殒，闻者伤之。至此同人复引火将大堂付之一炬。张彪见大势已去，逆胆更寒，遂率辎重营残卒，沿城墙由文昌门渡江，布防于刘家庙车站。三次进攻之督署，此时始完全占领（此役伤 17 名，死赵道兴、纪鸿钧、宗厚德、张斗照、李自新 5 名）。

黎元洪初闻工程营兵变，不甚措意，继接张正基电话报告，知自领之第二十一混成协直属工、辎各队及炮队之一部亦变，遂集合第四十一标留营全休官佐于会议厅。黎不发一言，亦无命令，盖借此有秩序之集合而防范之也。工程营发难后，即派周荣棠同志送信该协。周逾垣而入，为守者所执，黎讯明来历，即用杀一儆百之计，手刃周于会议厅[①]。果也众心慑服，暂时收效。迨后遭我军蛇山与楚望台双方炮击，士兵亦有轰动之象，黎始令官佐各自回营，并云："带兵出外避炮，如能维持，不负皇恩，是所至盼，更能维持到底，将来定予重赏；否则听其自便，余不能为汝等负责。"言毕，即带执事官王安澜往黄土坡某号该协参谋刘文吉家避匿；文吉亦愿任保护之责。黎忆及平时积蓄，乃派伙夫回家搬运[②]。该伙夫肩挑皮箱 3 只，恰与前所派之巡查汤启发、程定国、马荣等相值，汤等疑为乘机劫夺之匪类，喝令止步，并欲加以惩治。伙夫答："余乃此公馆伙夫，原非匪人。"汤诘其奉何人所派，担往何处？伙夫不得已，始吐真情。汤等乃偕伙夫同往刘宅，黎见众至，知难再匿，出叱汤等曰："余带兵并不刻薄，汝等何事难余？"众曰："我等来此，特请公出主大计，非恶意也。"黎曰："革命党人才济济，要余何为？"众曰："公平昔御众极得士心，今之革命党员，均属同袍。众望所孚，无如公者，请即出领导一切。"黎曰："到何处、

① 黎手刃之党人，《革命真史》和《知之录》作周荣发。又邹玉溪亦为协统所手刃，或作张立成。所隶单位，亦各执一词。本文作者谓：荣棠，安徽宣城人，工程营饲养兵。

② 黎元洪住宅在中和门内，平时居营中日多，改避往黄土坡刘宅时，派伙夫往千家街协司令部取行李也。

与何人商谈？”众曰：“到楚望台与吴兆麟商。”黎复曰：“吴畏三（兆麟字）乃余之学生，富有军事学识，有伊一人足矣。”众知黎无诚意，程定国厉声曰：“从则生，不从则死，统领自择之！”黎知不可抗，遂由众拥至楚望台。有马荣送信在先，故吴总指挥派兵一排，站队鸣号以欢迎之。黎服青呢马褂，灰色呢长夹袍，瓜皮小帽，王安澜随其后。吴总指挥出为招待，黎笑语众曰：“各位辛苦。”吴当与同志诸人，引黎至中和门城楼观战。黎首与吴小语，责吴不应为此，吴以为众所挟持对。

自黎出之风一播，城内隐匿之军官皆来，如杜锡钧、何锡藩等。黎闻督署攻下，即召党人代表及前清有官职者会议，黎首发问曰：“督署虽克，而瑞澂、张彪未获，汝等将有何法以善其后？”众曰：“请统领主持。”黎复问：“汝等革命党所恃奥援者何处？钱粮多少？”邓玉麟曰：“京山刘英已聚众10万，三日可到。”熊秉坤则以官钱局，银币、铜币两局及藩库所存银币不下30万对。黎又问：“瑞澂、张彪统清兵水陆并进，何以抵御？海军军械尤犀利，吾服役海军多年，故悉知，不需10弹，此城将粉碎矣，汝等将退往何处？”邓玉麟以退湖南答之。黎曰：“有何把握？”邓曰：“焦达峰已约下月初间举事。”黎曰：“以吾观测，殊无把握。依吾之见，汝等不若暂且回营，待吾往说瑞、张，使不追究，何如？”何竹山抗议曰：“吾人革命，原不计生死利害，但尽心力而行之，虽肝胆涂地，亦甘之如饴也。统领意见，绝对不可行。”黎窃叹不已，遂下令各标、营、队暂回营舍，架枪休息，然听者少数。

适汤化龙派人来楚望台云：“汤议长请革命军代表、黎统领及各官于正午12时到谘议局开会，组织政府。”当由方维同志往第三十标备来骏马一头，供黎乘坐。黎即乘之起行，吴总指挥派兵百余名护送，熊秉坤、邓玉麟、李作栋、徐万年、马骥云诸同志随行。队前有旗帜两面，黎欲去之不可得，意殊不悦。道经第十五协西营门，第二十九标第一营管带何锡藩延黎入会议厅，献茗后，黎问曰："汝标回营乎？"何答："已架枪休息。"复曰："吾标可用，专待吾公后命。"言毕，以目送意，黎亦领悟。熊蹑邓踵曰："此地不可久停，恐生异变。"邓大声曰："吾等开会重要，此间非谈话所。"即挟黎起行。行次熊语邓、李曰："军械所乃吾人命脉所在，非可等闲视之。兄等偕黎往，弟当返军械所，分工合作，庶无遗漏。"邓、李极以为是，黎、邓等乃至谘议局。革命军同志以为已将黎劫持，可以依靠，当时固未计及有后患也。

（选自全国政协文史和学习委员会编《亲历辛亥革命》，中国文史出版社 2010 年 12 月第 1 版）

工程第八营发动武昌起义

吕中秋 *

我于光绪二十六年（1900 年）入张之洞制台衙门张公九少爷[①]所带之教练队，光绪二十九年（1903 年）入武防营，光绪三十二年（1906 年）入湖北陆军第八镇工兵第八营右队充当兵士。是年并加入共进会、同盟会，以后为国民党员。

光绪三十四年（1908 年）赴安徽秋操回鄂。安徽道台、革命党人徐锡麟刺杀巡抚恩铭，起义未成。徐氏被清吏杀害，惨遭剖肚挖心以"祭"恩铭[②]。又队官熊成基起义未遂逃走[③]。此次失败后，革

---

* 吕中秋：时为湖北新军第八镇工程第八营右队士兵。本文原标题为《辛亥回忆一则》。

① 之洞子，名仁侃。

② 徐起事为 1907 年。

③ 熊起事为 1908 年。

命领袖孙中山先生派邓玉麟[①]、孙武回鄂秘密组织革命机关，并秘密运动各协、标、营士兵进行革命工作。时工程营革命总代表为熊秉坤，同营张维、杨金龙二人秘密约我效桃园结义，宣传革命宗旨。宣统元、二年（1909年、1910年）时，我兄弟等常伙同外出至长春观、宝通寺、观音阁、正觉寺等各庙观求神问签，十分关怀革命前途。目见清廷腐败，苛待汉族文武人才，而满族生丁，襁褓即给养活费，陆军属满籍者双粮双饷，大官好缺均属满人，清政不平，莫可言状。欲汉族子孙不受制于清廷，中华民族不沦亡于外国，只有秘密组织团体，进行革命。工程营所辖前、左、右、后4队，在3年中发展革命同志300余名。总代表熊秉坤联络全营各队代表，进行工作。我任第二组组长（组长即支队长），秘密联络同志，并嘱对家族、父、母、妻、子不得泄露一言。宣统三年五月（1911年6月），全营总代表熊秉坤将革命同志编为12支队，每支队同志20名，担任革命工作，抱定宗旨，不怕牺牲。因鉴各省屡次起义失败，同胞被杀无数，当由总代表熊秉坤召集全营12支队长会议，决计发难，推倒清朝。

辛亥八月十九日（1911年10月10日）晨，闻起义事泄，城门紧闭，革命同志彭楚藩、刘复基、杨洪胜三烈士被捕就义。清督瑞澂和铁忠、张彪等秘密会议，定当晚11时派队包围工兵第八营，按抄出名册捉杀。在此千钧一发之际，幸得陈、万二同志密报情形紧迫，熊秉坤即召集革命组长密议，于当日上午10时到饭堂开秘密会议，领枪弹四排分给党员，定晚11时前奋勇发难，以三角巾缠左膀为记，并以枪声为号。公议禁令10条如下：

---

① 此说与事实不合。

（一）违抗命令者斩；

（二）畏缩不前者斩；

（三）临阵脱逃者斩；

（四）勾结满人者斩；

（五）拐逃枪械者斩；

（六）奸掳烧杀者斩；

（七）破坏革命者斩；

（八）抢夺财物者斩；

（九）贪官污吏者斩[①]；

（十）私藏旗人者斩[②]。

是日晚 7 时半，同志金兆龙、程正瀛二人持枪准备动手，排长陶启胜扭住说："你们是革命党吗？"形成紧急之局。熊秉坤见时机迫于眉睫，即首先开枪，急令全营各组长党员拼命发难。程正瀛、金兆龙枪杀陶启胜，我亦枪杀黄坤荣、张文涛（黄为队官、张为司务长），徐少斌枪杀督队官阮荣发。燎原之势已成，遂奋勇占领楚望台，开库领取枪弹，公举吴兆麟为临时总指挥，熊秉坤为副指挥。吴、熊二指挥即令张靖川、任正亮、饶春堂等带一大排出中和门，迎接炮兵同志，分别在楚望台、蛇山架炮，向清督署射击。与此同时，

① 应作贪污舞弊者斩。

② 禁令 10 条，别人均未道及。经查胡实若《湖北革命实见记》所载为："藏匿满人者斩；藏匿侦探者斩；买卖不公者斩；伤害好人者斩；扰乱商务者斩；奸掳烧杀者斩；邀约罢市者斩；违抗义帅者斩。乐输粮饷者赏；接济军火者赏；保护租界者赏；守卫教堂者赏；率众投降者赏；劝导乡民者赏；报告敌情者赏；维护商务者赏。"胡书成于 1912 年初，且系从所办《大汉报》录出，自较后来回忆可靠。

步兵分3路进攻督署：第一路，由组长吕中秋、金兆龙带队从望山门进攻；第二路由组长凌振邦、徐少斌带兵从水陆街进攻；第三路由组长容景芳、郑廷钧带队从王府口进攻。并令组长马荣、程正瀛带兵10名在王府口举火，令杨金龙组长砍断电线。各组长即率部分途前进，赴汤蹈火，与敌作战。此时炮声隆隆，弹如雨下，混成协炮兵同志[①]亦在坛角举火，其他单位革命同志继续响应加入作战，进攻力量大为加强。时清督瑞澂和铁忠、张彪等胆落魂飞，化装脱逃，避登楚豫兵舰。于是我军攻占督署，武昌“光复”。

辛亥八月二十日（1911年10月11日）晨，同志们将黎元洪请到楚望台中和门城楼。黎氏云：“同志们兴汉灭清，何人代表？”我和徐少斌答：“官长以外，正副目兵人人代表。”吴兆麟请黎氏主军政维持大局，乃欢迎至阅马场谘议局，公举为鄂军都督。我革命同志等驻守楚望台三昼夜，至八月二十四日（10月15日），工程第八营奉黎都督令改编为第一、第二敢死队[②]。八月二十六日（10月17日），奉令开赴汉口刘家庙，八月二十七日（10月18日），与清兵接战。我革命战士不以清兵多寡、武器窳锐为意，抱定牺牲精神，冲锋陷阵。激战至九月初一日（10月22日），我革命军骁勇队长徐少斌率队在头道桥进攻敌人，不幸受伤，被敌方援兵俘去，活剥惨杀。九月初四日（10月25日），队长马荣带兵猛冲头道桥敌人阵地，亦被敌人所俘，在火车站惨遭剥皮牺牲。见此情形，我军杀敌之心愈切，前仆后继，鏖战疆场。清专制当局借德国兵舰两艘[③]向我

---

① 应为辎重队。

② 工程营并未完全改编为敢死队。敢死队队长如马荣、方兴、徐少斌、金兆龙等，均为工程营勇士。

③ 其事不确。

阵地发炮，獐头鼠目之汉奸各处活动，为清军报告汉口军事计划及防御工事；清兵得以破坏，汉口、汉阳相继失守。但我革命声威则愈播愈远，终于各省宣布独立，迫使清帝退位，于是首义告成，民国因以产生。

（选自全国政协文史和学习委员会编《亲历辛亥革命》，中国文史出版社 2010 年 12 月第 1 版）

第二十九标参加武昌起义纪实

诸义平*

一　军队同盟[①]

（一）蔡济民倡言革命

辛亥革命本标首义领导者蔡济民，原名国桢，字幼香，湖北黄陂人。光绪三十一年（1905 年）投笔从戎，嗣考选为湖北陆军特别小学堂步兵科学兵，以毕业成绩列优等，升充本标第二营后队排长。本标高尚志、杜武库、张鹏程、龚振炮（即霞初）、甘绩熙、谢超武、

* 诸义平：时为湖北新军第八镇第十五协第二十九标第三营士兵。本文原标题为《第二十九标首义纪实》。

① 关于军队同盟组织，编者访问原二十九标革命同志蒋兰圃，据说蔡济民为了统一革命力量，就各团体革命同志成立军队同盟，在当时起了团结作用。蔡济民之所以与孙武、蒋翊武鼎足而立，即源于此。蒋兰圃即文中之蒋秉忠。

马冠英（即骧云）、孙鸿斌、姚金镛、李振海、胡效骞、蒋秉忠、刘炳福、徐国瑞、范连升、陈家鼒、王殿甲、杨选青等均富有革命思想，以是常相过从，作排满活动。适刘静庵假武昌圣公会内之日知会宣传种族革命，蔡于星期假日必约同志前往听讲，并向刘表示自愿参加一切活动。日知会于清光绪三十二年被查封，刘静庵被捕后于辛亥革命前3个月死于狱中。然曾参加日知会之各界人士，激于义愤，纷纷组织革命团体，如群治社、益智社、振武社、数学馆、兰友社、种族会、光复党等；本标杜武库、谢超武之柳营诗社，高尚志、李维广之自治团，马冠英、陈人杰等之振武尊心社皆是。

（二）军队同盟的组成

本标原有各种革命团体，蔡济民加以联络，乃合并成立军队同盟。宣统元年（1909年），孙武回国，在武汉宣传孙、黄革命事迹，并成立共进会。本标同志同时参加者40余人。与此同时，更联合第三十标同志吴醒汉、王宪章等决定成立一将校研究团，以上课形式商讨革命进行。本协（十五协）官佐杜锡钧、何锡藩、宾士礼、吴之怀、樊之淦、李福祥、胡效骞、庞成功、康代瀛、王保卿、刘凤同、沈权、张廷辅、谢元恺、王文锦等均参与其事。以后于研究团中增设下士班，搜罗优秀士兵，入班听讲，达数百人之多。

庚戌冬（1911年1月下旬），文学社革命同志詹大悲，以《大江报》名义通知我标，请于辛亥元旦在黄鹤楼集合，名为新年团拜，实则进行革命活动。本标前往参加者有张喆夫、杨选青、张鹏程等10余人。文学社即于是日宣布成立，本标同盟多有担任该社职务者。

孙中山命在武汉成立中国同盟会鄂支部。蔡济民任支部参议长，第二十九标入同盟会者，即由蔡主盟，蔡在武昌分水岭街7号住宅设通讯机关。

（三）湖北新军外调

辛亥三月二十九日（1911年4月27日），广州举义失败，清廷更加警惕，害怕湖北新军“排满”，为防患未然计，将新军分别外调：计第三十一标全标，第三十二标二、三两营，随端方入川；本标第三营开汉阳；第三十标第二营开京山；马八标第三营开襄阳；第四十一标第一营开宜昌，第二营开芦林潭，第三营左队开岳州；混成协马队开安陆。留驻武昌兵力：第二十九标一、二两营及由胡效骞率领的留守兵士100余人；第三十标一、二两营（一半旗兵）；第三十一标留守官兵200余人；第三十二标第一营及二、三营留守官兵100余人；第四十一标一、二两营留守官兵与第三营前、左、后3队，合计500余人；炮八标全标；马八标一、二两营；工程第八营全营；辎重第八营全营；混成协炮十一营两队；工辎两队；第四十二标全标分驻汉阳、汉口以迄京汉线南段。此种措施，实不能制止革命活动，相反地促进了革命的积极进行。

（四）抱冰堂会议

辛亥七月（1911年8月），因清吏查究严密，军中同志又一再催促早日起事，以免生变，遂于抱冰堂开紧急会议，届时出席人有蔡济民、蒋翊武、黄申芗、李作栋、邓玉麟、吴醒汉、熊秉坤、彭楚藩、蔡汉卿、徐万年、高尚志、刘复基、王宪章、祁国钧、徐达明、杜武库等数十人，当决定八月十五日（10月6日）中秋节为兴汉排满日期。组织方面，每标设标代表、副代表各一人，另设标干部。各营队排以次递设而统于标。独立营队同例。非标、营代表不得参与重要会议，工作内容严守秘密，未经本单位同意，不得互相通知。

在会上并推定蒋翊武为临时总指挥；军务，孙武、张振武；参谋，蔡济民、吴醒汉；内政，居正；外交，胡瑛；理财，李作栋；交通，邓玉麟；司法，张知本；总粮台，卢政[①]。散会后分途进行。

（五）本标革命组织（即军队同盟组织）

区别	姓名	备考
标代表	蔡济民	前日知会会员，同盟会鄂支部参议长，军队同盟倡导者
副代表	高尚志	前日知会会员，自治团倡导者
交际组	龚霞初	前日知会会员
	沈权	共进会会员
	张鹏程	文学社社员
宣传组	谢超武	前日知会会员，柳营诗社主持者
	陶勋成	前日知会会员
	杨选青	共进会会员
登记组	马骥云	前日知会会员，振武社倡导者
	杜武库	前日知会会员
	孙鸿斌	前日知会会员
军备组	刘顺福	前日知会会员
	姚金镛	前日知会会员
	胡效骞	前日知会会员
庶务组	蒋秉忠	前日知会会员
	梁复昌	共进会会员
	李继广	前日知会会员
第一营代表	张喆夫	文学社社员
第二营代表	吴学斌	共进会会员

① 战时总司令部设有经理部，由蒋翊武、蔡济民负责，总粮台为王安澜，此处所记有误。

（续 表）

区别	姓名	备考
第三营代表	陈人杰	共进会会员
第一营副代表	马云卿	共进会会员
第二营副代表	尹奎元	共进会会员
第三营副代表	樊精纯	共进会会员
第一营联络员	范连升	前日知会会员
	涂占奎	共进会会员
第二营联络员	李振海	前日知会会员
	梁志超	文学社社员
第三营联络员	康代瀛	共进会会员
	诸义平	共进会会员
一营前队代表	陶福森	
一营左队代表	叶鸿盛	共进会会员
一营右队代表	耿毓英	共进会会员
一营后队代表	袁茂如	文学社社员
二营前队代表	李炳奕	文学社社员
二营左队代表	周荣棠	共进会会员
二营右队代表	汪正海	文学社社员
二营后队代表	周超武	文学社社员
三营前队代表	庞步骥	文学社社员
三营左队代表	杨炳山	共进会会员
三营右队代表	向少坪	共进会会员
三营后队代表	郑家荣	文学社社员
一营前队排代表	向致贵	共进会会员

（续　表）

区别	姓名	备考
一营前队排代表	王益芳	
一营前队排代表	方柏林	
一营左队排代表	刘占鳌	
一营左队排代表	刘元发	
一营左队排代表	吴鸿国	
一营右队排代表	阎海藩	文学社社员
一营右队排代表	卫定国	文学社社员
一营右队排代表	张金山	
一营后队排代表	余绍逵	文学社社员
一营后队排代表	刘明超	
一营后队排代表	易忠文	
二营前队排代表	孙成相	
二营前队排代表	余子林	
二营前队排代表	杨相如	
二营左队排代表	吴道洪	共进会会员
二营左队排代表	汪梦炳	
二营左队排代表	张保国	
二营右队排代表	邱明清	
二营右队排代表	胡宽佑	
二营右队排代表	陈兆雄	
二营后队排代表	吴元桂	共进会会员
二营后队排代表	郭又廷	共进会会员
二营后队排代表	胡道松	文学社社员

（续 表）

区 别	姓 名	备 考
三营前队排代表	邹子敬	
三营前队排代表	段云斋	
三营前队排代表	□□□	
三营左队排代表	张鑫山	共进会会员
三营左队排代表	郑树藩	共进会会员
三营左队排代表	何锦章	
三营右队排代表	陈保华	
三营右队排代表	安得胜	
三营右队排代表	童振球	
三营后队排代表	胡亮海	
三营后队排代表	徐振华	
三营后队排代表	孙焕标	

以上共 77 人，有未参加日知会、共进会或文学社者，但无一人不属于军队同盟组织。

（六）加强革命活动

至八月初三日（9 月 24 日），孙武以其共进会名义通知各单位同志就武昌胭脂山胡宅机关部开联席会，本标出席者蔡济民、杜武库、张鹏程、杨选青、梁复昌、涂占奎等，孙武在发言中指出：共进会已与文学社主持人蒋翊武、军队同盟主持人蔡济民洽商妥当，将所有各部革命团体联成一气。现在清政府强将川汉铁路收归国有，激起人民反抗，我们应乘此时机，向保路会接洽，扩大活动范围。一面电告湖南革命同志焦达峰等，依约响应；驻外地各新军同志应即分途准备发动。同时规定 16 字口号："盟心雪耻，光复汉室，直受党训，众志成城。”①

本标为了充分准备，事先派杨选青、吴学斌两人随负责交通同志杨洪胜渡江向汉口机关部领取炸弹，运藏本标一营厕所砖墙内，以便届时应用。宣传组陶勋成同志参加保路会开会，演说时力数清廷无道，媚外辱国，强收民股，等于抢劫。说到愤激时，自断左手食指，以表反抗决心。清吏所派便衣侦探，出而干涉，我陶同志在多人护持之下始得出场就医。翌日各报莫不竞载此爱国断指消息，人心为之振奋。

（七）炸弹案的发生与本标动态

革命统筹机关，原定中秋起义，此项消息，清吏已有所闻，乃将节日例赏酒肉提前发给各营，并于八月十三日（10月4日）发紧急命令：本军中秋节改在明日（八月十四日）过节、十五日照常操练，不得私出营门。并派有大批戈什宪警等分赴各营监视。不意是日上午孙武以赶制炸弹受伤，所有文件均被搜去。清总督瑞澂下令普遍搜捕，市面顿呈紧张状态。本标所藏炸弹亦于是日午间爆炸，士兵万德元、刘元发当场被捕禁，协统王得胜惊惶之余，令标统张景良查办。张即召开紧急会议，标代表蔡济民以事出非常，必须速谋补救，乃于开会前密商同盟官佐姚金镛、徐国瑞、胡效骞、吴长怀、王殿甲、蒋秉忠、张廷辅、谢元恺、王宪章等，于会议席上，联名提议3点：

1．二十九标发生炸弹案，本应严究，惟值风声紧急，不宜声张扩大，涉嫌士兵可从宽处理，以免牵连各级官长，激成事变；

① 16字口号语不见他书记载，亦未闻其他当事人道及，且不似当时语气，恐不确。

2．关于本协大营门守卫城门警戒，以及其他勤务，应选派干员担任，拟以二十九标一营前队排长王殿甲、什长孙鹏程率士兵一排警戒通湘门，二营右队排长李振海、什长汪正海率士兵一排警戒本协大营门，二营后队排长蔡国桢（即济民）、什长周绍武率士兵一排负本协营房内外巡查任务；

3．凡服勤务之官兵武器应配备齐整。此案得获准行，不可谓非一大转机。其守通湘门者得与南湖、坛角各标营队通声气；其守大营门者，得以令我同志随时暗中出入，而取联络；其内外巡查又系蔡济民同志，更可广泛活动。除此以外，本标于八月十八日（10月9日）下午复派龚霞初同志在机关部坐待消息；邱明清、戚坤如伪装小贩在清督署附近窥伺清吏动作。至此，本标即专俟执行命令。命令虽然接到了，而机关部的同志也被捕了。

（八）三烈士就义，继续执行起义计划

八月十八日（10月9日）下午8时，小朝街机关部被围。蔡济民化装往探，得知各领导同志被捉，或避匿无踪，街市宪警密布，行人断绝，当夜发动，料难实现。回营后即派同志周荣棠、邱明清、余子林等分途通知各标、营代表于明晨在通湘门外莲溪寺集会，商讨挽救方针。八月十九日（10月10日），武昌各城门迟至9时始开，以长绳牵隔中间，出入检查，蔡以巡查为名，驰至预约地点。蔡首谓：昨晚机关泄露，彭、刘、杨等3人被捕后通宵审讯，天明前已慷慨就义，其余如牟鸿勋、龚霞初、刘同等，尚在刑讯逼供中，现侦骑四出，势将按名搜捕，与其捕而后死，不如死里求生。今日之会，在于速决对策。依我之见，只有今夜下手，免得功亏一篑。当获到

会各代表赞成。遂各回本任，枕戈以待。

二　首义之夕

（一）右旗营房和发动前的准备

本标属第十五协，营房位于武昌东南角，协部大军帐坐北朝南，左为第二十九标标本部，右为第三十标标本部，靠东横列一楼一底营房 12 栋，每标六栋，每营官兵营房两栋。再向东为炊事房、厕所。中为大操场，大军帐距南大营门 450 米。出南营门可直达楚望台军械库，相距不过千余米；向左为通湘门，向右即中和门。出西营门有街名过街楼，与工程第八营操场相连。

八月十九日（10 月 10 日）上午，蔡济民与各标、营代表议定后，即回本营通知各营队代表准于今晚听点名号音在操场集合，鸣枪发动。逾时不见动静，事后方知上级官吏已令发号点名暂予停止。并派有委员，坐守营门。

（二）火光枪声中占领楚望台

夜间 9 时，见武胜门外火光冲起，继闻西营门外工程营枪声连响，渐渐人声鼎沸。此时蔡济民即率原来巡查队周绍武、施洪胜、邹承昌、胡道松等数十人集合出发，并向天放枪，同时大呼各同盟打开军械库强取弹药，到楚望台高地集合。蔡边喊边即冲出营门。守大营门的李振海、汪正海、江学行、李春山等亦随蔡等出营，沿途消灭旗籍兵士甚多，得与工程营发难同志熊秉坤、于郁文、金兆龙、马荣、邝杰等会合。当推定吴兆麟、李振海领队担负楚望台高地警戒任务；一面派联络员分途催促其他标、营响应。本标第二营代表吴学斌、尹奎元率胡春阳、张光荣等百余人；第三营代表陈人杰、杜武库率诸义平、何锦常等数十人；第一营代表张喆夫、孙鸿斌率马开运等百余人，到通湘门时，王殿甲、张鹏程率向致贵、吴鸿斌等20余人相继到达。张鹏程自告奋勇往南湖迎炮队入城，当与工程营同志金兆龙、三十标马明熙率队夺中和门而出。蔡济民即与吴兆麟、熊秉坤会商攻取督署计划。

（三）三路进攻督署

标代表蔡济民当时负本标革命发动指挥之责，即在楚望台指派孙鸿斌、张喆夫率第一营已到同志叶鸿盛等130余人为中路，会同工程营马荣部，出石灰堰向水陆街搜索前进，攻清督署东面；杜武库、陈人杰率第三营已到同志李焕章等60余人为左路，会同工程营熊秉坤部出津水闸向保安门正街搜索前进，攻清督署正面；蔡自率第二营已到同志王保卿等200余人为右路，会同工程营邝杰部出过街楼向王府口搜索前进，攻大都司巷第一镇司令部及督署后面。

各路进攻部队出发之际，张鹏程同志等已迎得炮标入城，带来山炮8尊。蔡即建议炮标同志将大炮置蛇山阵地分击督署和藩台衙门，并派本标同志邹承发掩护炮兵出黄土陂占蛇山制高点。此时坛角混成协炮队亦进占凤凰山高地。迎护炮标同志即分别加入3路进攻部队，开始进攻。临时口令为“兴汉灭满”，本标特别口令为“攻瑞”。

一路（即右路）蔡济民、邝杰部进至紫阳桥西，即与敌发生激战，敌退王府口，我队由大朝街绕商家巷出三佛阁向南进攻；二路（即中路）孙鸿斌、马荣部进攻水陆街，敌巡防营排枪扫射，阻我前进，遂处于对峙状态；三路杜武库、熊秉坤部进攻保安门正街，遇敌巡防营顽抗，本标同志秦汉卿阵亡，只好暂停前进。

是夜微风细雨，星光全无，革命党人固已实践预约，但革命军事未获联络一致；入城炮队又阵地待固，目标欠准；而敌人布防周密，大街小巷，布置重兵，素有军事经验的白寿铭、李襄邻正受命指挥抵御；其兵力有巡防营、旗籍宪警、督署教练队、辎重八营等，加以德式机枪，以致我各路进攻部队伤亡不少。

（四）增强进攻力量，会战督署辕门

正当进攻部队在敌火压迫之下几呈溃退之际，本标联络员范连升等来报：各标、营与各级陆军学堂的革命同志，业已分途来援。先是甘绩熙、方兴、李翊东领陆军测绘学堂学员一大队，到达楚望台，经吴兆麟、李振海配以枪械后，即接任楚望台警戒，其他步队同志始得抽调出来增援前线。

本标第一路援兵由姚金镛、张鹏程、梁复昌率领，与第四十一标同志胡廷佐、阙龙所部会合邝杰、蔡济民部向王府口猛攻，本标马荣卿等阵亡。敌退守大都司巷以机枪抵抗，相持甚久。蔡济民见事紧急，当商各领队同志分选勇士，抱必死决心组织敢死队冲锋。蔡部同志参加者有吴学斌、张金榜、杨德贵、王佐才等，即与邝、胡两部勇士数十人，利用黑夜，蛇行至敌机枪阵地，突起压制敌人射手，强扭枪口回击，敌人不支，得以乘机冲杀，击破敌人重要防线——清督署后面及大都司巷一带。蔡济民一面收集敌人枪弹，一面派张鹏程洽商乾记衣庄，以煤油烧所存衣被，霎时间火焰上升，督署目标鲜明，炮队威力大增。

我标第二路援兵由刘炳福、高尚志、蒋秉忠率领，与第三十标同志吴醒汉、方维所部会合马荣、孙鸿斌部奋勇击破敌人中段巡防营的防御线，自水陆街攻至长街，向督署东辕门进展。

我标第二路援兵由胡效骞、杨炳山、李继广率领，与第三十二标同志单道康、第三十标同志彭纪麟、谢涌泉所部会合熊秉坤、杜武库部，向保安门正街冲击，此为敌人正面，火力最猛，我标杨选青、谢超武、马骥云、夏一鸣同志等亦赶到参加战斗，敌人被迫向望山门败退。杜武库、杨选青、胡效骞等合力追击，占领保安门城楼，与城下各部取得呼应。炮八标同志陈国桢、金明山等亦自蛇山运来大炮两尊，从城楼上对敌轰击。至此，敌人防线全部动摇，纷纷向后溃退，我军已占绝对优势。

（五）攻占督署，瑞澂狼狈逃走

我军正向督署东、西辕门冲杀，督署大堂所列机枪，直线向外扫射，各部伤亡甚众，第二十九标胡春阳同志即于此时阵亡。此时蔡济民仍督队猛攻督署后面敌人，胡效骞、李继广、马骥云、陈人杰等与第三十标吴醒汉、马明熙、彭纪麟同志，工程营熊秉坤、马荣、伍正林、纪鸿钧、徐兆斌同志，四十一标王世龙、阙龙同志等，以必死之心冒敌人炮火喊杀前进，至督署辕门以内，王世龙、纪鸿钧两同志中弹殒命。胡效骞在钟鼓楼下纵火，杨选青、谢元恺、于郁文等在门房内纵火，督署门前，旗杆照得通明，炮弹接连命中，各部于此时奋勇百倍，一致冲杀，大堂上之机枪已无能为力，顽抗者只好作鸟兽散。时天已破晓，革命党人寻找瑞澂不得，后见衙内面西围墙洞开，方知其已作穿窬之盗，在辎重营管带萧安国保护之下潜出文昌门，逃登楚豫兵舰去了。我标杜武库、杨选青于督署占领后，即率所部分途搜索望山门、文昌门，并担任该处警戒。

（六）占领藩署，保护库藏

此次 3 路进攻队伍，合计约在 1000 人以上。督署攻克后，即转向长街与第三十标同志谢涌泉、马明熙、王文锦所部夹攻藩署。藩司连甲先犹顽抗，后见势不佳，乃率残部逃走。我标孙鸿斌、吴学斌即率所部至平湖门、汉阳门，担任该处警戒。

城内大致既定，蔡济民即派陈人杰、郑树藩等开文昌门模范监狱，欢迎被捕的张廷辅、牟鸿勋、龚霞初、刘同等出狱；又派张喆夫、王殿甲率一部分同志看守藩库，不得稍有损失①。电报局、官钱局等亦分别派人保护。我标于此时改发口令为“大事已成”。其余同志随蔡至阅马场谘议局前待命。

三　军政府成立

（一）黎元洪出任都督

自八月十九日（10月10日）初夜起，通宵作战至二十日（11日）午间，一般同志都忘食息，当时亟待解决之问题为革命政权的领导问题。原所议定者如黄（兴）、宋（教仁）等既未来鄂，在武汉的领导同志除被捕就义者外，多避匿无踪，而群龙无首现象，必须解决，乃以各标、营代表为主召开紧急会议，决定请黎元洪出任都督。黎以清政府高级军官，表示推诿；蔡济民一再陈说，黎仍有难色，蔡拔手枪厉声说道，事已至此，黎公再不允就，我等只有自杀，以谢同志，而慰死难诸先烈。黎见众议坚决，始不再让。全体欢声雷动。遂就谘议局地址成立军政府。黎以都督名义，统辖革命军政全权，另组谋略处。凡府内发号施令，一切重大事件须经谋略处议定，呈请核行。谋略处以吴醒汉、徐达明、吴兆麟、高尚志、张廷辅、

① 守藩库者，他书均谓为第四十一标胡廷佐部。

牟鸿勋、王宪章、蔡济民等 15 人组成，公推蔡济民为主持人，并成立军务、军令、参谋、内政、外交、理财、交通、司法、教育 9 部[①]及招贤馆和编制局。草创之际，规模粗定。

（二）筑坛祭告天地，传檄誓师

至八月二十日（10 月 11 日），军政府完全建立，汉口、汉阳两处同告“光复”。时议定将陆军编为步队 5 协，每协辖步兵两标；又独立炮兵 3 标，骑兵一标，工程、辎重各一营，输送队一标，总粮台一所。本日下午大东门东面突然发现武装旗兵（即满人当兵者）300 余名，由管带部翔宸率领，猛向我军政府袭击，经我担任防守之步炮各队同时应敌，遂将旗兵击溃。该管带部翔宸亦为溃散旗兵所杀[②]，此可为不明于顺逆者戒。经此一举，即由谋略处转奉黎都督核准，令派本标同盟多人，带领临时搜索队，联合各标、营四处警戒和侦察。军政府内部机构，亦次第树立。并择于八月二十五日（10 月 16 日）筑坛府前，由黎都督率领文武首义同志，祭告天地与黄帝灵位，庄严誓师传檄，宣明革命大义于中外。

（三）命将出征

自祭告天地，传檄誓师之后，军政府将军队编为步队 8 协，辖 16 个标，每标 3 营，所有领兵官佐，隶于本标同盟者：

1. 何锡藩为陆军步队第二协统领兼前敌指挥官；

2. 姚金镛为第二协步三标统带，张喆夫为第四协步七标统带，杜武库为第五协步九标统带，杨选青为第六协步十一标统带；

3. 陈俊德为独立宪兵营管带，孙鸿斌为独立辎重第一营管带，

---

① 开始时只有 4 部。

② 部被杀不确。

梁复昌为军政府警卫第一营管带，陈高升为第二营管带，刘炳福、宾士礼、胡效骞、陈人杰、吴学斌、王殿甲、李继广、李奎元、郭秉坤、杨炳山、邱明清、周荣贵等为各协标营管带；

4. 陈大章、许长发、余昭逵、夏长清、杨德贵、陶福森、张斗照、吴道洪、余子林、桂连科、安德胜、郭义廷、张金山等为各标营督队官队官排长；

5. 徐国瑞、耿毓英、王保民等为前敌指挥部作战参谋官，梁志超、诸义平为督战稽查官，范连升、涂占奎等为粮台督运官，周绍武、徐炳坤等为前线军械官，李其芳、邹琳等为战地军医官。

前敌指挥何锡藩奉令后，即督队出征，设指挥部于汉口刘祥花园。军政府谋略处主持人蔡济民，亦带领临时奋勇军一部开赴汉口，会同何指挥统率之步二协全部及拨辖之第一协步二标黄振中部、炮兵营黄驾白部、骑兵营黄冠群部、独立辎重营孙鸿斌部、独立机关枪队沙金海、独立敢死队马荣和方兴部，于八月二十七日拂晓，开始与清军作战于汉口大智门一带①。

四　阳夏战役

（一）初战获胜

我军于八月二十七日（10 月 18 日）拂晓，开始进击清军，相持至午，即占领刘家庙车站（张彪所统清军大本营地址）。二十八日黎明，何指挥令各部队相机前进，即与清军遭遇，扩大全线作战。

① 蔡领奋勇军渡江作战事，非实。

延至下午，发现敌方由北开南火车一列，满载敌兵，何指挥即令我炮标用排炮轰击，当将火车与铁路轰毁，步队向前冲锋，敌兵分向三道桥、滠口方面溃退。刘家庙左、右阵地，全为我军占领，何指挥即进驻造纸厂。是役，获得枪弹500余箱，米、面1000余包，帐篷500余个，还有背包、皮鞋等类。初次出征，有此胜利，汉市商会备酒肉犒劳，放鞭炮致贺。何指挥报军政府告捷，府令嘉奖；并着蔡济民将奋勇军交何指挥统率，仍回谋略处策划军事。九月初一日（10月22日），清军退守之三道桥阵地，得了大部援兵，连次向我进击，均不获逞，何指挥报请军政府增加兵力。

（二）张景良贻误戎机

九月初三日（10月24日），军政府令调第二协步九标杜武库部加入前线作战。何指挥即于初三日命令各部队于拂晓进攻清军之三道桥阵地，相持竟日。而敌方增加生力军数千，挟着德国式的新炮火向我猛击，我军不支，大有伤亡。何指挥左臂受伤，因之部队撤退至刘家庙东北方面，设防抵御。军政府准何指挥请假治伤，另以府内参议官张景良继任指挥职务。张留学日本士官学校，学术颇优，回国后任我第二十九标管带，八月十九日起义之夕，归顺革命，当时一般同志，为爱惜其才，故荐充军政府参议官，又荐充前敌指挥。张奉命后，即赴前线，分令步队五、六两协与炮、马标营并机枪队、敢死队等，于九月初六黎明，向敌人进攻，战斗整日，未获进展。虽经我总预备队分批增援，无奈敌人兵力雄厚，炮火猛烈，难以抵御；且作战紧急之际，张氏未亲临前线指挥，对于战略亦未相机变更；部队作战过久、精神疲劳、补充缺乏，以致被迫退守刘家庙以南阵地。炮兵统带蔡德懋、步二十九标管带李继广、队官胡庶康、敢死队长马荣等阵亡。军政府驻汉支部长詹大悲查明战况实情，认为张景良指挥不力，贻误戎机，拿获到部，报请军政府严办。黎都督以张之罪无可赦，准其按军法就地处斩。事后蔡济民曾引咎语人：张虽有军事学，而缺少作战经验，临时畏惧，致遭失败，殆亦赵括、马谡之流，空能读兵书也。

（三）汉口失守

自张景良按军法处斩后，军政府令派王安澜、杜武库为前敌正、副指挥，整备反攻。因我军折损过半，补充需时，而敌人则大集兵力，并加配新式机枪大炮，于九月初七（10 月 28 日）拂晓，全面猛扑，我军受挫，由三道桥一带阵地退守至六渡桥，本标同盟步四标统带谢元恺、炮兵管带孟华臣、步兵队官陈大章等阵亡，步三标统带姚金镛、管带刘炳福、杨炳山、队官陈保汉、排长王宗秀等负伤，其他部队官兵伤亡亦多。军政府据报，特派蔡济民、吴醒汉、张廷辅、吴兆麟、蔡汉卿、高尚志等赶赴前线督战，以安军心而壮士气。

革命先进黄兴于是日由沪来鄂，面黎都督，愿领兵赴前线挽回颓势，军政府全体同志狂热欢迎。当挑选老练官兵 1000 名，交黄率领；黄于本日晚，即抵前线，策划反攻。各部队公推黄为临时主将。九月初八日拂晓，以徐国瑞第三协步队，担任进攻正面前锋，步三标管带郭秉坤任前卫，杜武库标任右翼，杨传连标任左翼。黄兴自领之老练官兵千名，编为 3 个督战大队，分担左、右、中三面督战与补充任务。一同进攻清军于歆生路一带，获得全面胜利。我军正向大智门挺进，而敌人大部援军已到，我军退守原阵地，我指挥部设于汉口四官殿庙内。在初九、初十两日，尚可相持，不料敌人又增加生力军 2 万多名，配合江中兵舰，水陆两面，向我夹攻，我之后援不继，迫使汉口失陷，退守汉阳。

（四）黄兴登台拜将

汉口于九月十一日（11 月 1 日）失陷，军政府于翌日（九月十二日）召开紧急军事会议，黎都督发言：“此次汉口失利，虽因军火与兵力薄弱，然实与主将之威望有关；兹拟请革命先进老成干练的黄兴同志为主将。”众皆热烈欢呼无异词，遂选任黄兴为武汉首义战时总司令。即日筑台于府前广场，黎都督亲率各将领，齐集拜将台前，依照古礼，举行拜将仪式，授旗授印；黄兴登台奉命后，当即组成战时总司令部，设总部于汉阳西门归元寺，以李书城为参谋长，田桐为秘书长，高尚志为副官长①，蔡济民为经理部长，吴兆麟、姚金镛、宾士礼、吴醒汉、高震中等为参谋。总部所辖兵力，除原有首义整编各部队外，另增有湘军王隆中②之陆军步一协，甘兴典之陆军步四协，曾继梧③之独立炮兵团；并指派我首义之第五协熊秉坤部、将校决死团全部④、独立敢死队全部及广东来援之先锋队杜林部，合编为总预备队。此时汉口、汉阳隔岸对峙，敌我不过时有互击。

九月二十六日（11 月 16 日），黄总司令派第六协步十一标杨选青统率全标由汉阳南岸嘴潜渡至汉口龙王庙，反攻敌人正面，并与左、右两翼纵队之湘军密取联络；同时分令湘军王、甘两协

① 黄兴副官长为王孝缜，字勇公，福建人，日本士官学校第五期步兵科毕业。此处所记有误。

② 王隆中，字怀川，湖南武冈人，日本士官学校第六期毕业。湖南起义时，以四十九标标统升任协统，九月十四日（11 月 4 日）率湘军援鄂。

③ 曾继梧，字凤岗，湖南长沙人。日本士官学校第四期炮兵科毕业，继姜明经任独立炮兵团司令。

④ 汉阳战事紧张时，各地来鄂投效之人员，组织将校决死团，团长为金鸿钧。其布告有云：本团以兴汉灭满为目的，视死如归为宗旨，年龄限制在 20 岁以上 30 岁以下者。成立未久，即由战时总司令部统一编并为游击队。

统相互并进；又命总部参谋姚金镛带领一支队由武昌下游青山偷渡至汉口刘家庙，袭击敌人后面；又命炮队与机枪队分配各路，择适当阵地援应，并遣督战大队督同各部队，准于当晚黑夜分路前进。是晚风雨交加，我军接连潜渡，前锋已到达歆生路及居仁门一带；敌人增加机枪炮队，向我猛击。我军困于道路泥泞，又因前锋标统杨选青未亲临前线，官兵勇气不坚，失掉左、右两翼联络，担任左、右翼纵队之湘军，以地形不熟，竟先退却。其由武昌下游潜渡进袭之别一支队被敌方海军兵舰之探照灯发觉，被迫撤退。因此种种情形，我军各部队均不得手，反有损伤，黄总司令传令，仍退守汉阳。

步十一标统带杨选青担任正面重责，竟临阵不前，致使军心涣散，由黄总司令报军政府，经提交军法审判，按照军律处决。本标同盟，对之挥泪。盖因其革命有成绩，才智学术，均有可取，只以青年气盛，认一时之委派不当，冒临敌抗命之嫌，罹于刑戮，孽由自作。然亦可为青年意气用事者鉴戒。或有谓杨选青临阵招亲，违令处斩，此是讹传[①]。杨伏法后，军政府念其起义有功，优给棺木，本标同盟以私谊治丧安葬。所遗十一标标统缺以管带尹奎元升任，递遗管带缺，以汪正海调补。

（五）汉阳失守，退保武昌

黄总司令自反攻汉口失利，退守汉阳后，仍令我首义各部队担任正面防御；湘军甘兴典部防守左翼，湘军王隆中部防守右翼。十月初一日（11月21日），清军新添兵力3万余名，配合大炮70余门、

① 杨选青被诛一事，据梁维亚先生谈，当时同志多人向军务部长孙武求情，孙坚持不允，并怒向众人道：再有请者，一律问罪。一般人说，是晚杨行婚礼是事实。

机枪40余挺，由冯国璋统率，向我汉阳开始进攻。以汉阳地形论，有山岭，有湖沼，利于构筑堡垒，扼险防守；无奈我军旧者伤亡过多，新者不耐战阵，枪支炮火，补充为难。敌人由侧面孝感县绕道至汉阳蔡甸镇及仙女山、汤家山等地，袭击我汉阳左翼之北三眼桥。担任左翼前线之湘军甘兴典部，借口敌兵雄厚，私自退却，牵动我军各防线。黄总司令据报愤极，亲赴前线督战，与清军对敌于美娘山、磨子山、扁担山、锅底山各地，艰苦血战达三昼夜。九月初四日，黄总司令调我首义步四标孙鸿斌全部任敢死大队，配合各部队，大战清军于磨子山。我军奋勇夺回三眼桥阵地，孙鸿斌亦临阵负伤。初五、初六两日，战事尤烈，清军另一部架桥渡河，进袭我美娘山堡垒。湘军统领刘玉堂应战阵亡，以致美娘山不守。又有清军一部，从琴断口、舵落口架桥渡河。我方担任左翼之湘军甘兴典部，于事先全体偷逃回湘，清军以无抵御，遂长驱直入，占据我各山堡垒。我军退守龟山西十里铺、黑山一带，清军复于十月初七日分两路，一自龟山北，一自龟山东，同时向我进击，使我龟山不守。敌人利用龟山高顶，架炮四射，总部参谋次长杨玺章阵亡。本标同盟步三标管带王殿甲、郭秉坤，步八标管带熊义廷，步九标队官张斗照、排长桂连科、督战员李儒清[①]等，亦均阵亡（不属本标同盟之阵亡官兵更难计数）。延至午夜，汉阳城厢，全为清军所据。黄总司令搜集残部，退保武昌，向黎都督陈述失败原因：

1．我方新兵不习战、不耐战；

2．湘军甘兴典部，临阵退缩，率部先逃；

---

① 李儒青，字仲生，贵州兴义人。宣统二年入武昌陆军第三中学，起义后编为汉阳敢死队，派充临时指挥，十月六日（11月26日）战死。应不属于二十九标同盟。

3．总结为兵不用命，将不听遣。因之黄总司令坚请辞职，并引咎自责。

十月初八日（11 月 28 日），军政府召开紧急军事会议，议定以蒋翊武护理战时总司令[①]。一面整理军队，一面致电各省请援。十月初十，又召开军事会议，议定以蔡济民为军务部副部长，高尚志为近卫军统领，甘绩熙为军政府参谋，姚金镛为参谋部次长，宾士礼为参谋部高级参谋，蒋秉忠、耿毓英、王保民、高震中等为军政府军事参议官，窦秉钧为第三协统领[②]，杜武库为第六协统领，此皆属于本标同盟者也。

此时，步二协统领何锡藩部防守武昌城厢；第三标统带胡效骞部警戒各城门；步三协统领窦秉钧部固守凤凰山至青山一带阵地；步兵管带王保卿率部防守武昌下游要塞，并协同归顺之海军巩固江防。

五　本标第三营郧阳反正情形

辛亥七月间，清湖广总督瑞瀓，知军队多革命分子，为采取分散政策，限令本标第三营管带张楚材，于七月二十日以前，将所部调驻郧阳府城。武昌起义消息传到郧阳，只有知府伍铨萃得知，其余军民人等闷在鼓中，虽有商贩往来传说，究不得其真相。我驻郧的军营同志，焦迫不已，力向电报局探询，才知武汉发动

① 战时总司令黄兴离职之后，原以万廷献继任，万以事不可为离去。万为湖北鄂城人，日本士官学校第一期炮兵科毕业，曾任南京陆军第四中学总办。

② 耿毓英，湖北枣阳人；王保民，湖北汉阳人；高震中，湖北武昌人；窦秉钧，湖北武昌人。

的真实情况。接着，即由副营代表樊精纯，密约各队代表，商议办法。办法尚未决定，突接清知府伍铨萃通知：调本营前队队官庞成功，即日率队开驻竹山县城；左队兼代队官樊之淦，即日率队开驻房县县城；后队暂代队官沈权，即日率一、三两排开驻保康县城。均以待命剿匪为名。又接清襄郧兵备道喜源通知：调本营管带张楚材，率右队官兵速开驻襄阳府城。这样，留驻郧阳府城队伍，仅有本营后队第二排长康代瀛所领之士兵一排。后队暂代队官沈权知事不祥，密向城中各界联络，各界俱同情于革命，即在九月二十四日（11 月 14 日）反正[①]；十月初十（11 月 30 日）竹山亦反正。竹、郧两处队伍会合组成郧阳府革命民军司令部，推庞成功任司令。驻房县之本营左队亦由营副代表樊精纯于十月初六（11 月 26 日）反正，仍推代队官樊之淦主持房县并兼领保康县事务。各地同志，互相商议，公推代表康代瀛[②]晋省请示机宜，行至安陆，恰遇安襄郧荆招讨使季雨霖，说明武昌起义后情况，嘱其不必晋省，并议定将襄郧陆军与巡防营合编为混成协，令派庞成功任统领，沈权任第一标统带，陈德元任第二标统带，康代瀛、

---

① 丁复所作《郧阳光复始末》略谓：九月二十四日（ 11 月 14 日 ）清晨，以参事会名义通请绅商学各界人士会商地方要公，到者 60 余人。首由沈权演说革命大义，座中仍显犹豫，翁人健厉声曰："要为满人，即为满人，要为汉人，即为汉人，不满不汉，作壁上观，既非黄帝后裔，亦非清朝忠臣；如赞成反正，应即明白表示态度。"当由聂炳基取柬帖大书"为兴汉灭满事，愿表同情者，签名于后"。首由沈权签名，余人照办。在群众压力之下，郧阳知府伍铨萃等均书名于后。郧阳既庆"光复"，乃组织军政分府，以伍铨萃为分府总裁，沈权为司令官，樊之淦为军务支部长，陈德元为参谋支部长，原前队队官庞成功为军事顾问。其后奉季招讨使令北伐，庞任支队长，进占紫荆关、淅川等处。

② 康代瀛于光绪三十二年由二十九标考入特别小学堂仁字斋，由朱次璋介绍入文学社，充二十九标三营后队司务长，郧阳反正后，赴房、竹两县，联络前、左二队反正。时邮电不通，康独携文件赴省，行次安陆，奉季招讨使面谕，先将军政新印领回，迅即出兵援陕。民元 2 月 1 日回郧。2 月 11 至 13 日，郧阳各部先后向紫荆关出发，并加以占领，后以和议告成中止前进。

郑家荣分任第一、二标教练官，由统领庞成功督率援陕，以潼关为目的地。因此时陕战方亟，鄂须派兵出援，从襄郧到潼关须经过河南淅川之紫荆关，是时，伪官伪吏一概逃散，我军前锋所至，即行占领。此本标第三营在郧属之经过。

至于营管带张楚材被兵备道喜源调到襄阳时，大遭其忌，队伍尚未安顿得所，又令其率部戍防安陆府。迨喜源逃走无踪，郧属全境就抚，季招讨使致书张楚材，劝其来归；张一时功名心炽，竟自组军政分府，自称大总裁，招兵买马，勒款派捐。季使以其措置失当，一再告诫不听，遂下令讨伐；张自知理屈，缒城逃走，季使将其部队重新整编。未几，季使奉命为第八师师长，樊之淦、沈权、康代瀛、樊精纯等分任旅、团、营长。此本标第三营在安陆之经过①。

尾　声

蔡济民在首义作战时期，任经理部长及军务部副部长，民国一经告成，改任军务司长。袁世凯受黎密约，以大总统名义电召湖北首义功勋晋京，蔡谓此为调虎离山之计，非善意也，故多次被召而不往。人犹不以为信。未几，首义有功之张振武、方维，果被杀于

① 张楚材在安陆情形，可参看谢楚珩、梁钟汉两人的回忆。唯据朱次璋所作《郢中战史》则张楚材亦无可厚非。原文略谓：襄郧道喜源，将张调至襄阳， 又恐患起肘腋，遣之安陆。十月初， 民间谣传鄂省民军将到，张以有机可乘， 密令樊松联络田文荃、田文蘖所办民团，再由田联络府卫队。初五日早（ 11 月 13 日），张令队官张胜祥，排长赵振汉、杨得元、刘德魁等分守城门，自与马队排长白永奎攻府署，卫队倒戈，清知府桂荫逃出府署， 自缢于学宫；统领刘温玉亦仓促夺门出走。喜源益惧，故张国荃等得以顺利占有襄阳。

北京。蔡认为剑及屦及，势难袖手，讨袁兴兵，奋起从事，虽失败亡命，其气不馁。1917 年，奉孙中山先生命，在鄂东武穴镇树帜护法。兵败，匿古庙匾额中，一日两夜，得以化装逃出无恙。不料靖国之役，由重庆返利川途中，竟为川军旅长方化南所杀害，年仅 33 岁。蔡生于清光绪十二年腊月二十八日（1887 年 1 月 21 日），死于民国 7 年腊月二十七日（1919 年 1 月 28 日）。蔡济民为本标革命之倡导者和组织者，又为辛亥首义之重要人物，特述其结果以终篇。亦纪念之意也。

（选自全国政协文史和学习委员会编《亲历辛亥革命》，中国文史出版社 2010 年 12 月第 1 版）

回忆参与第二十九标起义和招讨安襄郧荆经过

谢楚珩 *

一　八月十九日（10 月 10 日）

清晨暗云低迷，凄风惨淡，我住在右旗营里，感觉空气沉闷而紧张。一个买菜回营的伙夫说："制台衙门里杀了 3 个人。"大众惊异地问："你知道杀的什么人吗？他们犯了什么事呢？"他现出一种愁惨的声容说："我没有摸清，听说是革命党。"这真是晴天霹雳，使人惶惑。因为当时并不知道小朝街的机关败露，彭楚藩、刘尧澂以及近在西营门外的杨洪胜等同志被捕。我就和杨舜丞去密问廉泉（杜武库字，杜是第二十九标第三营负责同志）知道详情否。

---

* 谢楚珩：时为湖北新军第八镇第十五协第二十九标第三营士兵，后任段祺瑞"参谋军"第二师参谋长，武汉文化界抗敌协会负责人之一。本文原标题为《回忆辛亥首义和招讨安襄郧荆经过》。

他说："幼香（蔡济民字，在营名国桢）已着人打听去了。我们力持镇静，听总机关的信吧。"早操的时候，有 3 个穿便衣的人把第三十标一个排长带走了（即张廷辅，小朝街的机关系其寓所）。一般人相喻无言，同志们更心中有数。加以宝善里总机关部炸药失慎，党人名册被俄捕房送过江，督署将按名捉拿的传说喧嚣一时，大有人人自危、迫不及待之势。比及探悉拂晓被杀的是彭、刘、杨 3 人，大家同深悲愤，说这是一个无法补偿的损失。午后，杜廉泉密告各同志，今晚一定动作，乘此时间休养精神，准备晚上好好地干他一场。

入夜之初，由于清吏戒严，营中初甚寂静，不似平常的喧嚣，大操场里竟比小操场的人少些，但亦不能禁止大众活动。虽然各队各排的头目们纷纷集合所属讲话，警戒大家说："外边风声很紧，谣言厉害，切忌'放趟子'（不请假出营的别名），免惹出乱子来了，担不起……"但这些话只能慑服一般弟兄，对革命同志一点作用也没有；就是戒严了，也不能杜绝我们同志的活动。原来执行戒严令的人，很多是我们的同志，或者是同情革命的好弟兄，这是起更号后和转更号前的情况。那时营中夜晚照例有五种号音：从日没起，起更、上自习、下自习、转更、熄灯，共约 3 个小时。起更、转更是沿用绿营旧称，这两次号必须点名。自习并不实践，熄灯号后就寝，其实也不尽然。

熄灯号后，夜 9 点到 10 点钟，军中气氛与平时大不相同：平时是由喧嚣转入寂静，此夜由寂静渐趋活跃。我们第二十九标的第二、第三两营由于大部队伍开驻天门、潜江及郧阳府署去了，留守的是学兵和有病与体质弱的少数目兵，蔡幼香是留守的排长，胡效骞是留守的队官，因此我们的行动并没有受到戒严的很大限制，三三两两地到大操场边沿，仰望天空的信号。忽见西北角有红光一片，但很微弱，一位同志说："恺字营起火了，这是革命发动的信号。"又一位同志说："为什么火光这样小呢？"因天空红光微弱，模模糊糊看不清，所以引起同志们的猜测怀疑。

正在这个当口，砰！砰！工程营的枪声响了。工程营距右旗很近，听得很清楚，同时各营都有人出来张望，一位同志说："工程营确实动手了。"大家都说："我们干吧！"顿时冲破了寂静的空气，大家都兴奋地回棚持枪站队，并先取出三角巾缠于左臂，这是事先预定的起义标志。我营数十人站出以后，蔡幼香即将第二营数十人整队带至大操场，我们仍照平常标行军的次序，紧接第二营的队尾向楚望台前进。此时第二十九标第一营及第三十标暂未出动。第一营最初曾由管带何锡藩强迫士兵入营后马号暂避，借以观察动静，营中革命同志当然不甘伏枥，有单独离开该营驰往楚望台的。不久，南湖炮队进入中和门城楼，向右旗发一炮，弹着第一营楼顶，瓦片纷飞，第一营队伍即在革命同志策动下一轰而出，何管带也莫可如何。第三十标第一、第二营的官兵多旗籍，当时对起义军并未敢抗拒，其非旗籍的同志接着也就出动了。唯第一营管带部翔宸曾纠合一部分旗籍官兵袭击谘议局，是起义之夜以后的事。

我随着队伍进入楚望台时，军械库门已洞开，许多革命同志在库内取枪、库外试枪，纷纷攘攘，也不知道谁是负责指挥的，充分表现了各自为战的精神，同时也有群龙无首的顾虑。幸而总机关部事先决定临时发难计划，曾由各营负责同志秘密传达，此时尚能大致按照实行。当时到达楚望台的队伍，首为工程营与第二十九标第二、第三两营，各营、队亦接踵而来，但无一完整部队。革命分子取得枪弹以后，即以攻击督署为唯一目标，当以一大部分进攻督署，以一小部分守卫军械库，我被分派担任楚望台前的防御工事，一面警戒敌人，一面静候攻击督署的好音。接着南湖炮队分途进城，同时进入了中和（即起义门）、保安两门城楼及蛇山上的炮兵阵地，利用王府口市房一栋被焚的火光，向督署集中射击，协助各营步队进攻。初还遭到督署卫队的顽强抗拒，比及炮兵施展威力，瑞澂、张彪、铁忠等为了自己的生命，也顾不得再逼迫卫兵抵抗，便从署后穴墙逃跑。约及转钟2时许，我们在楚望台战壕的同志即接到督署攻下的喜报，一时欢声雷动。

至于这夜进攻督署的布置由谁发号施令，何人领导奋进，各同志的记载很多，我不必重复叙述。这一夜的口令是“攻备”二字。我在楚望台前面发现有人接近时高呼：“口令！”当然来者应一声“攻”就行了，或者我呼“攻”，彼应“备”亦可。也有极个别的同志，在守卫人高呼之下，说着“不要开枪，我们是攻备呀”，引起一笑。再者参谋部为了保守秘密，口令随时变更，当新口令未普遍传达时，有人仍用前一口令应答，对方纠正他说：“口令又换了的，你还不知道吗？”并告以新口令。这虽说保密性不够强，也表现了同志间的亲切和关怀，当然这只是对于似曾相识的同志才这样，对于敌人是绝对不会的。

二　由编练新军到夺回刘家庙的战役

起义的第二天，大家都忙着推举都督，组织军政府；同时为了积极作战、编练新军，参谋部决定先编5个步兵协。其他各协的领导我不必叙述，我所参加的是熊秉坤同志统领的第五协第九标。因为第九标的统带（军队各部名称，暂用清制旧名，旅、团是后改的）是杜廉泉同志，我和杜同志是同营同学，他的年事较长，我们很多年小于他的同学，都呼以“杜拐子”而不名，以示尊重（当年营中的拐子，即是大哥的别名）。杜统带组织标本部时，派我当书记官，并教练新兵。我欣然奉命，当即从事招募，不一日即由各营分别募齐，次日开始训练，很简略地通过徒步基本动作，即进行持枪教练，着重教授装子弹和瞄准射击，这样的教练进度真是前无古人。刚刚训练 3 天，就接到命令，开进汉口前线。初出茅庐的任务，是追随义军各部驱逐盘踞刘家庙的敌人。那时敌人的兵力是河南的一个混成协（相当于独立旅），另有由省垣出走的辎重第八营和张彪的一部分卫队，兵力并不算大，士气也很消沉；但经过训练且未破坏建制，是其优点。八月二十六日（10 月 17 日），我军开始向敌人进攻，敌人采取守势，初，彼此仅只侦探小冲突，大队相持有半日时间。这时汉口人民冒着弹雨硝烟，把茶水、饭食送到我军前线，给了我军很大的鼓舞，再也不愿伏在地面打靶了，于是鼓起锐气，奋勇冲锋；敌人前线动摇，来了一个“向后转的跑步”动作，我军紧急追击，一直追到刘家庙，到达三道桥桥头。敌人扼守桥之北端，架着机关枪阻拒追军，我方敢死队同志奋不顾身，向前猛扑，行至桥中，敌人机枪连续扫射，我同志壮烈牺牲的趾踵相接。后续部队为避免无益牺牲，暂与敌人隔桥对峙，这是我自参加战斗以来印象最深的一役。这一役虽未能追奔逐北，且喜完成了驱逐敌人出刘家庙的任务，并且救回了身受四枪未死的萧国宝同志。

三　萧国宝饮敌四弹，仍庆生还

萧国宝号品珊，湖北江陵人，陆军特别学堂同学，辛亥革命的前进分子。起义之夜，辎重第八营管带萧安国率领该营绕道汉阳拖至刘家庙据守，以待北军应援。都督府同志等以辎重营原系湖北军队，无妨召回参加义军，又以萧国宝与萧安国同是姓萧，因商请国宝与姚斌等四人往说萧安国。萧、姚及另两人同由武昌渡江前往，不料另两人中途脱离，萧、姚两同志仍凭一腔热血，毅然驰赴汉口江岸车站。萧安国见面问道："你们来干什么？"两同志说："我们来接管带回武昌共同革命的。"方将敷陈革命大义，安国即厉声说："革命？你们知道什么革命？"当叱护兵带下去押起来。这一闷棍，真把两位青年志士打得死去活来。第二天，河南混成协协统亦到车站，萧安国竟将两同志交给该协统处置。同时，另有一位由孝感来汉的学生，因剪去辫发被认为是革命党，一并捕交。就在这一天的下午，河南协统也没说什么，糊里糊涂地将 3 位青年押到铁路旁的一块空地上迫令跪下，即由河南兵在后面和打跪靶一样打了几枪，3 人同时倒地。当时萧、姚两同志并未气绝，姚同志未能忍痛，发出呻吟，那兵说："这小孩还没死，待我找补他一下子。"姚同志便牺牲了。又一兵说："这个小孩恐怕也没有死吧？"另一兵说："管他呢！"便各飞起一脚，把他们 3 位踢到铁路脚下。时至薄暮，我军乘胜追过江岸。萧同志初还不敢遽然行动，待至入夜，始潜起膝行而南，待到安全地带，得人扶持，送往汉口军政分府，即由分府同志送往武昌陆军病院治疗。八月二十七日（10 月 18 日），我和孙翊中（南溪）同志特往病院去看萧同志，这些情况都是萧同志谈的，并指搭在床架上的血褂裤给我们看，真是血迹模糊，惨不忍睹，禁不住热泪夺眶而出。萧同志身受四弹，一由左胁下擦去一层皮，一在右胁下，伤较重，另一弹中大腿，一中左膀，身受 4 弹尚未殒命，亦属不幸中之幸。我们也找不到适当言语安慰，只说了一句："你安心养伤吧！同志们一定给你报仇。"我们带着沉重的心情走出病院，在路上谈起萧同志可能很快就恢复健康，姚同志已经光荣成仁取义，但那位来自孝感的剪发青年是谁呢?

四　刘家庙的战斗及汉口失守

我军驱逐敌人出三道桥以后，暂时扼守桥南，计划绕道进攻。嗣后荫昌驱北洋新军两镇南犯，以夺取刘家庙为其主要目的，我军对此劲敌，当然不肯忽视。临时指挥何锡藩辞职，黎元洪以张景良继任，那时我以书记官身份参加战役。第五协统领熊秉坤所担负的任务，是以第九、第十两标在造纸厂一线构筑战壕，抵抗北军南犯，并配合敢死队、将校团相机进攻。九月初六日（10月27日）拂晓，战斗开始，敌人恃其兵器较我军优越，企图一逞，我军奋勇抵抗，相持于造纸厂、二道桥一带。唯临时指挥张景良心怀叵测，并不身临前敌；而前线所需的弹药，又不及时供给，遂予敌人以可乘之机。我前线动摇时，新军纪律性薄弱，于是纷纷后退。第九标第一营管带李继广（号子香）同志督战无效，当以身殉，此外尚有阵亡将士数十人，已不能忆其姓名，其英魄忠骨当由教会丛葬于古德寺附近。

当刘家庙撤退之际，敌人炮火剧烈，我军队伍殊凌乱，直至歆生路（今名江汉路）西段至刘家花园一线，各标、营始在阵前集合散兵，分段据守。同志等感于这一线关系汉口全局，奋力抵抗，敌人更逞其凶焰，节节进逼，战斗较刘家庙尤为激烈（但看球场街外巍然六家，即可想见当年战况的一般）。终因敌我兵力悬殊，新兵未能沉着应战，又不免于溃退。汉口军政分府以张景良态度暧昧，既未身临前敌，又不充分接济弹药，遂绳以军法；对不及时供给弹药的罗家炎，并处极刑。在歆生路失守以后，部队虽损失过半，我首义中坚同志并未心灰气馁，仍加强张美之巷、土垱、六渡桥、满春等处的保卫，以少数人在各处利用掩体对敌人射击。其时荫昌已北返，汉上敌人由冯国璋负责指挥，冯竟纵火烧毁市房，我军誓守汉口的忠勇同志乃被迫退汉阳沿河布防，与敌人隔河对击。及黄克强同志任战时总司令，我军曾作数次反攻，虽未达到目的，但为此后推翻清朝争取了时间。

我在武昌阅马场参加黄总司令就职典礼后，奉调随安襄郧荆招讨使季雨霖筹备出发事宜，未再参加汉阳方面的战斗工作，迄今犹有憾焉。

五　安襄郧荆招讨使的设立

安、襄、郧、荆三府、一直隶州在前清原属一个行政区，名叫安襄郧荆道，辖安陆、襄阳、郧阳三府及荆门州，计 20 余县。

辛亥起义，对此等重要区域当然不能漠然置之，因此当阳夏战事展开时，鄂军都督府参议厅陈重民等向黎元洪提出收复旧安襄郧荆道的计划。所举理由约有三端：

1. 集中汉水下游的革命军队统一指挥，以增强革命势力。

2. 由汉水下游北岸侧击京汉路南犯的清军，截断敌军的联络线，可以压缩敌军的兵力。

3. 襄、郧在清吏喜源掌握下的军队，怵于革命军的声威，势将望风溃退，最低限度也可以消灭喜源东下赴援的野心。于是安、襄、郧、荆的收复计划获得都督府的通过和黎元洪的批准，并授予季雨霖以安襄郧荆招讨使的名义，饬速准备出发。兹将招讨使部属的组织、军队、沿途收复情况以及结束始末分述于下：

（一）由武昌出发

季雨霖字良轩，湖北荆门人，原系早期革命团体日知会会员。清末光、宣年间，充初级军官，在步兵第三十一标任第三营督队官时，因日知会机关败露，遂弃职而走[①]。历游东北及直隶、山东等省，无所收获，闻辛亥首义，兼程回省。都督府以属革命同志，而籍贯又在安、襄、郧、荆范围以内，因授以招讨使的职务。季雨霖受命后，即着手筹备，但人员、军队、粮饷俱无把握，乃由都督府调派参议10余人，加襄、郧各属在省军、学人士，作为招讨使的干部。又由都督府派刘佐龙所属步兵一团及李文安的炮兵一营随行，另由耿世全集合军队老兵编组一个先锋队，此外还领得一部分军饷。人员尚未分配就绪，即于辛亥九月三十日（1911年11月20日）出发。时汉阳战事正急，襄河出口一段水路已被遮断，乃绕道沌口溯流而上。其时招讨使的部队仅有刘团李荣升的一营开往仙桃镇停止待命，嗣后因战事吃紧，刘团的第二、第三两营及炮队并未随同西上。招讨使的基本队伍仅此一营与先锋队数十人而已。这是招讨使初期的概况。

（二）系马口到仙桃镇

武昌起义，汉川梁钟汉（瑞堂）、京山刘英（丹书）首先在汉川系马口、京山永滗河树帜响应，号召京、潜、天、沔及汉川各属同志和工农群众的有志青年编制军队，准备参加战斗。招讨使季雨霖与梁

① 光绪三十二年（1906年）冬，武昌日知会案，季被捕。翌年四月，因病由协统黎元洪、标统曾广大保释。辛亥革命回鄂，先任标统，汉口战事受伤，改任招讨使。

钟汉为日知会老同志，乃与少数同志先至系马口与梁联系合作，梁欣然同意，即以所部并入招讨部队，会同西进。十月初旬，抵仙桃镇，驻扎该镇善堂。其时新由狱出而任汉阳府知事的李亚东因汉口已被清军占据，书生胆怯，不胜炮火威逼，弃城西走，所领少数人沿途收集散兵，编为一营，由胡玉珍任营长，先驻入仙桃镇的龙华寺。该部初对招讨使有所疑忌，可能酿成冲突。某日夜间，曾由该部发出枪声，幸旋即停止。先是招讨部队到达之日，李往请见，以为彼此俱系日知会旧人，论公论私，无妨面谈。但季以李擅离职守，托言外出，未予接待。因李之失望而引起部下不安，或即夜间枪声的由来。嗣张难先劝季收编该部，那时招讨本部[①]自季至随行同志均以张系革命先进，甚为推重，当然一言九鼎，于是季收编该部，而旧友复归于好。

（三）招讨使本部的组织

招讨使内部在出发之初并无具体组织，凡属招讨范围内事务大家遇着就干，也没有谁计较职位和权限，但为办事分工起见，不能不有所区划以专责成，到了仙桃镇以后，始有分职之议。当时都督府创立伊始，无暇颁布招讨使的组织系统。乃根据本部同人会议的结果，决定设置秘书处及顾问官数人，分管军事、民政计划及决策，下设参谋、侦探、军需、军法、卫生、交通、庶务、书记八科；以张难先、梁钟汉、李亚东为顾问，以高仲和、陈重民、江竞飞等为秘书，各科则以章裕昆、童绍基、李澍、陈雨苍、耿毓英、耿纯烈、文宗祥等为科长，另有副科长及科员若干人。我忝任参谋科长，回忆仍感惭愧。这样的编组，人事上姑置勿论，就法制观点言是不大

① 据作者云："当时招讨使并无具体组织，一切均以招讨使名义行之，工作人员为办事方便起见，故有招讨使署、本部等称呼。"

完善的，不过分别负责，各有所司，避免了一事而数人分抓、数事又无人过问的现象[①]。

此外尚有两事：

1. 以季使个人名义寓函招抚巡防营统领刘温玉反正。刘曾任第十六协统领，素有刘浑屯的绰号，时受襄阳道喜源之命，驻钟祥县城内。季曾在该协第三十一标当过队官，以旧日的隶属关系劝刘应知清廷已无存在的可能，亟应迅速归附革命军政府，对公对私俱有裨益。温玉虽未置复，其部属则自知兵弱，卵石不敌，也不愿自相残杀，对刘很多怨言。刘怵于大势所趋，乘夜启北门而逃。

2. 派秘书陈重民赴永滏河与刘英联系合作。时刘在永滏河以副都督的称号，揭举义旗，编练军队，驻扎永滏河张截港一带，由其弟刘铁（璧如）及沈益世等统率训练。陈、刘均留学日本，在东京同时参加同盟会，革命友谊早已建立。陈晤刘极欢洽，商谈合作问题，甚是圆满。刘自愿取消副都督名号，军队交招讨使统一编练指挥。副都督一职，当时武汉同志间亦有不以为然者，但刘嗣后语我云："都督系同盟会军制的名称，原有大都督、副都督、三都督三级的规定。"[②]武昌首义推黎元洪为都督后，俨然唯我独尊，有他人不能假借之概，而刘亦即毅然取消，其服从舆论淡泊名利之心可见。

（四）沙洋两路并进

招讨使在仙桃镇住留旬日，即向沙洋前进。道经岳口，刘部已在此集中，列队道左，表示欢迎，小作盘桓，即随同出发。十月

① 《文学社武昌首义纪实》谓："分设军政、民政、财政3处，刘英、梁钟汉、江迪生任处长，谢超武任参谋长。"谢先生自谓系参谋科长。

② 江炳灵先生谓：3等9级，督、校、尉为3等，大、正、副为9级，《邹永成回忆录》亦作大都督、副都督、三都督。

十六日（12 月 6 日）到达沙洋，分别驻定以后，就着手部队的整理。以李荣升的一营及汉川梁部的第二营编作一团，以阙龙任团长；京山刘部编作一团，以刘铁任团长。总为一旅，旅长一职，此时尚未派定，连同在仙桃镇收编的胡玉珍一营，俱由招讨使直接领导。关于军事行动方面，当时有 3 个意见：其一是主张回击阳夏方面的敌军以解武汉之危。立意固善，但军队新编，未经过相当训练，虽号称两团，人员及枪械均未配备齐全，弹药粮饷的补充又毫无把握；而敌人则系久经训练的北洋建制部队，装备素较各省为优，彼此兵力悬殊。此一意见自然是通不过的。其二是襄樊被张国荃、黄仁荚占领，就地筹款，人民不堪其扰，地方望省垣起义军赴襄。而本部顾名思义，应以收复襄、郧为主要任务，自应积极前进，由襄阳继续北伐，亦无不可。此一主张，极为有力。其三是荆、宜方面，唐牺支由宜昌下攻荆州，驻防将军连魁负固不服，本部应即赴援，以收双方夹攻之效。适宜昌黄益安至沙洋，力说沙市商务繁盛，盐税积存商会巨万，樊城市场萧条，饷源无着。唐亦电请派炮兵援助攻荆。于是又有援荆的主张，与前一主张对立。季使乃决定两路并进：一路由高仲和、耿毓英等组织北伐团军务处，经宜城北进；一路由季使与李亚东等随带李荣升的一团直趋沙市。我被派留守沙洋，另派吕丹书、胡玉珍协同剿匪。

十月二十四日（12 月 14 日），招讨使抵沙市，荆州驻防旗人已向唐部投降，乃出示安民，并与地方士绅黄孝缉、廖汇川等联系。唐牺支因季重用以前曾与文学社为敌的施化龙[①]，对季印象恶劣，

① 《文学社武昌首义纪实》：第四十一标左队队官潘康时以同情革命被黎元洪撤职，改派施化龙充任。施到职后，称杨王鹏秘密结社，图谋不轨，旋被开除，李六如、钟倬宾并受重责。起义后，施避不见人。施原为黎之弁兵，既随季，季欲重用，故文学社同志反对。

几起冲突，经章裕昆、阙龙驰往荆州，劝唐顾及全局，毋为已甚。结果由双方会委李亚东为荆州府知事，另由季派廖宗北（汇川）、黄益安向商会提盐款数万元返沙洋。适因沙洋堤防伏汛溃决，亟待修筑，季乃派汪秉乾、杨经曲、熊树棠[①]负责修堤，一面整理部队，继续向钟祥前进。

（五）钟祥进城的波折

钟祥系安陆府的首县，刘温玉与张楚材曾借此作根据地，企图抗拒招讨部队，为襄阳保卫门户。张系第二十九标第三营管带，是年春夏间由省垣开往郧阳，与骑兵第八标第一营分负襄、郧10余县防务。起义军兴，喜源调张率领两队人移驻钟祥，协助刘温玉防范下游。季使与张系同乡，在沙市出发前即派汪尧卿持函先往商议反正。张函复同意，并电请协助，而心殊轻季，并无合作诚意。迨季返沙洋，钟祥已宣布独立，称安陆军政分府，张楚材为总裁，文学社社员郑炳贤为参谋长。季认为前进道路已无障碍，即派庶务科员黄警亚先运辎重由水路赴钟祥，季本人则与部队由陆路继进。不意辎重船抵钟祥竟被船关截留，季部接近城垣，张亦闭城拒绝。当由李廉方、廖宗北徒手驰抵城门，叩关而入，晤张探询闭城原因，张捏称黄警亚抗捐闹卡，并拒绝合作。经李等多方劝导，最后张提出以罚押运员铜圆1.5万串，军政民事由钟祥军政府自主为开城条件。季使无条件地暂予允诺，遂获进城。季、张相见以后，初犹表面周旋。嗣知张部郑炳贤、张信俱属文学社社员，亦即钟祥反正的策动人，阙龙、章裕昆与郑、

① 汪秉乾、熊树棠均湖北竹溪人。汪字子明，第四十一标士兵，复肄业高等警校。首义后，为警察筹备处协办，任荆江大堤总办。熊名茂萱。杨经曲名澧，原季招讨使之军法官也。

张夙共秘密，因获悉张楚材对招讨部队的阴谋。张部管带全明汉为报乃弟明洪的私仇（明洪系京山土匪，经刘英捕杀），竟弃黑山阵地出走天门。时刘部驻天门的为李济臣，李以为友军，与同志郑桂芳等往迎，竟被明汉惨杀。钟祥的文学社社员俱欲为死难同志报仇，因密会于胡玉珍的营部，决定驱张、惩全，并约定届时由郑炳贤告诫该部毋得擅动。章将此议告季，当获赞同，即于辛亥十一月二十日（1912年1月8日），密令刘铁于拂晓围攻张营，张仓皇逃避，乃将张氏截饷抗命、庇护匪犯等罪状布告周知，并电呈都督府备案。当刘部围攻之际，张部仅柴占奎及全明汉少数目兵抵抗，柴被当场击毙，全被捕获弃市。张部分别编遣，于是钟祥问题得以解决。

（六）奉令援陕筹备赴襄

招讨部进驻钟祥时，武汉与清军和议已有端倪，双方实行停战，但全国和议尚多障碍。清室亲贵疑忌袁世凯，梗阻和议进行；外而甘督升允、新抚袁大化等极端反动，准备进犯陕西，北京有抽调进犯武汉部队进攻山、陕民军之说。都督府为防和议决裂计，积极整理新军，增强实力，以便继续作战，因电令招讨部队援陕。同时入川第三十一标陈镇藩由资州反正东下，道经宜昌，并电令就近驰赴沙洋，与季招讨会合北进。该部由王志祥（伯皋）率敢死队先抵沙洋，季、王系荆门同乡，相见甚欢，遂同赴钟祥。迨张部问题解决，即整理部队，以原有两团编作一旅，以阙龙任旅长；王志祥敢死队编为一营，加原有胡玉珍一营、将校敢死队一队、刘仲升一队、孟占标骑兵一队，混合编作第十九团，由王志祥任团长。其本部组织，则分为军政、民政、财政3处，原有8科，分别隶属各处，于是筹备向襄阳进发。

（七）襄阳张、黄的疑忌

襄阳在起义时的兵力约有巡防营800人，城守营100余人，道署卫队数十人，总计不过1000人，俱极腐败。新军调襄协防的步兵一营已调移各县分防，仅骑兵第八标第三营的一部分80余人是比较进步的，因文学社社员章裕昆、郑炳贤、黄维汉、刘建一等在营内宣传革命意义，起义响应尚易，但与巡防营的兵力为1∶10，亦未敢骤发。适蒋翊武派谢远达（尊三）赴襄与章等联系发动，骑兵营管带孙长龄竟秘将所带子弹缴送道署，章、谢知事不可为，乃兼程回省请兵。都督即嘱章与季同往，但招讨沿途迁延时日，未及抵襄，而驻光化的骑兵张国荃（非革命党人）习闻革命大义，认为有机可乘，乃与同队李秀昂结合巡防营内的江湖会徒，于九月二十六日（11月16日）[①]由老河口星夜进取襄阳。喜源、孙长龄逃避，张即与知县黄仁荛组织军政分府，李秀昂收编旧营队，号称旅长，完全占领襄樊。迨招讨到达沙洋，张、黄以南阳镇谢老道（名宝胜）[②]素极顽固，虑其援助喜源回襄，因电招讨速驾，并派代表吴葆真到沙洋来面述襄樊情况；季亦派联络员庄印甫、朱海澂先往。庄、朱到后，张竟派兵监视其行动，检查其信件，是何居心，殊不可解，嫌隙既生，猜疑乃重。招讨在出发前夕，仍电襄阳说明钟祥逐张、惩全情况。张、黄复电，备述张楚材阴谋诡计，妄冀离间友军，使其自相残杀，彼收渔人之利，既经申罪致讨，仍乞严拿法办等语，

① 毛拔《襄阳光复记》：十月初八日（11月28日）恢复光化县及老河口，十月初十日（11月30日）恢复襄阳。见《近代史资料》1955年第四期。

② 南阳镇总兵谢宝胜，绰号谢老道。

同时派人欢迎招讨莅襄。招讨使本部及军队于农历十二月初旬向襄阳进发。

（八）南北统一，班师回省

招讨到达襄阳时，武汉已停战，但南北和议未成。伍廷芳与唐绍仪签订的和约清廷不同意，战事势将继续。招讨部决定继续北伐，适奉都督府电令："资遣各部冗卒，务须一枪一人，徒手兵一律裁去。"乃向张国荃商议改编军队，将所部编成一旅，张托病不受命。根据襄阳士绅报告，佥谓：李秀昂有野心，梗阻编遣。季使密令阙龙旅长相机处理。适李乘马过阙部，阙执法官刘仲升要击于途，李坠马殒命，另以该部许鸿钧代理队部职务，于是张部就范。继即编组北伐军为三纵队，以京山人曹进（字文思，曾任前清某营管带）为总指挥[①]，以原编第十七团为中央纵队，第十八团为左纵队，许鸿钧部为右纵队，任阙龙等为各纵队督战官。季率本部卫队随同出发，前锋到达河南新野以北向南阳进发。季抵新野县城，接都督府1月28日电，令饬"速率所属部队由原地（指新野）出发，向南阳前进；如于现在情形无所障碍，即向遂平县续行进发，以扰乱敌之侧背"，尾署"大元帅黎元洪"。我们此时始悉都督已是大元帅了。师行在途，又奉都督府元电，略谓："接保定段军统（祺瑞）电：'北京今日（2月12日）宣布共和。'同深鼓舞！升允向抱排汉主义，不可不虑；除电西安张都督全力抵御外，该军可速开往西安援助。"但由南阳赴西安的道路，经过豫境，易致误会，遂班师返襄。嗣后新抚袁大化表示赞成共和，升允陷于孤立。大局粗定，招讨部队遂奉命回省

① 曹进，湖北京山人。原任第四十一标第三营管带，后调升江苏第二十三混成协第四十六标统带。

改为鄂军第八师；次年，黎元洪主张裁兵，全部退伍。至此，安、襄、郧、荆招讨使部队完全解散。

（选自全国政协文史和学习委员会编《亲历辛亥革命》，中国文史出版社 2010 年 12 月第 1 版）

第三十标辛亥起义事略

鲁祖轸 *

我以家境贫寒，不能继续求学，乃于清宣统元年四月投笔适鄂，投效湖北陆军第八镇第十五协第三十标三营后队二棚当兵，正目彭纪麟、副目李春亭。宣统二年二月考升本队五棚正兵，正目陈佐黄、副目徐雄楚。每日学术科完毕，常同彭纪麟、陈佐黄谈心，逐渐成为好友。又借阅各类革命书籍，既略知民族大义，革命思想因以产生。

宣统三年二月，我由王宪章（三棚正目）、彭纪麟介绍加入革命秘密组织——文学社，与本队同志王文锦、陈佐黄、王耀东、马树棠、刘秉钧、张鹏飞、李锡成、明安炯、李春亭、程高升、徐雄楚、胡鼎、丁明运、曾有贵、何桂林、孙谋、刘鸿升、周光烈、刘光楷、徐增

* 鲁祖轸：时为湖北新军第八镇第十五协第三十标士兵，后任武昌警察局五分局局员。本文原标题为《第三十标辛亥首义事略》。

祺等秘密结成一组，共同研究军事和文学。军事由王宪章、彭纪麟、陈佐黄轮流讲授初级战术及典、范、令；另由王文锦（本队司书生）、罗良骏讲授算术、国文。其间不时秘密接受王宪章、蒋翊武之革命宣传，大意是说：清朝政府官吏，腐朽无能，丧权辱国，鱼肉人民，窃据汉族山河。又说：本镇各标、营旗籍官兵，均系双粮双饷；其他一切享受，均在汉人之上，反说我汉人食毛践土 200 余年。并特别指出：本标第一营旗兵营，他们无论做什么事，都要高人一等。我们除了实行种族革命、兴复汉族、救国救民外，再没有其他办法。这些宣传给我们新进的同志很大启发。我们每人每月捐出 100 文或 500 文，订《民立报》《大江报》及其他有关革命的小册子。公推彭纪麟为本标代表。每次开秘密会议，总以研究学术为掩护。有时在酒铺旁隙地或体操房天桥下面露天举行，表面上是游戏活动。我队士兵至宣统三年三、四月间剪辫者已达 18 名之多，我是四月十八日晚上剪去的。队官杨传连默表同情，因王文锦就近鼓吹之故也。

三月二十九日（4 月 27 日），广东革命志士围攻粤督署失败，我们莫不愤慨万分，个个摩拳擦掌，大有灭此朝食之慨。时我队已有文学社社员 60 余名，都希望早日发难。嗣闻文学社副社长王宪章云：各部队革命代表集议，正在加紧部署，距发难之期，当不在远。闻讯之下欢喜若狂。

原定八月十五日起义，不料被清督瑞澂侦闻，派出爪牙，四处查缉，防范严密，不能下手。正在紧张之际，不幸十七日汉口孙武机关处因试炸药失手，武汉革命机关多遭破获，捕拿同志 30 余人。十九日天尚未明，彭、刘、杨三烈士被斩首督署大门口。我营右队排长张廷辅（河北邯郸人）及其夫人亦被捕去。又闻要按册捕人，一时军心大乱。本队代表彭纪麟同王文锦、王耀东、陈佐黄集合本营各队代表开秘密会议，都说应设法联合各标营队同志即日发难，挽救危局。我队王宪章以风声紧急，被迫暂行离开队伍。本队事由王文锦、彭纪麟、陈佐黄负责指挥。营中议论纷纷，谓清军当局以十五协要开差，用轮船将他们装至江心，开大炮轰沉，以图一网打尽等。谣言此起彼落，军心惶恐不安。十九日，彭纪麟、王文锦派出方维、谢涌泉、刘元楷分途联络，请按照十八日蒋翊武总指挥命令办事。各营队代表及工程八营代表等，先后来我队饭堂内开会，讨论发难问题。我队代表认为楚望台军械库是工八营官兵守卫，应由工八营首先发难。当决定由工程营于本晚（十九日）点二道名时（晚 8 时）放枪三声为发难信号。即无点名号也一定要干。届时果由工程营放枪 3 响。枪声一响，我队代表彭纪麟便站在楼上穿堂内大呼“站队”，各兵首先扎皮带，捆子弹盒，然后取枪在手，鱼贯下楼，不闻人声，只闻足音。有个旗兵叫双璧的，指定由我和刘秉钧负责结果其性命（各棚有一两名旗籍清兵，都已分配同志负责解决，以清后患），我此时紧跟双璧后面，伺机动手，我棚正目陈佐黄见我迟慢，即高举枪托猛击双璧头顶，原期结果性命，不料枪托稍偏左，双璧顺势滚下楼梯，一溜烟向第一营旗兵营跑去。我们到楼下军需室搜取子弹，每人得到一粒。队伍集合后，把事前预备的白布三角巾缠上右臂。前、左、右、后各队，各在自己的小操场集合，大营门、南营门均有旗兵机关枪防范，我队同志便将南营门旁酒铺处墙壁撞开一个大洞，队伍由此洞出发。是时微风细雨，路途黑暗，前进速度极快，奔至楚望台军械库时，该处已为我有，即涌入库中分配子弹，每人 20 排。是夜口号：“兴汉灭满。”不多时，其他部队相继来此会合。革命党人彭纪麟、吴培基、蔡济民、陈佐黄等分别说明：今夜起义，要首先攻下督署，否则革命党人明天都会被杀头。当即互相联络，自动集合，分途进攻督署。我们这一支队 60 余人，由吴培基、彭纪麟等率领，从中和门侧石灰堰街向保安门方向前进，经津水闸时，忽遭城墙上伏卧敌人射击，不能前进，返回中和门休息。炮队同志入城时，我队在中和门列队举枪欢迎。

二十日拂晓，又分队进攻督署。我随另一支队由中和门城墙上向保安门方向进攻。拿下保安门，正向望山门进攻途中，不意望山门城楼上敌人连续发射，我和陈之一及另外两名同志被迫跳入城内一家民院，方免危险。旋闻革命党攻入督署，我即寻至督署门前找着彭纪麟、陈佐黄、刘光楷等 20 余人。他们说："我们自长街进攻，攻到东辕门时，向教练队士兵说明'兴汉灭满'大义；一面由陈佐黄同志用洋油放火，不料卫兵向内射击，陈佐黄险遭不测。以后督署火起，卫兵逃散，瑞澂等早已穿墙逃走了。"是日上午"光复"武昌，下午到阅马场谘议局集合，整队回营，整理一切。我这一天精神紧张，未进饮食，回营后方觉疲乏，翌日被编入第四标三营。

辛亥武昌首义，就我们三营各队来说，下面这些同志起了很大作用。前队：王洪发、方维、谢涌泉、萧其藻；左队：周承勋、柴懋炯、鲁振年、张挞伐（《大江报》记者）、苏秉忠；右队：罗良骏、马得胜、贺青云；后队：王文锦、彭纪麟、陈佐黄等。均文学社社员。

再就第三十标革命兵力而论，第一营旗籍官兵 80%处于敌对地位，当然没有出动。该营代表吴培基（即厚载）、徐绍轩、陈伟带出少数同志四五十人；第二营除有两队驻汉口外，当晚由马明熙、刘英达等率领响应革命的约 200 人；第三营全营首先由我队响应，开辟道路，继而前、左、右各队相继出发，共计在500人左右。共有兵700余人。第三营的文学社社员有250余人。

本标于八月二十日以后改编为第四标，标统谢元恺（河南信阳人）。八月二十六日，随队开往汉口刘家庙，迎击南下清兵，我军士气旺盛，兼有老百姓助战，敌兵队伍混乱，我军乘势进攻，追击敌人于三道桥以外，大获全胜，获战利品不少。我曾抢到敌人机枪子弹一长带。二十八日，我第四标标统谢元恺阵亡，尸身经其护兵叶得胜（谢之同乡）抢下火线。三十日，原来任我队队官的杨传连升充五协十标标统，直隶熊秉坤协统之下，移驻两湖书院，派我为标掌旗长。接着，九月初七日黄兴来鄂，我标（十标）为总预备队跟随黄兴侧翼，半夜渡江，拂晓反攻汉口，激战至下午3时，我军新兵刚来几天，显得非常混乱，退到水塔附近，杨传连忽陷湖塘中，标部护兵趋前拉起，险遭敌人机枪击中。接着汉口弃守，我协奉令退至汉阳十里铺、回子沟、针钉厂沿河一带布防，阻敌渡河。十月初三日，奉命由汉阳琴断口过浮桥，是日大雨，官兵冒雨前进。第二次反攻汉口，拂晓开火，沿襄河前进，激战一天。下午4时许，左翼湘军自行撤退，全线失败。我随同标统杨传连、协统熊秉坤沿襄河边隘路退却。敌人于沿街通河边巷道布有机枪，射击我退却部队，本标马弁曾宗国阵亡，受伤官兵甚多。退到琴断口，浮桥已经拆去，由熊协统出钱弄来小划两只，抢渡汉阳，夜宿城隍庙内，翌晨开往龟山山后武郡公所，防守襄河沿岸。未退到汉阳的部队，由马明熙管带带到别处去了。不几天汉阳失守，我部调武昌两望防守江岸。迨后改为北伐第一军第三师第五协十标。此时标统易伍正林（工程营排长）充任，由两望出发，进驻黄陂县两路口，议和成功，又开往云梦县驻防。我此时调任第三营营部军需长。我于民国2年6月退伍，因军阀杀党人残酷，不敢来武汉居住，从此便过着流浪生活。

（选自全国政协文史和学习委员会编《亲历辛亥革命》，中国文史出版社2010年12月第1版）

第三十一标参加武昌起义真相

黄元吉*

前清末叶以来，内政不整，外侮日亟。孙中山先生提倡革命，奔走海外，号召全国，劝导有志之士，创立兴中会。于是革命思潮传入内地，一日千里。吾鄂自庚子（1900年）之役后，风气为之一变。至乙巳（1905年），孙先生见入党者日多，成立同盟会于东京，内地同志多与通声气。丙午（1906年），同志朱子龙、刘静庵等所组之日知会事败。朱子龙、刘静庵等被害；胡瑛、李亚东等入狱；季雨霖、徐祝平等逃。革命之事，外虽停顿，内则愈趋坚强，秘密组织革命之小团体愈多：如蔡国桢、吴基培等所组将校研究团，贺公侠、丁景良所组文学研究社，汤寿煊、曾省三、梁维亚、李建中、

* 黄元吉：时为湖北新军第八镇第十六协第三十一标士兵，后任应城县抗日民主参议会议长。本文原标题为《辛亥武昌首义真相》。

黄元吉等所组自新研究文学会；又如胡祖舜、聂豫等所组之团体等。同时有湘人焦达峰，川人张百祥，鄂人居正、刘湘、刘英、孙武等，在日本组成共进会，推刘湘（即刘公）为鄂支部总理，刘英、查光佛为协理。回鄂组织支部，部务一切事宜，推查光佛主持之。后由查光佛、李建中、曾省三、黄元吉等斡旋，将小团体合并而为共进会。林兆栋、黄申芗、钟畸、曾省三、李建中、杨王鹏、吴醒汉、蔡济民、唐牺支、丁景良、黄元吉等运动军队。当时入党者必须填写愿书，然后发给名片式符号。此符号一面载一“鄂”字（圆形），一面载一元帅帽，以表示恢复汉族之意。共进会亦戴同盟会总理为总理，并非别立门户；唯愿书中“平均地权”改为“平均人权”，余则均与同盟会相同。本会总理即兼中华民国革命军大总统；各省总理即兼各省大都督，下有副都督、大都尉等级（亦用三等九级制）。军人入党日多，有祝炳奎、黄驾白、黄孝霖、刘九穗、吴玉屏、李子林等数百人。乃设机关于蛇山蕲春学社。营内以第三十一标第一营军装房为机关。并以本部总理及本支部总理名义，委丁景良、陈孝芬等同志 12 人为大都尉；委黄申芗为统制，等等。入党者，以第三十一标为最。

己酉年（1909 年），杨王鹏、唐牺支、李抱良、钟畸等组织群治学社，以汉口《商务报》馆为机关。报社事由查光佛、刘尧澂、詹大悲、宛思演等主持之。庚戌年三月（1910 年 4 月）初旬，湘省饥民因闹饥米案，围清督署。鄂督瑞澂派第二十九标全标及炮队一营，赴湘协助弹压。同志黄申芗、查光佛、杨王鹏、丁景良、陈孝芬、江炳灵、李建中、曾省三、唐牺支、林兆栋、梁维亚、黄元吉等，密议于第三十一标军装房机关处，决乘此机会起义。以第三十一标为主力兵，于三月十五日（4 月 24 日）夜 12 时，由第三十一标一营同志首先发动，先夺该标弹药库，继则各标响应出占楚望台。讵以事泄，为瑞澂探知，飞调队伍梭巡各街衢，令各标营长官严加防范，并通缉黄申芗等人。故是夜无从集合，起义之事不果行。第三十一标标统曾广大，令同志李建中于是夜渡江至《商务报》告知各同志。于是黄申芗赴沪[①]，黄孝霖、林兆栋、江炳灵、彭汉遗等走川，得免遭惨杀。革命党人以斯深感曾氏。未几，《商务报》亦被封闭，群治学社因渐停顿。此役所谋虽不成，而同志之志愈坚，进行愈力。共进会仍由查光佛、曾省三、黄元吉等主持之。

蒋翊武、杨王鹏、蔡大辅、唐牺支等，议改群治学社为振武社，进行顺利，唯款项无着。每日日用伙食，均由军队筹给之。查光佛、焦达峰、刘锦文、邹永成、居正等，取一庙中金像以作经费，凡三往，得而复失。邹永成以计取其伯母之款亦失。讵未几，振武社事又泄，杨王鹏避嫌他走。查光佛亦至皖筹款，兼经营皖鄂交界一部会党事。黄元吉亦因经费困难，遂返家筹得钱300串，以联络京、应、天及襄河一带会党事。

辛亥春，居正、谭人凤筹得洋千元来汉，询孙武谋鄂响应广东事。孙无以应，谓必须查光佛、黄申芗等来汉，始有办法。未几，查光佛、刘英等来汉，邓炳三、杨时杰、李基鸿亦相继至汉。刘锦文、焦达峰、杨晋康、邹永成、谢介僧、谭式二、阎鸿飞、刘承烈、张丰枢、黄元吉等亦前后来汉，共谋大举。乃组织大规模之党团，增设机关于武汉。是年春节（1月30日），蒋翊武、孙复、詹大悲、刘九穗、刘尧澂

① 《黄申芗革命事略》：武昌机关为奸人所破，即与同志设法收拾，将所存炸弹、旗号、名册、命令、印信等，一并迁移焚毁。乘夜渡江，由徐寿卿备函介绍至沪教堂避难。五月复还武汉，慰问同志。后赴兴国、瑞昌、彭泽、芜湖、宜城、广德一带，联络同志。武昌首义回鄂任标统。

等开会于黄鹤楼，改振武社为文学社。刘公、杨玉如等住雄楚楼，胡祖舜住胭脂巷10号，杨洪胜住左旗门口千家街，马骥云在昙华林之机关等，以便联络。小朝街92、82、85号设机关部[①]。谭人凤与曾伯兴往长江下游，成立中部同盟会，并负有联络长江流域各省之责。

农历三月初，黄克强同志由广东来函云，决于四月定可“开学”，嘱武汉及长江各省同志速筹“开学”，以应广东。讵三月二十九日，广东之败耗达武汉，同志等更愤求速进计：宪兵营同志有彭楚藩等；第二十九标、第三十标同志有蔡国桢（即济民）、杨洪胜、甘绩熙、夏一鸣、高尚志、尹奎元、吴基培（即醒汉）、杜武库、马骥云、杨选青、王宪章、张廷辅、萧国宝、徐达明、王文锦、王子英、罗良骏、冯中兴、陈复元等；第四十一标同志有阙龙、姚斌、刘尧澂、蒋翊武、唐牺支、蔡大辅、丁景良（即仁杰）、王华国、廖湘芸、李达五、李抱良等；第四十二标同志有张喆夫、刘化欧、邱文斌、黄振中、祝制六、林翼支等；第三十一标同志有黄元吉、李建中、曾省三、汤寿煊（即行健）、李镜明、江光国、刘九穗、李子林、吴玉屏、梁维亚、陈献斌、李泽生、王寿卿、李少白、邓炳三、赵又云、张步云、刘建勋、韩耀南、李某等；第三十二标同志有祝炳奎、孙昌复、单道康、李成牧、黄强、向海潜等；马队同志有陈孝芬、饶升甫、范汉民等；炮队同志有黄驾白、徐万年、孟华丞、陈子龙、陈瑞霖等；工兵营同志有熊秉坤、金兆龙、李乃斌、方兴、马荣等；混成协工程队同志有胡祖舜等；陆军中学同志有雷洪、侯源英、席正铭等。适谭人凤复自淞沪来汉，焦达峰、邹永成、刘承烈等亦复来汉，遂

① 经查：杨洪胜杂货铺在右旗门口；小朝街仅85号为机关部。原文恐有误。

决以武昌为发难地。农历五月初旬，孙武、熊秉坤、蔡济民、吴醒汉、杨玉如、彭楚藩、徐达明、李春萱、胡祖舜、梁维亚、黄元吉等20余人，密议于胭脂巷10号。决设军务部，孙武长之；设理财部，李春萱长之；设参谋部，蔡济民长之；设调查部，彭楚藩长之。推熊秉坤、胡祖舜、陈子龙、金兆龙、方兴、赵又云、黄元吉等数十人为各标、营、队代表。余则分任交通、外交、内务各职不一，并嘱黄元吉仍兼襄河一带会党事。进行颇顺利，入党者日多。张振武、蔡汉卿即于是时加盟。唯居正所筹之款千元告罄，办事自觉困难，幸得刘公之款至汉，由杨玉如、彭楚藩等设法使刘公献入党中，始得活动。复设机关于汉口宝善里，会务一切事宜及文件事宜等，由谢石钦、刘公、牟鸿勋、潘公复、丁笏堂、陈宏诰、梅宝玑等分任之，刘公、孙武总其成。

八月初旬，杨玉如之夫人，恐丈夫以伊为虑，有阻革命进行，故自行吞烟死之，以促革命成功。黄元吉同赵又云、邢伯谦代购棺木葬于武胜门外。讵瑞澂以为我等运来炸药、手枪，乃开其棺视之，则非也[①]。其时川汉路风潮起，瑞澂令第三十一标随端方入川，同志等公议，决于该标开差之日，以发子弹为起义之点。先期由居正赴沪，邀黄克强、宋教仁等来汉，共谋大举。而胡瑛得知，以密函使岑楼送沪阻之，故黄等不果来。同志等尚不知之。后因第三十一标开差时未发子弹，又因炮队同志饮酒误事等原因，故中止。时《大江报》已被禁，詹、何等入狱，故未闻及。

八月中旬，共进会与文学社合并，举蒋翊武为军务部副部长[②]，

---

① 见杨玉如《辛亥革命先著记》。杨即以此事于起义前去京山永滏河。武昌起义时，杨不在武昌。

② 一般记载，均谓举蒋为总指挥。此谓军务部副部长，殆指以后曾任军务部副部长而言。

刘尧澂（即复基）等为参谋。至八月十七日午后1时，因孙武在俄租界宝善里机关部，失手将镪水滴入炸药内，药发，孙武面部俱伤，由同志二人舁出后门，送入日本仁济医院。当时火起，为俄国巡捕探知，即派来数十人，将部中之印信、告示、旗帜、手枪、炸弹、文件、钞票等，搜索一空。梅宝玑等越墙走，刘同等被获。于是黄元吉、邓炳三、杨玉如、马骥云等20余人，密议是夜9时起义，决以坛角工程队举火为号，以营中原有白三角巾捆左手为暗记。议后，黄元吉偕马骥云等渡江至武昌斗级营分手。黄直趋小朝街82号，与蒋翊武、刘复基、彭楚藩、蔡大辅、徐达明、杜武库、牟鸿勋、王华国等会晤，然后至千家街杨洪胜处告以秘密。是日，杨同志生子甫三日，座中有邓炳三及各同志等甚多。黄偶出见警察三五成群，往来梭巡，形状可怪。当将此情告知杨同志，并嘱其注意。已而辞出至测绘学堂方兴处，告以种种秘密；又转至第三十一标晤赵又云、陈献斌等，嘱其准备一切。讵瑞澂飞调巡防营警察队、消防营、守卫队、巡警教练队，分布各巷衢，以10人为一班，尽力梭巡，异常严密。故是夜不仅无集合之机会，各机关亦同时被破。受捕者：彭楚藩、刘复基、杨洪胜、牟鸿勋、张廷辅之夫人、胡祖舜之夫人及其弟等50余人。坛角工程队火虽起，而无人响应。十九日晨3时，彭楚藩就义；5时，刘尧澂（复基）就义；7时，杨洪胜就义。武昌城门闭至9时始半开，形势严重异常。约10时，张廷辅在营内被捕，满城遂成愁惨状态矣。

黄元吉于9时出第三十一标，欲至胭脂巷，抵蛇山顶遇陈同志（忘其名），彼此不敢路谈，陈惟左右摇头，向山前而去。黄往山后至胭脂巷附近，忽遇胡祖舜，亦彼此不敢言；胡见彼状会意，乃尾之至僻巷某学舍。彼此商定后，黄赴第三十一标一营告知赵又云及各同志等，并嘱赵同志至测绘学校方兴处；已则出城至南湖与陈子龙等接洽。黄告陈以今日下午吹下操号起义事；始知陈同志之夫人于昨夜亦被捕。黄复由中和门入城。其时城门仍半闭，天又小雨，守城者防之更严，盘查甚详。考其由来，盖以外传孙大总统派革命党数千至武汉，枪弹、炸弹、手枪甚多；瑞澂闻之胆寒，故特别戒严，并令各营队士兵不准通往来，不准接见来宾，以周防备。黄行至黄土坡与方兴晤，告以今日吹下操号音时，各营同志即持枪起义。讵知今日各种号音均未吹，事未果。乃改为第三十一标举火为号。商后，黄直趋第三十一标告知赵又云等同志，嘱其准备一切。黄出，路经清督署，见群众围睹，拥入视之，则三木棺耳。时有手携雨伞者击黄背曰："尔知此三人否？"黄还问曰："尔知此三人否？"此人不答而去。黄复由长街至鼓楼阅瑞澂布告，词甚夸张，略谓："照得革命闹事，意在劫夺民财，现匪首已经拿获，询明正法在案。特此晓谕尔等商民，勿自惊扰；若有造谣生事者，当即严拿格杀勿论"云云。阅毕，赴县华林马骥云处，告以今夜种种。复至第三十一标赵又云、陈献斌处，询问准备一切情形。

至8时余，工程营后队二排排长陶启胜，见各同志均着全副武装而卧，即至六棚指金兆龙大骂曰："恶贼！尔欲造反耶？"金亦骂曰："造反就造反，打此汉奸！"于是同志等齐心大喊杀汉奸。该营督队官阮荣发闻喧哗声，亦持手枪出哨棚喝骂，为熊秉坤击毙。各标营均应援，枪声大作。黄元吉等协同第三十一标留守督队官刘廷璧响应，率同志赵又云、陈献斌、江光国、程英候、刘少廷、胡廷冀、秦茂梅等200余人，出攻楚望台。占领后，公议派马明熙等出中和门迎接南湖炮队入城。黄元吉又同蔡济民、熊秉坤、吴醒汉及各同志等，集合第二十九标、工程营、第三十一标、第四十一标等，攻击清督署；令炮兵分至蛇山，向督署射击。然因夜黑如漆，炮弹不能命中，故冲锋数次不克。黄见此，即率队士数名，将附近之六也茶馆火焚之，遂克。瑞澂、张彪等，由辎重八营掩护出文昌门而逃。旋督署火起，黄又率队至藩署，连甲遁匿矣。时天已大明，黄元吉等聚集谘议局，改此地为军政府，胁黎元洪为鄂省都督。一面招汤济武（即汤化龙）至军政府商议一切，以维持秩序；一面派兵守藩库、官钱局、善后局、度支公所等处。至午后1时，有第三十标第三营管带率旗兵200余人扑都督府。因枪声突然而来，全体职员纷纷逃避，黄元吉指挥卫兵尽力射击，该敌乃被击退，出通湘门而逃。是日谣言甚多，无意义之报告一日数百件。下午，黄随黎元洪亲赴左旗，召集各标营训话时，各城门无人防守，黄奉令区分标、营、队任守城责。当命第二十九标同志分守中和、文昌、平湖诸门；第三十一标刘廷璧、赵又云、陈献斌、胡廷冀、张步云等同志，率该标留守部队400余人，分守通湘、大东、小东诸门；第四十一标留守部队分守汉阳、武胜诸门；工程营以一部守楚望台，以一部调守军政府，由排长邝杰率领；第三十标之步队调至军政府，听候随时调遣。又令陆军中小学生巡查各街道等。至12时半得报：张彪、张永汉等亲率残余兵2000余人，由洪山向大东门攻击省城。黄元吉同张廷辅领兵二营，星夜出大东门搜索前进。至洪山附近，知非张彪，实第三十标之残余旗兵，约100人。闻我军至，即溃散。

二十一日（10月12日）下午8时，召集军事会议于军政府，出席者有张廷辅、蔡济民、邓炳三、丁仁杰、李春萱、胡瑛、蔡大辅、张振武、吴醒汉、蒋翊武、徐达明、杨开甲、杨玺章、杜锡钧、姚金镛、何锡藩、居正、黄元吉等20余人。议决各案：

（一）黎元洪提：应成立若干师讨敌案；

（二）邓炳三、蔡大辅提：关乎民政事宜案；

（三）黄元吉提：关乎官兵及各机关职员薪金案；

（四）丁仁杰提：对外人交涉案；

（五）蒋翊武提：汉口设立军政分府案；

（六）居正提：中央军政府组织案等。

当决议：暂成三镇外，成立敢死队、决死队等对敌作战；成立学生军一团；设政事部、外务部、理财部、司法部、编制部、军务部等；军政府设参谋部、军令部、军事参议厅、秘书厅、副官处、会计处、侦探科、交通科等[①]。各级官兵及各机关职员，每月着支津贴洋20元，无论何人，不得擅自增加；设集贤馆；照会驻汉各国领事，凡外人在华之生命、财产及以前之借款、赔款等，完全归民国政府负责、保护、偿还，并禁止外人借款与清廷，等等。黄元吉当时推蔡济民为第一协协统，先率全部即日向武胜关出发，防堵武胜关，以蔡不愿充当，改林翼支。但斯时军队多系临时招募，故一时无兵可调。守武胜关之议不果，后遂为敌军所得。

值此谣言四起，黎元洪及旧日各级官长，均存观望之心。经黄

① 按军政府组织，八月二十五日通过者，系于政事部之下设七局；九月四日以后，取消政事部，各局均改为部。此处回忆有误。

元吉等再三以大义婉言说之，黎始于二十三日剪去辫发，誓与清廷不两立，乃决安心任事。委黄元吉为军政府参谋，委查光佛为秘书。当时各处报告，谓汉口、汉阳、武昌城外，有多数人勾结流痞、匪徒劫抢等情。即派林翼支驻扎汉口，维持市面，安定人心，并向刘家庙一带警戒；张廷辅、成炳荣部驻青山一带，向刘家庙方面警戒；另派一团驻洪山一带。于是武汉之秩序渐次恢复。是日，委詹大悲为军政分府长官，驻汉口，胡瑛、梁维亚等为参谋。二十四日（10月15日）得确报，谓清廷已派荫昌率二镇陆军及萨镇冰统领海军楚有、楚谦、楚豫、楚太、建安、建威等舰，由水、陆两路夹击我军。我军亦于是日准备进攻汉口刘家庙之敌。二十五日，黎在阅马场誓师，登台祭告天地，又悬赏缉拿瑞澂、张彪等。黄元吉奉令率敢死队星夜渡江，准备拂晓攻击刘家庙之敌。二十五日乃下总攻击令：

（一）敌残余步队3000余人，在刘家庙、丹水池一带施设坚固防御；

（二）我军有占领刘家庙一带以消灭此敌任务；

（三）第一协林协统率全部于拂晓开始射击。是日，荫昌所率之部队，其先头一标达溵口附近。下午约2时，我军因阵地失势，稍有挫折，幸得敢死队由敌右侧冒死进攻，转败为胜，与敌驰驱于刘家庙、丹水池一带。二十七日，令熊秉坤之协、谢元恺之标渡河为援兵。于是我军猛进，于下午1时将刘家庙、丹水池完全占领，该敌向溵口奔溃。

是日，焦达峰至鄂，欢迎于军政府。得彼报告，谓湘省决于九月初一、二日响应，唯请援助款项与枪弹等等。焦于次日即返湘①。

八月二十八日（10月19日），我军与敌相持于滠口、三道桥附近之七里河一带；下午，滠口一带草房被我军炮击起火，我凤凰山之炮，又击坏敌人运兵之车头，敌军大乱。即日下午3时，我军攻过滠口及戴家山一带，敌军向孝感溃退。黄元吉等主乘机追击，而临时指挥官何锡藩不可，谓日将西落，追之恐不利。黄云："既不追击，当防守滠口、戴家山一带。"而何阳奉阴违，竟退守刘家庙、造纸厂近地。后敌果在滠口、戴家山布防，设机关枪于三道桥口，尽力死守，以待机会。

九月一日（10月22日），得湖南独立电，黄忠浩被处决，余诚格潜逃；举焦达峰为都督，并派王隆中准备率一协兵力援鄂。二日，得九江独立电，举标统马毓宝为九江都督。三日，得陕西西安独立电，举管带张凤翙为都督。

湖北各机关当时混入汉奸甚多。同志等会议决设总监部防止之，以刘公为总监；设各部总稽查，以谢石钦、陈宏诰、牟鸿勋、丁仁杰、梅宝玑等任之。

九月四日（10月25日），黄元吉等奉令率敢死队占领滠口、戴家山一带。并于是日拂晓，以敢死队为前卫，向三道桥搜索前进。第二标统带谢元恺率部向戴家山一带徒涉前进。我军于拂晓开始攻击，冲锋数次，不克，以敌机关枪架三道桥口也。复行徒涉，而水深淹死数人，又不得渡，仍相持于三道桥间之七里河一带。是日得

① 查焦此时正忙于准备湖南响应，所言焦至鄂返湘，恐不确。

确报，清廷派冯国璋、段祺瑞率大军达武胜关、广水、花园、孝感一带。九月六日，敌水陆3路反攻我军。我因临时指挥张景良令前线每人仅携子弹两排，加之敌兵兵舰向我侧面夹击，击毙我军400余人，我军败退谌家矶、大智门一带，谢元恺标统于刘家庙附近中弹身死。九月八日午刻失大智门。九日，汉口完全失守，清军冯国璋纵火烧汉口3日，被焚者数千家。汉口一失，汉阳危矣。然当时人心思汉，各省纷纷响应。

九月十日（10月31日），黄克强偕田桐、宋教仁等10余人至武昌①，我军士气为之一振。是日，又得南昌独立之电，推吴介璋为都督。

九月十二日（11月2日），黄克强任民军总司令，登台祭告天地，宣誓就职。即时组织战时总司令部，设参谋部、秘书处、副官处、金柜科、交通处、侦探科。秘书田桐、宋教仁；参谋长李书城，副参谋长吴兆麟；参谋吴醒汉、甘绩熙、蔡济民、杨玺章、曹飞、姚金镛、雷震、黄元吉等；金柜科长蔡济民、刘长庚，副官侯源英等；交通雷洪；侦探科长朱树烈；粮台王安澜。当时总司令部设于汉阳归元寺。张廷辅驻守薛家嘴及兵工厂一带，向汉口警戒。第五协驻黑山一带，向汉口警戒。

九月十六日（11月6日），清廷下停战令，派蔡廷干、刘承恩两人为代表至武昌求和。黎都督召集会议，党人以君主立宪，议决拒而不纳。是日得云南电，该省已于本月十日独立，举蔡锷为

① 黄兴至武昌日期，各执一词，说九月初七日者为多。刘揆一所撰《黄兴传记》，更迟至九月十四日。据宋教仁致上海同志电及各单位所记阳夏战争日记，均作九月初七日（10月28日），自以后者为是。

都督。

九月十八日（11月8日），得安徽独立电。又得上海已于本月十五日独立之电，举陈其美为沪军都督。又得浙江独立电，举汤寿潜为都督。

九月十九日（11月9日），得广东独立电，举胡汉民为都督，在胡未到以前，以蒋尊簋代之。又得福建独立电，举清统制孙道仁为都督，杀清总督松寿，拘将军朴寿。又得广西于十五日已宣布独立电，举沈秉堃为都督。

九月二十一日（11月11日），得山东独立电，举孙宝琦为临时都督。

九月二十五日（11月15日），黎通电各独立省，请派代表至武昌组织临时政府。

九月三十日（11月20日），得各省复电，承认武昌为民国中央军政府，并各派选代表来此；同时又各派一代表居沪，为通讯机关，以便接洽机要。

十月初，苏、浙、闽、鲁、皖、桂、川、直、豫等省代表齐集武昌，假汉英租界顺昌洋行为会所。

十月一日（11月21日），我军分3路进攻汉口之敌：一由黑山附近架浮桥而渡；一由薛家嘴；一由青山向五埒口前进。黄元吉奉总司令命至青山督率第三协渡江五埒口，破坏三道桥铁桥。讵船行江中，成炳荣协统发狂跳江，黄派人送回青山。拂晓由黄督率部队渡五埒口，派李管带为前卫，以破坏三道桥铁桥。又令帅管带率炮两尊置红砖厂，向汉口方面射击。是日与敌相持于七里河。至5时，敌兵舰向我军左侧炮击，毙数十人。我军均系临时招募之新兵，未受训练，自行退却，乃与敌对峙于汉水。

十月三日（11 月 23 日），清军由新沟潜渡蔡甸，占陈头山。我军设防梅子、雨霖、美娘等山，与之对峙。是役，血战数日，彼此死伤数千人。

十月七日（11 月 27 日），失梅子、雨霖、美娘等山，我军退守武昌。

十月十一日（12 月 1 日），驻汉英领事出为调停，双方商就休战 3 日。后恐和议不成，派季雨霖等出襄阳，攻取京汉路断敌联络。是日，黎调胡祖舜、李基鸿、黄元吉等为中央军政府军事参议官。又得南京为苏、浙、沪联军克复电，形势为之一变。故临时政府改设南京。孙中山先生以 16 票当选为临时大总统，黎为副总统。

十一月十三日（12 月 3 日），孙先生至南京就大总统职。于是共和之政体成立，革命之事业告一段落矣。

（选自湖北省政协编《辛亥首义回忆录》第 3 辑，湖北人民出版社 1957 年 3 月第 1 版）

参与第三十一标起义的回忆

李华新 *

前清到了光绪年间，外患日深，政治腐败，丧权辱国，民困邦危。国父孙中山先生领导志士仁人的革命救国运动，屡仆屡起，愈挫愈强，奔腾澎湃的怒潮，震动了全国人心，而“毂绾中原，衢通四国”的武汉三镇尤得风气之先。我家世居湖北省黄陂县东乡长堰集之西李甲村，往来武汉，朝发夕至。我幼年求学时代即常游武汉，看到张文襄公（之洞）的新政建设和新军训练，同时得闻我国革命消息的一二，便植下了投笔从戎革命救亡的志念。

我幼承父师之教育和培植，年十二应童子试列前茅，攻读更加勤奋；迨到光绪三十一年科举废，即转而肆力新学亦有心得。

---

* 李华新：时为湖北新军第八镇第十六协第三十一标士兵。本文原标题为《武昌首义的回忆》。

我考量当时时代对青年的需要，我只有“慷慨事戎轩”了。宣统元年（1909 年）逢驻鄂新军第八镇及第二十一混成协同时招收知识分子从军，我即投入第八镇第十六协第三十一标充当列兵。我系经测验式的考试入营；管带陈荣钟知我是读书人，颇加爱护，常令作文书的缮写，而免出操与杂勤；营中如有晋升或深造机会，我总是优先入选；曾记得入营 10 个月以后，有一次挑选考试，作文题目是“明耻教战”，结果我名列全标第一，因得存记为司书。在我当兵的第二年，我的弟弟李建唐尚未成年，也来三十一标二营前队一排二棚当兵。他当时年纪虽小，身材不高，然而志大气豪，甚为长官和同营弟兄所爱护。其后我兄弟同考湖北陆军军官学堂智字斋获录取；但适因张文襄公逝世，清廷乘机削除湖北省的军官教育权，只准办该堂仁字信字两斋，并改为陆军特别小学堂。我兄弟鉴于革命爆发在即，皆不住学为意，何况是个小学堂。是年（宣统二年）九月重阳日，我即参加当时以士兵为中心之革命团体文学社。

我在文学社中所结识者皆一时英俊、沉毅、骁勇之士。其中二十九标的蔡济民，字幼襄，当时已充司书。次年辛亥举义前，已递升至排长；三十标的吴醒汉，原名基培，字厚斋，当时也充司书，两君均我同系且同为东乡人，与我以同志之谊，结刎颈之交。又有二十一混成协四十一标的列兵刘汝夔，原系在外间主持革命机关之刘复基字尧澂的从军化名；彭楚藩是宪兵第八营的一个宪兵，杨洪胜是三十标的列兵。他 3 人都是文学社的核心同志；也就是辛亥武昌首义日黎明时在湖广总督衙门前慷慨就义的 3 烈士，也就因其死事壮烈，震动全军，当晚便爆发了辛亥革命武昌首义的圣战，时为清末帝宣统三年（1911 年）八月十九日。

那年（辛亥）春，国父领导的革命党广州起事失败，青年志士成仁者至 72 人之多，举世为之震惊，各省为之戒严，唯我湖北新军中文学社自是即与外间革命团体共进会联络协力，毅然负起今后首举义旗为天下先的重任。一月之间，社员突由 1000 余人增至 3000 人，即于是年端午日再开代表大会，建立总机关于武昌小朝街 85 号，分机关及汉口、汉阳集会所多处，积极准备起义。在此时期，我是吸收同志负责人中的一个。在时势需要革命人同此心之时代背景下，吸收同志甚易，而我们选择的条件也就随之加严认真了。

先是宣统二年（1910 年）十二月清廷宣布取消铁路商办，改为借外款筑路而将原由商民集资开筑之川汉、粤汉等铁路收归国有，以图抵借外款，供其浪费，激起了川、鄂、湘诸省人民猛烈反对，川省且于次年（宣统三年）出现清吏所谓"匪民叛变"。是年闰六月，清廷派端方带领驻鄂新军三十一标及三十二标之第一营入川查办。继而又调三十二标之第二营（欠两队）、第三营，二十九标，四十一标之第一、二两营，马队第八标之第二营分防宜昌、施南、荆沙、岳州、襄阳、郧阳等地，以支援端方，并以震慑鄂湘人民，我以三十一标二营司书奉令编入本标留守队，仍驻原营房。这样的大调防，加之四十二标原驻京汉铁路武胜关内外及汉口居仁门、汉阳兵工厂等处，我文学社同志大半随军出发了。此时残留在武昌城内外的新军：

（一）第八镇的第三十标、第三十二标第二营左右两队、马队第八标之第一、三两营、炮队第八标、工程第八营、辎重第八营、宪兵第八营，皆为第八镇统制张彪所辖。张彪是顽固甘心为清廷做奴才的反革命首领，且其第三十标与宪兵营的官兵多是旗人，旗人是反对革命的。

（二）陆军第二十一混成协的四十一标第三营、马炮队各一营、工程辎重各一队，皆为协统黎元洪所辖，黎虽厚重得军心，但当时尚未同情革命。此外，驻在武昌城内而显然与革命为敌者，则有总督衙门的卫队。其实力有教练队一营、巡防兵内卫队一营、马队一队、机关枪队一队，均驻总督衙内，归总督瑞澂直辖，其装备较新军尤为精良。瑞澂更掌握有驻在武汉三镇的巡防营第一路、驻在汉阳的水师第一路、武装警察队，皆为革命分子未能打入的部队。

从上述当时革命情势与武昌敌我兵力看来，中国革命举义要靠武昌新军，所以我辈留驻武昌的革命分子并不因人少力弱而气沮，反而愈加积极，格外振奋，都有了八月起事的决心；不过，这一无比的艰巨任务要落在建制比较完整的特种部队肩上。这里也可看出武昌首义是在极不利的情况下冒险犯难成功的，而其成功是必须付出重大牺牲苦战得来的。

伟大的辛亥年八月到了。就在是月初三日，驻在武昌城外南湖炮队第八标第二营中队发生官兵冲突，二三士兵夺炮枪弹起事未成，清总督等防范新军加严，我革命同志亦多有及早起事之提议，因之武汉起了八月十五杀鞑子的谣传。瑞澂乃令新军提前一日过中秋，严禁官兵外出。到了八月十八日正午，革命党设在汉口楚善里 14 号的机关内，因配制炸药失慎爆炸，当有数人被捕，并搜去文书、名册、旗帜等件，瑞澂下令紧闭武昌各城门，搜捕革命分子。我文学社总机关得讯即于当日下午 5 时仓促下令，于是日（十八）夜间 12 时兴义灭清。但因军警戒备森严，交通断绝，传令受阻，是夜未能发动；

而武昌各处革命机关被搜查，捕去彭楚藩、刘尧澂、杨洪胜等数十人，通宵审讯，至十九日黎明时清吏竟将彭、刘、杨三烈士斩决。天明后仍是缇骑四出捕人，并在三十标操场上捕去士兵一人。至是，各营队革命同志不约而同都有了死里求生的决心。大家一得机会便耳语传讯，说是总机关有令："今夜点名时举义，先由武胜门外塘角辎重营放火为号；南炮标开炮为令；城内各军先占楚望台军械库，次攻总督衙；我三十一标留守队把守各城门。这时迁入武昌左旗营房不久，正与黎元洪混成协司令部及其留驻部队集驻一处。因我们非其所属，行动比较自由，所以我们就在左旗各栋营舍内传播今夜起事的消息，闻者莫不欣欣然有喜色而暗自准备，甚至尚未加入文学社的弟兄亦不例外。

天刚入夜，大家都在偷偷地擦枪装子弹，有的人自动放哨，以防官长撞见，并注视塘角方面的火光信号，刚过下午 7 时半，就有人从操场跑进寝室来说："看见蛇山北面城外有火光。"大家为之一振，转而注意南湖方面的声音。又经约 30 分钟，炮声未作，大家正在盼望中，忽闻断续枪声和炸弹声来自南方。大家断定工程第八营发动了。这时左旗各营门已关，门卫戒备甚严，大家正夺门冲出，不料留守队有个排长出面喝阻；正争论间，忽听得同驻左旗的混成营舍也有几下枪声，随即不见动静。此时我们留守队另一排长胡廷翼急切地叫人往探，不久跑回说："他们那边有人要出动响应工程营，被谢管带弹压，正相持不下。"我们胡排长闻讯立即不顾何排长的劝阻，带领我们 50 余人鼓噪而出，跑往混成协四十一标三营的营舍外，大叫出发；立见该营右队队官胡廷佐大吹口笛，高呼集合，同时也与我队排长打招呼："大家要协同一致。”这时，我才听人说我们胡排长和那边胡队官本来就是亲兄弟。也正是此时，城外炮声已作，大家欢声雷动，而他们混成协的官长连同协统黎元洪在内，都悄悄地带领士兵离营而去。我们两部300余人整队向枪声不断的楚望台驰去，其时已是当夜10时的光景。

当我们快要接近楚望台时，我看见好友蔡济民率领一支整齐的部队走在我们前面；同时我发现右后方另一路上也有队伍呼啸急行，一转眼间就与我们齐头并进。其领队人正是我另一好友吴醒汉。彼此欢然问讯，我始知三十标的旗籍官兵，在“打旗人”的喊声中都抱头鼠窜了。这时军械库墙外的小高地上和空地上黑压压地满是起义健儿，有的检查枪弹，有的分领枪弹，均十分繁忙。片刻后，蔡济民与吴醒汉从库内出来，对我说他们要会攻督衙，我们留守队应分往各城门接应城外我军进来。他并说这是临时总指挥吴兆麟的命令。我就约了6位弟兄随我向文昌门前进，行近长湖东岸，发现紫阳桥已有敌兵向我方猛射，乃转至长湖南端，经津水闸附近西进，正与进攻总督衙之第三路军吴醒汉的队伍会合。因由此路往文昌门必须经过总督衙门附近，而此时此地正是敌精兵约2000人的主阵地，故我们一过津水闸便与敌接触战斗前进，已有伤亡。战至夜12时许，我第三路主力已向北绕至王府口，街东口截断紫阳桥方面敌军后路，迫之溃退。我第二路军队通过紫阳桥来会。两路立即猛扑大都司巷之第八镇司令部，同时分兵由水陆街、小金龙巷迫攻总督衙之东辕门，战况十分激烈，我军前赴后继，冒着机关枪弹雨前扑，夺得机枪反射，始攻破大都司巷口顽敌，主力转向总督衙猛攻。我军为指示炮兵目标，已在总督附近数处纵火，我蛇山与中和门两处炮兵乃能准确射中总督衙之内；然东辕门口敌军火力仍极炽盛。我军乃挑敢死队 40 人，跃进至总督衙钟鼓楼纵火迫攻，我炮击益准，顽敌乃向辕门内后移；但仍以排机枪与机关枪猛射。我军虽死伤甚重，仍复一以当十，有进无退，敌军退到门房，我军亦追到门房放火。敌军退到大堂，大堂随即火起。此时总督衙内各角落都已有我军侵入，在荫蔽下射击火光中之敌。激战至此，天已将近黎明，敌死伤累累窜逃大半，余皆丢械就俘，俘虏人数超过我军攻入兵力之二倍强。这是我所亲历的一方面苦战恶斗之经过，其他方面战斗情形，我于事后亦知其详，本文恕难备述。唯蔡济民率领之第一路军原为右翼队，长驱至长街三佛阁以北，挡住三方面的敌援。厥功亦伟。特予提及。

八月二十日午，中华民国军政府出现，鄂军都督府成立，先务之急，为发布文告。我受吴醒汉之邀，助其撰拟缮发都督府文告。其后月余，北军陷我汉口、汉阳，我奉令往任两蕲、梅、广北伐义勇军总部总参议，不久，改任宪兵司令部书记官长，皆是主持军中文墨工作。

民国 2 年（1913 年），袁世凯蓄意篡国，派人于 3 月 20 日暗杀农商总长宋教仁于上海车站，引起了本党的二次革命。因宋教仁在辛亥首义前，原为运动鄂新军起事最力之一员。噩耗传来，吾鄂同志无不义愤填膺，虽此时多已被迫退伍，亦仍奔走相告，共谋响应讨袁，而不计成败。于是聚武汉的同志曾发动汉口华景街起事及武昌南湖马队兵变，旋被扑灭，先后牺牲同志 200 余人。我与其余同志毫未气沮，仍图大举；然本党的二次革命既已迅速失败，各地党部且被解散，我们便不得不转为地下活动了。我乃以变卖田产的巨资在武昌起义门附近开设丰米铺，由家兄李省三出面管事（即经理），实即作为联络同志进行兵运的机关。同志李旭亭（正溶）、彭强哉（矫）、孙亮忱、魏匡一等常来秘密聚会于米铺中。

民国 4 年（1915 年），袁世凯帝制自为的野心暴露，有了所谓筹安会出现。我弟李建唐即在武汉约集同志，潜往鄂西施南各县组成军队，自称长江上游革命军总司令，号召讨袁，我亦接踵前往。风声外播，武昌丰米铺被封，家兄李省三下狱。是年 12 月 25 日云南起义，各省响应，至民国 5 年 3 月 22 日伪洪宪帝垮台，不久袁贼自毙，黎元洪继任总统，我兄李省三始被释。我与我弟李建唐正率 300 余人的部队深入湘黔边区策应滇黔军作战。此时施南各属党人聚集，小部队蜂起，公推蔡济民改编统率，他正待统兵出动时，乃为唐克明所暗杀。其后云南靖国军总司令唐继尧命令第三师师长吴醒汉继蔡整军待命；吴并扩组一游击司令部，自兼司令而以我任参谋长，与侵入鄂西之袁贼余孽对抗。这样艰苦支持至民国六七年之交，我同志运动驻在沙市上游各县之鄂军第一师石星川部成熟，由该师团长胡廷佐、胡廷翼等发起宣布独立。不幸，因攻击宜昌失败，全军瓦解，而吴佩孚已率大军直下荆襄湖湘了。我同志乃各领零星队伍散往鄂西边区各县休整，我亦在其中。不久，蓝天蔚将军奉国父命来鄂西统编鄂军。我奉吴醒汉之命出席蓝在恩施县城召开之军事会议。我鉴于鄂西贫瘠，饷械两缺，决难久驻，因建议全军绕道湘西至广东投效国父麾下，未得通过。又未久，北洋军压境，迎战不利，蓝天蔚退入川境，为熊克武等所谋杀。少数同志随吴醒汉、王治锷等入滇投效唐继尧。我则只身间关走粤，抵达时，躬逢民国 10 年 5 月 5 日，国父就非常大总统之盛。次年，陈炯明叛变，吾鄂何成浚将军在福建任东路讨贼军前敌总指挥，我受任总部谘议。先我而来的吾弟李建唐亦任讨贼军炮兵团长，驻潮汕一带。

（选自湖北省政协文史和学习委员会、湖北省社会科学院编《新编辛亥首义回忆录》下，中国文史出版社 2011 年 9 月第 1 版）

武昌起义之第三十二标

许兆龙*

陆军第八镇步队第三十二标全部（三个营）原驻武昌中和门外（后改为起义门）旧武建营。因四川同志会争铁路事，清廷派端方为铁路大臣，往川查办。端过武昌时，商得湖广总督瑞澂之同意，派步队第三十一标和第三十二标（欠第二营之左、右两队及第一、第三两营之病兵和新兵）随端前往。端即命第三十二标第一营管带董卓泉率所部作卫队往川，命第三十二标第二营督队官代理管带职务之许兆龙率第二营之前、后两队驻守宜昌待命（管带杨正坤丁忧回籍），又命第三十二标第三营管带李汝魁率全营分驻施、鹤听调，此辛亥年七月间之情形也。现将第三十二标队官以上人名列下：

* 许兆龙：时任湖北新军第八镇第十六协第三十二标第二营督队官（副营长）。新中国成立后，任湖北省文史研究馆馆员。本文原标题为《辛亥首义之第三十二标》。

第三十二标统带孙国安	执事官周庆诗
第一营管带董卓泉	督队官李守忠
前队队官王保泰	左队队官杨文伟
右队队官洪维发	后队队官杨得胜
第二营管带杨正坤	督队官许兆龙
前队队官袁宗武	左队队官楚英
右队队官赵怀仁	后队队官荣元
第三营管带李汝魁	督队官沈志贤
前队队官石定谦	左队队官姚瑞龙
右队队官刘镇湘	后队队官梅占先

一　武昌首义时第二营之左、右两队与第一、第三两营留守兵

第三十二标之大部兵力出防在鄂西与四川，已如前述。留在武昌的只有第二营之左、右两队与第一、第三营之病兵和新兵，约有300多人。该标统带孙国安因病留省，尚未往川。该标第二营督队官许兆龙原率该营之前、后两队驻在宜昌，因连接孙昌复[①]、张树棠等密告："武昌不日发难，速回省主持。"许乃托病请假，回省就医（时管带杨正坤已到宜昌防地），于八月十五日（1911年10月6日）由宜昌乘轮东下，八月十八日（10月9日）夜到达武昌。10月10日早晨，闻中和门紧闭，各处在捕人，许兆龙与各代表会商该标起义各事，

① 或作孙长福。

分途布置。各代表因许是日知会会员，早同情于革命，又是该标前进军官（早剪去发辫），并曾因黄申芗走漏革命消息被牵连受过降级处分，遂公推许为该标指挥官。适孙统带以第一、第三两营留守各事，命许负责，派为全标留守司令官，许即编组留守部队。

八月十九日夜（约9时左右），第二营左队队官楚英（旗人）奉孙统带命率队巡查，在长虹桥附近遇见第二十九标前来送信之兵一名，带回审讯，楚英力主枪毙，许兆龙坚主监禁。在会审中，许以留守司令官无权处理一个兵士为理由，正愤怒离会之际，戴鸿炳等突闻城内有枪声，即在第一营小操场放枪，打伤守标署的卫兵。孙统带见势不妙，跳后窗只身走避，楚英乘机潜逃，右队队官赵怀仁惊走。张树棠、单道康、许必达等十数人在大操场放枪响应，大呼杀满人，于是留守部队全体起义。许兆龙以指挥官之名义，命号兵吹紧急集合号，将留守部队编为三大队及预备队一队，配足子弹，按前所受命令（八月十八日总部命援助友军进攻伪总督衙门）向中和门、保安门出发，协攻总督衙门。其临时编成之队号与指挥官及正、副大队长之姓名如下：

指挥官许兆龙①

第一大队正队长单道康　副队长戴鸿炳

第二大队正队长刘达卿　副队长夏斗寅②

第三大队正队长张树棠　副队长许必达

预备队队长许兆龙

---

① 第三十二标革命党人王时杰、包克健两先生来稿，谓10月10日该标起义时，官长逃避一空，领导人为单道康、孙昌复、戴鸿炳等。

② 夏斗寅，字灵柄，湖北麻城人。随众起义后，曾任民军队官，一贯反动。大革命时期叛变革命，后得任国民党湖北省主席。1950年初自汉口潜逃。

第三十二标留守部队起义后，只闻隔河（巡司河）有炮声，但未见炮队派人来联络，而该标派去联络的人也未回，于是郑文斌等奉许指挥官命，焚烧第一营前队厨房，使马、炮队见了火光，知道第三十二标已经起义。果然炮队派金明山[①]等前来请兵掩护，蔡汉卿等率领炮兵进城，而马队亦鸣号响应。

第三十二标起义部队前进到十字街正向中和门行进时，听说吴兆麟被推为临时总指挥官，该部官兵因吴与许兆龙有同学和同志之关系，均愿受吴指挥。吴命仍照前令，协攻总督衙门。炮队开始射击，各部队正在围攻，许兆龙指挥该标部队增援进攻，进展甚速，及攻到总督衙门东辕门时，激战很久，进退数次，死伤遍地。此时瑞澂已先逃走，其衙内多处起火，非常混乱，总督衙门遂被攻下。这一次战役，该标部队中仅中队长彭华封 1 人阵亡，有 2 人受重伤，10 余人受轻伤（均忘记姓名）。

第三十二标统带孙国安于八月十九日（10 月 10 日）夜见标署卫兵受伤，惊惶空身走避，未带关防等物。二十日（10 月 11 日）早，派其护兵回标搜寻，见文物凌乱，正在收检时，被留营之病兵多人看见，跟踪至李家桥，要孙发给伙食费，孙支吾其词，延至天黑，乘机逃走。

二　宜昌起义时第二营之前、后两队

清政府见川路风潮日急，宜昌一带工人云集，恐有暴动，因此命第四十一标第一营管带戴寿山率该营驻在宜昌弹压。第三十二标

---

① 一作金得元。

第二营督队官代理管带职务之许兆龙，奉命率该营之前、后两队驻在宜昌城外巡防营待命。许托病回省，其防地任务由管带杨正坤处理。八月二十二日（10 月 13 日），驻宜昌各营、队听说武昌已在八月十九日起义，于是互相联络，会商反正，推该营后队之郭炳炎入川联络第三十一标，推该营后队之杨柱臣联络第四十一标第一营，即在宜昌之东山寺议定，一俟联络妥当，即行起事。时宜昌文、武各官已得瑞澂等密电，戒备甚严，除第四十一标部队密守荆宜道宜昌府附近并于各城门分兵巡守以防袭击外，该营还派彭邦栋率兵守盐局，杜锡贞率兵守银行，沈岳率兵巡查城外传递消息；另派欧阳超等率兵威逼其管带杨正坤发给子弹，杨惧逸去，欧阳超等即将子弹取出，分发各队。于是宜昌商会总理曹启荣等、第四十一标第一营唐牺支等、该营欧阳超等会商于城隍庙中，一致同意反正。即在八月二十七日（10 月 18 日）夜宣告起义，到八月二十八日（10 月 19 日）早晨，宜昌全城均悬挂汉旗，军民欢呼，秩序异常安静①。

三　四川资州反正时之第一营

第三十二标第一营随端方乘轮到宜昌后，因川人反对铁路国有政策甚烈，端方逗留不前，清廷电催，端方只得缓缓而行，命该营管带董卓泉率两队从施南陆路前进。这时候，四川民军已占领 40 多

① 革命实录馆所藏《荆宜恢复始末记》谓：川省争路风潮激烈时，宜归 300 里间，工人聚集五六万人之多，鄂督瑞澂派第三十二标第二营两队及第四十一标第一营驻宜昌，以资防范。军界唐牺支、警界严午桥、学界唐佰庄、商界李春澂等，在东山寺开会，谋响应武昌。八月二十七日（10 月 18 日）复在李寓会商，翌日即遍树汉帜，举文学社社员、第四十一标第一营排长唐牺支为司令部长。胡著《武昌开国实录》同。

座县城，端方所带兵力不敷调遣，除派第三十一标管带萧国斌、陈荣钟等分由川北小路、川南水道前往成都与泸叙外，留该营之两队暂驻重庆随进。九月二十三日（11 月 13 日），端方到了资州，听说被其参办之田、周各员[①]将不利于己，成都又有独立消息，乃中止成都之行。端方命其弟端锦检查信电，断绝士兵与外界交通。十月初六日（11 月 26 日），第三十一标统带曾广大召集驻在资州之各标、营、队官兵会议，宣布端方拟将军队北出西安，扩充为军，令好好准备出发。第三十一标第一营督队官陈镇藩首先反对，其议未决。陈旋约第三十一标与第三十二标各营、队代表等密赴郊外会议，一致议决先杀端方，然后反正。曾广大闻之，主张将端方系归湖北，听候军政府发落，各官兵不可。是夜，第三十一标杨毓林接班，杨为端方之内卫长，愿为内应。于是第三十二标之洪维发与第三十一标之任永森等数十人，持枪佩刀，蜂拥至端方之卧室，将端拘到天上宫杀死，其弟端锦亦被杀[②]。曾广大以下各官长纷纷走避，各标、营士兵遂公推陈镇藩为统领。资州城上即悬挂大汉军旗矣。

四　施南反正时之第三营

第三十二标第三营原是端方、瑞瀓商同调来施南暂驻以待后命的，该营管带李汝魁带领该营很久，官兵情感甚洽。施南原有宜防营一营，其管带为陈金瑞；有施防营一营，其管带为王泽吾，分驻

① 端方参四川兵备处总办田征葵、劝业道周善培、候补道王掞等，故端方恐田、周等报复。

② 资州起义，各书均有记载，此一部官兵现存者亦较多。据周寿世先生谈：杀端方兄弟为卢保汉、孙世栋、任伯雄、贾志刚等。夏禹廷先生谓：第三十二标第一营后队兵士任执中立斩端兄弟首后，用子弹箱装回武昌。刘承儒先生所说略同。

施南。李到施南后，与陈、王往来甚好。该营司务长王鸿猷是施南籍，因久未升迁，心怀怨恨，时想害李。武昌起义之讯传到施南，李已知之，李本同情于革命，但恐不实，正做反正准备工作，及得宜昌唐牺支反正之电，即决心响应。于九月初七日（10月28日）约宜防营陈金瑞、施防营王泽吾、绅董王维藩等数十人集议，不发一弹，正式宣布反正。李被公举为驻宜分司令部部长，遂出示安民，禁止抢杀等事，并分兵据守要隘，民众安居乐业。知县田应璜为官不正，地方人欲加害，李力为劝止，仅令缴销印符寝事，由是施、鹤七属，传檄渐定。李为分司令部长后，谦和爱民，不准借故筹饷。陈金瑞恃其参加反正之功，与李争权，即换姓名为朱扬武，自称是朱明后裔，其意可知。李部之司务长王鸿猷与徐战龙、刘彩章、曾楚藩等因求官未遂，伪造鄂军政府公文，调李回省。李知其奸计，不理，并加申斥。自称朱扬武者，遂与王、徐、刘、曾等密商害李。九月十三日（11月3日）夜，李与梅占先等会议增兵饷毕，徐、刘、曾等求见，甫晤面，即抽刀断其臂，复发3弹击毙，宣言李违抗都督军令，朱扬武并发兵相助。李部闻之均恨，将与朱作战，全城绅董跪请以地方为重，哀恳息兵，适宜昌唐牺支迭次求援之电到来，李部为大局计，其祸始弭[①]。

（选自全国政协文史和学习委员会编《亲历辛亥革命》，中国文史出版社2010年12月第1版）

① 与胡著《武昌开国实录》同，可参看。朱扬武系陈金瑞改名，亦见上书。

四十二标"光复"阳夏纪实

王缵承*

一 阳夏新军与革命运动

先是张之洞督两湖时，履行新政，兴学堂，练新兵，两湖风气为之大开，有志青年汇集鄂垣，或以此为晋身之阶，或以此为革命之所。张氏之创设特别学堂，分仁、义、礼、智、信五斋，考选新军中优异士兵与正、副目充学兵，三年毕业，复回原营，选充下级干部。新军各标营中潜伏之革命党人实以此，10月10日武昌举义于各标营者亦以此，阳夏"光复"亦以此。

阳夏原驻防之新军为四十二标之一、二营。清廷改革军制时，

---

* 王缵承：时任湖北新军第二十一混成协第四十二标书记。本文原标题为《辛亥首义阳夏光复纪实》。

于湖北训练第八镇及二十一混成协。四十二标是二十一混成协之直属步兵。

清光绪三十二年，四十二标始告组成，其组成之程序，是将原工防营两营合为一营，复将汉防营之一部与护军铁路两营，改编为二、三两营。第一营驻汉阳，防护龟山下兵工厂、黑山下钢铁厂，营部则驻两厂间之龙灯堤，并于两厂间设轻便铁轨，以资运输，兼便指挥。第二营营部驻汉口居仁门，其部队则分驻于大智门车站及华景街，维护京汉铁路交通终点与汉口商场之治安，而标本部在焉。第三营营部驻信阳，队伍分驻于车站各要地，北自芒山，南迄刘家庙，以保护京汉铁路南段之交通。原属工防护军各营之年老病弱之士兵任其退役，各营于每年招募新兵一队，以身体健康、学行均佳为录取标准，作为补充。此清湖北新军四十二标组成之经过及分驻地点之概略也。

当武昌日知会被清政府破坏后，革命党人及爱国志士遭囚杀者不知凡几。但革命党人益愤恨清廷，对革命事业图之弥力。太湖秋操熊成基谋于安庆举事，湖北新军中应秋操之革命党人曾密图响应。旋熊成基失败，秋操亦罢，事遂寝。但革命思潮益澎湃于吾鄂新军中矣。

原四十二标内早有胡玉珍、张步云、邱文彬、张大鹏、郑兆兰、戈承元、陈建章诸人暗组益智社，外以砥砺学行作号召，实则潜谋革命也。复鉴于以前失败，对革命事业之进行益加机密。适本营派往特别学堂学习之学生黄振中归营，以武昌有军队同盟会相告，于是吾阳夏之革命党人方得与武昌新军之革命党人王守愚、杨王鹏、曹振武、江国光往还，并组振武学社，以“光复”汉疆为职志。旋因杨王鹏劝四十一标队官潘康时商组社事，闻于黎元洪，黎以潘废弛军纪去职。曹振武所匿藏之革命宣传品被检获，幸曹振武系本标管带曹进之弟，未构成大狱，然受乃兄严厉申斥，已不安于营矣。未几，曹进奉调江苏新军标统，革命党人遂密商以钟畸、曹振武随往，而播革命种子于江苏新军中。本营之李培基同志亦往东北军队中从事联络，以备日后吾鄂起义时之呼应。同时，为充实革命之力量，与混淆清吏之耳目，遂改振武社为文学社，外以研究文学、进修德业为名，内则广事结纳同志而谋革命之实践，此实为辛亥武昌举义之准备工作也。

二　文学社之组织及阳夏第四支队之成立

四十二标自益智社合为群治学社、振武学社，复为文学社，其重要负责人之姓名及职务列表于下：

标代表：胡玉珍　　　副标代表：邱文彬

书记：王缵承　　　会计：杨洪涛

一营营代表：陈建章

前队代表：戈承元　左队代表：邱文彬（兼）

右队代表：胡玉珍（兼）　后队代表：袁金声

二营营代表：赵承武　副营代表：石占奎

书记：朱澄寰

前队代表：杨震华　左队代表：石占奎（兼）

右队代表：黄裔僧　后队代表：鄢树藩

三营营代表：刘化欧　副营代表：罗群英

书记：周道长

前队代表：钟建衡　左队代表：胡卓超

右队代表：徐　锐　后队代表：彭敦俊

此外，又为便于内外联络，设交通与会议处于营外社员家中，如第一营设于汉阳陈得元同志家，标与第二营交通处设于汉口之硚口郑兆兰家，标与文学社交通处设于汉口范明山同志家。二、三两营之交通会议处，由各营自行择定之。

清光绪三十四年，张之洞调京入阁，湖北特别学堂停办。迨宣统时，铁忠任湖北督练公所总办，创讲武堂于武昌，考选各标营队正、副目受训，六月卒业。讲武堂无学员宿舍，四十二标受训学员则寄宿于四十一标营房。凡受训之正、副目，概不负营内事务责任，故正、副目中之革命党人，得以日事联络，不受羁束。此时革命势力日渐强大，工作亦日益繁重，文学社乃于辛亥正月集议于黄鹤楼，社长蒋翊武提议增设副社长一人以襄理社务，适王宪章受训于讲武堂，遂公推王宪章为副社长。

胡玉珍同志以阳夏一江梗阻，各营复距离遥远，营规綦严，联络时感困难，非扩大四十二标之组织不足以控制全标革命力量，提议于阳夏成立支部组织，以利革命工作之进行。并谓："夏口尚有汉防营、警察队，非亟事联络不可，若仅以四十二标一个单位，则狭隘难通。"当经决议，先由刘尧澂参议调查实际情况后再行复议。后经刘参议调查研究，认为胡标代表之提议，极具见地，于是文学社阳夏第四支部遂告产生焉。

文学社阳夏第四支部成立后，仍以胡玉珍为支部长兼标代表，邱文彬副之，支部组织与总社大致相同，唯人数较少，除书记、会计外，增设参议、交通、惩罚三组。遂以张步瀛、张大鹏、郑兆兰、梁炎昌、黄家麟、朱承堃（后改名澄宇，号旭东）、邱坤镛等为参议；黄振中、祝制六、陈得元等为交通；宋自新为惩罚。其中负参议责任之同志有考核初入社同志之言行并在无形中负训练之责任。又因支部长不能时时请假外出，恐引起上级官长注意，全仗各参议轮流请假外出，接洽社务，且行动极端保密，即营连各同志亦不知其为社中同志，恐失败时受到牵连也。

辛亥广州起义失败后，革命重心移诸湖北。同时，四川铁路风潮汹涌澎湃，革命工作日益紧张。每遇野操休息时即聚集会议，练习测绘时亦聚集会议，旷野墟墓之间全成为进行革命会议之会场，标营机构几成为革命党人之附属组织。革命起义时机，已趋成熟。

一日，营管带汪炳山约胡玉珍至公馆，突语曰："外面革命志士甚多，闻我们营中亦有加入者，你我同事数年，不知有无办法介绍参加？"胡佯为不知，因汪突发此问，未知是何用心也。回棚后，召集同志密商，经仔细商讨，佥谓仍宜严加保密。果然，不两三日，胡被调营部，充贴写之杨洪涛、贺捷三两同志则被饬下连。事后追思，汪前日之问，殆欲试探胡之口风，险矣哉。胡从此益加谨慎，并以此事勖勉同人。

七月二十六日，信阳三营代表周道长、罗群英来汉阳第四支部开会，决定一接到胡玉珍盖有暗章信件即发动举义，并负责占领武胜关，以阻截清廷援军南下。

三　八月十八日的起义布置与文学总社的被破坏

自蒋翊武社长所属之四十一标被调往岳阳以后，文学社在各标营革命活动发展非常神速，同志们以发动起义日趋迫切，于是佥议促蒋返鄂。蒋于八月十八日晨抵武昌。先是黄克强由香港来电谓：

“鄂省勿徒轻举，候九月初旬，计划中之十一省布置妥善后，互相呼应，一举而‘光复’汉疆。”刘尧澂即以告蒋，征其意见，并以居正、杨玉如两同志至上海购枪未妥相告。蒋沉思良久，卒以黄电为是。遂急召各标营代表会商于小朝街机关部，作起义时日最后之决定。俄各代表至，佥谓：“现在外面谣言很大，若不及早起事，必将发生意外，那时后悔莫及了，况且军中同志已占十之八九，若一旦举事，何虑武汉三镇不唾手而得，何必以他人为转移？”蒋乃反复陈词，痛论全面与局部举义之利弊，各代表始折服其言而散会。蒋并嘱各代表饬同志以备万一，此八月十八日午前事也。

是日，孙武同志于汉口宝善里共进会机关部装炸弹不慎爆炸，汉口机关被破坏，俄领事电告江汉道齐耀珊。齐遣侦骑四出，大索党人，风声鹤唳，草木皆兵，武昌尚未之闻也。迨下午邢伯谦至，始知其事。蒋翊武闻状不胜嗟叹，涕泗纵横。刘尧澂则慷慨曰：“事已至此，哭也无益，怕也无益，一不做，二不休，倒不如今夜起义吧！”适邓玉麟由汉口来，亦赞助之，并谓蒋乃前所奉总司令，仍促蒋颁发命令（命令全文从略）。

此项命令发出时已黄昏矣，许多处均未送到，而文学社总部被破坏，彭楚藩、刘尧澂、杨洪胜 3 同志因而殉难，蒋翊武被逮。文学社既被破坏，清吏侦索党人益严，阳夏仅一江之隔，消息无闻。迨十九日晨，营管带汪炳山忽传令曰：“凡属各队充采办员之正、副目，须于 12 时前归营，否则以逃兵论。无论官兵一律停止会客，卫戍司令官须常在卫舍守卫，士兵严守岗位。”胡玉珍闻后，度武昌必有异，然禁卫森严，消息隔阂，焦灼万状，徒呼奈何而已。适是日采办归到胡玉珍充当，胡即偕火夫至硚口，以购菜钱给之，嘱自购先归，已则往范明山同志处探问究竟。至则副社长王宪章在焉，王当语以总社被破坏详情及彭、刘、杨三烈士就义经过，并云仍有同志尚在审讯中。王素薙发短装，不服清制，至此乃请胡制长衣，具假辫，以备出亡时掩清吏耳目。胡恐风声泄露偾事，乃亲自购备予王，王复嘱之曰："请君令各同志准备一切，予渡江之先，曾送炸药与蔡济民、王文锦，嘱其相机行事。满奴对剪发之人特别注意，予出营已两日未归，恐遭绳责。万一武昌有事，汉阳兵工、钢药两厂与革命军命脉攸关，万不可使落满奴之手，斯责在君，望相机应之。"胡归营已午后7时许。

先是营值日官宋锡全数询胡玉珍归营否？营内同志见营规綦严，胡整日未归，且营下士学习亦停课，因之龟、黑两队同志亦断联络，普滋疑虑。7时，胡玉珍归营，心境始为一慰。缵承适过其棚，叩以迟归之故，胡漫应曰："家乡来人，言家慈命买物带归，所以耽搁。"顾其神智沮丧，非若平常，乃辞出。8时半，点二道名毕，宋队官命左右两队正、副目集合训话，首问胡玉珍迟归之故，拟照军令办理。胡述："家乡来人，奉母命购物，因近日不能请假，乡人又不克久滞，在汉口就便购买带归，请鉴情原宥！"两队正、副目亦多方邀恳，始从宽罚禁闭一月。

12时许，胡玉珍侦值日官已就寝，趋缵承棚，邀往操场一谈，始转述王宪章所告武昌总社被破坏经过，并云："武昌同志若不即日举事，起义命令定有珍名。如清吏到汉阳提人，必以予为首，予决不承认其他。不过珍15岁离家，投身巡防营，后以新军营较好，又投入新军营，在外10余年，未报养育之恩，耿耿于怀。兹将平日积蓄之70元及衣料一套、女鞋一双，本拟在举事前寄回家中，刻并交君代办，并以老母托。”缵承诺之，并曰：“倘你我二人同时被捕，再请黄家麟照办，请勿以此自伤！”且解慰之曰：“名册虽然被抄，多数是假名，武昌被捕同志，必不一一相告。至起义时计划姓名，均系军队中人，清吏不能不踌躇而审慎处理。”胡曰：“不能已于怀者，父殁未视殓，母老不能养，革命事业又遭破坏，将来再造此基础，殊非易事，他非所虑也。”复曰：“我乃禁闭之身，武昌消息，本支部事务，望相机处理之。”余于是收其钱物而假寐焉。萦思终宵，莫之所策，明日对右、后两队同志秘此乎？宣此乎？或者武昌同志从死里求生以达成革命之目的乎？斯时予之思潮若波涛之起伏，遑遑莫能定也。

四　四十二标举义经过

（一）一营占领兵工、钢药两厂经过

二十日甫旦，营管带汪炳山电令罢操，并云：“凡充正、副目之采办事务，概责成各队司务长办理。”其情事益紧张矣。然缵承于胡玉珍所述王宪章语，益秘而不敢宣，盖恐同志聆后更张皇失措也。唯有暂时镇定而待消息之至，以应变焉。适黄家麟接大营卫舍班，于是商定以本支部同志任营门卫兵，以冀或有消息至也，庸知时过向午而仍寂然。

午后1时，袁金声以奉令送公文至标署相告，缵承即嘱其急足至标署，候公文投递盖印后，速驱车龙王庙渡江至武昌侦探消息，并限4时半归营。袁果如时返，并告予曰：“汉阳门紧闭，城楼上守哨士兵，左膀缠白布，军帽上无帽花，城墙上有署都督黎元洪告

示一方，文字内容未暇详视。”由此始知武昌已为我革命军占领矣。盖所述标记，皆前会议时所预订者也。至黎元洪为都督，则不审其故，于是以袁语告胡玉珍，请迅赴汉口通知二营代表赵承武等，言汉阳8时半举义，请二营于9时响应之；并送信至三营代表刘化欧，嘱占领武胜关，防阻清兵南下；同时又恐瑞澂、张彪率河南新到之部队来占汉阳，有稍纵即逝之虞，请王宪章来汉阳襄助起义。并由缵承告卫舍长黄家麟，启后水营门出之。胡临行又嘱缵承曰：“二、三营及汉防营，由予至汉口布置，汉阳各队计划，由兄处理之；前、左两队须用命令，责令戈、邱两代表照计划实行，右、后两队亦由兄嘱其各自努力。”语毕，乃服便衣而去。当时缵承促胡赴汉口，竟忘其为受处分之人，胡闻言而起，亦自忘其为禁闭之身，黄家麟启后门出胡，亦忘有管带之命令与卫舍长之职责，盖亦鉴于历次革命之失败，义愤所激，不计其他也。

先是袁金声往武昌后，忽第八辎重营管带萧安国率兵约300人至汉阳，拟据兵工厂，并声称奉瑞制台、张统制命令前来保护兵工厂。时守卫者左队也，视萧部士兵中有徒手无枪者，有无军帽者，武装凌乱，神色仓皇，力却之。萧遂改驻水师营教场。继而汪炳山令各队遣士兵送帐篷至其处，邱文彬衔此命令来营部取帐篷，冀与同人一商究竟，适胡玉珍在禁闭不便详议，邱曰：“特负此差事来，冀能得些消息，讵仍摸不着头脑。”缵承告之曰：“外间无消息来，真要把人闷死，此时到水师营或可侦悉一二，我业已通知两队派差者，不要轮派，选各队机敏同志，由君指挥，倘得武昌消息，总要设法通知，以为内应。”本棚遂派王子卿同志随邱细探究竟，接收者为何队号，若有熟人，须询来处，并嘱以邱文彬同志命令行之。王归，始悉武昌有变焉。然本社同人竟无只字与片语相告，过急恐其偾事，株守又恐失机，焦虑俱集，莫衷一是。至袁金声归，始实之，遂决定如前述，并颁发前、左两队命令如下：

甲、顷袁金声同志至武昌回营报告：“汉阳门城门紧闭，守城士兵左膀缠白布，军帽上无帽花，城墙贴有布告一纸，署都督黎元洪五字。”是武昌同志已占领武昌，本支部“四十二标”有即时占领阳夏与武胜关任务。

乙、本标一营前、左两队今晚9时即将兵工、钢药两厂占领，先取各队部子弹分发各同志，以为进厂之需。

1. 所有守厂之警察枪支，一律收缴，如有抵抗，即枪杀之。

2. 所有厂附近渡河点，须派哨监守，非有各队命令，不准船只往来。

3. 两厂工人与职员，一律禁止外出，但不得加害。

4. 各队中之旗籍军人枪支均行拆下，如有反抗，即断然以军力处之。

5. 左队占领兵工厂后，即运大炮三尊至龟山，向刘家庙方向设防。

6. 驻营部之右、后两队于8时半举义，即率队至兵工厂，协助左队驱逐驻水师营教场第八辎重营。

7. 前、左两队，注意龙灯堤之枪声三响，即是营部起义。

8. 起义时，各同志左膀均缠白布，所有军帽帽花，均行拆下，以为识别。龟、黑两山队旗，换以白布，由各队自备。

丙、胡支部长玉珍已赴汉口居仁门，令二营代表赵承武、汉防营范明山等于9时占领汉口，另派人送信至信阳，令三营代表刘化欧，见信即将信阳队伍占领武胜关，特附告。

右通知
前队代表戈承元同志
兼左队代表邱文彬同志

王缵承发于龙灯堤营部
二十日下午五时半

命令拟就后，即交卫舍长黄家麟请守卫同志分送前、左两队戈、邱两同志。连日阴雾霾尘不适之情绪，至此稍为之舒矣。右、后两队同志则冀胡支部长玉珍返营取其仅有之 3 粒子弹，以资发难，故吾辈尔时之心情率以时钟迟迟而郁闷也。或憧憬举义后之情形，或议论起义时之策略，如祝制六同志曾云："我们取得营部子弹后，即将营房烧毁，以表坚决。"而缵承则曰："兵、钢两厂已在掌握，徒惊百姓无益。"黄振中、祝制六亦然其言。此时即非吾辈社中袍泽，亦愿随吾辈共进退而受指挥，由此可以概见人心之向往矣。

7 时许，王宪章来汉阳，至营门，适黄家麟在焉。缵承即邀至楼上黄振中棚，待胡玉珍归营，共商举义，竟被排长王大洪瞥见。当王宪章甫言彭、刘、杨死难事，王大洪即潜至九排门首窥伺，缵承恐事败，乃出与之周旋。大洪曰："此何人？"缵承曰："此予之同学，甫自日本归国，约往见面，因不能出营，渠又定明日返家，故特来相会。"大洪曰："管带命令知之否？"答曰："管带之命令当遵，兵士之人情不能不顾。"宪章睹状恐致决裂，曰："我去！我们在举义之先，仍须遵守军令，以应万一，我出营待之。"于是送之出，并曰："胡玉珍未见兄，又加疑虑矣！"后王大洪以此语宋锡全，宋乃径至营门端坐，借与黄家麟语，以伺动静。缵承则密语黄家麟备白布，待举义时即向宋之左膀一缠，盖宋原系日知会党人，革命事乃其素愿也。

8时许，胡玉珍将二、三营及汉防营布置就绪归营。问缵承曰："前、左两队命令下否？"曰："久已下矣，惟右、后两队待君取子弹举事。"胡闻言即于夹箱底检出子弹三粒，鸣枪站队，两队士兵蜂拥至操场。胡复令取营部子弹分发之。并宣言曰："武昌已为我革命军占领，我们今天"光复"阳夏为祖宗报仇，为民族争光，自今而后，我们始为大汉河山之主人翁。"（胡于民元曾将起义宣言录于笔记中印发）后队代表袁金声得子弹后，即将该队排长翟焕明枪杀之。先是午间袁金声对翟曰："我们要搞革命。"翟曰："昔日某某邀我革命，我未许可，今天我同你们革命么？"袁忌其语意轻蔑，故枪杀之。

宋锡全于营门口见状，意欲制止起义。黄家麟突然将白布缠其左膀，且曰："不要糊涂。"宋始兀立不语。胡玉珍宣布毕，即着曾汉臣、刘星垣两同志率同志30人往硚口向居仁门二营放排枪，促其在营举事，此胡与二营代表所约定也。缵承大声曰："请宋队官指挥！"宋乃与胡支部长商，留一排于龙灯堤，由缵承指挥之，以协助黑山钢药厂之前队，其余则随胡、宋至兵工厂。

宋在途次，意尚踌躇，商于胡曰："武昌已为我革命军占领，汉阳明日全营伙食如何维持。且汉口于前日已由瑞澂调来河南部队驻扎刘家庙，我二营在汉口如何举动尚不得而知，我不得不以为君告。"胡曰："伙食事藩库银子任我们支取，河南调来队伍闻系巡防营一团，我们一营可以解决之。至我驻汉口之二营，予适与该营代表赵承武分手，约定由我派兵至硚口放排枪，彼即举事。此外湘、赣党人已联络成熟，我们起义后，彼即响应而联军北伐。三营亦已有信去，即时占领武胜关。”宋曰：“请君先率队至兵工厂，我往刘家庙一探究竟如何？”胡领之，宋即分途而去。

此时，前队代表戈承元、左队代表邱文彬均先后派兵报告占领钢药、兵工两厂情形。并复派李金山同志促遣部队夹击水师营教场之第八辎重营残部（邱等上山，辎重营曾派人来问过他），胡得报后，即率队至兵工厂，见邱正指挥运炮至龟山布防，即共商定驱逐辎重八营计划。胡嘱邱曰：“此间事由君指挥，我星夜渡江报告武昌同志与黎元洪，借观武昌情形，并嘱通知二营代表赵承武及汉防营代表范明山，于明晨 8 时来兵工厂会议，共商今后进行事宜。”邱乃按胡语布置之，俄顷宋锡全亦由汉口返。

胡玉珍谒黎元洪于武昌，陈述阳夏“光复”经过，黎嘱其善维秩序，并手书交胡转原标统张永汉，一、二营管带汪炳山、陈钟麟等，仍维原状，讵知彼辈早已逸去矣。同时胡再访武昌同志，亦多为军务忙，且有不在谘议局者，复忆阳夏伙食待筹，遂持黎信至硚口大生典当铺借钱千串，以为二十一日伙食之需。

其时关乎阳夏全局安危者，莫若萧安国之来汉阳也。先是瑞澂、张彪于武昌出走后，即匿兵舰中布置军事，饬守卫督署之辎重八营萧安国残部，先至汉阳占领兵、钢两厂，以断吾军弹药之接济，并凭借龟山之险以威胁武昌，讵知为守卫兵工厂之左队以无层峰命令而拒绝，只由汪管带允给帐篷为彼营于水师营教场，并给 200 元为伙食之需。故二十一日清晨即有兵舰一艘至黄鹤楼转舵向龟山直驶，为我军发现，邱副支部长即令我炮手王子卿、左福齐、雷声燮 3 炮齐发，命中船尾逸去。此为武汉人士有目共睹者也。故终阳夏之“光复”兵不血刃者，当推之于文学社第四支部四十二标一、二两营之党人。而阳夏之有 4

支部者，胡玉珍、刘尧澂二氏之力也，苟是日阳夏直承命于武昌，又无袁金声送公文之便，至瑞、张兵占汉阳，则胜负之数未可卜也。

营中有旗籍兵7名，管天修者系缵承同棚弟兄，当举义时禁之监所，午间过此，管等诉之曰：“何以拆我等枪支，我们又未犯军令，反置之监所。”缵承告之曰：“我们今日为种族争生存，为国家争独立，故不得不先革尔满人之命，念尔等尚属好人，尔等回荆州可也。”于是各予之7元遣回原籍，后闻彼等在途中为百姓所创。

胡派戈承元同志至汉阳府监，出李亚东于狱，派张步瀛至汉口监，释放詹大悲，而詹已先出狱矣。胡即觅詹转黎致张永汉等之信，而张等已早北逃矣。胡更谓詹曰：“汉口必先受兵，军财事务，非统一机构，不能就近应付裕如，请君预筹之。”胡又派朱璧珍装行脚僧往襄樊告马队同志章裕昆等占领襄樊，防刘韫玉之巡防营东下，章等遂逐喜原而“光复”襄樊。唯胡支部长遣送驻信阳三营之信尚在途中，而清廷已派大军沿铁路南下矣，道路梗塞，送信三营者不能完成任务，致三营同志未展所图。然各同志拆桥，毁路，炸敌粮、弹库，殉职者不知凡几，是堪痛惜者也。先是刘尧澂同志论上策取北京，中策阻敌武胜关外，后均未遂，而彭、刘、杨三烈士复殉难，汉口又罹冯国璋焚烧之惨祸，此皆辛亥武昌首义莫大之遗恨也。

（二）二营占领汉口经过

四十二标二营驻汉口居仁门，标本部亦设于此，因便于指挥汉阳一营、信阳三营也。汉口自十八日宝善里炸弹爆炸案发生，已有密探报知情形，十九日起，营禁出入更严，外间动静一概不知，凡本社同志均互相耳语，莫可如何，只有耐心等待外来消息。至二十日晚6时本社四支部长胡玉珍潜来汉口，告以袁金声同志所探获之情形，约二营于是晚9时举义“光复”汉口，因一营已下令8时半在龙灯堤举义，前、左二队于9时将兵工、钢药两厂占领完竣也。赵承武营代表曰：“本营有标署在内，前队出紫阳里，右队一部驻循礼门，恐一时难以布置周密，请一营在龙灯堤举义后，即派人枪一排在硚口外放一排枪，使营内各连便于举事。”胡即允赵营代表之商而别去。赵即通知在营部内之各队同志准备一切，一面通知驻紫阳里之前队代表杨震华、驻华景街庆安里之右队代表梁耀斌，均于9时在各驻扎地举义，将清军制之帽花、肩章拆下，左膀各缠白布，以昭识别，但所有分防任务，概不变动。

9时，硚口外之排枪声果然准时打响，赵营代表即吹哨令驻营各队齐集操场，宣布起义，将标署与营部之军装库子弹取出，分发各队，每人配以子弹100粒，并派胡光瑞率一排人至四官殿之湖北官钱局驻守保护。鄢树藩、余鸿钧两同志各带枪兵10名巡视街道。又派汪庆祥同志率兵八名到汉阳龙灯堤第一营取得联络，并报四支部长胡玉珍汉口“光复”之经过和措施。斯时，胡玉珍已赴兵工厂，即向留守营部之王缵承报告一切，王亦告以汉阳兵工、钢药两厂全部占领，并云：“汉口商场治安请赵营代表尽力维持。待汉阳兵工厂设防布置完竣，即将通知二营营代表及负责各同志来兵工厂会议，商筹善后大计。”

（三）三营在信阳之动态

三营之有革命组织，其源由于日知会所发动。先是刘化欧同志于清光绪三十一年在信阳高等小学校肄业时，经李亚东介绍加入日知会。化欧在校即暗组学生自治会以谋革命事业之推进，一时加入者有刘镇、周雷伯、李绳武、朱孔阳、欧阳祖年、胡金门、胡子明、胡卓越、黄子和、李普三、何东藩、刘次芳、周宗彝、尹宗益、孙亚武、李济武、易世菜、吴连祥、杨少堂、曾履垣、孙家让、余凤翥等22人。时化欧虽年仅15而对革命工作之进行极烈，外面渐有风声透露。未几，地方官绅以逆党大本营责备学校，几兴大狱，而李绳武终以言论过激被捕，瘐死开封狱中。化欧抱痛奔上海入中国公学，因之得交结各省志士，旋经王文贤（即宪章）、蒋伯夔（即翊武）介绍入同盟会。适徐锡麟、熊成基先后于安徽起义失败，同志佥议侧重武汉，并拟遣同志加入军队中以策动之。

宣统元年秋，由上海各学校学生至湖北投入第八镇及混成协充新兵者颇多，而化欧独注意从京汉铁路沿线入手。是时李亚东因日知会被破坏，被监禁在汉阳府狱中，化欧往谒，并道来意，尔时四十二标一营驻汉阳，同志时与李亚东相见，间助其狱中零用。亚东曰：“武、阳、夏各营同志甚多，独驻信阳三营尚未入手，北至郑州，南抵刘家庙，延长千里，横跨陇海，尤以黄河铁桥及豫、鄂毗连之武胜关为军事必争之地，关系极重，急应进行。”化欧乃信阳人，遂遄返信阳，谋入四十二标驻信阳京汉铁路之第三营充士兵。宣统二年春，第三营在花园、广水、孝感三处招募新兵，遂邀约同志分途前往应募入队。计有刘化欧、何国禄（即何瑛）、周道长、江汉涛、孙亚武、易世菜、彭斅俊、郑洪升、樊绍华、李济武、朱文斌、宋济武、杨春三、朱绍武、吴连祥、徐锐、夏茂林、刘鹏程、陈锦堂、康少芳、胡卓超、钟建衡、严正奎、黄云亭、秦秉璋、罗群英等26人。未半载，同志多升正、副目，而刘化欧与郑洪升、彭斅俊更考入湖北陆军讲武堂，得与武汉各标营同志会晤，每利用星期例假与刘尧澂、蒋翊武、王宪章、杨王鹏等研讨策进，旋祝制六改投四十二标一营，约三营同志一律加入文学社，当推刘化欧为营代表，周道长副之，钟建衡为前队代表，胡卓超为左队代表，徐锐为右队代表，罗群英为后队代表，加紧工作。适信阳两湖小学之刘克仁、刘延荣、胡云路、危恩元、孙思锦、陈国勋、吴邦英、陈廷龙、段良奇、陈西福等10人，保送到三营充学兵，经刘化欧、罗群英介绍，先后加入文学社。罗群英之魄力虽不及刘化欧，其号召力颇强，故又推罗群英为三营副营代表，改周道长为书记，此第三营同志加入文学社之始末也。

刘化欧自讲武堂毕业返防后，不及两周，应营长樊毓英调至信阳车站营部担任下士教习，于是更利用机会，召集同志在城内鲍氏街住宅开一次扩大会议，决议吸收官佐与文人，联络帮会暨铁路工人，并贮备炸弹、炸药等重要问题，诸同志分途并进，均有收获。不一日，营军需宋荣夫、书记长孙子谷、左队队官陈尧鉴、右队队官熊连三、排长殷兆涛、邱充之、胡人俊、宋辅平、司务长邱世成、张绍芝、李炳志均加入焉。陆续介绍入会者，有陈得金、夏应求、李文龙、张德元、王银汉、罗玉胜、胡建勋、汪东海、冷树勋、张鸿钧、沈廷宏等19人。相继推举信阳易小康、刘克仁为学界代表，应山王春华为帮会代表，孝感余大猷为铁路工人代表。联络群众，劝募捐款，以备购买手枪、子弹，结果由同志捐洋110元，王春华募得洋68元，易小康、余大猷共募得59元。经信阳车站外科医院之日本人井上一雄，偕同刘化欧至汉口日租界栖鹤旅馆购买日式六轮手枪30支，子弹2000发。并派秦秉璋、夏茂林、陈锦堂陆续运至广水王春华处保存。更与栖鹤旅馆经理宫崎富多订立合同，以320元订购炸药12包、小型炸弹12枚。15日内，由宫崎富多负责送至信阳西乡易家湾易小康家交货付款。但社中并无余资，同志多嗤化欧不自量力，化欧返家，假其伯母之名卖地七石六斗，得价360元，届时将款如数付讫，此炸弹即存易小康处。化欧因纳月捐，每月必至武汉一次，故六、七两月同志会议于小朝街胭脂巷，化欧必得参与焉。

洎文学社第四支部召集会议时，化欧以布置防务事未及前往，乃派罗群英、周道长两同志参加，结果责成三营守武胜关。化欧乃于八月十三日就鲍氏街本宅召集紧急会议，决议将贮存之手枪、炸药等物，分发各代表，并着易小康募集农民千人，王春华集合帮会弟兄千人，余大猷通知各车站工友听候调度，刘克仁、陈锦堂、夏茂林、秦秉璋任全段铁路联络谍报及破坏等工作。分配既定，端听四支部之信息到来。而彼时来自武汉之商人，有谓革命党人连日被捕获者络绎不绝，有谓党人制造炸弹失慎，抄出党人名册、旗号等物者，谣诼繁兴，人心动摇，各同志来询消息者日必数起。化欧以未得实信，只好含糊其辞曰：“此谣言，虽有此传说，未便遽信也。”

八月二十三日，河南陆军二十九混成协应龙翔率所部进驻信阳，消息更是不通。化欧判定武汉必已发难，否则，豫军何以均集中至此？四支部之信件岂中途遇险欤？于是决定通知各代表积极准备，集合农民400人，携带抬枪、戈矛到武胜关与帮会弟兄500余人会合。并传令各代表定二十五日夜半举义，左膀缠白布为识，化欧率之，向豫军进攻，与应龙翔之步兵一营遭遇于李家寨。战至拂晓，豫军败退，我军以武器过少，士兵未经训练，未敢直追。

越一日，闻四十二标标统张永汉北逃矣，又越一日，荫昌率大军到达信阳矣。多数同志集议，以为形势日趋恶劣，与其以卵投石，不如严密组织，相机袭击，借收扰乱敌后之效，以待武汉大军之到来。遂将农民遣散，仅留帮会弟兄及铁路工人600余人潜伏于黄土关、平靖关内外相机而动。

九月初二日，化欧至驻马店、漯河等处探察敌军粮秣、弹药储藏地点，同时王春华派队长游长乐、郭洁儿，分队长郝安邦、汪大咀，率领士兵兄弟与工友 240 人埋伏于武胜关左右侧。翌日清晨，与段芝贵某标骑兵混合队遇于周家凹，激战 3 小时，卒以众寡悬殊，被其击溃，我部死伤 20 余人，郭洁儿、汪大咀、文老五、陈老公均阵亡（因王春华已故，此四人本名，至今无法查考）。

化欧闻部队失利，更审北军源源而来，敌我兵力悬殊，正面阻击，无有是处。当令王春华将黄土、平靖两关弟兄妥为遣散，并通令各代表嗣后专从事于破坏交通、焚炸粮弹工作。即同樊绍华、李济武间道来武汉一睹究竟，如有可乘之机，再行反攻，布置既定，始离信阳三营地而赴武汉，到时适汉口失守，径往洪山总司令部。

十一日，钟建衡谋炸漯河大桥不成，就义于偃城车站。

十七日，余大猷在东篁店北首扳反柁，将敌军车翻倒 3 辆，余大猷死于敌人皮鞭之下。

同日，李炳志炸明港东方转运公司之粮食仓库；刘克仁焚花园源成转运公司之弹药库；彭彀俊破坏祁家湾铁路，使敌兵车出轨，敌人死伤不少；何奇（即国禄）燃炸萧家港之子弹车，均予敌以莫大打击，皆刘营代表化欧所预订之计划也。

吴连祥、吴邦英均战死于汉口之役，尸体丛葬于六大堆中，成为四十二标第三营革命过程中之一段痛史。缘于武昌文学社总部被破坏，四支部得信过迟，至二十日晚间之专信因铁路北段已为敌军所占，无法送达，致不能达到刘化欧代表预期之目的，而遗冯国璋焚烧汉口之惨剧也。

五　汉阳军事布置与武昌都督府

二十一日晨，一营诸同志在会前私议曰：“此后军事责任綦重，须早为计议。”佥以胡玉珍劳苦功高，阳夏军事负责人以胡为适宜，或谓以王宪章任之。胡玉珍曰：“革命非为个人权位也，此后战争责任诚重，本支部同志与武昌方面接洽等事除玉珍及邱副支部长、祝制六同志外，少有联系，珍愿为战事联络参谋，或以王宪章亦可，最好武昌拥黎，我辈即拥宋何如？”缵承曰：“待会议时大家决定可也。”8时，一、二两营同志集议于兵工厂，一致举宋锡全为统制，协、标统以下各官职及关于军事各项措施均经讨论决议，记录在卷。12时，始由胡玉珍支部长缕列呈报于都督黎元洪，其文曰：

（一）本日上午2时，玉珍业将阳夏“光复”经过面陈在案。当奉钧座手示，嘱四十二标标统张永汉、管带汪炳山、陈钟麟维持阳夏秩序，玉珍遍寻张、汪、陈三君，不获踪迹。

（二）7时许，有兵舰一艘向上直驶，行至黄鹤楼前转舵，向龟山冲来，我守炮士兵王子卿、左福齐、雷声燮3同志，由副支部长邱文彬指挥，对该船齐射，弹中船尾，始转舵向下游逸去。

（三）8时，两营同志会议，均称瑞澂、张彪尚在舰中布置军事，待清兵南下，与我争夺武汉，今日舰上满载兵士，不料第八辎重营昨夜为我一营驱逐也。且汉阳兵、钢两厂为军事命脉，汉口又为华洋通商要地，亦军资策源之所，非扩军不足以资保护而策进取，决议阳夏扩为一镇，公举玉珍与文学社副社长王宪章负其责。珍即声明革命非为权位者，乃荐宋锡全队官任之，并言宋为日知会同志，其学行素为同志所推重，此次举义，亦多襄助，此职畀之宋君，必能裨益战守。副社长王宪章首赞成之。乃以宋锡全为统制，王宪章为第一协协统（战事关系，各协组4标，因马、炮、工、辎筹备不及也），二营代表赵承武同志等推举该营排长林翼支为第二协协统，并举邱副支部长为参谋长，梁炎昌为副参谋长，王缵承、张步瀛、祝制六、黄家麟、宋自新诸同志为参谋，胡玉珍任参谋及交通，郑兆兰任军械兼摄兵工、钢药两厂厂长，兵工厂须即日开工。杨洪涛为军需，黄振中为第一标标统，王殿一、万逢霖、王柱国为第一协二、三、四标标统，此3人皆为一营队官、排长也。陈建章、戈承元、张大鹏、普于斌诸同志为营长，朱承堃、邱坤镛、张仲缄、袁金声、陈得元、黄家麟诸同志为营副队官等职。出日知会党人李亚东于汉阳府监，即由宋暂派为汉阳府知府兼本部执法官。并酌留老同志百人不任官职，组织特别队以为临时差遣及战时敢死队之用，由参谋处指挥之。

（四）第二协组织由赵承武、石占奎同志等会同林翼支在汉口组成，迅速具报，并责妥为保护汉口商场及租界安全。

（五）各部须迅速派人就地招兵训练，各机关务须即日成立，以专责成等情，谨呈都督黎鉴核。

文学社四支部长兼原四十二标代表胡玉珍于汉阳兵工厂公务厅

同时令各机构即行成立，并请宋锡全以统制名义颁发防守命令，宋即拟就颁发如下：

命令

二十一日下午2时发于司令部汉阳兵工厂公务厅

甲、第一协协统王宪章将原一营扩充一协，防守兵、钢两厂，兼保鹦鹉洲及汉阳各地安全，并速招练新兵以资进取。一协未组成前，先派防守任务于下：

1.陈建章同志营：防守兵工厂，对于泉隆巷与集家咀渡河点，须派独立弁哨防守，左与钢药厂戈营切取联络。

2.戈承元同志营：防守钢药厂，所有黑山渡口、钢药厂码头、凤栖寺、通十里铺大道，须派队常川驻守。

3.张大鹏同志营：防守马家湖通汉阳城、泉隆巷大道，但马家湖岸常川驻一队，西北与凤栖寺戈营、北与兵工厂陈营均切取联络。

4.普于斌同志营：防守河泊所及汉阳东门外河岸，择要防守，并派队驻鹦鹉洲，西与张营、北与兵工厂陈营，均切取联络。

5.各营于哨地配备完竣后，绘图呈报，以凭巡查。

6.待第二协组成呈报后，再令各标分担防务，各营均须招练新兵，不得以哨务而疏训练。

7.依会议决定，特别队长派王敷武同志充任，由参谋处指挥调遣。

乙、第二协协统林翼支同营代表赵承武诸同志，速往汉口将原二营及汉防营扩充一协，择要布置防务，保护商场及租界外侨，并迅速招练新兵，至设防地点绘图呈报备查。

此外兵工、钢药两厂郑兼厂长，迅速检查弹药、枪支、大炮、炮弹数目，列表呈报，以凭计筹，并即日夜开工，以裕军需。

二十二日晨，据报汉口硚口发生抢劫，当派张步瀛参谋率本部特别队震慑，捕得抢劫匪两名就地正法，并枭首示众。汉口商民得以安堵。是时，张步瀛见有炮队军官两人，以为逃逸者，乃带至司令部。王缵承出见，系同学沈毓藻（又名平均）、张声贵，于是商诸宋，委沈为龟山炮兵司令，张为团长。后沈于荆州独立之役阵亡，张以政治日益窳败，于民国20年剃度学佛，现已圆寂矣。

二十三日奉黎都督批曰：

据文学社四支部长胡玉珍呈报会议录及阳夏军事布置情形一件悉，兹核示如下：

（一）阳夏四十二标一、二营，兵不血刃，阳夏而获“光复”。

（二）龟山炮队击退清兵舰欲占兵工厂之企图，足征各同志努力兴汉，深堪嘉尚。

（三）各同志所议各节均有见地，唯军府初组，经济困难，扩充一镇，似嫌过大，着以宋锡全为第一混成协协统，王宪章同志暨林翼支均为标统，余照议施行。仰各同志共体艰巨，此令。

附发宋、王、林委令各一纸，余俟宋呈报后加委。

胡玉珍遂以此令交宋转饬参谋处存案，佥认镇协本无轻重，唯军府所计者经济，吾辈所计者战争耳。

同日，三营有右队排长胡英初（本社同志）以铁路均为清军据守，乃间道来汉阳，由王缵承偕见宋，即委为参谋。

二十四日，马队同志陈孝芬由襄阳率马队10余骑到汉阳，大家议举为江汉水师协统，以维水上交通。

是日，军械处长兼摄兵工、钢药厂厂长郑兆兰同志报告两厂处理概略，其文曰：

（一）奉钧令，兵工、钢药两厂厂长郑于即日开工以裕军需，并核查所有枪炮弹药数目，缕列具报等因，兹据副官胡得胜，委员宋自新督率点验各库所存：步、马枪各7500支，枪弹220.8万发，五生七过山炮56尊，钢炮108尊，其余钢、铝及各种材料甚多，五生七炮弹已成者3000余发，完全装成者3万发，唯碰火、底火有10万发尚存省库，且急需用。派王缵承同周拓疆赴都督府领取存储南湖之火药库器材内之碰火、底火。因需用至急，管库人他出，多方设法始得取出，以供药厂之需要。

（二）钢药厂经张大鹏同志检查，存棉花一库、黄镪百余坛，无烟药及白药（即炸药）陆续运至兵工厂，烟、焦二煤，均300吨。

（三）并派石仲文督率召集监工王金山、枪厂目余庆鳌、炮厂目沈二颂漏夜开工，以符钧令。右三项谨核。

二十五日，奉都督令，四川同志熊克武回川，拨兵工厂枪支500支，并装配弹药及发运费500元。又枪支500支，子弹20万发（王原稿作："枪300支，子弹配百发"，今从梁钟汉先生回忆录更正。——畴春志）交日知会党人梁钟汉同志"光复"汉川及刘英同志"光复"永隆河，以充军实。

是日，又奉令派员会同都督府所派点名官来阳夏各部队点名发饷，当由王缵承、黄家麟同往办理。

六 阳夏之役

八月二十六日，来犯者有张彪所部之辎重第八营残部，瑞澂调来河南崇钦巡防营、陆军混成协五十七标、五十八标之各一部及由湖南调来之巡防营王鼎华、夏占魁两营斥候队，均将其击退。

二十七日，复奉指挥何锡藩令，驱逐刘家庙之敌，派第二标标统林翼支为左翼指挥。林派第三营营长赵承武同志为前卫，由大智门循铁路前进，刘仲升、吴元胜两同志各率两队为左右侧卫。赵营长奋不顾身，往夺五十八标标旗，与掌旗官李兴旺、排长刘国璋、雷世凯及士兵30余人阵亡，萧志忠、王师、黄寅龙等均负伤。

午后4时，复派黄振中同志营渡河接战，战斗彻夜不息。

二十八日，林标统由姑嫂树侧击，黄振中营当右翼正面。敌军由火车运兵增援，被我炮队集中火力轰击，将敌车击翻。我黄营张文彬鸣号冲锋，民众助声喊杀，敌向滠口溃退，遂将刘家庙占领。敌遗弃粮秣、子弹、帐篷甚多，居民与铁路工人争相搬运，老幼男妇送茶送饭者络绎于途，商会亦购面包等至前线饷军。

我军携胜利品回部，途人咸脱帽称贺，商民临时购买红绸布赠送各带兵官，商家自动燃放爆竹，可见人心之思汉也。商民见革命军保商保民，于二十一日、二十二日两日将借故抢劫商民之匪徒就地正法（硚口两名，华景街一名），商民得安谧，军民买卖一如平时，大为感激。战时百姓送茶水至前线者，我官兵劝其小心谨慎，恐误中敌弹，佥曰："我等亦汉人也。"军人曰："但我等负责较尔等为重耳。"因之商会于二十三日由吕超伯等筹措阳夏军饷500万元，交胡光瑞办理粮台之用。可见当时军民合作之心，即革命成功之佐证也。领事团之承认革命军为交战团体非无因也。

是役虽将刘家庙之敌驱逐至三道桥，我林标之三营长赵承武阵亡，是莫大之损失也。赵，随县人（或谓为枣阳人），乃四十二标秘密时代二营营代表，汉口之"光复"赵为首功。此后汉口之陷，林标之溃散，皆与赵之阵亡，部队中无核心作用之维系有关系。赵之牺牲，是文学社四支部第一个损失也。

二十九日，我军又将二道桥之敌击退，进攻至三道桥。敌乘我军进至半途，用机枪扫射，我军死伤甚重。林标虽绕至姑嫂树侧击，而三道桥之障碍终难突过，乃守造纸厂之线，与敌相持。

九月初一日，我军进至三道桥。

初三日，我军攻至三道桥，敌仍持机枪扫射，我不能前进。敌并由戴家山用大炮轰击，同时在军舰炮击我预备队，我军退至刘家庙北端。是役，我黄振中营之队官黄家麟与排长胡有道及士兵四五十名阵亡，都不记其姓名。

初六日，敌分两路进攻：一由造纸厂挺进；一由姑嫂树侧进，以戴家山炮击为掩护，又用兵舰大炮向我本队发射。我军不支，退出跑马场。

初七日，我军夺回跑马场，黄振中营、王殿一营均加入战斗，并派参谋王缵承、张步瀛率王敷武之敢死队参加攻击。敌火力猛烈，我军凭铁路线与敌相持。是役，王殿一受重伤，各部死伤亦甚重。

初八日，敌占跑马场，沿铁路线通行无阻，向前猛进，我军退守大智门、循礼门一带。

是日午间，黄兴由沪来汉，见战事失利，至都督府会议，宋派参谋长邱文彬与焉。决议举黄兴为战时全军总司令，武昌加派队伍，限下午 12 时渡江完毕，抽调汉阳七成队伍渡河，于次晨 2 时至硚口居仁门待令，参谋长邱文彬于十二日至龙王庙，随总司令部前进。并派熟悉街道之参副 10 名，为渡江部队袭击敌人之向导。

初九日，宋以林标死亡逃窜者众，派第一标标统王宪章率队渡河担任左翼作战，嘱遵黄总司令指挥。但武昌渡江之部队，以渡江工具缺乏，未能准时到达，我左翼在战线上彻夜作战之队伍和王标新加之部队，与敌随进随退。复将敢死队百人由参谋张步瀛、王缵承率领前往。是时，不但不能进攻，且在火线上发生动摇，只得将敢死队加入火线以支持之，而循礼门车站亦告不守矣。黄兴过江与黎商战守事宜。午后2时，黎令宋锡全为汉口指挥，宋奉命，即电告黎加兵来汉，一面令参谋黄家麟渡河至前线勘查战况，火线上已无兵可移，汉阳兵、钢两厂守兵又不能抽调。宋视此困难形势，叹曰："指挥徒加，于战何益？"

由汉口渡河之外交部长胡瑛至厂，晤宋曰："汉口无船只渡江，于上午已见有红边军帽之清兵，因我穿便衣，敌不甚注意也。"宋即请电告黎，请求派机枪一连来保守汉阳，宋并曰："汉口不守，不但汉阳可危，而武昌亦可危。湘、赣援军又不至，新募兵未经训练，不知战斗之技术，当前急务，非从速训练新兵不能为力。"胡曰："闻岳州尚有守兵，如能抽岳州之老兵来武汉，以新兵在岳州训练，支持现状以待应援，事尚可为，否则此次又不堪设想矣！"并云："今晨有挂外旗之兵舰上驶，清廷诡计多端，未知有无清兵在内。若加生力军至荆州，将来两下夹攻，武昌更属可危。"时黄家麟参谋返部，带回敢死队10余人，曰："前方战况惨烈，循礼门失守，我军死亡甚众。"

刘家庙方面，敌人架设大炮向我龟山炮兵阵地发射，兵工厂时有敌弹落下，工人因之停工。

胡玉珍由汉口归，亦述战况不利，林标星散，且不悉林之踪迹。宋曰："速派人往十里铺招收溃兵，暂交戈、张、陈三营补充实力，以为汉阳之守。兵工厂司令部非移至河泊所不可。司令部之粮弹武器，均当迁移。"胡照所商饬人进行，渡江至武昌。宋即请其面商黎都督，派机枪一连来汉阳，以助防守。

王缵承往厂内觅工人，架火车头于兵、钢两厂铁道上，以便夜间梭巡，表示我方之镇静。

7时，宋与王等均未晚餐，火夫送饭至前线未归，贩食品者亦闭门。王缵承与黄家麟往西门收买饼食不得，拟进西门城内收集，李亚东竟将城门紧闭，守城人坚不肯开，转至山头黄桂国团内造饭果腹。至兵工厂见宋，宋尚未晚餐，兵工厂监工王金山，江苏人，令其火夫代宋煮饭。王金山原为兵工厂监工，郑兆兰兼厂长后，委王为总办以资熟手，此人同情革命，至危急时尚不避也。

宋令防守汉阳之戈、张、陈三营仍照前月二十一日防守命令遵行，不得疏忽，司令部即暂移河泊所办公。

初十日上午4时，宋带收容的士兵二三百人，乘船驶往岳州，为岳州守军所阻，未能登陆，乃径至长沙。适湖南有杀焦拥谭之变，黎元洪电谭，以宋临阵脱逃之罪戮宋于长沙。宋锡全，湖南人，投军湖北，除操课外，读书写字以自遣，待人和蔼而严毅，对于训练操学毫不宽假，为全营军官之冠。曾加入日知会革命团体，为党精心力学，治事不紊，尤多独特之见。忆辛亥六月载洵来鄂阅操，渡江乘小划，舵工为一未成年之孩提，舟至中流，宋曰：“我们全船人生命，付此小孩之手，岂不可危？”宋于操课之余，亦时发此种言论。阳夏未举义时，彼尚不知本标有文学社之组织，全标人推举为汉阳军事首长者，皆由于平日对他有信仰，亦我四支部之四十二标革命党人只知推翻清朝，毫无权利之私介乎其间也。宋被杀乃革命党人之损失，亦湖北文学社四支部之四十二标第二个最大损失也。

初十日晨，黎得宋赴岳州之报告，即派蒋肇鉴继宋职。蒋至汉阳兵工、钢药厂见陈、戈两营防守极严，当即召陈、戈、张三营长会商，充实部伍，将戈、张两营归并陈营，令戈、张另行招编，陈则充第一营营长。

汉口之我军有未尽退者，各同志据街自守，造成一时混乱状态。

敌人占据集稼咀时，借怡心茶楼上架设机枪，向我兵工厂扫射，守厂士兵受其威胁，陈建章营长令同志仇风山、陈华建、刘国材、江正清、黄子松等设法将茶楼烧毁。后黄兴来汉阳任总指挥时得以成隔河对峙之局，与此有关。

胡玉珍招收之阳夏散兵，乃原四十二标一、二营同志，又组一营随刘公北伐。先是曾派朱璧珍同志往襄阳联络马队同志，阻截刘蕴玉巡防营尚未返，意随刘北伐，朱同志在襄阳必得健儿，故先随季雨霖招讨使至仙桃镇。胡玉珍充营长，王缵承为营副。讵行至钟祥，有张楚材、钱明汉阻命，胡联络钱明汉，张楚材见势孤逸去，而钱亦为季招讨正法。即至襄阳，适南北议和，乃商诸王缵承，由王先返武昌，如和议成，即不来襄，战则率四十二标老同志北伐。迨王至武昌，陈建章已在武昌平湖三巷设招待所招纳前本营同志。

当陈建章随蒋肇鉴在汉阳防守兵、钢两厂，而黄兴总司令亦到汉阳，另布置防务，派陈随蒋守锅底山、扁担山、美娘山等地。至十月二十六日，敌由金龙面粉厂渡河取琴断口之战，恰陈建章营守之，日人古前川随陈营御敌阵亡，营副袁金声、队长刘子清、陈占奎负重伤，薛占胜、赵良佐、刘国材、吕家桢、黄春山、张钦福诸同志见此情形，以极猛烈之火力支撑，始得将袁金声等抢救抬下火线。此役阵亡者有林福生、孙正仁及姓名不能记忆之军官甚多。

全营退至汉阳城内整顿时，仅剩三四百人。我革命军能如此为国牺牲者，实由我革命党人平素有以养成也。陈建章同志以两月来连日战斗，精神颓疲不堪，遂将营长职务交陈得元代理，渡江至武昌平湖三巷休息，袁金声亦因伤重送医院诊治。未几，汉阳即告失守，时我龟山之炮兵团长张声贵（后改名复初，号养吾）为殿后渡江之一人，在万分紧迫之时，将所有炮弹各件全数搬出，退至武昌。后黎元洪复委陈建章为第十八辎重营营长，陈辞不就，而与王缵承在平湖三巷设扩大四十二标招待所。

胡玉珍于和议告成后，将其营长职务交与马队同志章裕昆，只身返武昌，将所收容之老同志安置于警察学校（后改湖北军官学校）。此文学社第四支部之四十二标于阳夏“光复”战争中所经历之概略也。

七　和议告成与文学社合并于同盟会

和议既成，南北复归一统，言政治者或倡责任内阁制，或倡各政党联合组阁者，以是组党之风若雨后春笋，而革命运动初期之秘密组织某社某会，以毋庸秘密，相继扩张组织，重树名义，以事标榜，而广结纳。文学社同志鉴于党会林立，乃会商于民心报社三日，检讨文学社从事革命运动之得失及其存废问题。佥主另立党名，而宗旨要在为国家民族谋幸福。或以既欲组党，应广纳党员，于文学社之以往规章，是否有妨？意见纷纭，莫衷一是，故集议数日，终不得一结论。适同盟会于鄂省组织支部，以石瑛为支部长，石瑛颇愿与文学社合并，由文学社举一副支部长及交际与干事数人，襄办合并手续。众以同盟会于海内外素著声誉，遂决议与同盟会合并，公推王宪章为鄂同盟会副支部长，杨王鹏为交际主任，王玄奕、曹振武、黄家麟、陈善策诸同志为干事，办理文学社同志名册归并手续，而辛亥首义前后文学社之革命组织名义，遂寿终正寝矣。

原文学社四支部之四十二标地属阳夏，与京汉铁路线上驻地均陷敌。所有“光复”时之称协统、标统者，因战事变迁，几易其人。秘密负责者只知“排满”达目的，又未负军事、政治重要责任，至此名既假人，器当别属。故时有论者曰：“革命成功，革命党消。”岂非确论也哉？和议成后，胡玉珍与王缵承于三道街组织春秋报社；郑兆兰于汉阳开设皮革厂，复与邱文彬等组织普利公司开矿，避不与争。但造归并名册时，胡玉珍召同志集议于春秋报社，欲以效力于阳夏战事之同志加于秘密之名册内以昭大公，乃有人密报黎元洪曰：“胡玉珍秘密开会，组党加盟，恐有异图。”黎即暗令驱胡。此时，黎已杀三十一标秘密时代表江光国、滕亚纲与四十二标秘密负责者祝制六于汉阳门，未经审讯即行枪决。胡鉴此，唯有出走以避之。顾黎氏之在湖北兴党狱时，昔日携手革命之同志，则分为座上客与阶下囚矣，甚有借故诬枉者。如春秋报社甫出刊，八月即有马队之变，黎竟以春秋报社为同盟会之机关，或与之有关。幸充主笔者之王宗藩、总编辑范希仁、编辑何道存辈，皆非同盟会会员，故未遭封禁。至其他同志往各地遭惨杀者亦多，如原文学社社长蒋翊武死于桂林陆荣廷之手，副社长王宪章死于南京冯国璋之手，胡玉珍于洪宪时死于沪西监所，其他死于各省者不胜屈指也。

（沈畴春　整理）

（选自全国政协文史资料研究委员会编《辛亥革命回忆录》第2集，中国文史出版社2012年6月第2版）

我参加四十二标起义经过

刘化欧*

一　自我介绍

我出生于官僚地主家庭，父亲是清朝钦点内阁中书，分发邮传部，又是民元河南省议会议员。他封建礼教思想严重，稍不经心，鞭棒随之，因之我背叛家庭，逃到上海，入了中国公学。毕业后投入湖北新军，又在湖北陆军讲武堂步科学习了一年。

光绪三十一年（1905年）5月，我在信阳由李亚东介绍入日知会。光绪三十三年（1907年）10月，又在上海由王宪章、蒋翊武介

* 刘化欧：时任湖北新军第二十一混成协第四十二标第三营正代表。本文原标题为《我参加革命经过》。

绍入同盟会。宣统元年（1909 年）3 月，在广水投入第二十一混成协步队第四十二标第三营右队充当新兵，9 月充副目。宣统二年（1910 年）农历九月，在武昌由王宪章、蒋翊武介绍入振武学社，担任第四十二标第三营正代表。辛亥（1911 年），改文学社时，我任总部纠察。文学社成立阳夏支部，我仍任第三营正代表。

清廷以端方为铁路大臣带湖北新军入川镇压争路风潮的时候，所有革命负责同志，终日奔走号呼，策动发难，大有箭在弦上的模样。我向伯母讨来田地七石六斗，卖得洋 360 元，到日本租界购买手枪、炸弹和炸药分发各队，作发难的准备。

七月二十八日（9 月 20 日），文学社召集各代表在小朝街机关部开会。刘复基主席报告和共进会联合大举情形，并拟定 10 月 11 日①举事，俟武昌发动后，各代表应就原驻地响应。不意八月初三日（9 月 24 日）南湖炮队同志酒醉酿事，局势顿紧，官府陆续捕人。八月初七（9 月 28 日），我往信阳，以营代表名义下紧急令，着学界代表易小康发动农民，工界代表余大猷发动铁路工人，帮会代表王春华发动会中弟兄，听候调遣；又请参议宋荣夫、孙道丰及时帮同会计段良亨，就信阳、广水两商会和各米商筹措款项、粮秣，以资应用。但发动的准确时间，需候阳夏支部的人员或信件的到来，再行决定。

八月十九日（10 月 10 日），武昌举义，激战尽夜。八月二十日（10 月 11 日），城门紧闭，肃清余孽，无暇通知阳夏，故阳夏举义较迟一日。八月二十一日（10 月 12 日），支部长胡玉珍派张德怀、

---

①疑有误。

叶庭槐乘火车到信阳，令我即时起义，并占领武胜关。可恨张、叶二人胆小如鼠，改车为步，18 日始抵信阳。他们因见河南第五十九混成协张锡元所率步兵约一标及荫昌的先头部队施从滨已先后南来，并用武力将我三营所驻各点严加监视，因此始终没有和我见面，这就是我没有能够完成占领武胜关任务的实在情况。

八月二十一日（10 月 12 日）清晨，张锡元率领部队到达信阳。

八月二十四日（10 月 15 日），荫昌率领北洋军队到达信阳，先头部队抵孝感。

晚 10 时，我同周道长、段良亨、吴连祥、秦秉钧、夏茂林、樊绍华、李济武诸同志到鸡公新店，发一密令：信阳易小康率领农民，东篁店余大猷率领铁路工人，广水王春华率领帮会弟兄，左队代表胡卓超、右队代表徐锐各率所部，务于 16 日晚间齐赴武胜关李家咀集合。结果，到达农民 400 余人，帮会弟兄 500 余人，铁路起卸工人 160 人，抬枪、大炮 5 支，刀矛多件。左、右队士兵 46 人合编成一标，号称一协，定名为湖北革命军独立第一协，于是宣布起义。关南、关北铁路拆毁各二三里许。

八月二十六日（10 月 17 日）上午 9 时，副代表罗群英（春瀛）赶到，当即担任防御关南荫昌的先头部队任务。

九月初一（10 月 22 日），我因侦察北军在沿路的数量和弹药粮秣的情况，需亲往漯河、明港一行。王春华的弟兄 200 余人，与段芝贵部遭遇于周洼，我方枪支不多，被段部击死 24 人，余众溃散。埋伏在平靖、黄土两关中间的农民、工人等亦有潜逃情形。九月初三（10 月 24 日）夜 9 时，我回到武胜关，听各负责同志说：北洋军队汹涌南来，数字虽不可知，但冯国璋、段祺瑞的布告到处皆是。

我们人少，又无器械，一遇挫折，士气沮丧，若逢较大战争，其结局可以想见。我提出个人的意见，即时将农、工和帮会弟兄遣散，除前、左、右、后各队代表仍留在京汉线上相机做破坏工作牵制敌军外，所在各同志愿随我到武汉者，一律准备明晨由小路起程。各同志举手赞成，当即依照办理。

25日拂晓，我们向云梦、汉川进发，同行者有樊绍华、李济武、吴连祥、段良亨、陈锦堂等9人。28日到汉阳，29日，我到汉口军政分府向文学社社长蒋翊武报告第三营一切经过。

九月十一日（11月1日），前队代表钟鉴衡谋炸漯河铁桥不成，壮烈牺牲于漯河车站。

九月十七日（11月7日），工界代表余大猷在东篁店以扳反枕的办法，使北军军车出轨，当时牺牲于北军皮鞭之下。

同日晚间，左队李秉志同志炸明港东方转运行北军粮食库，敌方损失不少。

九月二十日（11月10日）夜半，学生代表刘克仁焚烧花园源成转运行北军弹药库。

九月二十七日（11月17日）清晨，后队代表彭敩俊，督率石升贵、严振奎、罗成章、朱占元等诸同志和起卸工人3名，将祁家湾车站北端的路轨拆毁了一段，使北军南下的军车出轨，死伤极多。

同日午后9时，何奇同志督率同志3人，在萧家港车站燃烧北军子弹车，使敌损失颇重。

本日，即是汉阳失陷的一日①。从此之后，本营留在京汉线诸同

① 汉阳失陷为辛亥十月初七日。

志，均能陆续从枪林弹雨和北军步哨线中到达武汉。我在平湖三巷设一招待所，以供来归诸同志食宿，不久范围扩大，遂为第四十二标招待所了。

本标汉阳第一营原有益智社，汉口第三营原有神州学社，京汉线第三营原有自治学会。后经祝制六、胡玉珍、赵承武、刘化欧等尽最大努力，才合拢到文学社这一大团体中。

武昌举义，阳夏茫然。第一营得袁金声同志的报告，才决定辛亥八月二十日（10 月 11 日）晚 8 时半左右由龙灯堤举义；第二营经河口放排子枪，遂于 10 时起义于居仁门；铁路第三营还是在河南部队与荫昌先头部队到达武胜关南北时，才由想象中仓促发难于武胜关。其扼守的任务虽未完成，但到两军开战后，亦起了一点作用。在北军林林总总的地段内做破坏工作，并通过警戒线展布裕如，实在不是一件容易的事。余大猷以扳柁工人尚不免于难，何况被北军严加监视的军人呢？还有一点需要声明的是：我在那个时候虽发动的有农、有工，但蔡寄鸥[①]说我是革命的先觉，能结合群众，适应需要，我实在不敢当。我那时不过是抓沙堵水，临时撮合拢来的；而且又是半途而废。对于京汉南段不能发动于机先，使北军长驱直入到滠口、刘家庙一带，卒致阳夏失守，我只有惭愧，还有什么值得表扬的呢？

---

① 蔡寄鸥，字乙青，湖北红安人，执新闻业。新中国成立后曾就见闻写《血浪》一稿，交中国科学院近代史研究所，后改名《郑州血史》出版。

二　一鳞半爪

赵承武[①]于辛亥八月二十日（10月11日）晚10时举义于汉口居仁门，同时，清军的汉防营也被迫改编；但余庆里尚有清吏汪金奎士兵一排，以及瑞澂调来的湘巡防营在大智门附近驻扎，此外还有第三十标第三营旗籍士兵二排也在余庆里，这都需要用战斗形式来进攻驱逐，因此汉口市各紧要处所，亦均需要置岗放哨。在这种环境下，是需要很大的魄力才能措施裕如的。有某同志说："八月二十日（10月11日）向黎都督要得士兵200名过江来，才将汉口占领。"这种说法不切实际。11日武昌城门未开，郜翔宸率领的旗籍兵士100余人，还在向军政府和藩署进攻，在这种局势下，不可能派出200名队伍去汉口设立任何机关，更不可能占领全汉口[②]！

八月二十七日（10月18日）晨，两军相遇于刘家庙。布置阵线时，汉口第二标第一营营长赵承武担任左翼，赵愈战愈奋，由古德寺骑马冲锋向前跃进，阵亡于刘家庙，尸骨始终没有觅得。第二营营长石占奎和改编后仍任队官的范年旭与黄云龙、曹少斌诸同志同时阵亡。官兵阵亡者300余人。赵在汉口起义冒险犯难，煞费苦心，对敌作战特别勇敢，而各书刊中提及者少，故特表而出之。

宋锡全退岳州，的确是奉黄总司令命令，并因胡瑛极力主张才登轮起碇。孙武与汤化龙包围黎元洪电请湖南都督就地正法，并

① 赵承武，湖北随县人。第四十二标第二营士兵，文学社代表。八月二十日（10月11日）指挥该营同志"光复"汉口，推原任排长林翼支为标统，赵任第一营管带。赵死，全标失其重心，故林翼支标在汉口战争中溃散。

② 分兵渡江、"光复"汉口一事，迄今尚无定说。

派刘佐龙将其首级提回，高挂汉阳兵工厂示众三日。最奇怪的是无人主持公道，而黄、胡亦缄默不言。同行的王宪章、胡玉珍、祝制六一律被扣，若无蒋翊武电保释放，还不知是如何下场①！

胡玉珍自岳州归来，收集阳夏支部之在第一营的同志50余人，赴襄阳投季雨霖招讨麾下，以防人陷害，这是有由来的。

祝制六、江光国、滕亚纲3同志被蔡汉卿师长派人逮捕，由汉口解来武昌，行至汉阳门即被杀却。他们都未经审问，罪行莫明。按祝、江等本是文学社中坚，宋的死与他们的扣押都出于黎听信孙、汤等一面之词。祝不管是对朋友或是在会议席上，大发牢骚，口头主张改组军政府，确是有的，但其罪岂真不容于死吗？而蔡不过一师长，不但权威骇人，说捉就捉，说杀就杀，并在黎面前自告奋勇："请都督假我马刀40把，包把文学社斩尽杀绝。"这两句话，当时批评的大有人在，而蔡还是自鸣得意。总计黎在湖北杀害青年志士不下万人，文学社社员占大多数，刽子手即是蔡汉卿②！

壬子二月二十七日（1912年4月14日）夜半③，孙武授意黄申芗，令第十七标第三营督队官罗大刚，率领手枪队刺杀第二师师长张廷辅于武昌大都司衙左侧私寓中。当时有参谋邱坤庸、中军官罗云波、军需处长罗小池、军械处长刘化欧正在上房作战，门外突响手枪10余发，张师长跳到天井院，问是何人打枪，门外先有一人答话："我

① 张难先著《湖北革命知之录》及章裕昆著《文学社武昌首义纪实》二书内，均谓胡瑛、宋锡全曾举行秘密会议。宋之退与胡有关，自属意中事，谓黄之下令则理有未当。黄于九月初七日（10月28日）抵汉，初十日宋即退出汉阳，且黄尚未就总司令职安得有此命令。编者走访当时黄兴参谋长李书城先生，亦谓绝无此事；且谓黄方倚湘援军，岂反令宋撤退。

② 军法处长程汉卿和师长蔡汉卿，同有屠户之目。万人中文学社社员占大多数，待考。

③ 因驱逐孙武事发生于农历壬子正月初十（1912年2月27日）夜间，刘与章裕昆一样误二月二十七日为农历，致换算为4月14日。大误。

奉令来结果你的性命的！”后一人又说：“有你们就没有我们。”遂又发3枪，将张师长击毙，他的夫人也中一枪。先一日，黄申芗在军务部满握白布徽章，散发给多人，声言：“明日将有事，诚恐自己人受影响，所以需要佩此徽章，以资识别。”我由彭纪麟赠给了一份，这是我身历其境的事实。当时对此事不但没有伸张正义的人，即到现在，还有人说是张师长马弁干出来的，故意布此烟幕，掩盖真相。殊不知第二师移防至汉口后花楼笃安里不久即将凶犯罗大刚捕获，几经审讯，供认孙武授意刺杀不讳，后将罗犯执行枪决于张美之巷口时，观者不下万人。这种铁案，岂是磨灭得了的吗[①]！

张廷辅同志被刺不久，军务司长蔡济民又被人捆送都督府，文学社社长蒋翊武乃以“保全大局、不遭人忌”8个字通告全体社员。我一见这个东西，那不自在的情绪就飞涨起来了，当时就跑到蒋前，批评他胆小畏事，不足表率群英！

黎元洪信任汤化龙是默契的姿态，信任孙武是宣扬的表情。他是利用共进会来打击文学社，也就是以革命党来残害革命党。他先利用他们刺杀张廷辅，驱逐蒋翊武、王宪章，以及杀戮其他同志，最后则孙武自身亦被他驱逐，结果使革命党人两败俱伤。革命党人愚乎不愚？

张振武飞扬跋扈，令人骇怪，他看汉阳已失，龟山的大炮打中了军政府军务部各处，全城震动，人员星散不少，于是同孙武密商，将藩库所存现银35万两，扫数运到上海。胡祖舜、熊秉坤、邓玉麟诸同志追问，俱不承认运走。后来张在上海大事结纳，任情挥霍，

① 是日即所谓湖北二次革命，主要内容为驱逐军务部长孙武。孙武曾发表宣言，黎元洪并通电声明。据此，则张之死与孙之被逐，同出于黄申芗之手。实则非黄所为，罗之供词亦为假借。

浪费一空。张返武昌，黎元洪问他采办了若干军械、若干服装。此问大触张怒，他说："我们把你拉出来当了大都督，现在已经安富尊荣了，你也清起我们的账来了。"并把桌子拍得咚咚响，大发雷霆而去。之后，黎密电袁世凯将他杀于北京，这桩事是主要的原因。

袁世凯刚以皇帝的姿态出现，国号"洪宪"，即首封黎元洪为"武义亲王"、孙武为"义勇侯"。黎尚未接受，孙则公然上殿谢了恩，与筹安六君子之一的胡瑛先后辉映，真是可怜更可笑了！

（选自全国政协文史和学习委员会编《亲历辛亥革命》，中国文史出版社 2010 年 12 月第 1 版）

马队第十一标参加武昌起义回忆

陈孝芬*

自光绪二十九年（1903 年）废除科举以后，一般的读书分子只得另谋出路，于是有出洋留学的，有到省城住学校的，而多数贫寒子弟则投入新军。我是光绪三十一年（1905 年）在黄陂应募入伍的。那次募兵结果，96 人中就有 12 个廪生、24 个秀才。马队第十一标是这样，陆军第八镇和陆军第二十一混成协所属步、马、炮、工、辎 5 种部队，都有不少的读书分子入伍。

张之洞做湖广总督时，除建立新军外，更设立了一个陆军小学堂。清政府不准，经张之洞再三请求，始允改称陆军特别小学堂，以示区别。学堂分仁、信、智、勇、严 5 斋，每斋预定由新军中挑

* 陈孝芬：时任湖北新军第二十一混成协马队第十一标第一营排长。本文原标题为《辛亥武昌首义回忆》。

考士兵1000人，内又分普通班10班，附设海军、测绘、经理、军医各一班。仁、信两斋于宣统二、三年（1910年、1911年）先后结业，智字斋虽已报考，终因清政府不准继续招生遂致停办。在校的士兵，称为学兵。当时都说陆军特别小学堂是“学堂特别小，学生特别老”，因为学兵有自18岁至30岁的，所以有此形容。在仁、信两斋的2000名学兵和在队伍中读过书的士兵们，日益互相亲近，大家对满、汉种族界限的认识日益明确，从思想上起了变化。

日知会失败后，新军中的读书分子对于清廷的腐败无能、百般压制人民极为不满，因此成立了新的组织，像群治学社、振武社、自治团等，进行活动。自治团是陆军特别小学堂的学兵组织的，发展到40余人，以贺剑川（即贺公侠）为团长，借研究文学为名，每星期每人必须作文一篇，由团员共同评定甲、乙，阅卷之余，乘机商谈时事。后来有人向监督刘邦骥告密，说自治团有政治作用，于是贺剑川、熊幼臣走四川，黄申芗走江西以避之。团体虽然无形解散，而团结的力量和反清的思想是继续存在的。同盟会直接领导的共进会和由振武学社改组而成的文学社两个革命集团，都暗中发展组织，不遗余力。自治团的同学如高尚志、萧国宝、陈复元、曾尚武、方孝纯、杜武库、江炳灵、丁仁杰、黄申芗、谢超武、余秉燕等和我都加入了共进会；黄振中、黄维汉、唐牺支、单道康、孙长福[1]、黄孝霖等都加入了文学社。加入团体固然不同，而精神却是一致的。他们分别加入共进会、文学社后，很快就和在军队里的革命同志如熊秉坤、金兆龙、阙龙、吴醒汉、蔡济民、王文锦、梁维亚、彭超衡、

① 或作孙昌复。

万钧等团结起来，大力发展革命组织。熊且任工程营总代表，以后首先发难，起了带头作用。加入文学社的，也和王宪章、廖湘芸、章裕昆、李六如、杨王鹏、胡玉珍、邱文彬等军队同志携手合作，扩大组织。从此两大洪流，成为武昌首义的原动力。

光绪三十四年（1908 年），蕲春查光佛以同盟会会员身份，来省进行革命活动。那时他已经剃发投入第四十一标当兵，与我同营的饶叔甫、叶开平是同乡，常来营中，渐渐和我谈及种族问题，后乃介绍我入同盟会，并请准孙中山先生给我和黄驾白（炮队第八标同志）以大都尉军衔，以我为马队总代表。我们开会的地点多在蕲春学社（即现在的武昌路新鼓楼洞东面半山上）和洪山宝塔最高层。我们的计划是要尽力把革命思想带到每个部队中去，从而把种族革命的力量统一在同盟会的领导下面。

宣统元年、二年（1909 年、1910 年），革命力量已经到了汹涌的高潮，军队骨干分子人数已达 2%，共进会、文学社两大革命主流各在吸收会员和社员，以加厚革命势力。各个革命分子都以大无畏的精神，情愿牺牲自己眼前的利益，以谋群众长远的利益，不稍怀疑，不稍退缩。我在学堂第一次期考中，是考在前 10 名的，后来老是考在 100 名以外；其他的同志，也有很多和我一样，这说明为了革命活动，已不注意个人的成绩了。与此同时，查光佛、詹大悲、何海鸣、凌大同等，在汉口办了一个《大江报》，就是同盟会的党报。我每晚必到报馆去一趟，编编报，做做短评。如遇学堂放假回营的时候，每晚由南湖到汉口，由汉口回南湖，来去路程更远，回到南湖常在深夜一两点钟，也毫不以为苦，并且觉得很愉快。

由居觉生（正）、孙尧卿（武）领导的共进会和胡瑛、蒋翊武领导的文学社，都负起了推翻清朝统治的重大责任。在力量尚未充实、时机尚未成熟时，自然分途进行，以免目标太大、人数太多，易被敌人发觉。若力量已经充实，仍然各树一帜，一到时机成熟，号令仍不能统一，力量也不能集中，则属有害无益。孙武总想和文学社合作，这种见解是对的，可是李春萱、杨玉如、杨舒武（杨时杰字）等和蒋翊武商量合作时，未能得到圆满结果。我和蒋翊武、刘尧澂情感很好，乃自告奋勇愿作调人，经过10次会谈，蒋翊武始终坚持殊途同归主张；后来再三和刘尧澂商讨，刘尧澂因我说的合则力量聚而大、分则力量散而小的话极有道理，才应允定期召集文学社社员大会讨论，并要我出席说明合作的意义。届时在长湖堤龚霞初家中开会，文学社到会干部70余人，结果大多数主张和共进会合作，但须孙武到会见面。我又约孙到会①。孙、蒋见面后，双方表示了合作到底，推倒清朝的宏愿。孙武去后，蒋翊武执我手曰："铁侯！合作固好，但是他们出了洋的人是不好惹的，我们一定会上他们的当。"我说："只要大业可以成功，将来上当不上当哪能固定？我想是不会的。"此后，一支富于革命性和力量的庞大的革命团体——文学社，也就成为同盟会直接领导下的新生力量了。共进会是长江中部同盟会的支流，孙武对共进会作了很大的努力。孙武做事有毅力、有决心、有勇气，险阻艰难，在所不计，所以他在居正、刘公、杨时杰等帮助下，使共进会能够蓬勃发展，这是铁的事实，是不可磨灭的。后来军政大权落到官僚政客手里，遂为他们所左右，我想非其本愿。

① 共进会与文学社合作一事，此处所记与他书颇有出入。据李春萱谈："作者与刘复基烈士确为当时斡旋最力者。"

我在辛亥（1911 年）五月中旬完成共进会、文学社合作任务以后，由司书生考取了排长。马队第十一标第一营早已出防襄阳，我在原营留守，但因考了排长，势必亲到防地，始于农历六月初一日由襄河买舟去襄阳。此时河水正涨，整整舟行一个月，农历闰六月初一日才到襄阳的双沟防地。没有半个月，就接到省垣密信，要我农历八月十五日以前回省，恰好马队第八标第三营来接我们的防，我马上向管带王祥发请准头批动身，押运辎重先回武昌。下水船行得很快，不到 5 天，于农历八月二十日早到达汉阳[①]。王宪章、黄振中、邱文彬 3 人在兵工厂江边巡视，一见面就说："你回来得太好，汉阳已于昨晚由我们占领，武昌、汉口也都"光复"了。你不要回武昌去，就先任第二师师长[②]兼交通部部长职务，我们都来帮宋锡全的忙。"言毕，即拉我去见宋锡全。宋即叫我任长江水师统领，我怕人家笑我爱做大官不爱做小官，只得答应。结果孙武以此为词，说我脱离了共进会。

长江水师没有随着陆军向新的方面前进，仍然是几十只古老破旧、行动困难的旧式舷船，真是有名无实。某日，宋锡全接武昌军务部电令说：据某某报告，瑞澂、张彪和第八镇辎重营管带萧安国，都在武当口楚有兵船上，水涸无煤，船不能动，赶快派兵去捉。着陈孝芬速带全部炮船前往，务把瑞澂、张彪、萧安国等拿获，另派步兵一连归其指挥。陈部到达江汉关时，即通知该连上船。并通知该连将原报告人交该连看守，听候引路。特令。我接到命令后，马

---

① 八月二十日到汉阳与事实不合。应以王缵承《阳夏光复纪实》所记农历八月二十四日为是。因二十日汉阳尚未为革命军占领也。

② 此时尚无师长之称。

上就用拖轮两只，把原有炮船分作两队，一队在前，一队在后，行至江汉关，军务部所派之连长赵洪清即带所部和报告人上船。不料船行至洋火厂江面，只见武当口楚有兵船大炮连发，三道桥冯国璋的队伍炮弹也如雨般地落在江面，我们自己两望的炮兵阵地，也在不断地还击。水师的炮船又笨重，进退异常困难，炮船被打沉两只，死兵士 37 人。我自坐的拖船，烟囱也被打坏，逆行至日本租界江面始得脱险。

辛亥九月初六日（1911 年10 月27 日），刘家庙失守，我军退回大智门，准备苦战。是日夜半，宋锡全令我把所有的炮船集中汉阳东门待命，我问何事，他答以到汉阳东门便知，我于是把全数炮船开到目的地。一到东门，只见岸上辎重堆积如山，队伍有由鹦鹉洲陆路上行的，有由火轮驳船装载溯流而上的，情形极其纷乱。我问宋何故如此，宋答以据黑山炮兵电话，敌人已由黑山上面渡河，不得不退却。我说："前方正在血战，这消息怕不确实；如果虚报，没有得到武昌方面许可，私自撤退，影响战局，责任重大。"宋云："消息实在，你跟我回武昌吧。"船行至鹦鹉洲上面的荒五里，我问宋："这里还不过江吗？"宋说："沌口安全些。"到了沌口，宋对我说："沌口过江，仍不安全，且到金口再讲。"九月初七日（10 月28 日）上午10 时左右①到达金口，王宪章才告诉我，他们要到长沙去，我坚决不与同行，宋始给我官票2000 串作为部队伙食。王宪章、邱文彬、黄振中、胡玉珍等异口同声地说："铁侯！你舍

① 宋锡全撤退日期，其说不一。张著《知之录》谓为农历九月十二日；王缵承《阳夏光复纪实》谓为初十日上午 4 时；章著《文学社武昌首义纪实》谓为初八日；胡著《开国实录》谓为初九日；李国镛《起义日记》谓初九日接汉阳报告，宋锡全卷款潜逃，汉阳知府李亚东亦遁。作者身经其事，所说当较可信。

得吗？”我说：“各行其是，何所不舍。”当日下午4时左右，我就率队到达武昌，往军务部报告宋锡全逃走情形。孙武叫我去见黎都督。一进都督府头门，卫兵就把我的佩刀摘下，令人莫名其妙。到都督办公室时，黎说：“你跟宋锡全跑了吗？着交军法处。”此时若不是我的队官卢长春跪地请求和事先有李春萱等为我缓颊，其祸真不浅也。

宋锡全私自撤退到长沙，究竟为了什么？我一直都在鼓中。事后据他的团长黄振中对我说：“宋之要回长沙，是受了胡瑛的愚弄。胡瑛本是文学社拥戴的一个人，首义后，胡瑛没有军、政两权的高位，心中已怏怏不乐，整个文学社也没有得到很好、很多的位置，感到在湖北地区没有发展的余地。胡瑛想乘宪政派排挤都督焦达峰的机会，回湘取得军政大权，所以给宋锡全500支枪，为实现其企图做准备。宋头脑简单，素不受武昌革命政府节制，以致铸成大错。事先我们曾开过会的，因你是共进会的人，所以没有要你出席，可是你只上了一点小当，我们文学社的人却上了胡瑛的大当。”

共进会、文学社在辛亥（1911年）6月间合作成功以后，确是精诚团结的。但自宋锡全私自由汉阳撤走，已引起共进会的不满；不久，文学社社员张廷辅师长被暗杀，又使文学社的同志寒心。共进会手握兵权的师长蔡汉卿和其旅长杜邦俊，甘愿与黎元洪御用的师长王安澜、杜锡钧等朋比为奸，助纣作恶，日以寻故诛戮文学社同志为快，孙武从未加以制止，任其所行，以见媚于黎元洪保全其禄位，遂致仇恨日深，形成势不两立。文学社中坚分子幸存者不及十之一二，兔死狗烹，鸟尽弓藏，不图于武昌辛亥首义之役又复见之！至文学社有人说张廷辅的被刺是黄申芗所为，并说孙武密嘱黄申芗如能把张廷辅杀掉，就以张之师长缺给黄，不料张虽去而黄竟落空，黄思杀人只落得一双血手，意极不平，乃有推倒孙武之举[①]……以上是事实？是猜想？颇难断定。又有人说，辛亥以后，共进会同志变节的多，文学社则罕有，这也是事实。要知道文学社的同志在民国2年（1913年）以内，存在的为数甚微，共进会的同志则损失不大。照现在情况来讲，文学社现在只有8个人，共进会则有20人内外也[②]。

（选自全国政协文史和学习委员会编《亲历辛亥革命》，中国文史出版社2010年12月第1版）

① 杀张廷辅与推倒孙武同在一天晚上，说黄申芗因未当上师长而推倒孙武的说法欠妥。

② 据1955年底调查，现存文学社社员有30人左右，共进会会员在50人以上。

炮兵第八标起义经过与汉口战役

张文鼎*

一　本标的革命活动

辛亥前三年（1908年），共进会干部邓玉麟同志时来往本标各营（邓在炮八标第三营当过兵）与老友们会谈，表面上是联络旧日感情，实际是向士兵灌输革命意义，启发他们的思想，从中争取会员。炮标各营士兵中，以襄、豫间人为多，性情忠实爽直，一经启发，即服膺革命，因此申请入会者逐渐增多。于是公推徐万年为炮八标标代表，胡兴胜为第一营营代表，王鹤年为第二营营代表，陈天寅

* 张文鼎：时任湖北新军第八镇炮兵第八标二营右队队官（连长）。本文原标题为《炮八标起义经过与汉口战役》。

为第三营营代表。为防止泄露，各营随时加入的新同志，即由代表随邓往汉口秘密机关向孙武汇报。

辛亥五月（1911 年 6 月）以后，邓来标与徐万年等接洽益频，到七月底，全标官长、头目，无形中都知道兵士入革命党者很多，因无佐证，亦秘而不宣。唯徐万年常在马房服务，往来人多，不免传说纷纭。头目等怕出意外，即向徐万年本人及队官柳柏顺说明其事，只瞒标统一人，借他事将徐万年开革离营，以息风声。不料事过数日，又发生辛亥八月初三日（1911 年 9 月 24 日）之变。斯时全标官兵都知道第二营管带姜明经是同盟会的同志，但摸不着具体内容。姜和孙武常有往来，队官张文鼎与孙亦有一面之缘，与共进会会员汪性唐则系熟友。辛亥七月初（8 月），孙派汪到张寓，向张说明炮队革命进展情形，并告知姜管带亦为同志，请张加入共进会协力革命，张即慨然允诺，以军纪关系，唯心照而已。

第三营事变后，姜明经召集本营队官训话，略谓："外面传说革命党要在武汉起事，炮队士兵都是革命党，你们大家知道吗？"又说："湖北地方四通八达，水陆交通便利，朝发夕至，恐无此冒险者。三营的举动，冒失糊涂，不能说是革命，大家职责攸关，各自好为防范。"辛亥八月初四日（1911 年 9 月 25 日）深夜，姜召张队官问："你得着什么信息没有？你认识的有党人吗？"张答："日来传说，各标营的兵都是革命党，老百姓也说要造反了。"并将汪性唐来家之事据实以告。姜曰："既然如此，须谨慎而行，惟无官长加入，大是缺点。一旦起事，不但难出建制队伍，稍有不利，还恐弃炮而逃，乌合之兵，反致误事。你何不见机联络队级以下的官长，届时也好得个帮助。"辛亥八月十九日夜，张即照所说进行。

炮队以建制队伍出动，顺利占领武昌。炮八标官兵的勋绩，是不可磨灭的①。

二 9月24日事件

各标营士兵自请退役者，照例在每月下旬呈报长官，待下月初关饷后批准施行。退役时，同伍间有感情者为之饯别，系部队中老习惯，并不妨碍营规。辛亥八月初一日（1911年9月22日）关饷后，第三营左队有王天保、梅青福、汪锡九、何天成等自请退役，其请假单均经长官批准，即各将军装、武器交代清楚，次日购买什物、收拾行李准备出营。其同队老友孟华臣、张肇勋、赵楚屏等备有酒菜，请待操毕为之饯别。至晚间，围坐饮酒，谈笑甚乐，适值日排长刘步云前来令勿喧嚷。王天保等此时已有几分酒意，又均系共进会同志，愤懑之余，失言反抗。刘排长佯作未闻，遂于深夜进城，先后至管带和队官家中报告其事。初三日（24日）早，队官宁鸿钧回队，先传集王天保等说道："你们退役弟兄们，平日在队都是很好的。这次请假回家，同事的与你们饯别也是很有面子的，不料酒醉反抗官长，太不成事体。但我不计较你们，今天赶即出营，早日到家，免得父母悬念。"后又传集张肇勋等，请刘排长出来加以惩办。刘恐再有反抗，不敢惩办，正迟疑间，管带杨起凤到营，急传何天成、王天保、张肇勋等到营部，以酗酒闹事、违抗长官为理由，喊令跪下，重责军棍。于是激起何等反抗，当将营部玻璃门窗及什物捣毁，并

① 八月十九日之夕，革命同志以得炮队起义而喜，瑞、张以炮队起义而逃。所以炮队对武昌首义起决定性的作用。

抢取军刀约 20 把，号召同志集合；因无附和者，遂自动逃避。代理标统卓占标，以电话报告统制张彪，张电令马队标统喻化龙就近弹压。喻即率少数随从来到炮标，见肇事目兵已逃，即集合该营官兵训话，并安慰一番。杨起凤任职不久，不谙军情，尤恐自己受到处分，未敢稍加意见。喻即由电话报告张彪，谓肇事目兵已逃，张亦不再追究，此事遂息①。

三　汪性唐送信

1911 年八月十九日（10 月 10 日）上午，炮标均未下操。因昨夜下雨，操场有泥水，各队均在整理内务，进行打扫系马场等工作。这时第二营右队队官张文鼎正在马房检查一切，有千家街汪恒春药店少老板汪秉权来向张说："汉口有位汪性唐在我店里说'要见姜管带，卫兵不准进营，如能见张队官也一样。'请你到我店去。"张即往药店，时已 11 点钟。汪见面说："孙武前天（十七日）在宝善里总机关部，因装制炸弹失慎爆发，面受重伤，已避往公和里黄宅。总部被俄捕房查抄，所有名册、旗帜等统被抄去，并捕同志二人，均已引渡。各代表在黄宅开紧急会议，决定分途通知各标营同志昨晚动手，不料各处门卫太紧，通知不能到达，以致未能举事。小朝街机关亦被捉去同志二三十人，今晨已杀了 3 个，局面严重万分。经众议决：准定本晚（十九日）起事，除已由各代表通知各营队外，

① 八月初三日事件，与当时参加者赵楚屏所说不同。赵谓同棚张肇勋请假回家，赵和王天保、汪锡九等为张饯行，醉中喧哗，因值日排长压制，遂起而反抗。赵奔告孙武准备发难，孙以时机未到，赵即留秘密机关工作云云。

因炮队关系特别重要，特派我来接洽，此时不能见姜管带，即请你转达，今晚闻得城内枪声，务必即时响应，拖炮入城进攻。”张答：“随时都在准备中，尽管放心。”汪别去，张即回队。下午3点钟光景，张队官的护兵史宗堂（共进会同志）对张说，第三营范得龙同志通知：邓玉麟、徐万年都在他们马房里问汉口今天来过人没有。张答：“上午11点钟，汪性唐来过。”史当即依言转告。张屡往见姜，姜处有监视人员，不便入内。因瑞澂见革命风潮紧急，风闻姜明经是革命头目，饬令兵备处总办铁忠，自中秋节的次日起，每天派督练公所课员两人，来炮标加以监视，每天上午7时来，下午8时去，在营时刻不离姜的左右。下级官长例行事件，可照常面禀管带办理，但不能个别谈话。

四　姜明经的同情革命

这天下午4点钟，监视姜管带的人回城去了，张即向姜报告汪、范先后到来的情况。姜说：“孙尧卿在一星期前曾同我说：‘炮队关系重要，起事时如没有炮声，不足以发扬威力，而寒敌胆。’又说，‘炮队非他种兵可比，各同志担心临时炮队不动误事。’我当时保证：炮队决能协同动作，临时我还可示意代理标统协助我们。今天汉口既来人通知，我们自当准备一切。但本标官长中很少有同志，不知你以前所做的联络工作如何？”张答：“我与本营左队队官蔡德懋已取得一致，第一营右队队官尚安邦亦愿与我们取联络。这三个建制队伍，是完全靠得住的。”姜即召蔡德懋说：“士兵中加入共进会者虽多，但无论已否入盟，一旦发动，难免惊慌错乱，集合讲话时首先要壮士兵胆量，使无脱逃思想。现各处设有卡哨，如个人私逃，定被认作革命党，性命难保，多鼓励他们齐心协力完成革命。时机已迫，各回队准备吧。”张回队即将姜意告知尚队官。时已将近6点钟了，张入排长室，倚窗面南而立，见第三营士兵孟华臣等三四人肩背马枪，手持马刀，向第二营走来，约五七步复又转回。张即询史宗堂同志，史说：“他们要杀杨起凤管带。”张说：“为何向我营走？”史说：“杨在咱们管带房里。”张说：“我们‘排满’，不要杀自己人才好。”史说：“他们认为杨是反对革命的，留着有害。”李排长锦荣接口说：“既然如此，须将杨支走，免乱秩序。”张往见姜，报告适才经过，姜以为然。这时已到7点钟了，卫兵司令处吹点头道名的号，各队由值日官指挥照例点名，但是没有应点者。此时标内情况大非昔比，姜管带乃召集各队官长，左、右队全到，中队仅严占元排长在。姜说：“监视我的人，今天来得很迟，回去又极早。照此看来，必有急变。我这有手枪弹千粒，每队领300粒去，分给官长和头目，各自速为准备。”各官长回队，一面将五生七口径山炮撞针换上正规簧，一面分发手枪弹。钟声已响9下了，接着吹点二道名号，各队仍未点名，而且自动武装起事，抱着枕戈待旦的样子。稍顷，闻得城内枪声数起，知道已经动手了，各同志都集合队伍，检查一切，并说明注意事项，个个精神饱满，准备出发。姜管带即派金得元①同志渡巡司河，通知第三十二标，说革命军起事，炮队已进城攻杀，请贵标统率留守队伍，至武泰闸听候指挥②。

① 别纪作金明山。
② 姜明经，湖北黄冈人（《湖北通志》作荆门人），日本士官学校第四期炮科毕业。据作者口述，姜当夜以护送卓占标、杨起凤两管带逃走，并未随队进城。至八月二十二日（10月13日）始报到，可见较高级军官虽同情革命，仍摇摆不定。炮队进城情形与他记略有出入。

五 炮队起义

炮队正分途拖炮备马间，二十四日暴动的诸同志早在营等候，当拖山炮一尊至小操场燃放，表示响应。放时没有注意方向，亦未用表尺，此弹经过第二营左队楼上穿堂，撞死士兵黄正维。孟华臣这时枪杀了排长刘步云，回到操场大呼："革命党军起事，推倒清朝，各同志须同心协力，拖炮进城。"所有同志无不同仇敌忾。第三营左队孟华臣、梅青福等拖炮两尊；第二营中队徐万年、王鹤年、蔡汉卿等拖炮两尊，同时先行出发。第一营右队队官尚安邦、第二营左队队官蔡德懋、右队队官张文鼎各率领本队官兵，拖山炮六门，并各带领另编马枪兵队；第三营中队正目黄得胜、黄志强，士兵陈明太、龙占奎等拖炮 4 尊；右队正目谢增佑、陈国桢、俞振东、余福堂等拖炮两尊，继续出发。第一营右队马枪队，由代表胡兴胜指挥，搜索前进；第二营左队马枪队，由排长帅保华指挥，沿巡司河岸掩护前进；右队由杨排长昌麟指挥，在队伍后戒备前进；李锦荣则先行进城报告一切情况。队伍先头到达栅栏口时，途遇工八营士兵一班荷枪来迎，同行抵中和门，有工八营前队队官李占魁指挥号兵奏号，欢迎进城。

六 会攻督署

时进攻督署部队正在津水闸与敌相持，为求军事统一，加强战斗，公推工八营左队队官吴兆麟为临时总指挥。吴当召集各部训话："承诸位推戴，自应严申军律。如有违抗命令、畏缩不前、公报私仇、扰害商民者，当以军律治之。"又曰："炮火宜集中，阵地须疏散。"

口授命令如下：

（一）敌人有一混成标以上之兵力，计教练队一营，马八标第一营之左、右两队附机关枪4挺，宪兵一队，又巡防水师及缉捕队、武装消防队等，共有一营以上。其外辎重第八营定将为敌所调遣。其保安门大朝街南口、大小都司巷东口、水陆街西口等处，均有大排哨以上之兵力，本革命军拟向伪督署进攻。

（二）排长伍正林、曹飞龙率工八营混合编成之两队，刻在津水闸与敌接触。再将第三十标第三营之前、后队编入，由熊秉坤统一指挥，并通知伍、曹二人受其指挥，猛攻津水闸，出大朝街，以一部进萧家巷，经马尾巷前进，向督署进攻；以一部出大朝南口，经广里堤，向望山门之敌进攻。第二十九标第二营及第三十标第二营之前、后两队由队官胡效骞指挥，经紫阳桥、大朝街，分一部进水陆街向督署进攻；以一部经王府口大都司巷向督署进攻。第四十一标第二营、第三营之留守部队尚未出动，派孙鸿斌率第二十九标第一营前队，迅往该标威促集合，由队官胡廷佐指挥，速自出发经阅马场，以一部经审判厅、百寿巷；以一部经银圆局、三佛阁搜索前进，均向小都司巷第八镇司令部攻击，并警戒善后局、西街方面。

（三）炮队第三营左队山炮两尊由孟华臣指挥，相机进占保安门城上，须能射击督署及望山门城楼之敌为要。第二营中队山炮两尊、第三营右队山炮两尊统由王鹤年指挥，就原占楚望台阵地向督署射击。第一营右队及第二营左、右两队各炮6门，又第三营中队炮4尊，统由张文鼎指挥，迅至蛇山选占阵地，急向督署、第八镇司令部射击。蔡队官德懋留本指挥部服参谋职务。

（四）第三十标第三营右、后两队由杜武库、阙龙督率指挥，固守军械库，并对通湘门方面，多派哨兵警戒。

（五）第二十九标第一营以及其他残余各队为预备队，由蔡国桢（济民）指挥，位置于皇殿门首。

（六）余在楚望台[①]。

注意事项：

1. 各部队自派员兵，至军械库领取枪炮子弹；

2. 各部队必要之负责人，暂由各队自行公推负责，以便指挥。

众指挥受命后，各自整队出动，炮队亦各照指定阵地，设置炮位。其进入蛇山之炮队，正布列阵地时，发现山东北麓百步梯有第三十标第一营旗籍乱兵，张文鼎即派排长徐金标代理蔡德懋队官职务，令帅保华排长率马枪兵警戒左翼。此时王府口起火，即利用火光，选得督署旗杆为标准点，口令各用2400米达表尺，开始射击；同时各进攻步兵，亦在运动前进。炮队试射督署取得2200米达表尺为准确距离后，即行快射，旋用排炮反复向督署和第八镇司令部轰击，督署大堂、签押房等处及第八镇司令部马房，均被炮火轰毁。继又加快射击，加以我步兵猛勇进攻，敌不能支。瑞澂惊慌逃窜，张彪随之出文昌门，登楚豫兵舰；其驻平湖门外辎重第八营，亦由该营管带萧安国率领随同逃走，开往汉口英租界下江面停泊。这时天已拂晓，为敌作战之教练队，马八标第一营左、右两队及巡防队等官兵，除借机潜逃自散者外，余均败退文昌门江边，乘船开向汉阳，顺江边下驶刘家庙，楚豫兵舰旋亦驶抵江岸。在攻下督署及第八镇司令部后，据报藩台衙内尚有卫兵残部，即仍由胡廷佐率领原有部队直入藩署，该署卫兵弃枪自散，

---

① 吴兆麟所下命令各本不同。曹编《革命真史》材料由吴供给；熊秉坤所述亦亲身经历；作者又为接受命令之一员。盖当时口述命令，其文字固随人而异也。

藩司早已逃匿。胡率员兵进内搜索后，酌留一部分兵力交由孙鸿斌、梁邦福指挥，担任署卫，看守库门，并将以上情况报告吴总指挥，请派员查点藩署银两。全城警察已事先散逃，至此武昌全城遂告“光复”。

七　黎元洪出任都督

八月二十日（10月11日）拂晓，邓玉麟、蔡济民、李作栋、杜武库以及其他军界、学界同志多人集议，以革命义旗已经鲜明举出，眼前最重要的是军事问题。经过讨论，一致认为协统黎元洪在湖北治军多年，学术优长，性情宽厚，平素声望在张彪之上，只要他做都督，军队一定拥护。当将黎拥至谘议局，向之陈说革命要义及公推他为都督的诚意，黎在不容推诿之下，始决心认可。既公推黎元洪为军政府都督，一面组织谋略处，筹备军政一切事宜。此事传到军中，士兵有鼓掌欢呼的，并说：“黎统领也出来了。”由此可知举黎为都督之不为无见①。

同时，吴总指挥令蛇山炮队张文鼎，将第三营中队之炮移至凤凰山炮台设置；第二营左、右两队及第一营右队移至黄鹤楼亘北城角城墙上，面江布列；又令保安门孟华臣率领之炮移文昌门城上，对汉阳方面放列；王鹤年指挥之炮队仍留原阵地，听候调遣；步队各营除派驻督、藩各署及军政府任护卫外，均各回原驻地整顿待命。并令各部队将现有人数报请谋略处领取伙食，其官兵一概不准出营。各城门由第二十九标胡效骞派兵负责防守，山前由工八营曹飞龙、山后由胡廷佐各派巡查队，巡查街道，严防汉奸。

① 黎元洪任都督系出自党人公议，可见当时一般心理。

八　黎元洪的讲话

黎就都督职后，即召集军官训话，略谓：今日革命军起义，是推倒清朝，恢复汉土，废除专制，建立共和的开始。承党及军界、学界多数同志，推戴兄弟为都督，我无德无学，何能担此大任，但众意难辞，自应受命。我等身为军人，从此须抱破釜沉舟的精神，扫除一切顾虑，坚决去干。但革命必须有充分武力，同事中多不明宗旨临时走避，各位赶快通知他们，即速前来，以便扩充军队，准备战争，尤其老兵不得有逃走思想。品行端正或操课兼优者，概以军佐委用。开会时拟即建议派员往说张彪回来，我让都督席位，使他仍为我等之长官，兄弟愿往前方督师作战；张如执迷不悟，就是我们的敌人。我认为革命成功，有十万分的把握，理由有以下几点：

（一）我省出差驻防各部队，闻义旗飘扬江汉，必立时响应陆续前来受命。

（二）各省党人联络已有成效，响应成约自无问题。

（三）长江下游以及云、贵各省军队中之军官，多是由我军发迹去的；北洋军队中，吴禄贞统制带去的军官不在少数；东三省军队中的上、中级军官，由湖北调升去的约 50 员之多，下级军官更不待说了。以上军官都是素抱革命大志的，把握着这些事实，我们的事业一定成功。

时间匆促，不多说了。各位回去，尽其职责，速召集旧同事前来，鼓励士兵，不使士兵有脱逃思想，这是目前要紧的任务①。

---

① 黎元洪召集军官训话内容，以前无记载，其他首义同志亦未道及。所谓召回逃走官兵和对各省新军情况的分析，颇具见地；要请张彪回来，酷似黎之口吻。

谋略处旋取消，改为参谋部，以杨开甲为正部长，杨玺章副之。又成立军务、军令两部，孙武为军务部长，孙未到职以前暂由副部长张振武代之；杜锡钧为军令部长。

南湖陆军第三中学的同志，见武昌“光复”，主张全体进城加入革命行动，当由兵操教官孙国标、刘国祥、黄复等率领至谘议局，请军政府派遣任务。黎都督即委刘绳武为指挥，分派到军政府、官钱局、藩库、造币厂、电报局等处，负保卫责任。

起义时兵力表

队　别	直属上级	调出部队	留省部队	部队编制	驻扎地	实有人数
步队第二十九标	第八镇第十五协	第三营出防襄、郧	第一、第二两营	一标三营，每营四队，每队正、副目兵126名	城内右旗	约800名
步队第三十标	同上	第一营旗籍兵，第二营某队出防钟祥	第一营不计，第二、第三两营缺一队	同上	同上	700名
第三十一标	第十六协	经端方奏调，由标统曾广大率全标入川	留守多病员	同上	城内左旗	100名
第三十二标	同上	第一营任端方卫队入川，第二营（缺一队）驻宜昌，第三营驻恩施	留守两队	同上	城外南湖巡司河西岸老武建营	200名

（续　表）

队　别	直属上级	调出部队	留省部队	部队编制	驻扎地	实有人数
第四十一标	第二十一混成协	第一营驻防宜昌，第二营两队驻沔阳，第三营两队驻羊螺洞	第二、第三两营各一队	同上	城内左旗	400名
工八营	第八镇司令部		全营	同上	城内紫阳桥	400名
宪兵队	同上		调守督署	同上		
炮八标	同上		全标	每营三队，编制与步队同	南湖巡司河东岸	800名
炮十一营	第二十一混成协	全营	同炮八标		城外坛角老恺字营	300名
工兵队	同上	全队	同步队		同上	100名
辎八营	第八镇司令部	败退时瑞澂调走	全营	同步队		
辎重队	第二十一混成协	全队	同步队		城外坛角老恺字营	100名
马八标	第八镇司令部	第一营左、右队驻督署，第二营两队出防枣阳，第三营全部开樊城换防	留守的四队	一标三营，一营四队，每队两排，每排两班	南湖巡司河东岸	200名

（续　表）

队　别	直属上级	调出部队	留省部队	部队编制	驻扎地	实有人数
马十一营	第二十一混成协	全部驻防樊城		同上	同上	
合计						约4000名

（按：第二十一混成协所属第四十二标部队，分驻汉阳、汉口以迄黄河南岸，原表未列入）

[附记]临时走避及自散者：

1. 第三十二标孙国安逃走，留守兵200名由队官楚英率至李家桥，各逃生命。

2. 马八标统带喻化龙出走，留守兵200名由队官张福麟率往豹蟹镇自散。

3. 炮八标第一营之中、左两队，只有二三十名徒手兵进城，余皆自散。

4. 炮十一营，由管带张正基率往青山①。

以上各单位走散及已加入首义中又脱伍者，亦约有千人。

九　炮队出发汉口

八月二十一日（10月12日），军政府参谋蔡德懋巡视各炮台，

① 据编者访张正基先生谈及，第二十一混成协所属马十一营和炮十一营仅前、左两队。起义时炮队一部分随工、辎两队进城，大部由张带走。迨黎元洪任都督，张即于八月二十一日回城，士兵多逃散，张被委作毡呢厂总办。

先至凤凰山巡查一周，命该炮台队长黄得胜召集原看守炮台老人，速将要塞炮上所需用之子弹、药筒、引火等物清检拭擦完整，以备应用，将毁坏的掩体逐一补筑坚固；旋经北城角一带炮位，到达黄鹤楼告知张文鼎，汉口、汉阳昨深夜已先后反正。汉阳方面公推宋锡全为司令，已编队警戒；汉口推举林翼支为支队司令，除分派队伍防御敌人外，并派员与商会接洽，组织商团，维持市面，筹办军需。本军拟扩编军队，以备应战。张文鼎建议募兵时，凡往日服过兵役的，只要体格强壮，年在40上下者，尽可招募。训练新兵暂不求整齐步法，首先以认表尺、瞄准、装退子弹、利用地形、放枪、放炮等知识。蔡允于扩军会议上提出照办。蔡继往楚望台，令王鹤年将所属之炮开往武胜门外毡呢厂附近，利用沿江大堤，向江面放列，限下午4时以前达到。下午1时，军令部派参谋岳绳武向张文鼎说："都督面谕，命汝抽派黄鹤楼炮六门，由步队胡效骞指挥，率领渡汉口，即时出发，在汉阳门码头登船。"张即派左队队长徐金标率全队渡汉口到老大智门外球厂，听候指挥。

武昌军械库及兵工厂枪炮种类数量表

名称	口径	数目	配置	备考
汉阳兵工厂造山炮	五生七	72尊	供炮八标及炮第十一营操练用	该炮射击准确，效力不大，惜无子母弹，辕杆不坚，运动时常生障碍
汉阳兵工厂造山炮	五生七	库存30尊		
汉阳兵工厂造山炮	五生七	厂储80余尊		
金陵机器局造山炮	六生	12尊	炮队第三标	只有独门开花弹，效力极佳

（续 表）

名 称	口 径	数 目	配 置	备 考
英国哈其开司厂造山炮		12 尊	炮队第三标	子弹不多，效力甚好
德国克鲁伯厂造快炮	五生	6 尊	炮队第一标	上项各炮均编入炮队第一标，在汉口作战效力很大，迭获胜利，后弹尽无补充成为废械
德国克鲁伯厂造快炮	四生	6 尊	炮队第一标	
德国克鲁伯厂造陆路炮	七生五	2 尊	炮队第一标	
德国克鲁伯厂造改良陆路炮	七生五	2 尊		该炮有回光瞄准器，极其准确，效力最良，放列于凤凰山炮台射击，汉口及江西敌舰几次强驶上游，不能得逞
英国造老式要塞炮	十一生	1 尊		布设蛇山射击汉口、汉阳
英国造前膛要塞炮		4 尊		放时以火燃引，效力小但响声极大，颇壮威力
日本三一式野战炮	七生五	36 尊		子弹太少，平均每炮不及 5 枚，以野炮 6 尊设汉阳琴断口，掩护汉口退却，甚得其力
日本三一式山炮		18 尊		
德造新旧毛瑟步枪		1.5 万余支	库存	
汉阳造步枪		2 万支	库存	另马枪 2000 余支
汉阳造步枪		7000 余支	兵工厂存	

十 第一次接触

先是八月二十日（10月11日）上午，瑞澂、张彪逃至刘家庙后，拟整顿残余反攻武昌。讵到下午，先后据马八标统带喻化龙及张永汉等面报，情况恶劣，命令不能实行，因而反攻未成。旋奉清廷上谕革职，以喻化龙任第八镇统制，将辎八营及教练营等残余编为步队第二十九标，以萧安国为标统，与河南巡防营第三营预备进攻汉口。八月二十四日（10月15日）军政府得报，黎元洪即命第二协统领何锡藩率该协第三标附马队第一营、炮队第一标之第二营、辎重第一营，攻击刘家庙之敌，汉口林翼支、胡效骞等所部归其指挥；第三协统领成炳荣率该协开赴青山一带布置防御，监视汉口敌人，并搜索下游一带，严加警戒。10月16日，何率所部到达汉口铁路外刘家花园。是日，胡效骞、赵承武各率所部与敌接触两次，未分胜负，各守原地。何统领以我军胡、赵两部尚不及两营，敌有两标之众，反不敢进，判断敌无斗志，决心予以攻击。

命 令

九月二十五日（农历）下午7时，于刘园协司令部

（一）敌情近无变状。

我胡、赵两营，已与该敌相持中。

本军拟攻击此敌。

（二）姚统带金镛率该标（缺第三营）于明日（二十六日）上午4时吃饭，5时由宿营地出发，沿铁路西边向西商跑马场展开前进。

孙管带鸿斌率该营于明日（二十六日）上午4时吃饭，5时由宿营地出发，向刘家庙车站搜索前进。达到跑马场之线时，须与左翼切取联络。

炮队涂管带吉祥于明日（二十六日）上午4时吃饭，5时率该营至何家墩西北端森林附近高地，选占阵地。

第三标第三营在何家墩集合。

胡、赵二管带另给命令外，各部于6时以前务达到指定地点。

本晚10时派人来本部对准时表。

（三）余明日上午6时在炮兵阵地。

十一　革命军打胜仗

1911年八月二十六日（10月17日）上午6时，各部运动完毕，随地散开，胡、赵两营撤下，警戒左翼，即开始进攻。约30分钟，敌似摇动，我以两度跃进，即占据刘家庙，敌纷向头道桥退却。忽敌舰以猛烈炮火向我侧击，我受创挫，退3000米，利用沟堤为守，时为上午9时。何统领电话报告军政府，黎都督命第四标统带谢元恺率该标赶渡汉口增援，下午2时到达何家墩休息，我炮队进驻跑马场。这时瑞澂、张彪乘车往孝感迎接陆军大臣荫昌去了。下午4时，何协统以谢元恺部为援队，位置于跑马场，命炮队开始射击，进行反攻。散兵发枪，勇敢前进，刘家庙即为我军占领，敌退头道桥防守。是役敌、我俱有伤亡。其时荫昌电调河南混成协统领应龙翔率该协全部及第四十二标原驻信阳第三营及汉口、汉阳第一、二两营跑过去的零星官兵，统编入应部指挥。应在滠口下车，18日休息一天，前线仍守原防。到日没时，应将前线防守之河南巡防营新编之第二十九标等部，逐次撤退，由应部逐次填守。我军则增加尚安邦统带之德造快炮一营，黄冠群马队一营，机关枪一队。19日上午7时许，前线接触，何协统即命步队展开，又令炮队在刘家庙西北端高地，向敌散兵开始射击。继换子母弹快放，机关枪队进占头道桥，彼此火力甚烈，相持约一小时。敌接连两次冲锋，均被我炮火杀退，敌渐不能支，调队增援，运兵火车正到二道桥，被我炮队击中翻车，牵动前线，大败而逃。我军乘胜追击，直达滠口，获敌辎重无算。附近居民送茶水及帮助搬运战胜物品者络绎不绝。汉口商民以每长五尺之红洋绸，赶送战地，与得胜将士披红挂彩，各街市并大放鞭炮。何协统查看滠口地形，以正面扩大，新募兵队训练不足为虑，乃退守原地警戒。

十二　张景良任总指挥

八月二十九日至九月初一日（10月20日至22日），防地无甚变化。据探报，北洋第二镇及第六镇之第十一协已先后到达孝感、祁家湾、横店等地，并有向滠口、戴家山运动之势。前线仍由张彪、王遇甲指挥，荫昌、冯国璋计划派一部分兵力由兵舰掩护渡江，威胁武昌；以一部出新沟进占桥口，监视汉阳，正面主攻汉口。23日小有冲突。24日何协统辞退指挥职务，黎元洪委前步队第二十九标统带张景良为汉口前敌指挥，萧开桂、童序鹏、胡喜寿等为参谋，罗家炎为军械官；又命第五协统领熊秉坤、第六协统领杨载雄、炮队第二标统带蔡德懋，各率所部开赴汉口刘家庙，听候张指挥调遣。

张在车站设立指挥部。25日上午，熊、杨各部到达刘家庙。张命第五协占领造纸厂亘头道桥之线，第六协右与第五协取联络，占领第二协防地；林司令翼支，右与第六协联络，仍守原防，并监视戴家山方面；炮队第一标在原阵地防御，第二标在本部西南土堤附近选占阵地；马队黄管带率该营在张公堤一带，警戒左翼，与林部切取联络；第二协全部及其他各队为预备队，位置于本部西端岔地。各部队均按指定区域布置。26日上午10时，据前派出之侦探刘明福回报，北军第二镇队伍，昨日在三道桥、二道桥西之上水港内收集大小民船搭桥，大炮向戴家山移动。张指挥据报，一面转报军政府，一面令前线加紧警备。黎都督令青山成炳荣严防下游，又令炮队协领姜明经率参谋张文鼎带野战陆路炮两尊，到刘家庙协商防务，当与张指挥一同视察炮兵阵地。姜谓第一标炮位尚可，第二标阵地距材料房太近，如敌弹命中房屋，炮兵同时将受到损害，不若舍弃掩蔽，移左前方高地放列，射界宽阔，减少目标，野战陆路炮两尊则对江面放列，以防敌舰。7时，张同姜明经及参谋人等会谈，张谓："敌方拟撤换应龙翔全部，统用北洋队伍，又在内港搭桥，必将大举进攻。我军编制不足七成，新兵未经训练，老兵对官长又多漫不服从，表现骄傲，我们大家总需多说、多讲、多忍耐，以尽心力。"

九月初六日（10月27日）上午6时，敌人攻势甚猛烈；并有敌舰4艘悬英国旗自下游上驶，我炮队发现，正拟开炮轰击，敌舰掉头下去旗帜，各以引火弹向我散兵轰击，我炮还击，一舰受伤，急向下游驶去。敌人戴家山之管退炮向我射击，辅以两侧火力，我预备队几度增加不上，以至于溃不能支。上午8时退至跑马场一带抵抗，炮队标统蔡德懋阵亡，何锡藩协统受伤，散兵线官兵伤亡尤大。我炮队无步队掩护，不及撤退，除第一标德造快炮12尊拆卸运退外，其余炮罄数遗弃；黄驾白由武昌率来炮队一营甫到刘家庙未及放列，亦全部丢掉。

十三　罗家炎之死

指挥部人员刚退过跑马场线，见有老兵若干名将军械官罗家炎捆绑，并大骂道："你是汉奸，不发子弹给我们，今天打败仗是你的罪过，杀你个王八蛋。"罗高声喊道："各位同志，我遵照指挥官命令，每兵至少发30排子弹，各部官长统计有数。"又指一兵说："这位同志我认识你，你同你们司务长来领子弹，我照领单数目发给，当时你说不要这些，难得搬运，你把子弹箱推在一旁，骂司务长开荤，你边骂边走了，还是司务长向我要一伙夫运去的。各凭天良，事实不差罣。再说已经打了两个多钟头的仗，你们各人身上子弹还有10余排，难道这不是个证明吗？不经长官，由你们栽诬我，我要见了都督，死也甘心。"但那些老兵人多嘴杂，有的说杀了他，有的说打一枪算了，有几个说我们就把他押解到都督府去杀。于是一吼押渡武昌，至军政府门首，并不报告都督，即将罗枪杀。当时指挥部人员只能在背后说"这不成事体"，但无一敢于出问是非者。下午2时，敌舰两艘复向上驶，均被我两望一带炮兵击退。正面敌人又增加火力，我军继退球场、姑嫂树之线防御，指挥部退至刘家花园。据报林翼支失踪，左翼队伍溃散。适祁国钧率步队一标增援，张指挥即令加入左翼。斯时敌我相持，枪声渐稀，吃饭问题亟待解决，商会办差人员适到，云已备有馒头6万个及饼干等物，参谋萧开桂就请他们分送球场至姑嫂树一带。

十四　逮捕张景良

下午3点多钟，忽见军务部副部长的马弁金明山等5人到来，金先动手将张景良身佩之指挥刀摘下，另二人将张的双手反绑起来说：“都督命令，你是汉奸，押解都督府问罪。”在马队当兵的一老护军营李洪发高声喊道：“金癞痢（金明山的诨名）！都督命令在哪里哟？你又吃了什么上火的药吧？失了刘家庙就捉指挥官，如失了汉口、汉阳，那不就要捆都督吗？”金等说：“不干你事！”一拥而走[①]。5点钟时，火线上还能保持现状，参谋等相向无言。姜明经谓：“今日敌人兵力厚我两倍，我以未经训练之兵竟能几度坚抗不溃，此实不易之事。都督电令宋锡全率旅来援，迄未见到，刻军无主将，我们自应设法维持，大家且到歆生路华洋旅馆讨论，由电话报告都督请示。”一到旅馆，大众公推姜为指挥。姜以张事离奇，即曰：“我无德无学，何能担此重责！”不肯接受。经众人责以大义，姜乃说：“万一要兄弟接受，须先举一人代理，俟我向都督请示后，再行就职。”言毕，即渡武昌。敌派步哨于大智门车站内警戒，法人以为在战区范围之外，拒绝敌方武装兵进入市区。此27日下午8时后事也。

十五　姜明经设防汉阳

姜到武昌报告一切，黎谓：“谁命令捉绑张景良的？孙部长已

① 张景良一案，各家记载虽不尽同，谓以汉奸嫌疑伏诛，则属一致。据本文所述，对张不无恕辞，罗家炎事亦同。

函詹大悲将张指挥送来本府。”黎又说：“以敌我实力较之，刘家庙不守必矣。在汉口街市作战，炮火失去效力，且无适当阵地，汉阳又急需炮台设备。”

即命姜召集炮队官兵，在汉阳组织炮兵团。姜遵示布防龟山，瞰制汉口龙王庙及栏杆咀一带，左德常任队长。又置野炮 6 门于琴断口附近，以防上游之敌。以后汉口退却时，掩护、收容实得力于是。蔡德懋第二标标统遗缺经姜荐由董占元接任，所有缺额分别补齐，以后担任汉阳防务（其炮兵团于 11 月 3 日由炮兵司令曾继梧接管）。

28 日拂晓，敌人进攻，我军由杜武库、谢元恺两人指挥。炮队第一标统带尚安邦率快炮 12 尊在大南湖西北独立家屋附近，射击张公堤敌人炮队及前进散兵；孟华臣炮一营在循礼门西南射击。我步队在球场一带血战约 3 小时，伤亡过半（战后收埋尸体，球场之六大堆、刘家庙之英雄墓均为此次阵亡同志）。10 时，我军不支，退至张美之巷、黄孝河一带，左翼退至铁路外。因受地形限制，队成重叠；尚安邦之快炮亦因弹尽炮失；谢元恺阵亡；孟华臣炮营退至黄孝河，借铁路为掩体（黄孝河为张美之巷之西南直抵铁路一带。在 1901 年至 1902 年时，常有民船停泊，后张公堤筑成，船不能进口，市内开始填湖，今日之统一街，即昔之土垱，辛亥革命时，工尚未竣）。敌之右翼过祝台寺，韩家墩附近已有敌之尖兵出没，形成半月形之包围态势。我军背水作战，互有进退。黎都督旋委杨玺章、王安澜到汉口指挥，道经汉阳烈士祠时，杨玺章中飞弹而亡。王安澜到汉口晤杜武库，见前线建制已破，士兵各自作战，虽精神极可嘉尚，唯指挥难期统一，即召标统杨选青、祁国钧及管带孙鸿斌等，令各就现状，构成防线。

十六　宋锡全退湖南，黄克强抵汉口

正当战局紧张之时，宋锡全受了胡瑛的愚弄，召集干部开紧急会议，决定向长沙撤退，另图出路。宋此举对战局影响甚大，言之殊为遗憾。

九月初八日（10 月 29 日）上午 5 时 30 分，敌以管退炮向我炮队轰击，管带孟华臣、队长何金成、查马长姜明绩阵亡，孙鸿斌、何松龄等十数人受伤。我左翼退至铁路内，以路身为掩体继续抵御；炮队退至满春附近土堤放列。同时敌舰两艘上驶，均被我两望炮队击退。张美之巷一带得张超年队长率机关枪 4 挺抵御，得以暂维现状。时黄兴抵汉，即率军政府所派督战员吴兆麟、杨金山、胡干城等多人，并龚启超带之敢死队 200 人、黄桢祥带之学生奋勇团 300 人到汉口，加入徐国瑞指挥之第二协战面，由张美之巷猛攻敌阵，突破敌之一部，收复歆生路。惜未能持久，30 分钟后仍被敌人夺去，我复退守原地，黄兴亦返武昌。九月初九日（10 月 30 日）晨，招商码头、大龙家巷一带皆为敌有，汉口军政分府撤退。江汉关道衙门起火，烧毁一空。下午 3 时后，四官殿、关道街等处均被敌人占据。王安澜、杜武库见敌兵进入街市，我已三面受敌，即移指挥部于戏子街江苏会馆，令徐国瑞指挥第二协防御街面之敌；第六协及祁国钧所部与辎重第一营受杨载雄统领指挥，对铁路一带防御；第五协对左后桥口之敌防御。黎元洪复令电雷营管带尚汉英率该营前往增援，4 时 10 分到达汉口。王、杜以情报尚无变状，令该营集合萧家院为预备队。10 月 31 日拂晓，关道街一带之敌猛向我进攻，我军退至六渡桥以南土堤一带，王安澜令尚汉英率电雷营向广益桥方面之敌展开，猛勇冲击，敌不支挫退，我军乘势恢复张美之巷之防线。铁路方面，我左翼抵御得力，敌未得逞；硚口方面无大变动。下午2时，敌炮兵在张公堤闸口，用引火弹向我轰击，加以步兵火力猛烈，我军抵抗约一小时，被迫退守满春一带。龙王庙、老水巷至铁路线又被敌人占领，沙家巷、广益桥等处起火。

十七　退守汉阳

我炮队在市内作战，不但调度困难，且部队参差，顾虑很多。王、杜向军政府请示结果，黎都督以敌人兵力优厚，且不顾同胞苦难，滥事烧杀；我军则与此相反，作战诸多不便，乃商诸黄兴等决议退守汉阳，以待援军。当命令王安澜、杜武库于明日（11月1日）上午5时，将汉口作战部队撤至汉阳防守。又令第一协统领蒋肇鉴以一标驻琴断口附近，以一标守兵工厂一带；令曾尚武率输送标（欠一营）在栏杆咀一带，择要布置为收容队；又令船政局预备渡河工具，务于明日上午4时以前一律完毕。又令知龟山独立炮队、琴断口野炮队，均于明日上午5时与步队同时开始射击，拒止敌人，掩护汉口本军退却；所有收容各部均归蒋肇鉴指挥。又令第七协统领邓玉麟率该协之一标并炮队第一标，就已补充完成之营，于琴断口上游对硚口及三眼桥诸方面选择适当阵地警戒，于明日上午5时以前完成任务；又青山两望炮队由第三协统领成炳荣指挥，俟汉口本军撤退时，射击敌人，并监视下游方面。下午6时，栏杆咀得胜街一带有敌人步哨，硚口方面无变状，王、杜令各部严加戒备，移指挥部于观音阁。黎都督撤退命令到达后，即区划退却路线，右翼部队向大火路退出，至大水巷码头；左翼部队向永宁巷淮盐局退出，至石码头；硚口方面部队向武圣庙、万安巷各码头退却。各于明日上午4时30分，抽撤一部至指定码头渡河，其余各队逐渐缩小正面，于5时继续撤退至指定码头。炮队营于4时以前，撤退至石码头先行渡河，择要放列。又将预定时间、渡河码头等情况用电话报告蒋协统，另以书面补报，请转饬各部知照。11月1日上午4时30分，我炮队营撤退至码头渡河，其余正陆续撤退。敌见我各方面均有炮击，疑我有生力军反攻，即在怡心茶楼、大夹街、小夹街、戏子街、萧家院、六渡桥一带放火，烟焰冲天，我军于此时得以安全退却。王安澜、杜武库到汉阳晤蒋协统，令河内大小民船除以一部分停靠南岸应用外，其余罄数开出长江停泊于汉阳东门之上游，并报告军政府。黎都督令第二协调武昌补充，担任城防，其余部队，留汉阳防守。

（选自全国政协文史和学习委员会编《亲历辛亥革命》，中国文史出版社2010年12月第1版）

第二十一混成协工程队起义经过

黄世杰[*]

前清光绪二十九年（1903 年）暑假，黄冈留学日本的祝兰亭、程明超、华惠康等在县里创办光黄学社讲习所，我和一般青年入所听讲，得知满人入主中夏情形，又看了《警世钟》《猛回头》等小册子，革命思想，渐以滋生，遂由程明超介绍入同盟会。光绪三十一年正月（1905 年 2 月），我投入湖北第二镇工程二营前队充当兵士。因改编军制，更名为二十一混成协工程第十一营前队，我被升任正目。我和其他同志在此期间，暗中努力革命活动，同队参加者约达半数，当推我为本队革命代表。从此与其他各营队的革命同志取得联系，如八镇工程第八营金兆龙、本协辎重第十一营前队

* 黄世杰：时任湖北新军第二十一混成协工程第十一营前队正目（班长）。本文原标题为《第二十一混成协工程队首义经过》。

李鹏升、郑昌年，炮队第十一营前队蔡鹏来，本协四十二标郑兆兰、测绘学堂李翊东、万煜斌等，与共进会负责人孙尧卿（孙武）、邓玉麟也常有往来。宣统二年（1910 年）湖北开办讲武堂，我考入其中肄业，与同学熊秉坤共同鼓吹革命。时胡祖舜在胭脂山设立秘密机关，我常往胡处参与秘密会议。辛亥八月初三日（1911 年 9 月 24 日），各标、营代表集会，均谓时机紧迫，非即举义不可。孙尧卿在会上要我在起义时占领武胜门，以资防范。我即与邓玉麟、方兴、李鹏升切取联系，外面戒严，我仍每日私出营门，四处奔走。八月十八日（10 月 9 日），营中奉统领命令，将子弹缴存协部。李鹏升主张扣留，我说不要因小失大，起义成功，还怕没有子弹吗？这时士兵一律不准外出，幸好派我带兵一班，巡查坛角一带，行至武胜门附近，只见商民交头接耳，风闻武汉革命机关均已破获，我即返营告知李鹏升，以无确息，彼此叹息而已。十九日（10 月 10 日）下午 1 时，城内始来信以火为号，由大东门进攻，届时有第四十一标同志接应。7 时许，李鹏升找我商量，决定辎重营先发枪声，同时在营房放火。我赶回本队布置。旋闻枪声，又见火起，我即将一排一棚烧毁，率本队同志程英烈、刘邦宪、李智、贾道明、王师、方镇藩、严少林、王干城、袁任忠等 60 余人与辎重队会合，经过炮兵第十一营操场，有些炮兵在窗户内放枪，我们也不还击，径向目的地前进。时各城门紧闭，仅通湘门可入，当分途前往。我至武胜门时，第四十一标队官胡廷佐正在该处，见我到，即将防务移交，转攻藩署而去。我驻武胜门，并占领凤凰山炮台。

二十二日（10 月 13 日），成立工程二营前队，由我担任队官，随后扩编成营，我因同志人众，难以分配，特派人至青山将原前队队官杜世鑫找回，举为管带。九月初七（10 月 28 日），奉命开汉口作战。新成立的左、右、后三队兵士先溃散了，我这一队仍继续撑持，至下午 7 时始奉令退至硚口休息。第二日奉杨统带令掩护炮队，杜管带以敌人炮火猛烈，竟自潜逃。我督同兵士抵抗至下午 4 时始由汉阳渡江。后由军务部派至第一协在汉阳监督铁厂一带防御工事，以迄汉阳陷落。

（选自全国政协文史和学习委员会编《亲历辛亥革命》，中国文史出版社 2010 年 12 月第 1 版）

陆军测绘学堂参加武昌起义纪实

喻育之等14人*

清光绪年间，张之洞当湖广总督，比较说来，他总算是一个锐意维新、热心图强的人。他在湖北开办了些厂矿，也创立了些文武学堂。武学堂中有一个陆军小学堂，这就是湖北陆军测绘学堂的前身。这时正是废科举以后，过去靠科举出身的人和一般知识青年，正在徘徊歧路、莫知所之，这个学堂的设立，就无异为这班人开辟了前进的道路。陆军小学原分为仁、信、智、勇、严5斋，每斋一次招收600人，计划训练3000人，3年毕业后，作为初级军官之用。教学课程多仿效日本的办法，有军制、军械、筑城、战术、野外勤务、

* 喻育之等14人：时为陆军测绘学堂学生。
新中国成立后，喻育之任中南军政委员会委员，武汉市政协常委，武汉市人民政府参事室参事。
本文原题为《测绘学堂辛亥武昌首义纪实》。

地形等学科。初入学时，并教授普通学科。教师有日本人、德国人；本国的教师，大半是从日本士官学校毕业回来的，也有将弁学堂毕业的。另附设测绘、海军、陆军、军医、经理 5 个班，各班 50 人或 60 人不等。后来正式的湖北陆军测绘学堂，就是在附设的测绘班的基础上发展起来的。甲、乙两班毕业了 110 人，其中，毕了业还没有工作岗位的53 人又参加湖北陆军测绘学堂，再补习一年毕业。详细的姓名是陈靖华（文阶）、尹凌霄（斗三）、陈家骥（北骐）、刘震东（子骏）、方兴（绳修）、周道烈（显卿）、邱斌士（仲荪）、范宗文（汉民）、谢光斗（月生）、姜绍熊（敬斋）、胡联乔（松高）、彭祖恩（孝传）、沈郁芬（佛生）、易复（诗伯）、童愚、刘维（成侠）、徐世安（济民）、李华模、段贤昌（卜五）、田化龙（海云）、钱步青、张华靖（象西）、杨国昌（幼斋）、罗锦、张宗巡（守五）、彭克武（晓岚）、汤执中（名芳）、宋功成（子敏）、万德才（季略）、甘绩熙、宋汉铎（珍珊）、郑飞雄（志强）、李荫寰（文生）、郭旭（晓东）、傅希奕（克斯）、高士杰（墨香）、薛汉超（衍平）、萧杰（汉三）、胡蔚（尊三）、张杰（汉涛）、余宪斌（树裳）、车指南（一之）、朱次璋（北屏）、陈沛霖（雨三）、刘润生（朗清）、孙树烈（赓南）、唐润明（敬予）、陈定元（广安）、徐大化、朱树烈（舜卿）、萧鸣鹤（声三）、刘哲云（润生）、果仁（满族）、罗昂霄等。

张之洞离鄂以后，中央军咨府有意见，说他创办的陆军小学不合规格，故加上“特别”二字，称陆军特别小学堂。后来也只办到信字斋就停办了。清宣统庚戌年（1910 年），在陆军特别小学堂原址上，一部分改为湖北陆军讲武堂，一部分改为湖北陆军测绘学堂。测绘学堂招收新生100 人（本籍80 人，客籍20 人），连补习生53 人共153 人。补习生补授地形测量，新生分为三角（大地三角测量）、地形、制图3科。行政组织有总办、监督、提调。总办先是刘邦骥，继任是喜源和白寿铭；监督詹贵珊；提调阮慕咸和方架舟。新生中记得出姓名的有李翊东、喻义、何复州（镜兹）、程贤礼、万煜斌（笑秋）、华震（士元）、熊丙衡（伯钧）、刘邦钦（廉舫）、谭家模（范五）、谭韵清、颜景常（翘村）、熊佐周（伯勋）、陈师（振旅）、汤廷纶（菊舫）、胡翰藻（海棠）、金殿勋（炯丞）、魏国楷、杨亚藩（鼎三）、俞执中（筱髯）、胡芬（艺云）、冯毅（健族）、段良艺（莳生）、熊树华（达阶）、汪浩（震亚）、张义纯（靖安）、谢流芳、徐作孚（仁卿）、陈健（亚樵）、管翼贤（梦倜）、萧杰臣（汉三）、万镛（钟云）、戴维夏、王兆鸿、傅人俊、冼震、张彬、刘述文（汉琴）、余夐、潘振铎、方定远（宙屏）、方定宇（海屏）、严威、陈静庵、贾立芹、彭亚杰、潘祖模、王成章、涂亦仁、潘克勋、李继武、龙绍炳、晏述髀、易用曾、邹昌炽、刘粹、齐世葵、李采芹（华秾）、刘肇汉、陈北言、卢成义、杨传富、汪从泽、王寿（仲昭）、王仲烈、胡金声（玉律）、关云生、闵伟（季骞）、聂奎元（聚五）、吴茂义、宣家璋、傅定国（金三）、黄导源（季伟）、柳祚雨（喜亭）、柳系春、董锡赓、高凌云、李雄夏、王尚武、王朝钦、朱大铸、崇俊（满族）、熊世垣、余仲权、万则曾等100人。

上面说过，废科举以后，一般靠科举找出路的人和青年知识分子，要想替自己找出路，为国家图富强，首先就是找学堂住，其次就是投笔从戎。但那时的学堂特别少，所以知识青年投笔从戎的多，其中又以湖北为最。姑无论住学堂或从军，这些青年大多数出身于小资产阶级家庭，在旧社会里这些人都是有些抱负的，又正值日本战败中国，八国联军蹂躏北京之后，眼见清朝政府对外割地赔款，对内压迫榨取；孙中山先生又在海内外组党结社，联络革命志士，驱逐鞑虏，建立民国。湖北地处通衢，这些消息直接、间接很容易接到。青年们激于义愤，只要有机会革命，读书当兵目的总是一个，入学以后，等于革命党归了队。于是参加组织，接受宣传，偷阅革命书籍，已成公开的秘密。所以，全堂同学 150 余人中，除极少数外出和两个满族学生逃走外，其余都参加了八月十九日的武昌起义。

辛亥武昌首义是以军人为骨干的，所以当初清廷还说成是新军事变。测绘学堂尽管不是军队，但同学大部分都是从军队出来的，学堂本身的性质也是属于军事系统，因之首义动员计划和阳夏战争紧张的时候，总是把测绘学堂当军队使用。首义以前，许许多多革命团体归并为共进会和文学社后，测绘学堂是整个加入共进会的。共进会在我们学堂的代表是方兴、李翊东、朱次璋、甘绩熙等。

首义前的几个月，测绘学堂有一个轰轰烈烈的事件：某一天夜晚入睡以后，李翊东、喻义、余夐、戴维夏等发起剪发运动，当场情绪虽然高涨，但一时无人下手，后来还是由喻义拿洗脸盆画一圆圈，大众围着圈子签了名之后才下决心的，不到半小时，就把一百数十人辫子一剪而光了。第二天总办刘邦骥惊闻之下，赶来召开紧急大会，把同学痛骂了一顿，说："你们吃了大清国的饭，读了大清国的书，敢于这样胡闹，真是大胆已极，姑且暂各记大过两次，以观后效。"同学敢于这样做，就是表示做奴隶的日子快要满期了。杀头尚且不怕，记过有什么关系呢？就这一事看来，也可以说明当时革命情绪的高涨已经到了不可遏止的地步。从此以后，学堂当局对学生请假外出特别严紧，寝室时时暗中检查，可是我们的行动，却更加紧张巧妙了。传递消息、偷看禁书的办法，更是多样化了。

辛亥年八月初三（1911年9月24日），孙武、刘复基等在胭脂巷机关召开会议，讨论首义动员计划，我们学堂的总代表是方兴同志。那天决定首义的日期是八月十五，分派测绘学堂的任务是：由总代表方兴等率领全体同学响应，与工程营会合于楚望台，协同进攻督署。后因故赶办不及，十五日发难之令尚未下达，不幸八月十七日汉口俄租界宝善里机关部孙武装造炸弹失慎，俄领事逮捕我同志，并搜去名册及计划多起。清朝官吏接着下令戒严，武汉交通断绝，宪警巡查街道。十八日夜晚，武昌小朝街等处革命机关多被破获，拘去彭楚藩、刘复基等党人，杨洪胜同志亦因送炸弹至工程八营被捕，一同解至督署审讯。次晨8时，得悉彭楚藩、刘复基、杨洪胜3同志在督署门口就义，以致军、学各界人人自危。武昌各城门紧闭，除军警巡查外，路断行人。盛传清督瑞澂要按名册逮捕党人，党人临时采取紧急措施，马上派人至各处送信，决定于是晚发难，以免一网打尽。这天早晨，测绘学堂大门亦被封锁，并派有第三十标旗兵监视，同学偶尔在操场探望，第十五协协统王得胜（绰号草包）还大声呵斥说："此刻军警正在捉拿革匪，不与你们相干，你们各人好好安心读书去。"我们听了心内暗笑，才晓得这位协统真不愧为大名鼎鼎的王草包，他哪里晓得我们就是革命党。到了上自习的时候，工程第八营起义了，我们听到枪声，因为事前做了准备，所以安静如常，静候情势发展。工程营与测绘学堂相隔咫尺，枪声响后不久，总代表方兴等跑到工程八营接洽好了，仍按照八月初三所定的动员计划办理。不一会儿，方兴、李翊东等回学堂来了，各拿开口指挥刀一柄，呼令同学站队，并当众宣布："今天是汉族复兴，推翻清政府的时候了，时机已到，万不可失，大众跟着我们到楚望台去领枪杀敌，完成我们的志愿。”恰好前两天全体同学换了青呢制服，出发时又将窗帘布和白被单撕破做袖章，因为服装整齐，年龄又轻，所以路人见了都说：“这是孙文派来的革命党。”出校门经过右旗西营门口到中和门抵楚望台军械库，各领得步枪一支，子弹若干发。也有极少数同学不会装弹放射的，但敌人来了，还是伏在第二道战壕里，一面学，一面打，义之所在，生死不顾。这时在楚望台的军队，工程第八营第一，二十九标第二，我校居第三位。后来部队愈来愈多，于是公推吴兆麟为临时总指挥，即时下令：

（一）分三路进攻督署；

（二）迎接南湖炮队进城；

（三）占领蛇山顶各高地；

（四）分途占领武昌各官署。

我们的同学有的参加了别的战场，大部分的任务是占领和守望中和门、通湘门、大东门一带，兼掩护蛇山炮兵阵地。在通湘门和小股旗兵发生了两次遭遇战。后半夜传说督署已攻下，瑞澂、张彪等已逃亡。督署在未攻下前，四面火起，红光烛天，一时蛇山的炮，楚望台的炮，以及各高地的炮，一齐向督署射击。步队不顾生死，直冲督署。瑞澂、张彪知事不可为，只好逃之大吉。次日正午，我校又奉令进占阅马场谘议局，首先碰着的是邢伯谦同志。我们在谘议局前后布防就绪，不一会儿，见有一大群人，长袍、制服、军人、学生都有，拥着第二十一混成协的统领黎元洪来了，黎身穿灰色长呢袍，海狐绒马褂，头戴青缎瓜皮帽，足蹬双梁青缎子靴，辫子尚未剪掉，面色惨白，似不胜其抑郁。后来才查知，十九日夜他不准他的部下参加革命，站在营门口杀死我们的邹玉溪同志，后来觉得大势不好，才跑回家里暂避，最后还怕在家里遭危险，才跑到黄土坡他的参谋刘文吉家隐藏。哪知事机不密，被我们的同学和几位军队的同志拖了出来。黎进入谘议局头门后，忽然外面排枪直向谘议局射击，据报来袭谘议局的旗兵系陆军小学堂总办、满人宝瑛所主使（一说是汉奸第三十标一营管带部翔宸所为）。方兴同学见情势危急，手拿指挥刀，率领同学大声呐喊向发枪地点追击，至时敌已逃避一空，即在此巷内宝瑛公馆搜查，将宝瑛之妹杀死，拖到阅马场陈尸示众，以为反抗革命者戒。[①]其时守卫谘议局铁栅外的都是我们的同学，初次临阵，颇感兴趣。

到谘议局后，测绘同学都是担任守卫工作，在头几天内不顾饥饿，不分昼夜，总是荷枪实弹防敌防奸，疲劳极了，就枕戈倒地睡下。其他的同学，有的在庶务部采购物品，有的在秘书部撰拟和缮写文件，有的在各部稽查部服务，有的任参谋或参议，总而言之，在没有正式建制以前，各部门都有测绘同学。

二十日，邢伯谦邀测绘同学 8 人荷枪往长街买东西，记得姓名的有童愚、罗锦两人，拿着 50 两一只的元宝，买回各色洋布若干匹，又在弓箭街、后宰门，强迫喊了很多缝工、刻字匠到谘议局从事制旗、雕印。我们还记得有几件文告是事先预备好了的，原底稿写得很细，好像是从某一个同志身上掏出来的。

同日下午，在谘议局楼上召开会议，因预定的都督、总司令及各部门负责的人不能赶到，为应付事机计，一致公推黎元洪为都督，汤化龙为民政长。黎坚辞不就，李翊东、蔡济民、张振武强迫他，

---

① 查《邓飞鹏传》所载建议第十项谓："谘议局门前有老妪小孩被杀，宝瑛胞妹力言赞成革命，诸同志不忍杀，一襄阳麻脸者，不由分说，即举刀砍死。"

亦不承认，朱树烈拔刀自杀激发他，仍不为动。因此群情愤慨，满座哗然，有人叫骂黎元洪太不受人抬举[①]。后来李翊东同学拿出安民布告要黎签署，黎仍拒绝，李乃于都督下写一黎字。众人鼓掌欢呼，黎亦莫可如何。

当会议时，有人大叫说在座的刘绳武是汉奸，说着就将刘往楼下推，同学田化龙忙将刘抱住说他不是汉奸，其他同学也帮着声辩，刘的性命幸免于死。这时黎元洪坐在当中始终不发一言，由此更见得黎这时还没有打算投入革命阵营。是日晚黎要回家休息，党人未便硬性不准，同时又怕他一去不回，于是由军队的同志和陆军中学以及我校同学20余人送他去，次日又同他到都督府来。我们记得罗锦、喻义、陈健，也护送了一截路，当经过蛇山顶时，黎发现靠刘家庙江边有轮船数只，他很紧张地连声说："那不是商船，绝对是军舰，赶快令炮兵向它轰击。"这时好像他的思想上又靠近了革命一步。

首义后两天，还有不少的旗兵四处窜扰，间或也有少数人趁火打劫，同学萧杰臣、刘邦钦、傅人俊、王兆鸿等，联合部队在长街刘天保对面某住宅内，拿获枪械齐全的旗兵10余人，当即枪决。又同日发现藩库有匪人劫取银两，当将银两夺回，因念行劫者系见财起意，故未予严办，就放走了。

八月二十七日（10月18日）以后，清朝政府尚不肯甘心灭亡，先后调动大兵，直趋武汉，战事扩大，势难避免，于是有人建议我们应本所学赶办军用地图以应急需。旋奉令批准，并抽调大部同学

---

① 刘邦钦曾说：当日以黎不肯签署安民布告，众欲举枪击之，得刘与谭家模两人阻止。刘当日负责守卫黎之房门。

回校，成立测绘部，其余都散在各革命战线上工作。[①]公推的部长是朱次璋、副部长徐世安。成部之日，即荷枪实弹，冒险出测。江南岸上至金口，下至鄂城；江北岸上至大军山，下至黄州府；汉水则顺河上达新沟、蔡甸。图测成后，由留部同学日夜印制。还有部分同学随军至黄陂祁家湾、孝感等地，窥测地图，侦察敌情。同学张彬，即因此牺牲。满军对测绘学生非常愤恨，曾出赏格活捉测绘学生一名者赏洋 1 万元。在武装出测时，也常与敌军或土匪发生遭遇战。

九月初七（10 月 28 日），京汉路战事发生巨大变化，三道桥和刘家庙均被夺去，统领何锡藩受伤，都督令我校组织敢死队，由同学徐世安、胡联乔率领，乘黑夜渡江，至歆生路、循礼门、大智门一带督战。我们记得那时正在露夜赶制地图，一奉紧急命令，即丢下笔杆，背上枪杆，每人还拿大刀一柄，斜挂"敢死队"红巾一条，开赴阵地，毫无畏缩。整队出发时，张振武同志向我们讲话，他看见队伍里有一个很小的学生（这个小学生是前测绘班制图科科长王肇鋐的儿子王继祖，他是临时参加的），即劝令不必参加；王不肯，彼此争执至于泪下。到汉后我们的队伍经过同学喻义的门口，

① 1912 年 7 月《中华民国湖北陆军测量局缘起》云："中华民国前一年八月十九日，测绘学堂，全堂起义。二十日在谘议局组织军政府；嗣因敌兵入境，军用地图，所在皆需，同人等于八月二十五日禀呈都督批准立案，定名为鄂军政府测量部，当呈暂行章程一折，蒙都督批准遵行。此时中央军政府尚未成立，大经大法，急宜编定，同人等以测量与军事有密切关系，照战时编制，应隶于参谋部，折呈都督，奉批依议改为测量局，参谋部改为战时参谋部，又改为中央军政府参谋处，今改为大元帅府参谋部测量局。人员编制如下：正局长朱次璋，副局长唐骏如；正科长胡联乔，副科长彭祖恩、易夐；正科员尹凌霄、薛汉超、陈定之、彭克武、胡蔚、陈森、段复之、车指南、杨世玉、童愚、罗锦、刘继焜、张秉钧、刘震东、邱斌土、张汉、徐世安、宋汉铎、刘泽滋、高墨香、戴显斌、鲁伯骥、萧杰臣，副科员郭正东、傅定国、俞执中、关维新、石树荣、熊佐周、陈天健、胡金声、魏志贞、万煜焜、柳系春、熊其光、朱大铸、刘定三、胡汉藻、方兴、吴懋义、喻义、管梦倜、王朝钦、金殿勋、张正良、王继祖、刘燮卿；书记员周寿彭，司书生熊玉章；医生吴大瀛。

他向家里关照了一声说："我来汉口和满人打仗呀！"他的叔叔听了跑来双手搂抱不让他上火线，喻同学把他猛力推开说："匈奴未灭，何以家为。"上阵鏖战了一昼夜，炮声隆隆，弹如雨注。民众徒手参加助战者比比皆是。市民送粮食水果，用水缸煨肉汤送上火线者不绝于途。同学受伤的亦不肯退下。至次日天将亮，滠口方面，敌军火力愈大，阵地逐渐南移，战至下午，我方力不能支，同学范义侠驰马报告叫我们赶快退，说敌人已由姑嫂树到了三眼桥，迟恐退走不及。时有当管带的同学郑飞雄坚决不退，英勇牺牲了。我们对之殊有愧色。是夜我们奉令回都督府复命。

当汉口失守以前，同学甘绩熙见我军伤亡过重，正式作战，势有不能。乃联合敢死之士，凭个人勇气，到处闯杀，使敌莫知究竟。

汉口失守以后，同学汪浩、闵伟，联合陆军中学学生和熟悉水陆地形的民船工友，组织二三十人为一小队，黎明暗渡，隐蔽上岸，袭击满兵，并侦察敌情。

九月十一日（11 月 1 日），汉口失守，汉阳的战事非常紧张，各省响应武昌首义的也日必数起，清廷知大势已去，江山难保，乃谕令袁世凯为内阁总理大臣。袁贼即抓住此时机，用别人的资本，替自己做买卖：一面以危言讹诈清廷，一面增强兵力以胁制党军。党人以"排满"革命的空气弥漫全国，推翻清朝，绝对不成问题；这时又正值革命领袖黄兴同志赶到，黎都督即筑台拜黄兴为总司令，旋即计划反攻汉口，黄字大旗高插江汉关上，武汉人心为之大振。民贼袁世凯不惜牺牲民命财产，密令冯国璋、段芝贵等大举进攻，肆意放火焚烧，并以排炮轰击武汉各大建筑，以促成他后来做皇帝的阴谋。但我们并不因兵力薄弱、火力不强而气馁，以血肉作长城，以民气代武器，拖延时日，以待全国响应。兹将同学们参加汉口失陷后各战役的经过，续述于后，借此也可以推及其他。

朱树烈同学，奉黄总司令之命，率便衣军士和间谍，至汉口搜索敌情，出生入死，收效颇大。

方兴同学亦奉命率便衣敢死队潜入汉口，扰乱敌后方，虽死伤队员 20 余人，卒能完成任务。

汉阳近郊战事，首先必须据有仙女山、美娘山、扁担山、锅顶山，如果这几个山头不守，龟山就完全失掉作用，武汉会被敌人全部控制。为争夺此阵地，敌我均有重大伤亡。黄总司令为挽救此颓势，曾面令甘绩熙同学说：“都督有命，能恢复此数山头者，赏以 50 万元。”甘奉令后与朱树烈同学四处号召，卒于工程营、辎重营、陆军中学学生军和我们同学中，共挑得 108 人，组成敢死队，进行攘夺战。出击时即与总司令部约定：我军如进攻得手，当先焚磨子山顶上小庙为记。乘黑夜出发，朱树烈手持火把，甘偕韩管带某自任尖兵，行近磨子山时，即将火把熄灭，偷袭山顶。甘足误触敌人枪杆，这时敌 10 余人因过度疲劳，酣睡在一个土坑稻草堆里，甘大呼杀敌，当即击毙 8 人，余皆惊起，旋全被歼灭，其余皆弃山逃走。我军举火烧庙为号，司令部获悉，马上派兵增援。援兵甫到，甘又率队夺取扁担山，将及山腰，甘冲锋喊杀，直奔山上，援兵亦奋勇前进。此役甘同学系病后参加，经一夜鏖战，精力已难支持，中间屡仆屡起，屡起屡仆。这时正值增援部队因孙宏斌同志受伤折返，山顶敌军乘势猛力俯射，湘军统领刘玉堂急令士兵从下还击，转念子弹无多，又改令上刺刀冲锋，但兵士很少应命的。甘情急计生，自忖与其后退而死，不如前进而死。于是振臂大呼曰：“敌人正在撤退，我们赶快冲锋上山，将敌人一起活捉。”又高声喊叫：“抄山后的队伍赶快来，不让敌人逃走一个。”敌闻言大惊，又见我军来势猛勇，乃相率北逃，扁担山又被我军占领矣。夺磨子山时，甘绩熙后脑受伤；夺扁担山时，又将左手打伤。刘玉堂统领向他说：“此山较高，得此足以对抗敌人矣。请你回部就医，并盼催请总司令赶快派兵来，乘胜夺取仙女、美娘二山。”甘亦以伤重，势难临阵，遂勉强离队回部。临走时，再三嘱刘统领坚守待援。刘答应说：“我们死也死在山上。”甘回部报告黄总司令，总司令大喜，答应马上派兵增援，随持望远镜看了好久，大惊失色道：“敌人又夺去我扁担山矣！”甘尚不相信，总司令以望远镜转甘觇之，果然。甘顿足曰：“大势去矣！奈何！奈何！”事后才知刘统领玉堂为流弹所中阵亡，部下惊散，敌因乘之，二山乃失。甘创益甚，乃渡江就医，诗人胡石庵曾作《甘侯行》记其事，载《大汉报》。

汉阳战役，朱树烈、甘绩熙、李翊东、彭祖恩、李荫寰等出入战场10余日。一日，李荫寰赴前线，路经我炮兵阵地，发现满兵来袭，李同学一时激于义愤，未通过炮队官兵同意，擅自开炮，竟被炮兵误认为汉奸，破坏阵地，未经说明，就当场格毙了。幸事后昭雪，追予抚恤。还有彭祖恩同学，在火线上把自己队伍的移动，认为是敌军来袭，狂呼敌人向我右侧进攻，一时引起大众惊惶，亦有人指彭为汉奸，扰乱军心者，幸申辩得及，未蹈李荫寰同学的覆辙。

十月七日（11月27日），汉阳失守后，我同学虽大部回到测量部工作，但对武昌江防仍负有一部分责任。

汉阳仙女、美娘诸山既经失陷，龟山自然随着放弃，从此满兵居高临下，日夜向武昌尽量轰击，敌强我弱，死守诚非易事。但就战略言之，遽然放弃武昌，势必影响全局，因此在决定都督府撤退武昌城以前，府内会议，争论异常激烈。在席上有人拿出手枪来说：“倘再有人主张放弃武昌者，我即以此枪饷之。”我们同学如甘绩熙、李翊东等，军界同志如熊秉坤、邓玉麟等，学界同志如张振武等，一致主张死守，以待大局发展。唯满兵恃其兵力、火力的雄厚，昼夜向武昌轰击，工商罢业，行人绝迹，都督府军务部等机关，或中弹、或起火。为了爱惜人民生命财产和保全革命实力，才决定黎都督暂退葛店。嗣袁贼认为穷追不利于己，因此隔江炮击也逐渐和缓。各省革命势力也越来越强。袁贼既不肯倒向革命，效忠人民，唯一计划，就是见风转舵，要求讲和，以遂其未来称帝之阴谋。待和议告成，我部由卓刀泉回到武昌城，遵章改部为局，同学们除已参加其他各部门工作者外，其余大部分仍回测量局，本其所学以报国家。

本文由该堂同学徐大化、罗锦、彭亚杰、潘祖谟、万煜斌、魏国楷、钱步青、程贤礼、冼震、熊佐周、汪从泽、童愚、刘邦钦等各就所知写出初稿，经喻育之执笔整理成篇。

（选自全国政协文史和学习委员会编《亲历辛亥革命》，中国文史出版社 2010 年 12 月第 1 版）

陆军第三中学武昌起义亲历记

邓汉祥*

辛亥年时，我正在武昌陆军第三中学，已读完二年级，正在准备毕业考试。这一届同学分别来自鄂、湘、滇、黔、桂、陇6省。其中，云、贵两省同学组织了同乡会，我被选为会长，常于星期日约集同学到云贵公所会聚，阅读书刊，揭议时弊。

八月十九日（10月10日）夜，起义枪声一响，陆军中学学生奔走相告，群起响应。云贵学生因平时有同乡会的组织，即以此为依据，成立学生军大队，共300余人。推我为大队长，席正铭（贵州沿河县人，文学社社员）为副队长。第三陆军中学在城外5里多路的南湖，队伍到楚望台的军械库时已经天亮。这时吴兆麟在该处

* 邓汉祥：时为陆军第三中学学生，湖北军政府学生军大队长，后任南京国民政府四川省代理主席。新中国成立后，任第四、五届全国政协委员。本文原标题为《武昌首义亲历记》。

指挥。吴对我说："你把队伍带到谘议局去听候安排。"我即将队伍带到谘议局，有吴醒汉、李作栋及邓玉麟在该处安排、联络。李作栋对我说："邓队长，跟你商量一下，藩台衙门有很多银钱、款项，叫别人去不放心，请你的队伍去守藩台衙门吧。"我说："可以。"吴醒汉说："那就这样，你叫一个人带队伍去，你本人就不要去了，在这里等着开会。"我即派席正铭去，自己在谘议局等候。

一会儿，黎元洪骑一匹大马来了。他身穿一件灰色长袍，由吴兆麟等人陪着。等在谘议局门口的人立刻列队，吹欢迎号，黎一声不响。后又陆续来了不少人，大家进入谘议局会议厅开会。黎元洪坐在主席台上一言不发。发言的有汤化龙、吴兆麟、吴醒汉、张振武、蔡济民等。除议决设军政府举黎元洪为都督，并决定有关新国家事宜外，也有军事方面的提议。第二天，继续讨论，有提议破黄河桥以阻北军南下的，有提议守武胜关以扼要冲的，但都感到兵力不足。于是，决定招兵，成立步队四协，推吴兆麟、杜锡钧、成炳荣、张廷辅为协统。杜锡钧说："都督左右还要有人帮忙，我愿到都督府。"于是另荐何锡藩担任第二协统。此外，军政府设有 4 部：参谋部、军务部、政务部及外交部。

四协成立后立即加紧招兵。第八镇已星散的老兵及解甲归田的湖北新军士兵，一呼百应，迅即募足。第一个战役是在滠口与北军对仗。革命军士气极旺，百姓亦全力相助，加以炮队训练很好，所用的是德国克虏伯造的新炮。清军则有炮队而无炮弹。是役革命军三战皆胜，缴获枪械、弹药、辎重甚多。革命军唱凯而还，并将武汉三镇商店中红布购买一空，每人结一个英雄结挂在胸前，沿街四处游行庆祝，商民人等都致敬欢迎。

这时黎已视事，感到不妥，就说：“打了胜仗，应将敌人消灭之，或固守阵地，否则敌人反攻，当何以对付？”故又将上述打胜仗的队伍集中，并增添人员，上前线与北军对阵。此后互有胜负。二十一日（10月12日）以后，军政府及都督府各机构次第成立。继前4部之后，又成立交通部（部长李作栋）、财政部（部长胡子笏）、总监部、军令部、稽查部等。最初李作栋叫我去交通部当科长，隔日杜锡钧（时出任军令部长）来找我去军令部当参谋。我说已答应李作栋去交通部，杜说：“已和李作栋谈过，军令部急需能拟文电的人，你笔下不错，来军令部可发挥你的长处。”这样，我就到了军令部。最初，负责打电报给各省报告战况，以后又和唐仲寅（参谋）兼管检查每日报纸。黎元洪、杜锡钧的文电稿都叫别人代拟，我亦常替他们拟稿，因此得以逐渐和黎元洪熟识。不久黎升我为一等参谋，指定我接待湖南、江西及贵州援助湖北的军队，我一直留在都督府内，军政府及都督府的事常得以见闻。

当时清廷闻风丧胆，先以陆军大臣荫昌率永平秋操队伍两镇南来，以后无奈又起用袁世凯，并派冯国璋率北洋劲旅前来与革命军对敌。九月初七日（10月28日）黄兴来到武昌，因为这是真正的革命领袖人物到了，所以革命军方面军心、人心大振，无不欢欣鼓舞。黎元洪请黄兴到汉口指挥军队，黄兴毫不犹豫，十分爽快地答应了。革命军得知后大为振奋，乃在汉口各处高楼大厦上遍插写有“黄兴”字样的大旗，并传说黄兴带来若干人马、军饷等。清军不知虚实，在两天左右的时间内未发动重大攻势。到初九、十两日，北军以优势兵力与革命军在汉口大智门一带激战，巷战持续两日夜，至十一日汉口失守，黄兴率革命军退到汉阳，隔汉水与北军对峙。这时黄兴指挥下的有湖北、湖南及江西的军队，加上武昌的湖北军队，总兵力共 3 万人左右。十月初六日[①]，黄兴到武昌会见黎元洪说：“现在各地纷纷响应，宣布独立的省份已超过全国半数以上，如能攻下汉口，起义的省份将更多，清廷势不能支，非垮台不可。”又说：明早拂晓，炮一响，他就带领汉阳的军队过汉水，进攻汉口，武昌军队则由汉阳门上船，渡长江，攻击汉口正面。他并要求组织湖北的敢死队，偷袭北军炮队。黎元洪当时是黄兴怎么说他就怎么说，于是就这样决定了。第二天拂晓，黄兴按计划进攻汉口，但武昌方面军队无法在汉口登岸，而且没有任何敢死队去偷袭北军炮队。这时已到上午 9 点，黎元洪就叫我到黄鹤楼去看看情况究竟如何。

由武昌进攻汉口的军队坐在用小火轮拖着的民船上，当船接近对岸时，就被藏在沿江破屋中的北军用机枪猛烈扫射，无法靠岸，只好退下来，如是数次均未成功。我去看时，小火轮已与载军队的民船脱节，民船被江水冲往下游。这样，由汉阳方面进攻汉口的革命军就独力难支。十月初七日（11 月 27 日）下午，黄兴败退汉阳。过汉水时，革命军淹死者很多。北军随之进攻，黄兴又由汉阳潜走武昌，于是汉阳于七日下午 4 时失守。十月初八日（11 月 28 日），黄兴、黎元洪等集合有关军政人员在武昌都督府开会。黎先请黄兴总司令报告战况，黄在发言中怒气冲冲地指责湖北、江西、湖南及武昌方面鄂军如何不协调，作战不力，不听指挥，以致汉阳失守，并无只字责己。他的话激起众怒，有人指责黄兴说：“你是总司令，谁不听指挥，你可以撤换他、处罚他，甚至杀他的头。你身为总司令，

① 误，应为九月二十六日（11 月 16 日）。

自己不负一点责任，天下有这种道理吗？”众人拍案争吵（因都督府设在谘议局，每一与会者前均有一桌子），声震屋宇。此时黎元洪起立发言，他说：“各位同志息怒（这是我生平首次听见他说话中用‘同志’一词），让我说几句。”他讲话的大意是，胜负乃兵家常事，但本处得失绝非仅关系到一处城池，而是全国人心所系，影响很大。如不用理智而用感情，则将徒长清廷志气而灭自己威风，尤其重要的是影响各省意志。如果连首义的武昌都闹不团结，他们也将灰心，而北军亦将谓革命党不能成事，所以这件事决不能动意气。现南京指日可下，孙中山先生即将回国，所以我们想请黄总司令到上海与孙先生共商大计，我们尽量在湖北撑持到清廷瓦解，这是完全可能的。他又说，江西、湖南等军队，派到汉阳去听黄总司令指挥，又不是他训练的，有的军队是临时凑集的，指挥不便也是意料中事。黎元洪最后说：“现在请大家商量一下如何收容退下来的军队和民船，我现在陪黄总司令上楼去休息一下。”于是黎偕黄上楼去了，第二天黄兴遂离武昌去上海。

十月初九日（11 月 29 日）上午 9 点钟，有孙武、饶汉祥、杜锡钧及我等 9 人陪同黎元洪在都督府准备吃早饭，忽报汉阳龟山炮台对准都督府开炮，但都督府设在蛇山脚下，龟山炮台打不着，只是从头上飞过，落在门口拴马处，打死了几匹马。这时孙武就说，到洪山去吧。他去叫了 7 乘小轿，于是黎骑马，我们坐轿到了洪山下的一所庙中，略事休息。但孙武并未和我们一同走，他留在武昌军务部处理军务了。黎等议论在洪山设都督府，黎叫我去武昌找孙武，商谈布置汉阳退兵守武昌的事宜，并收集江中民船，不要为敌人所利用。我去了一个多钟头才回来，见庙中诸人均已不在，只是在庙门口有一匹马。我骑上马就去追赶，直到 30 里外卓刀泉的关帝庙，见人马都在。我冲进去，见黎夹着一块猪耳朵正在吃早饭，见我即说："你来吃饭，吃猪耳朵。"我便大胆地说："都督说都督府设在洪山，为什么又要走呢？"黎说："都督府离火线太近不好，我们往葛店去，那里有兵船，电话、电报都方便，都督府设在那里很好，吃了饭我们一道走。"于是又走了 30 里，到了王家店，停下休息，并在民房内（时民房已无人）翻寻食物做了饭，吃了继续走。刚走到半路，忽然后面一人飞马赶来，大叫站住！站住！原来孙武派人来了，说袁世凯派来的代表由英国领事陪同议和来了，请都督回去。黎初尚踌躇，后遂决意回去，至此即形成南北停战议和的局面。

（选自全国政协文史资料研究委员会编《辛亥革命回忆录》第 7 集，中国文史出版社 2012 年 6 月第 2 版）

陆军第三中学参加武昌起义的回忆

阎崇阶*

一　起义前的学生情况

武昌陆军第三中学是清朝末年创办的4所陆军中学之一，学生包括湖北、湖南、广西、贵州、云南、甘肃6个省的陆军小学毕业生，还有荆州驻防的旗军子弟40余人，总共700余人，年龄一般在二十一二岁，最大的二十五六岁。除荆州驻防的旗军子弟外，其他各省的学生都或多或少地受到同盟会种族革命的影响。一部分学生秘密进行宣传活动，并初步从事组织。其组织形式，是每省推选3人，代表各省负对内对外串联接洽的责任。我能回忆的各省代表，

* 阎崇阶：时为陆军第三中学学生，后任贵州抗日救国军总司令。

湖南是雷洪、谢代厚、侯源英，广西是任重、李品仙、张任民，湖北是刘文岛、耿丹，贵州是席正铭、阎崇阶、刘莘园，云南是杨泽民、任干材，甘肃是张宗海、张澍。大家又公推席正铭专门与上海、武昌的同盟会机关部联络，传达消息。广州起义失败的消息传来学校，各省同志莫不悲愤，誓为黄花岗七十二烈士复仇。两三天之内，除荆州学生外，一律剪去豚尾，表示革命决心。

四川争路风潮起来后，清廷先后派端方、岑春煊赴川镇压。这时就有同志自告奋勇，要乘瑞澂宴客的机会，到黄鹤楼投掷炸弹。但席正铭认为瑞澂在黄鹤楼请客，岂无戒备，不仅徒事牺牲，而且打草惊蛇，反而有害。此议遂寝。

八月十四日晚，席正铭密告我和刘莘园说，机关部原定于明晚起义，允发给我们手枪、炸弹，但不知何以这时还没有消息。次晨学校放假，我们改装同赴小朝街机关部，据蒋翊武同志说，因筹备不及，已决定改期。

八月十八日星期日，我和席正铭、刘莘园、张英等一同进城。席嘱我们在长街某友人家中候他，他单独去机关部探听消息。席归来时神情沮丧，告我们说，孙武同志在汉口俄租界制造炸弹，失慎受伤，租界当局正同清政府严密搜查，机关部负责人蒋翊武等都隐避了，只有一个同志在处理善后事务，起义尚遥无定期。十九日清晨，清政府闭城搜捕党人，我们住在城内的一部分教官，都不获出城来校上课，凡剪去辫子的留洋学生悉被认为党人，捉将官里去了。在校学生大都是剪了发的，恐怕也遭逮捕，群情不安。

二　参加起义时的经过

八月十九日傍晚8点多钟，校中各省代表互相邀约在内操场的东头开会，首由席正铭报告与机关部联系的经过情形，语未毕，忽听城内轰然巨响。一位同学攀登到寝楼高处，遥闻有步枪或机关枪密放的声音。回来报告众人，说革命已经爆发。然而多数人还是疑信参半。遂由雷洪和他的一伙同乡助教（也是一个同志），越墙赴八镇探听消息，归来说城内工程营已经起义了，骑兵标（团）已在准备中。于是群情振奋，同声说“好”。

正当此时，学校当局发出紧急集合的号音。同学们即趋赴发号地点集中，听候命令。集合后，总值日官宣布说：“今天城内发生特别事故，与我们学校无关，大家应勿为谣言所动，妨碍自己的前程。大家各归寝室，安心睡觉，明天继续上课。”同学们刚入寝室，立即又吹号熄灯。这是学校当局得悉城内消息，采取紧急措施，防止学生参加革命。但此时人心浮动，纷纷扰扰，秩序紊乱，虽全校的连排长身带手枪，加以干涉，亦不能安静下来。由10点钟一直纷扰到12点钟，忽然第八镇营内向我们学校开了一枪，子弹由寝室的房顶穿过。看管学生的连排长命令大家到外操场去暂避（据我当时想，这一枪的用意，是在通知我们，催促我们赶快行动）。到了外操场，各省代表就有机会聚合在一起讨论办法了。席正铭首先发言说：“平常大家都有勇气表示要干，现在人家都已经干起来了，我们能坐观成败吗？”有的说：“机关部允给我们的手枪、炸弹，还没有运来，我们赤手空拳，怎么干呢？”忽有人说：“子弹库里不是子弹吗？我们何不打开库门，自己去拿。”一句话提醒了众人，就不约而同地去打开库门拿子弹，又回寝室拿枪。那些管理学生的连排长和军事教官们见势不佳，都各自潜逃。学生们把库门撞开，取出子弹一看，原来都是一些木弹头的所谓“真子”，而铁弹头的“实子”，不知何时已被学校当局偷运走了。雷洪又去找他的同乡助教代想办法。当时有3位助教越墙出外设法去了。同学们在此无可奈何之际，又有人主张磨快刺刀，去打冲锋，以便向敌人手中夺取子弹，于是大家又去磨刺刀。这样一再迁延，天将破晓，才勉强准备就绪。那3位助教各用衣服包了一包子弹回来，但总数不过五六百发，每支枪分配不到一粒。虽然如此，但大家的胆气都为之一壮。

天色黎明，各省同学推选各省平素主持革命的人为临时队长，整队出发。贵州领队长是席正铭，湖南是雷洪，广西是任重，湖北是耿丹，甘肃是张宗海，云南是任干材。那40名旗籍学生，也糊里糊涂地混在一起，一同荷枪出发。刚出校门时，有湖南籍的一位排长李抱冰跑来向雷洪要求加入队伍，一同革命。雷洪当即表示欢迎，并请他做我们的临时总队长，指挥我们作战。各省的同学也都表示赞同。李抱冰就率领大家向城内前进，这时那些荆州旗籍学生见势不妙，乘机逃跑。这才提醒大家，就一齐喊道：“我们先从学校干起！”雷洪在分发子弹时，多分了一粒，便首先开枪击倒一人。其他同学因为只有一粒子弹，不忍浪费，就装上刺刀，要去追击。当被李抱冰拦阻说：“念在同学之情，让他们去吧。”于是大家才停止了追击。

我们在行进中，陆续有骑兵乘马从城里出来，传达消息，或说已攻下某地，或说正在某处激战，并催促我们先到楚望台听候命令。我们到达楚望台，见着一位指挥官，态度安闲沉毅，手中一把战刀，鲜血淋漓，带领着七八十名士兵保卫楚望台的武器库。

后来才知道，他是工程营的督队官吴兆麟。他见我们到达，很亲切地表示说："有你们这样很整齐的生力军来参加革命，我们的革命必然能够成功。"又说："现在制台衙门还没有攻下，请你们即往协助进攻。"我们请他补充弹药。他说："武器库的门现在大开着，你们自去尽量取好了。"武器库存储的子弹、炮弹、步枪、马枪及其他军用物品，堆积如山。同学们见了许多子弹，又可自由携取，无不尽量装带。我们取足了子弹，正在整队的时候，蛇山上的炮兵阵地忽然向我们开炮，炮弹从头上飞过，当由吴兆麟打旗语制止住了。

约 9 点多钟，队伍向制台衙门挺进。中途得到骑兵传达说："制台衙门已经攻下了，陆军第三中学的同学们即刻开到蛇山接防。"于是队伍又转赴蛇山。蛇山的守兵把他们固守的阵地和谘议局移交我们接防。有一位指挥官认为我们都是一些外省人，情况不熟，还留下一排人驻在谘议局，协助我们固守这个重要阵地。

自攻下制台衙门之后，城内虽然不时还有疏疏落落的步枪声音，但两军激战已经过去了。一些民房的火灾正在扑灭中。街上只有荷枪实弹的革命战士往来。

入夜后（约八九点钟），忽有一股敌兵约 100 余人，向我们蛇山阵地攻击前来。我们居高临下，沉着应战，经过半小时，该敌知道不能得逞，自行退却。留守在谘议局的那一排老战士赶来向我们说："你们情况不熟，仍固守原地，不要出击，让我们去消灭他们，他们是蛇山后街的消防队。"因此我们没有乘胜追击。

三　起义以后

二十一日上午8点多钟，有一位军官率领士兵数人来到谘议局，要我们派10名学生随他去办理一件紧要公事。当由贵州同学派出邓汉祥、汪秉乾、张文英、陈德骥等10人随他出发。约一小时后，一部马车载来一个胖子，据说是湖北陆军混成协协统黎元洪。随同他回来的同学告诉我们说：众人去到黎元洪的公馆，费了不少周折，才将大门叫开。黎家的人都说协统不在家里，不知何处去了。经过众人的搜查，才在床下把他请了出来，向他说明革命的目的是推翻清朝，“光复”中华，请他出来统率众军，维持秩序，对他只有拥戴，并无恶意等情。黎把去的同学们打量一番，才开口问：“你们是陆军第三中学的学生吗？”齐声答说“是”。黎说：“很好，很好，我同你们去。”

黎元洪被推为都督，军政府也宣布成立了，但武汉三镇的居民不明真相，依然关门闭户，路断人稀，地痞流氓乘机活动，秩序一度紧张。于是都督府命令我们全部学生编成若干宣传小队，每小队3人，分赴大街小巷挨家挨户地宣传革命意义，又在街头巷尾集合群众讲演汉、满历史。人民闻之欢声雷动，表示拥护革命政府，甚至有愿捐献财物、支持军饷者。很多居民商店，还备饭煮菜来馈享宣传队员。那时人民翊赞革命的热情，是难以用言语形容的。

新政府和人民对陆军第三中学的学生队倚畀甚深。为了巩固根本，保护公私财物，都督府把所有的金融财政机关，如造币厂、官钱局（银行）、藩库和都督府的保卫事宜，悉交学生队负责。学生队还负担宪兵的任务，白天夜晚巡逻街市，稽查奸宄，使人民安居乐业。

军务部、总司令部先后成立之后，孙武部长抽调第三中学一部分学生到军务部担任科长、科员等职务。战事紧张时，黄克强总司令又抽调一部到战场上做督战官，协助指挥官作战。我们的人力渐感不敷分配了。好在第四中学一部分同学由南京间关前来武汉参加革命，其中有广东、浙江、江苏、江西各省的学生，而湖北特别陆军小学的学生也有一部分主动地参加我们的队伍，总共不下 100 人。我们在战场上虽然有些牺牲，但阵容始终是坚强的，直到共和告成，除少数人已经就业军职外，大部分人才解除职务，升入保定军官学校。

（选自全国政协文史资料研究委员会编《辛亥革命回忆录》第 6 集，中国文史出版社 2012 年 6 月第 2 版）

南京陆军第四中学学生赴武汉参加革命经过

沈铸东 *

在辛亥革命武昌炮响的那一天，南京城内街头巷尾，到处听到叫卖号外的声音。报童手里拿着号外，一面跑，一面叫："号外！号外！革命党在武昌起义了，瑞澂、张彪都逃走了！"一瞬间的工夫，号外即抢购一空。人民听到清朝要垮台的消息，莫不兴高采烈，兴奋异常。当时陆军第四中学的学生们，受到武昌首义的鼓舞，革命情绪更加高涨，激进分子纷纷酝酿着支援武汉。陆军第四中学吸收了5个省（粤、闽、赣、浙、苏）的陆军小学毕业生，全校千余人，年龄都在20岁左右。他们目击清政腐败，国势衰颓，仇满爱国的心理异常浓厚。很多学生，平常喜爱阅读《新民丛报》一类的书刊，

* 沈铸东：时为陆军第四中学学生。
新中国成立后，任江苏省交通厅副厅长，江苏省政协常委。

但也反对康、梁的君主立宪；对孙中山、汪精卫、胡汉民、章太炎等人在日本所创办的《民报》更为喜爱，因该报内容多系反驳康、梁君主立宪的主张，鼓吹推翻清朝、建立共和国的论文。这些出版物，在当时系禁书，与《扬州十日记》《嘉定屠城记》等书籍一样，不准许学生阅读。但同学们仍然偷偷地把这类书籍伪装起来，装上“论理学”的封面，放在书架上，课余之暇，取来阅读，津津有味。大家平时感染了革命思想，因此武昌一声炮响，革命思潮迅速化为行动。下课后，三个一堆、五个一群地议论如何参加革命的问题。学生中也有少数驻防旗人子弟，他们自是忠于清政府。满、汉之间仇视益烈，各自暗中戒备，如临大敌。我记得那几天晚上，每个汉族同学都头枕刺刀睡觉，以防不测。校方见此，终夜巡查，以防发生事变。总办（即校长）万廷献曾集合学生在大操场讲话，他首先强调武昌革命决不会成功，劝同学们“镇静”，不要“盲从”，免得自招祸害，又说黎元洪是个放鸭子出身的，不会有多大的作为。万廷献这一套恐吓的话，在于企图阻止学生们前去武昌参加革命活动。但学生中的激进分子，不但不为所动，反而更加积极进行组织。

去武昌的同学分两批出发，我列在第二批之内，比前一批迟走两天。我们第二批，系由区队长邢绳祖率领，邢也是我们这一批的组织者。我在临行的前两天，才将去武昌的意图告知先父。先父当时在南京教书，听说我要参加革命，由于爱子情切，初则劝止，但思及救国大义，终亦同意；并且在登轮西上时，亲自送我到船上，再三叮嘱一路小心，早日胜利归来等语。我们第二批赴汉学生系于农历八月二十六日搭乘外轮西上，同行者数十人。记得有广东的谢琼翰（后改名婴白）、蒋光鼐、李章达、陈铭枢，江苏的陆珪、王怀宣、任援道，江西的张国权、彭武扬，浙江的詹蒙、王卓等人。船经过九江时，见江面上的军舰已升起白旗宣布起义。又有我们陆军第四中学江西籍的同学上船来表示欢迎,并劝我们留在九江工作。他们说，九江设有招贤馆，专事接纳有志参加革命之士。当时我们到招贤馆，进了午餐，大家研究之后，认为还是到武昌去为合理。因武昌正与北洋军作战，需人较九江更为迫切。我们遂仍登轮向武汉行驶。

到达汉口码头之际，汉口已为北洋军占领，但因租界的关系，北洋军无法控制，汉口与武昌的轮渡仍照常对开两岸。汉口失陷，起义部队正向武昌转移。我们由汉口乘渡船到武昌时，正遇着南京来的第一批同学。他们也是参加防守汉口的，战斗后与武昌起义部队一同退到武昌。据他们谈，北洋军机枪火力异常猛烈，革命军伤亡过大，故暂时退出汉口。这时武昌已宣布戒严，四门关闭，仅留单身出入的过道，城门口架有重机枪两挺，出入盘查甚严。我们因遇到第一批同学，经向守卫说明，始获放行。我们入城后住城内都督府隔壁方言学校内。此时武昌城内，空气异常紧张，虽然武汉三镇还能维持交通，但北洋军队已逼近武昌，情势危殆，不过革命情绪仍然很高。当我们到达方言学校时，见有住在校内的童子军百余人正在开会，有一童子（不过十三四岁）到台上演说革命的意义和目的，并说后生可畏，鼓舞大家立功。我们都受感动，准备随时亲临战场，以马革裹尸为快。我们这许多青年学生军及少年童子军，大家都意气昂扬，情绪奋发，大有灭此朝食之概。

我们到武昌的第二日，都督府门前到有湘军数千，听说系由长沙开来的援军，一时欢声雷动，围观的群众挤得水泄不通，把几天来的紧张空气一扫而空。湘军士兵都不过30岁左右，军容甚壮。每人都有一支长枪，装有刺刀，身上还背着一把大刀，大刀都用红布裹缠。每个人都以黑布缠头，足蹬草鞋；这种草鞋系由布条和草绳编织而成，经久耐穿，听说都是士兵们自己编织的。兵强马壮的援军一到，全城军民兴高采烈，意气洋洋。革命领袖黄兴到达武昌，是一件更值得人们兴奋的事。当时孙文、黄兴之名，妇孺皆知。又传说孙文也要回来，群情更为振奋，革命气氛并不因汉口的失陷而降低。

黄兴到达武昌的第三天晚上，有军政府的负责同志介绍他与我们见面。当时在场的有原湖北陆军第三中学的学生，以及我们由南京来的陆军第四中学的学生，共300余人。我们齐集都督府门前广场上，聆听黄兴讲话。当黄兴走近行列时，同学们都以惊奇和敬佩的目光向他注视。黄兴讲话对我们参加革命表示赞许。他说：“你们都是将来国家干城之选，现在革命要用人，但我可保证绝不把你们当一兵一卒之用。”黄兴之所以对我们说这番话，是一段插曲引起的。黄在讲话中问我们：“诸君来武汉想干些什么？”同学中有人答曰：“要做官。”黄问：“要做什么官？”答：“副官。”他针对这种思想情况，于是就说明我们都是将来国之干城之选等语。这一段插曲，可以反映当时学生参加革命在思想上的复杂。两个小时以后，我们的领导人邢绳祖传来命令，叫我们去领枪、领子弹，并听说已把我们编为学生军。晚上，忙了大半夜擦枪，因为枪是汉阳兵工厂造的新枪，内外都涂满机油，擦洗颇不容易。第二天晚上，奉命向汉阳出发。黑夜渡越长江，经汉阳城、伯牙台、归元寺到达昭忠祠革命军总指挥部。这时黄兴已被军政府任命为战时总指挥。

我们这一班学生军即驻扎在总指挥部内，有时也担任作战任务，似卫队而又非卫队。

到汉阳的第三天晚上，我们奉命到龟山顶上担任防守。汉阳兵工厂即在龟山脚下，紧临襄河。对岸的破瓦残垣内外，都暗藏有冯国璋的部队。当我们到达兵工厂，已深夜12时，厂内空无一人，西式家具与钢丝床仍然凌乱地放在各个室内，电灯也照常照耀全厂。我们在室内休息两个多小时，由老同盟会会员黄伯度指挥我们上龟山执行防守任务。正当黄伯度向我们作防守部署时，龟山上忽然轰隆轰隆地打来几炮，炮弹飞过头顶，一阵急风，头发好像根根拔起似的。黄伯度虽然本能地缩着头，但喊："不要怕，不要怕。"同学们都是初临战场，自然也有些心惊胆战，但仍能沉住气，迎接即将到来的战斗。龟山上筑有散兵壕沟，我们即分布在壕内与敌军对垒，稍一露头，对岸冯军即射来步枪子弹，掠耳而过。

我们在龟山上防守了一夜，次日白天则仅留少数值班的人在山上瞭望，其余都退到山脚下休息。如此防守10余日。因白天异常清闲，我们都到城内玩耍。汉阳城内的红苕，价廉物美，口味适合。当我们问价钱时，他们都很客气地答说："您家，一个子儿一堆。"就是说一枚铜圆可以买到一斤煮熟的红苕。我们往往吃过早饭后到汉阳城内观光，晚上才回到营地，中午这一餐，花一枚铜圆就可以解决问题了。汉阳城内外虽在兵荒马乱之时，而秩序还算正常，只是与武昌一样，不免有杀满之举。被杀的也有北洋军的间谍，这些人身上都有两个铸有"康熙元宝"字样的铜钱，据供称是北洋军叫他们到汉阳来探听起义部队的情况，每天晚上回去密报，铜钱即作为暗记，领活动费也凭此两个铜钱。当时在汉阳捕获此类间谍，不少都是经汉阳军政分府审明当场正法的。我们学生军的给养在当时是异常丰富的。驻地是在昭忠祠，隔壁就是兵站部。每天晚上居民络绎不绝地送猪肉到兵站上来。罐头和面包经常发到每一个士兵手里。学生军比普通士兵的待遇还要稍好一点，因此大家是比较满意的。在兵站内库存枪支子弹都不少，我们每人所领子弹多到500发。都认为打击敌人，子弹越多越好，一路来累得满头大汗，故后来再领子弹时，最多不超过150发。因当时库存子弹极多，发给子弹没有限制，任凭携取，作战又无经验，乱放子弹的现象，也是有的。

我们在龟山守了许多天，敌人无法从正面渡过汉水，革命军也无向汉口进攻企图。因此，双方形成对峙局面。记不确切是哪一天，忽传敌人已从汉水上游偷渡，正向汉阳城方向来了。学生军旋奉黄兴命令，到十里铺堵击。我们到达十里铺时，友军正与北军激战，炮声、机枪声震耳欲聋。我们当即从正面填空加入战斗。激战两昼夜，因兵力薄弱，渐觉不支，只得后退。当报请黄兴派兵增援，黄嘱坚守，并说明早一定有援军到达。唯守到了次日中午，尚无援军到来的消息，遂向汉阳城转进。等到我们退到汉阳城内时，汉阳府署空无一人，黄兴亦不知去向。府署大堂上，满地散放着大清银行的票子，无人过问。城内景象萧条，家家关门闭户，卖红苕的摊子也不多见了。有人说，黄兴是四条腿，黄字下是两条腿，兴字下也是两条腿，所以他跑得比旁人特别快。学生只得奔赴江边，设法向武昌横渡，我们到江边时，已经有很多人在争抢轮渡。学生军本来是有组织的，但到此时，也就各不相顾，纷纷抢上轮渡，也有人因此落水。但这时江边小船还很多，江面上还未呈十分慌乱的现象，只是江面上已无外轮踪迹。我们到达武昌，听说都督府已撤退至城外，军务府院内已落下敌人从对江射来的炮弹。在这样的情况下，我们在武昌既不能立足，又不明了都督府向何处撤，又听说外轮均停靠青山附近，还是照常搭客，因此我们徒步跣足，沿江边奔赴青山，搭上外轮，回转江苏。到江苏时，南京已经“光复”。沪军先锋队正扩编成师，师长洪承点原系三十三标的士兵。三十三标在陆军小学的隔壁，与我们同学颇多相识。因此当我一到南京之后，即加入第七师第二十五团任排长，后入保定陆军军官学校第一期肄业。

回忆辛亥，不觉50年，事过境迁，往事多已不复记忆。抚今追昔，深感革命事业之维艰，胜利得来不易。今天社会主义革命与社会主义建设事业之蓬勃发展，益感到时代推移之迅速，令人更加精神奋发，虽老而不衰，为人民革命事业积极贡献力量。

（选自全国政协文史资料研究委员会编《辛亥革命回忆录》第2集，中国文史出版社2012年6月第2版）

南京陆军第四中学学生军参加保卫武汉战斗纪实

谢膺白 *

一 学生军的由来

学生军是南京陆军第四中学学生，以同盟会会员为核心所组成的一支战斗队伍。当时南京陆军中学所收容的有福建、广东、广西、浙江、江西、江苏和四川 7 省的陆军小学毕业生，第二、第三两期合计不下 1000 人。其中有一部分同学在陆军小学时代便已秘密参加了同盟会，如四川的吕超，广东的陈铭枢、蒋光鼐、李伴奎、李章达、张廷辅、范其务、龙荣辅，福建的林亨佳、金仲显、吴树、陈淮远，浙江的王楚材，广西的黄云等 50 余人。他们曾在南京玄武湖秘密开

* 谢膺白：时为陆军第四中学学生，后任南京国民政府江西省政府委员兼秘书长。本文原标题为《武昌起义学生军参加保卫武汉战争纪实》。

会，成立了一个团体，命名洪炉社，志在团结校中会员，秘密进行“革命”运动。

辛亥年秋间，学校刚刚举行了毕业考试不久，便听得武昌爆发了振奋人心的革命。洪炉社负责人吕超立即召集会员，秘密会商响应办法。决定：同盟会员全体赴鄂参加战斗，并发动其他同学参加。我是会员之一，奉派首先出发。我当时在校是剪了辫子的，至是乃不得已乔装长辫，穿起长袍，于农历八月二十二日秘密乘船赴汉口。那时汉阳夏口（即汉口）虽已经克复，但汉口方面因为冯国璋亲率大队清兵南下，企图镇压革命，先头部队已经占领花园孝感，准备进攻武昌，因之形势骤然紧张。二十四日，我抵汉以后，即雇了一叶小舟，暗中渡至武昌，而武昌的城门早已关闭，禁止人民出入，我等了一个多钟头仍然不得其门而入。正在烦闷中，忽然望见东方有一艘兵舰缓缓驶来，桅杆顶上悬着红、黄、蓝、白、黑的五色国旗，迎风飘扬，原来是海圻兵舰反正了。沿岸老百姓看了都很高兴，鼓掌欢迎。我已久候江头，终非得计，乃向守城人员婉曲说明来意，才获得进去。

我到了湖北都督府后，即谒见军务部长孙武，并报告同学们将陆续前来参加战斗。他表示非常欢迎，当即派我为军务部督战员，随时调遣。过了三四天，同学到者渐多，从前广东陆军小学的学长张我权[①]也来了。我大喜，问他南京方面情形如何？他说：“很好，截至今天止，同学到者已经有 172 人，决定编为一个学生军，归军

① 张我权，广东五华县人。广东陆军速成学堂毕业，同盟会会员，曾任广东陆军小学的学长（相当于区队长）。我们毕业后，他护送我们到南京陆军中学升学，之后便留在南京督练公所当科长。武昌起义，他即弃官赴鄂，参加作战。广东反正后，他即回粤，任旅长，准备参加北伐以竟全功。

务部直辖，孙部长已经同意，并派我为指挥。怎么样？你还是回来吧，当一个战斗员，拿一支步枪和清军拼命，不是更有意思吗？”我说：“好。”即日迁入学生军营房，领了当时汉阳兵工厂自造的新式七九步枪 1 支和子弹 100 发，准备明天和大伙出发，开赴前线。

二 增援夏口，痛击清军

冯国璋是清廷的一个镇统[①]，奉了清廷的命令，率领大军南下，镇压武昌起义，集中孝感花园，准备进攻武汉。当时革命军人数不多，除了首先起义的工程营外，还有三十二标[②]参加，合计不到 1000 人。他们在汉口刘家庙一带阻击敌人，激战两日互有伤亡，终因众寡悬殊，被敌包围，不得已退出刘家庙，扼守大智门车站一带，与敌相持。敌人因大智门车站毗连租界，不敢开枪，恐怕外国人干涉，拟集中兵力向夏口进攻。正当军情紧急之时，二十九日学生军奉命增援，加入战斗。学生军由华界突然冲击，恰如初生之犊，勇敢向前，给予敌人一个很大的打击。初，敌人一味注视大智门一带的革命军，没有提防学生军突由左侧出击，一时措手不及，被我击毙、击伤的很多，遗下尸体、弹药、军毡、雨伞等物，仓皇退却。我军乘胜追击前进，占领铁路沿线，并与大智门的我军联络，以期协同一致攻击敌人。不到一小时，敌人的增援部队占领前村，向我猛烈射击，学生军沉着应战亦不得进展。激战至下午四五时，敌人派队越过铁

① 前清新军以镇为单位，其下有协、标、营、队。镇有镇统，又名统制（即后来师长）。协有协统（即旅长）。标有标统（即团长）。各省通常驻有新军一镇或两镇不等，武昌起义后，各镇多已反正。

② 武昌起义是由第八镇工程营发动的，三十二标随后也参加，其余各标多已散失，故革命军当时实力不过 1000 余人。

路线，向我军左侧包抄，学生军因为左侧没有支援，大受损害，死伤续出，乃不得已退守景华街外缘，继续与敌相持。敌人分不清哪里是租界，哪里是华界，不敢妄进。我军乃乘时整顿队伍，准备反攻。是役学生军负伤的有范其务等 17 人，其中王楚材一人负重伤，头部和左胸各负一伤，已不能言语，抬入民房休息，气息奄奄，延至 8 时逝世。是夜，大智门车站亦失守，革命军纷纷撤退，华界混乱。12 时许，学生军奉令撤回徐家棚。当时我是看护王楚材的，不及运回尸体，竟随大队撤退过江，迄今思之，犹为内疚不已。

三　驻守汉阳，反攻汉口

学生军撤回徐家棚后，重新整顿。翌日中午，即开赴汉阳，驻守兵工厂，白天扼守龟山，晚间则沿汉江布防，两天以来寂然无事。谁知第三天，敌人炮兵忽然向汉阳疯狂射击，特别是兵工厂落弹最多。幸而打来的都是子母弹，空中爆炸，哗啦一声，打在铁板做的厂房屋顶上，清晰可听，但没有什么破坏力。正当此时，忽传黄兴来到武昌就任革命军总司令的消息，大家听了都非常高兴。黄兴就任后，即在汉阳归元寺设立总司令部，将学生军调驻总部，直接归其指挥，兵工厂防务已派他部接防。学生军驻在归元寺，除日夜担任总部守卫外，并积极准备反攻汉口。黄兴时常鼓励学生军，要求全体战斗员[①]鼓起勇气与清军拼命。他说：“不推倒清廷，我们将永远作亡国奴！”大家听了都非常兴奋。学生军对于黄兴非常崇拜，几乎视

① 学军生驻守汉阳时，忽闻广东独立的消息，大为雀跃。粤籍队员联名发电祝贺，自称为“学生军战斗员”。

为天人。回忆1911年农历三月二十九日，黄兴率领革命党人围攻广州督署的时候，奋勇当先，一直攻入督署大堂，所向披靡。终因两广清兵伏击，遭受顿挫，死伤累累，黄兴亦右手负伤，打断三指，侥幸逃生。如今见他身穿灰色呢大衣，头戴打鸟帽，体格魁梧，精神奕奕，想见当年肉搏都署的雄风，不禁肃然起敬。他的参谋长李书城是湖北人，办事很认真，但口吃。参谋处长王孝缜，别号勇公，福州人，恬静潇洒，大有古代儒将之风。听说他们二人都是日本士官学校出身，对于革命都曾出过相当贡献。

黄兴抵汉阳后，已经10多天，还没有什么动静，我们感到很奇怪。后来打听一下，原来是等候湖南的援军。那时，湖南已经独立了，不日派来生力军两个旅，第一旅是王隆中，第二旅是焦达峰[①]，官兵都用黑布缠头，雄风抖抖。这两部生力军到达汉阳后，粮台补给大为繁忙。第三天，即向琴断口渡河，反攻汉口。王隆中旅打正面，初时进展很快，不久便迫近汉口近郊，终为清兵的猛烈炮火所阻止。黄兴立刻命学生军参加战斗，增加左翼，侧击敌人。学生军奋勇无前，宛如下山之虎，向敌冲击，敌阵大为慌乱。敌人乃用大炮向我猛击，但炮弹不是落在我们的前面，便落在我们的后面，屡击都没有命中，我们也没有受到什么损害。后来我们发现敌人炮兵阵地，原来是利用铁路高堤打来的，相距大约1000米远，我们集中火力向敌炮射击，给予相当损害。敌人是没有想到，我们会向他的炮兵阵地射击的，一时陷于慌乱，仓皇向铁路东方撤退，此后便再也没有听到敌人的炮声了。本来我军左翼情势是相当良好的，哪里知道，我们右翼的

① 湖南援军第一旅是王隆中，我记得清清楚楚，但第二旅焦达峰的名字，就有些模糊，恐有记错，特此存疑（第二旅应为甘兴典率领——编者注）。

焦达峰旅战斗力是比较差的，受了敌人的猛烈袭击，支持不住，纷纷向后撤退，延及整个战线动摇，学生军也不得已随同撤退。我们到达汉口汉江左岸时，军桥已经拆去一部分，原来大部队已经完全退回汉阳去了，过河拆桥撇下我们学生军而不顾。我们徘徊于江边，后面敌人的子弹啾啾地飞来，学生军不得已只好徒涉渡河。哪里知道，汉江不比普通小河，徒涉者有数人几遭灭顶，幸被同胞救起，始免于难，但步枪已失去两三支了。

总观这次战役，本来形势是相当好的。如果焦达峰旅不是仓卒撤退，而继续进攻，相信一定可以克复汉口的。功败垂成，殊为可惜。焦达峰旅实在太不济事了。学生军撤回汉阳后，军桥再一次加以破坏，敌人畏革命军英勇，也不敢妄行追击，加以“海圻号反正”，游弋长江，大大威胁敌人的侧背，这也是敌人不敢轻举妄动的一个原因。

四　坚守琴断口，保卫大汉阳

革命军退回汉阳之后，敌人好几天都没有动静。一直到九月二十日，敌人忽用大炮轰击汉阳。那天晚上，炮火是相当厉害的，前后达一小时以上，炮弹多落在总部和学生军驻地附近[①]，大家都预料敌人不日会来进犯汉阳。

果然，九月二十一日，敌人在汉江东岸向汉阳琴断口进攻。学生军奉命扼守琴断口，极力阻止敌人渡河。琴断口有河堤所守，居高临下，敌人被我军击毙坠落河中的不计其数。敌兵官长通常用指

① 学生军原来住在总部的，因反攻汉口，全部出发，没有留人，那时已有他队入驻。因此，学生军撤回汉阳时，便住在某祠堂，与总部相距不远。

挥刀来指挥，我军看得清晰，便向他射击，因此敌兵官长被我军击毙打伤的也有数人。学生军伤亡也有好几个，在我左侧的黄少霞（浙江人）头部中了一枪，子弹由右眼直入，贯穿大脑而出，登时毙命。当时，革命军还没有卫生救护队，也没有担架队的组织。我和李伴奎只好将他抬至农家，已经不能救活。我军虽然有了一些伤亡，但仍然坚守琴断口，极力阻止敌人进攻。敌人见渡河无法成功，乃调动炮兵，由汉口阵地向学生军的右侧背猛射，学生军腹背受敌，无法抬头，弄到后来连弹药补给、伙食输送都很难通过。到了晚间，学生军指挥王公度[①]乃将学生军撤至龟山附近扼守。我由琴断口回来，路经梅花山仙女岭，沿途探听，都没有革命军把守，觉得很奇怪，连湖南的援军王隆中和焦达峰两旅也不知跑到哪里去了。我们到达龟山后的第二天，才知道总部已派兵扼守梅花山和仙女岭一带高地，继续阻止敌人渡河。但敌人集中兵力，步枪协同，激战了 3 天，卒之将琴断口占领，渡河成功。于是梅花山仙女岭侧面受敌威胁，相继不守。

延至九月二十五日，革命军陆续撤回武昌。黄昏后，学生军也随同总司令部撤退过江，我们渡至江心，望见汉阳方面火光冲天，原来是粮台失火了。我们保卫将近一个月的汉阳，就是这样失陷了的。现在想起来，还是令人扼腕不止。

五　结束语

学生军撤回武昌后，驻在阅马场附近。我到军务部打听一下，

---

① 学生军指挥张我权返粤后，总司令部派王公度（湖南人）来队继任指挥。

原来一个多月以来，全国形势发生了很大的变化。各省响应，相继独立。除了我们在汉阳时已经知道的湖南、广东独立外，还有福建、浙江、贵州、云南、四川、山西和陕西都先后独立了。特别令人欢欣鼓舞的就是江苏独立，会攻金陵，把东南的重镇南京也克复了。孙中山已由海外归来，在南京成立临时政府，被举为大总统，黎元洪为副总统，黄兴为陆军总长。有电来武昌，促黄即日赴南京就职，筹备北伐，直捣清廷。大家听了，都很为兴奋。

第二天，黄兴挑选学生军20人作为护卫，随他赴南京，我侥幸入选。是晚，即过汉口，随黄兴乘襄阳丸赴南京。舟次小姑山江中，总司令部人员，特别是参谋处长王孝缜评论这次战役说：“王隆中旅打得不错，焦达峰旅太糟了，学生军最勇敢，应该给予100分。”我们从旁听了，感到非常惶愧。事隔50余年，至今思之，依稀犹在目前。

我们随黄兴赴南京后，学生军又调回军务部直辖。军务部很重视学生军，特加招学生，扩充为300多人，派往白沙洲防守，保卫武昌。学生军坚持反清到底，一直打到“南北议和”，推倒清廷，溥仪退位，成立中华民国，然后才宣告解散。这是后话，在这里不再详述了。

1962年3月

（原稿由中国政协文史馆馆藏）

辛亥革命时期湖北学生军始末记

周克之*

武昌首义时，作者为湖北陆军小学堂第二期学生，关于湖北学生军参加革命的经过，我是亲身经历的；但因年代久远，记忆恐不周全，兹将大概情形，简述如下：

在谈到湖北学生军之前，先要交代一下辛亥革命前武昌的几个陆军学堂：

湖北陆军小学堂（校址在武昌阅马厂，紫阳湖边）：光绪三十三年（1907 年），荫昌为陆军部尚书，通令各省开办陆军小学堂，每期 120 人（正取 100 人，附取 20 人），规定三年毕业后升陆军中学堂。但这时湖北还未开办，因为张之洞任湖广总督时，已在驻湖北的陆军

* 周克之：时为湖北陆军小学堂学生。

第八镇（师）和第二十一混成协（旅）中，挑选优秀士兵入学，即名为湖北陆军小学堂，内分仁、义、礼、智、信5斋，并附设军医、测绘等班。原拟从这批学兵中挑选其优秀者升送陆军中学，为荫昌批驳不准，令由湖北另办陆军小学堂。于是将该校改名为湖北特别陆军小学堂（其时有人戏语云："学堂特别小，学生特别老"，即指此），不久停办。另于第二年（1908年）暑期招生120人，成立湖北陆军小学堂，如晏勋甫、蓝翰林、钟秀实等，都是该校第一期学生。第二期学生120人（内有满人20余人），于1910年元月入学。

陆军第三中学堂（校址在武昌南湖）：荫昌在通令各省设立陆军小学堂的同时，并规定在全国开办4个陆军中学堂，分别设于北京（清河）、西安、武昌、南京。两年毕业后，入伍半年再升陆军军官学校（设保定，一般称为保定军校）。武昌的陆军第三中学堂，于宣统元年（1909年）开办，招收湖北、湖南、广东、广西、云南、贵州等省学生，其中有湖北陆小第一期学生80人（内有满人若干名），系于1909年6月提前毕业升入该校的，为第一批；第二批陆小学生40人，于1910年元月毕业升学。武昌首义时，第一批学生80人已经在陆中毕业，升学保定军校（入伍生队）；留校的为第二批，除外省人和满人外，湖北学生只有20余人，如耿丹、刘邦禧、佘式谷、晏勋甫等皆是。

湖北陆军测绘学堂（校址在武昌右旗背后，即现在的首义路路侧）：1911年元月开办，招取第一期学生。武昌首义时，该校学生参加革命的有80人，如李西屏等均在其内。

武昌首义以后，湖北学生军的组成，即以上述3个军事学校的学生为基干。此外，当时在武汉的军事学校，还有湖北讲武堂和陆军将校讲习所。前者轮训陆军第八镇和第二十一混成协的中下级军官，不住校，系走读；后者轮训这两部分的中上级军官，每星期只上几次课，如黎元洪即常去听讲。

湖北陆军小学堂第二期学生 120 人，入学后由于甄别、淘汰，只有 110 余人，其中有满人 20 余人，汉人只有 90 余人。当时掌握学校实权的都是满人，如名誉总办（即校长）铁忠（前兵备处总办，督练公所总参议）、总办宝瑛（前三十标统带）、队长松海、代数教员培潭、理化教员琨璟、德文教员松俊、历史教员迎喜。汉人在校任职的，有提调窦秉钧、东文（日文）教员刘绳武（均为日本士官学校毕业生）和国文、英文、地理等科教员和排长等。

满籍学生虽仅少数，但布满各号舍（宿舍），在满籍官员的指使下，对汉人重重监视，因此汉籍学生平时对于革命“排满”之说，不敢提及只字。1911 年 10 月初，正值农历八月中秋节前，外间风声很紧，有“八月中秋杀鞑子”的传说，学校当局防范更严，虽例假也禁止外出。10 月 10 日晚 8 时，学生都在自习，突然听到中和门（现为起义门）外枪声大作，大家还不知道发生了什么事情。黎明之后，满籍队长和学生以及汉籍排长等，知道事情不妙，概行逃走；这时恰好城外的陆军第三中学代表刘邦禧、耿丹等来到，于是陆小代表孙绳、孙绍基等大大地活跃起来，集合同学们听中学代表讲话，大意是：“推翻清廷，打倒专制，是我们四万万同胞第一要务。现在中学全体同学都已整队进城，向黄鹤楼集中；并有陆军测绘学堂的全体同学一同前进。城外马、炮八标联合城内左、右旗的同袍们围攻督署，已经占领蛇山；工程第八营已经占领楚望台。瑞澂、张彪等都已潜逃，由黎元洪出来主持大计。同学们，我们应急起直追，奋勇前进！”

于是陆小同学欢声雷动，由代表率领，携带枪支，臂缠白布袖章，向目的地进发。行至大朝街，见街道两旁有被打死的满籍军官尸体数具，更增加了同仇敌忾的情绪。接着在长街（现为解放路）遇到传骑数人，声称黎统领元洪被举为鄂军都督，已到谘议局视事。所有革命同袍，齐到阅马厂集合候命。我们到阅马厂的时候，各标、营武装部队已经来了不少，熟识的官长只有刘绳武和窦秉钧两人。休息时，同学中有好奇的，跑到谘议局议事厅，看到黎元洪危坐厅上，一言不发，有如泥塑木雕的菩萨，此后遂有人称他为"黎菩萨"。不久，陆军第三中学和陆军测绘学堂两校学生先后来到，由李春萱传达都督命令说：各陆军学堂的学生统编为学生队，暂由代表们负责率领，立即分向官钱局、藩库、银圆局、造币厂出发。我们陆小同学由孙绳等带到藩库，看见库藏堆积如山，零星散碎，遍地都是，当时大家革命情绪高涨，没有一个人敢于擅自窃取的。

10 月 12 日，城内各处搜查满人很严，三十标的同志们搜到标统宝瑛的公馆，他已逃走，搜出了他的妹妹（她恃有几分姿色，平日招摇过市），当时群情激愤，一定要把她处死。刘绳武在场，替她求情，说她是女流之辈，何必杀她。结果还是把她杀了，大家还把刘绳武扭到谘议局，说他袒护宝瑛的妹妹，定与宝瑛通气，要以汉奸论罪。幸亏陆中和陆小学生闻讯赶到，以师生关系，加以力保，刘绳武不但得免一死，而且因祸得福，黎元洪认为他和学生感情不错，当将学生队改为学生军时，即以他为统带。

学生军自刘绳武任统带后，成立了标本部，当时戎马仓皇，军事形势日见紧张，都督府各部（参谋部、军务部、政务部、外交部等）和革命军各师（第一师，师长高长智，继任黎本唐；第二师，师长张廷甫，继任王发贵、杜锡钧；第三师，师长窦秉钧；第四师，师长邓玉麟，继任蔡汉卿；第五师，师长吴兆麟；第六师，师长王安澜；第七师，师长唐曦之；第八师，师长季雨霖）及敢死队等同时成立，干部需要量大大增加，都到学生军调用派遣，也有同学们自行奔赴上述各单位的。与此同时，湖南、广东、广西、云南、贵州等省同学都被派遣各回原籍，号召响应起义，也有自行回籍的。据我所知，如陆中的湖北学生大多参加各部；陆小学生高鸿绂、陈宏诏参加军务部；雷进之参加兵站部；刘瀛洲、周克之参加第三师；郑德到参加第七师；鄂北同学都参加第八师；郑瑞卿、孙绳、熊开文、饶树藩、张甲科、林薰南、李可仁等10余人都参加敢死队；孙绍基参加汉阳黑山钢药厂。因此学生军减员情况极为严重。但自首义之后，武昌各文学校，除“文普通”第一、二中学堂、“南北两路”高等小学堂外，其余都是初等小学，不到10所，都已停办，于是这批学生纷纷申请参军，都编入学生军，成为学生军的基干。首先成立第一营，以田化龙为营长；接着成立第二营，以赵士龙为营长。营长以下干部，除少数连排长系行伍出身外，都是以陆中学生为连长，陆小学生为排长。

10月下旬，清朝政府起用袁世凯，任为内阁总理大臣，派冯国璋率领北洋军南下，进攻武汉，革命军各部开到前线作战，后方勤务完全由学生军一、二两营担任。如汉阳失守后，守卫都督府的学生军一个连，虽在龟山敌军炮火的轰击下，巍然屹立，毫不动摇。不久，湖北各县高等小学堂也都停办，大批学生前来武汉参军，于是成立第三营，以佘式谷为营长。连长是清一色的陆中学生（该校第一期已毕业升保定军官学校入伍生队，这时都回到武汉），排长是清一色的陆小学生。第三营成立后，注重训练，没有担任勤务；仅孙武在任军务部长时，遇到驻武昌部队的反对，引起风潮，第三营奉命担任了一两天的警戒任务。

现将学生军的各级编制，表列如下：

标本部	营本部	连部
统带一①	营长一④	连长一⑥
教练官一②	督队官一⑤	排长三⑦
执事官一③	军械长一	司务长一
军械官一	书记长一	司书一
军需官一	军需长一	
书记官二	司号长一	
司号官一	录事二	
录事二		

①统带刘绳武。②教练官徐某。③执事官肖汉杰。④营长：第一营田化龙，第二营赵士龙；第三营佘式谷。⑤三营督队官姚琨。⑥连长：第一营为冯尚翼、王良佐、王家钰、郑策勋；第二营为祝宏道、高德沛、韦华林、陈修；第三营为肖子清、余占先、张宏材、王仁典。⑦排长：李炳焕、梅鼒、祝宏连、张仲祥、袁凯、周克之、张万庆、王殿佐、刘作民、刘本元、卢邦燮、石先芬、费化龙、魏继征等。

南北议和，清帝退位，袁世凯篡夺革命果实，当选为第一任总统。黎元洪为副总统，依附袁氏，并假其手残害首义有功将领张振武等人；又撤销鄂都督府各部，将原来的 8 个师缩编为 3 个师（第一师，师长唐克明，即黎本唐；第二师，师长蔡汉卿；第三师，师长王安澜）。对于学生军，则按其年龄和学力，通过考试，分别编入各级军事学校，并成立军学处，专司其事（以吴元泽为处长，陆中、陆小学生王大禔、施修和、王学材等为科员）。因此，学生军于 1913 年暑假前考试完毕，暑假后分别参加以下各军事学校学习。

湖北军官学校（校长马祖荃）：招收年龄在 25 岁以上的学生军，计 120 人，两年毕业后即分发湖北各部队见习候差。

湖北陆军中学（校长刘绳武）：招收年龄在20岁以上的学生军，计400余人。该校旋即归并于陆军第二预备学校[①]，归北京政府陆军部领导。由南京留守黄兴将他从湖北带去的敢死队（如孙绳、郑瑞卿、熊开文、饶树藩、张甲科、林薰南、李可仁等）、在南京招收的敢死队及上海学生军共1000余人送陆军第二预备学校为第一期学生，他们毕业升学后，即为保定军官学校三期（如张治中、黄绍竑等都在其内）。上述湖北学生军400余人，为第二期，毕业升学后即为保定军官学校四期。

湖北陆军小学（校长先后为田化龙、朱兆熊、吴元泽）：招收年龄在20岁以下的湖北学生军，计400余人。这批学生于1914年毕业，升学陆军第二预备学校，以后即为保定军官学校第六期。湖北学生军自从1913年暑期编为上述各级军事学校之后，即告结束。由于中途退学和因病死亡，在上述各级学校毕业的不到600人。50年来，凋零殆尽，存者不及十一。逝者之中，有参加抗战、壮烈牺牲的，如刘家麒、彭毓斌等；有参加中国共产党、惨遭国民党反动派残害的，如耿丹、刘邦禧等。这些先烈，都是湖北学生军的光荣！

（陈瑞莫　整理）

（选自全国政协文史资料研究委员会编《辛亥革命回忆录》第2集，中国文史出版社2012年6月第2版）

① 民国成立后，陆军部将原有的4个陆军中学改为3个陆军预备学校，分别设于清河、武昌和南京。当李烈钧在湖口起义讨袁时，南京第三预备学校被焚停办。

守卫武昌的学生军

刘林模*

辛亥年武昌起义时，我正在武昌县（今为鄂城市）寒溪高等小学读书，年龄只有 15 岁还欠 4 个月。学校于起义的第二天（农历八月二十日）停课，隔日解散，我于农历八月二十二日回到家中。先从兄伯垂，原在日本读书，已加入了同盟会，正值暑假回家，听说起义，就到武昌去了。我这时并不知道什么革命的意义，只是受了伯垂的一点感染。回家后，听说他已去武昌，我也想前去看一看，家中不令前往。我便于八月二十六日秘密地徒步走到武昌，住在斗级营的名利客栈。该栈为同乡张姓所开，我家人来往武昌，都住在这里。伯垂原也住在这里，这时已有职事，过汉口去了。为什么要来武昌，

* 刘林模：时为湖北武昌县寒溪高等小学学生，湖北军政府学生军士兵。

我自己也不知道。每天只是无目的地在栈房里听人闲谈，在街上闲游。名利客栈离汉阳门很近，守城门的兵士不断地来到栈房里休息。这些兵士待人非常和气，同我格外要好。我对革命渐渐地增加了好感，也想参加。有一天，听说军政府成立了学生军，正在招收学生。我立即报名参加，被编入学生军第二营第三队。这时大约在九月初二三日。学生军只过了八九个月就改编了，但在革命紧迫的时期，也曾担任过较为重要的勤务。从学生军的情形，也还可以透露一点革命的真实消息。我知道的并不多，而且有许多事简直记不起来，也曾访问过几个当时的同学，大体都同我一样。现在只能将记忆到的和所搜集的零星材料，有多少说多少。

一　学生军的组成经过

武昌起义之后，省城的所有学校都立即停课，附近各县的学生都星夜回籍。有许多路远交通不便的，如鄂西、鄂北籍的学生，都仍然留在武昌。其中有矿业学堂的鄂北籍学生，认为长久住下去，生活毫无保障，就自动地集体请求军政府收容。军政府成立两天，就发觉卫队司令通敌谋叛，只得换上陆军第三中学和陆军小学的学生守卫。军政府认为学生们单纯可靠，立即接受了矿业学堂学生们的请求，并决定正式成立学生军，在陆军第三中学、陆军小学和矿业学堂的学生的基础上，扩编为一个团。但这时学生来源不多，最先是打着白旗，沿街招募；后来是凡有投效的一概收留，再后缺额不多，投效的要经过一下测验，但也很是马虎。总之是来者不拒。

学生军一共 3 营，最先成立的为第二营，矿业学堂的学生，即编为第二营第一队。为什么不先成立第一营而成立第二营？这个原因今天还没有人说得清楚。据推想是因为原来湖北陆军第三中学堂和湖北陆军小学堂的学生，于军政府成立的那一天，整队到军政府请求勤务。当发觉卫队司令通敌之后，守卫军政府的，就是这班陆军学生。大家都把这些陆军学生叫作学生军。矿业学堂的学生投效时，军政府先是想把陆军学生编为第一营，把矿业学堂的学生编为第二营。后来因为军事干部异常缺少，陆军学生略懂军事，只得将他们任为学生军的队长或排长和军事机关的下级干部。这样，第一营的基础即没有了，只有重新另招第一营了。

学生军的第一营成立，比第二营略晚几天，也是敞开门招收的。只有第一营第四队系当时的童子军改编组成的。童子军大约是在军政府刚成立时就成立的，是怎样成立的，今天也没有人说得出来了，只知道成立后驻扎在存古学堂。

第三营成立较迟，大约在农历冬月以后。这时战事暂停，武昌已经安定。原来回了家乡的学生，又陆续来省；原不在武昌读书的外县学生，也涌来了一批。第三营入伍时，先经过一次集体笔试，而且还有去取，并且一次即已招收足额。

二　学生军的编制和装备给养

学生军的编制，完全沿袭清末新军的编制，仅将标改为团。团分 3 营，每营 4 队，每队 3 排。团的统带为刘绳武，第一营管带田化龙，第二营管带赵士龙，第三营管带佘式谷。队长和排长大多数由陆军第三中学和陆军小学的学生充任，也有几个由新军中的士兵充任。

刘绳武，湖北沔阳人，日本陆军士官学校毕业，起义前原在湖北陆军小学堂任教官。有人说，在起义当时他被人指为汉奸，曾被扣押，为田化龙力保得释。他同黎元洪气味相投，当陆军第三中学和陆军小学学生向军政府请求任务时，黎即命其管领；学生军成立后，改任统带。

田化龙，湖北汉川人，原为测绘学堂学生，曾参加革命运动。

赵士龙，湖北汉川人，原为第八镇三十一标士兵，在革命运动中为骨干，起义前以标代表参加活动。

佘式谷，湖北鄂城人，原为陆军第三中学堂学生，在学生中为活跃分子。

队长和排长，在当时虽都系青年，但大都没有参加过活动，对于革命是很少有认识的。只是青年人对于新东西，较易接受；在当时的形势感染之下，这些人不独没有做出不利于革命的事情，而且还表现出相当的坚定和忠诚。

学生军原甚复杂：有中学学生，有高小学生，有私塾学生。在住学堂的学生中，有将要毕业的，也有刚进学堂的；在私塾学生中，有读了10年的，也有仅读了一年半载的；论年龄，有二十五六岁的，也有十二三岁的；思想情况就更难说，对革命有一定认识的，为数极少极少，大多数都是以此为晋身之阶，谋个人的出路，更有少数是借此维持目前的生计。虽然如此，学生们在勤务中，尤其在革命的紧迫关头，所表现出来的坚定刻苦、忠诚可靠，则是值得纪念的。

学生军的装备甚为简单。每人发了毛瑟枪一支、一顶军帽、一套蓝布单军服，仅此而已。卧具、里衣、棉衣、鞋袜等，都系自备。

其他一概没有，甚至连医药也没有。

学生军的饷银，为每月大洋12元。扣伙食6元，每月实发饷银6元。这在当时是很为优厚了，所以学生中有的还以此养家。

三　学生军的训练和勤务

学生军存在的几个月中，几乎可以说没有受过什么训练。学科方面，没有任何设备，学生们连笔、砚都不全，讲堂授课也没有举行过。术科方面，仅有徒手、持枪的各个教练，而且还不是逐日举行。排、队教练便谈不上了。最奇怪的是精神讲话，原是很重视的，可是学生军就没有举行过集体的精神讲话。仅在早、晚点名时，排长或者队长们简单地说几句“军人以服从为天职”“军人应该绝对服从”等类的话。学生军为军政府极为重视的一支军队，依靠这一支军队，保卫一些至关重要的地方。但是，为什么要革命？革命的意义是什么？从来没有人向他们说过一句话。不仅如此，较高级的官长如统带、管带之流，从来没有同学生们正式见过面。到了学生军全部解散之后，还有人不认识谁是统带、谁是管带的。

学生军之所以成立，原是认为学生们年纪尚小，单纯可靠，保卫重要的地方，可以放心地付托给他们，不致发生问题。所以服勤务，是学生军唯一重要的事情。学生军所服勤务很多，而且都很辛苦。最重要的有：

（一）**守卫藩库**。清朝制度，在藩署内有一个金库，储藏现金，叫作藩库。据说武昌起义之后，湖北藩库所储各色现金达100万两以上，所以军政府认为藩库是最关重要的地方。最先，学生军第二营三队和四队驻扎藩署内，以后各营各队轮流替代，负日夜守卫之责。

（二）**守卫官钱局**。官钱局在清末为省属唯一的金融机关，有纸币发行权。当时湖北所发行的纸币如台票（票面为制钱1000文），流通省内并及邻近各省，信用是很好的。起义后，官钱局储存之台票据说多达2000多万张以上，但确实数目并不清楚，只看见满橱满柜到处都是。这地方先由第二营一队驻守，以后改为各营各队轮流守卫。

（三）**守卫楚望台**。武昌起义最先夺取楚望台，此地有军械库，为清末武昌储藏军械最多的地方。军政府认为这地方关系重要，学生军成立后，即由学生军轮流派队负责守卫。

（四）**守卫南湖飞机场**。起义后，不知由何人经手，从日本买来了一架叫作飞机的东西，置于南湖演武厅。军政府认为是极为重要的武器，调学生军去守卫。学生军曾轮流派队前往南湖驻扎，不知为什么，后来又完全撤回了。

（五）**巡查街道**。革命初起，社会秩序不安定，军政府防患未然，每夜派军队在武昌城内沿街巡查。这个勤务也落在学生军身上，学生军每天于入夜之后就出队游巡，整夜不停。

以上都是固定勤务，此外还有临时紧急勤务。如农历十月初旬，汉阳失守之后，黎元洪出走王家店，以致人心惶惶。军政府留在城内负责的人派学生军守卫各城门，以防敌人渗入，又在这个时候，调学生军第二营一队出驻武昌县城（今鄂城市），以固下游防务。总之，在军政府心目中，学生军是一支极为可靠的军队，只要认为哪里是重要的地方，哪一个勤务是紧急的，就调学生军去了。

学生军做这些勤务，也的确表现出了他们的忠诚可靠，从没有出现令人不愉快的事情。在紧要关头，如汉口、汉阳失守，军情极为不利、人心浮动的时候，学生军内部却表现得异常坚定，没有一点动摇的迹象。藩库和官钱局所储藏的现金，天天同学生们见面，从来没有出过差错。在藩库里，学生们有时疲倦极了，倒在银鞘子上就睡着了。将一段四五尺长的整木头，从头到尾地对半锯开，每一半都将内部挖成一个沟，宽度约可置一个银锭，将银锭放入这半边，再将另半边盖上，用铁皮将木身捆住，这种银子，叫作鞘银。每一个鞘子可装五六锭银子不等。藩库内鞘银满地都是，倒在鞘子上睡并不是那么舒服的。在官钱局里，台票成捆，置于橱柜中，并没有加锁。学生们于夜间换班之后，疲倦极了，将整捆台票拿出来，在柜台上铺作垫褥，或作枕头，在上面睡一好觉。但在藩库里没有失落一小锭银子，在官钱局里没有散失一张台票，却也是事实。这些都说明了学生军确是单纯可爱、极为可靠的。

学生军的这些勤务，却也是极为辛苦的。无论巡街、守卫，都是整一队的出勤，虽然轮流换班，但换了班的，并不能回营睡觉，整夜都在外边，不得休息，一般都是睡眠不足。有的学生，有时疲倦到不由自主地倒下或立时睡着了，尤其那些身体不够一枪长、年纪较小的学生，更是如此。不顾雨天、雪天，也有倒在地上的。官钱局的后门，正对安徽会馆。在会馆的屋檐下、朝门内的石板上，寒冬深夜后，到处有躺倒的人，这些都是换了班后，疲倦到不能支持的学生军。会馆的大门关得很晚，通常总在 12 点钟以后，但学生们从来没有走到会馆门里去。学生们的装备很差，雨天、雪天是没有雨具的，穿自备的布鞋。雨夜巡街，从头到脚都浸透了，倒背一支步枪，还要整齐步伐，表现得精神十足。

四 学生军的解散和转入各级军校

学生军的成立，原为应付起义后战时的紧要勤务。待到民国元年2月，和议告成，这个目的已经消失，学生军的存在已无必要了。在民国元年五六月间，军政府就将学生军全部解散，另行设立湖北陆军军官学校、湖北陆军中学、湖北陆军小学，安置这些学生。分发学生到各级学校去，并不是按他们各自的学科程度，而仅是以年龄为标准。年龄最大的分到了军官学校，较大的分到陆军中学，最小的分到陆军小学。当事人认为这些学生对革命有功，除每一个学生发一张奖状外，也不使一个学生不得其所，所以一榜尽赐及第了。

分发到湖北陆军军官学校的学生最少，大约只有200人。起义后，军政府曾设立了一个将校补充团，这时也全部合并到陆军军官学校里，所以军官学校算是以两方面的学生为基础而成立的。袁世凯政府的陆军部认为军官学校不能由各省办理，始终不承认这个湖北陆军军官学校。

据说湖北的地方当局并没有服从这个命令，军官学校仍然办下去了，只是匆匆地使这一批学生毕业，以后就不继续办了。陆军部既不承认这个学校的存在，在军队中就不容易有这班学生任职的余地，所以在全国任何军队中或任何军事机关里，都找不着这班学生的踪迹。

分发到陆军中学的学生有400人以上。袁世凯的陆军部原也不承认陆军中学一级由各省各自办理，也曾要求湖北省将陆军中学取消。经过交涉，于民国2年春季，就将湖北陆军中学的全部学生合并到陆军部办的南湖陆军第二预备学校去了。陆军第二预备学校，系由中南各省的陆军小学的毕业生升入的，原来住在学校的学生，自认为是正途出身，湖北陆军中学的学生并入之后，互不相容，无形中成了两个集团。原来的学生，对新来的学生始终看不起，说他们的出身不高尚，是些卖花生米的。这些闲言闲语，当然激起了新来学生的愤怒。

有一次，为了一点小事，引起了冲突，以致两方打起来。学校当局认为两面都有错，就将两面的学生，分别地开除了几个人，作为结束。从此以后，两方还算相安无事。湖北陆军中学的学生，合并到陆军第二预备学校的当时，曾经举行过一次甄别考试，合并之后，又举行过一次甄别。经过这些严格甄别，淘汰的学生大约在半数以上。湖北陆军中学原来的 400 名以上的学生，到了在陆军第二预备学校毕业时，只有 200 人左右了。这些学生，后来都升入保定陆军军官学校第四期。

大约有 600 名以上的学生，分发到湖北陆军小学。袁世凯的陆军部是允许各省可以自办陆军小学的，所以没有遇到不承认的麻烦。而陆军小学的全部学生，都是学生军分发来的，没有遇到轻视和侮辱。只在民国 2 年暑假之后，发生过一件带有政治性的事件。那时谭延闿在湖南独立，说是第二次革命。在湖北的黎元洪，始终是仇视革命的，湖南的事情发生之后，他在湖北采取了很多预防和镇压的办法。他除了镇压杀人以外，还处处提防，只要是认为有可疑的，事先都想法子堵塞住。他怀疑陆军小学的学生，认为他们很靠不住，恐怕是同情革命的。所以他下令全部收缴原来发给每一个学生的枪支，解除学生们的武装。这时是在暑假期间，学生们大多数回家乡去了，只有少数道远不能回乡的留在学校里。有个湖南籍学生方澂（现名方乘）没有回家，听到了这个消息，于暑假后将要开学的时候，写了一张传单，大意说，枪为军人的第二生命，缴枪就是剥夺军人的生命，所以不应该收缴，张贴在各队的墙上，反对缴枪。传单发现之后，学校当局认为事情严重。传单是没有具名的。但原来学校规定，于暑假中，每一个学生必须呈交笔记。学校的教务长余某，从笔记中对笔迹，认出传单是方澂写的。校方先将方澂扣押起来，并集合全体学生，宣布方澂的“罪状”，说湖南已经作乱，方澂是湖南人，一定是受了湖南人的指使，想在湖北制造乱子，要方澂说出指使人来。当时有几个学生，在集合的队伍中站了出来，为方澂辩护，又有学生于散队之后，发起号召各队学生举出代表，向学校当局保释方澂。学校则决定当夜将方澂交队上看管，第二天送交军法处。这时，有几个同方澂平日最为接近的学生，认为军法处是黎元洪杀人的屠场，这个地方是有进无出的，方澂如送军法处，性命必不能保。他们秘密商定，趁方澂当夜交队上看管的机会，于第二日凌晨，设法将方澂送离学校，并陪伴他到汉口，躲避到租界里去。学校于清晨点名时，发现方澂已逃，就立即将为方澂辩护的、号召各队派代表保方澂的和送方澂离校的学生，大约在 10 个人以上，统行开除。这件事情过了之后，学校里是平静的。

到了第二年，即民国 3 年（1914），学校里曾经举行过一次甄别考试，淘汰了一半以上的学生。原来入校的 600 多名学生，到了毕业的时候，就只有 300 名左右。这些学生，后来都升入了保定陆军军官学校第六期。

五 其他见闻

辛亥革命初起时，每一个参加革命的人，都有同等的发言权，而且群众的意见，都是被尊重的。他们的领袖，如蒋翊武、孙武等人，都是从群众中被推选出来的，局面很好。起义之后，在这个好局面的推动鼓舞下，就应该更有作为，使一般人都感觉到气象的清新，留下永世不能忘记的印象。当时的学生军都是些感受力极强的青年人，而且还算是亲身参加到革命中去了，就更有所感受。我曾经访问了几个当时的同学，特别请他们谈一谈当时对于革命有些什么观感一直留到了今天，异口同声说答不出什么来。我自己也真是说不出什么。当然，辛亥革命之后，如在称呼上，将大人、老爷去掉了；打官司不必下跪了；也不再打屁股了；还有把辫子剪掉了等。但这些变革不牵涉整个旧社会的旧秩序。

在革命军内部，地主力量也占有优势。共进会所定宗旨，一如同盟会，唯“平均地权”，改为“平均人权”，这“地”与“人”一字之改，却改得使我们知道，领导湖北革命的组织内部，乃至同盟会的内部，地主力量是很大的。地主方面，黎元洪确是一个中选的代表。记得陆军小学初成立的时候，是借住南湖马队的营房。营房外面，沿河有几间茅屋，不晓得什么人在那里开了一间大茶馆。有一天，有些学生看见有人骑马从城中疾驰而来，在茶馆门前下马，奔入屋内，立即从屋内提出一个人来杀了。两个人将首级提着上马，向城内奔驰而去。留给人的印象，到今天还很分明。黎元洪不用什么麻烦的手续，说杀就杀。后来，陆军小学又搬到城内原清末的陆军小学旧址，靠北面为后墙，墙外即为阅马厂。在校舍的楼上，阅马厂看得很清楚。黎元洪每天在阅马厂杀人，有时一天还两次以上。这时已到民国2年（1913），杀人是用“乱党”的名义，所杀的是参加革命活动、实系起义时请他出来做都督的新军官兵。黎元洪杀人的这个印象，对于陆军小学的学生，确是够深刻的。这就是革命以后不能忘记的见闻。

（选自全国政协文史资料研究委员会编《辛亥革命回忆录》第7集，中国文史出版社2012年6月第2版）

记湖北军政府的成立

李白贞*

一　找黎元洪做鄂军都督

革命党人于辛亥年八月十九日（即 1911 年 10 月 10 日，以下日期均为农历）武昌首义胜利，二十日肃清了残余的反革命分子，革命总算有了初步成功，但是瑞澂还在楚豫兵舰待援。不日，当有大军来反攻，必须早事准备，尤其是民政方面事情更为繁重，最紧要的正是安民布告，现在统帅人选还没有产生，布告上的署名就成了严重问题。吴兆麟提议找混成协协统黎元洪出来担任鄂军都督，当时有些人反对。不过这时如吴禄贞、蓝天蔚等本是众望所归；其次，

* 李白贞：时任湖北军政府理财部催提委员兼总监处参议。新中国成立后，任武汉市政协委员，武汉市文史研究馆馆员。

如黄兴、居正、孙武、刘公亦可符合群情，但他们此时都不在这里，有的还受了重伤，也有的早已声明不干。好在革命目标是在驱逐满人，只要是汉人就没有多大问题。因此，一致同意先把黎找来，最后邀集城内绅耆父老会商通过。

这时，马荣、程正瀛从黎元洪护兵口中得知他躲在黄土坡协部参谋刘文吉家里，马荣、程正瀛就与汤启发、徐寿林等带兵一排，由这个护兵作向导，到黄土坡先将刘宅前后包围，再进入刘家把黎元洪从密室中搜了出来，他已吓得惊惧万状，几乎话都说不清楚，期期艾艾地对大众说："黎某治军素宽，你们何得谋我？"众人说："我们并不是要谋统领，是来请统领出来主持大计的。"黎说："革命党人才济济，要我何用？"众说："统领非去不可。"黎说："要我到哪里去？"众说："到楚望台和吴兆麟总指挥见面。"黎说："吴兆麟很好，有他一人就可能当大事，无须要我了。"众人都有些不耐烦，有人说："我们好意来请你，如你坚执不去，是自取其祸。"黎又踌躇有顷，才说："我去，我去。"汤启发就令人先回楚望台报信，徐寿林即为他备马，簇拥着往楚望台走来，他的执事王安澜也跟着同行。

吴兆麟听到黎元洪到了，令部队鸣号敬礼，举枪欢迎。黎下马对欢迎的人说："诸位辛苦了。"时有一炮兵高呼请统领下令作战，王安澜在旁嘱黎莫理他，炮兵大怒，举刀欲砍，黎即以身相蔽，说："他是我的执事官。"吴急呵止炮兵"不要乱动！"

黎对大众说："武昌城虽然占领，瑞澂、张彪在逃，一旦大军到来，水陆进攻，你们外无援军，内无粮饷，毫无准备。我曾学过海军，如海圻等兵舰，武昌只须三炮就可以全毁。你们不知厉害，我劝各位还是各自回营休息，再行商议，倘是事情太闹大了，更不得了。”众人听了，都不大以为然，怒形于面。邓玉麟说：“统领不知道，我们革命党早就有充分准备，湖南焦达峰数日内就起兵来响应，京山刘英现在襄河一带，日内也要举事。我们并不孤立无援。”熊秉坤也说：“藩库、官钱局、造币厂存款很多，粮饷不必顾虑。”何竹山走到黎面前厉声说：“实告统领，革命事业，本来没有万全之策，我们生死成败，在所不计，援军饷粮，果然重要。但是，不能期其必备，要看我们措施如何，我们这时是天与人归，也是你千载一时的机会，劝你不必犹豫吧！”李翊东说：“此地不是商议之所，请到谘议局去会商吧！”此时还有人提议强使黎统领到保安街一带察看防务。一时意见很多，莫衷一是，只有暂搁置不议。

二　在谘议局开会建立军政府

武昌谘议局是清政府假借宪政会议和预备立宪欺骗民众的民意机关，位于武昌城中心地区阅马场，就是清朝演武厅的旧址，背靠蛇山，用红砖瓦建起了一座西式高大楼房，成立了这个谘议局。

当时黎元洪乘着马，离开楚望台到谘议局，路过右旗第十五协营门前，管带何锡藩迎黎进协本部休息，用茶点款待，并列队操场守卫，态度十分殷勤。熊秉坤怕有变故，暗牵邓玉麟衣角，促黎赶早动身离开，于是大众又拥黎就道，继续往谘议局前进。到达门口时，有人高呼“黎都督到了”，黎听了默然不发一言，也无任何表示。

这时谘议局里已有多数宪政派人物，如议长汤化龙，副议长张国溶，议员夏寿康、阮毓松、游维周、刘赓藻、胡瑞霖和秘书长石山俨等，都已应邀先后到局等候。午后，吴兆麟等簇拥黎元洪入内和大家见面。随后，黎元洪和李翊东、李春萱、蔡济民、徐达明、王文锦、吴醒汉、邓玉麟、高尚志、周定康、陈鸿浩、陈磊、邢伯谦、赵学魁、苏成章、毕申、高振霄、方定国、李国镛及前议长议员们步入会议厅开会，筹议善后大计，公推汤化龙首先发言。

汤化龙说："革命事业，兄弟素表赞成。但是，此时发难，各省都不晓得，须从速通电各省，请一致响应，以助伟举。鄙见瑞澂逃在楚豫兵舰，必定有电报到北京，清廷闻报，当有大军南来和我们为难。此时正是军事时代，兄弟不是军人，不知用兵，关于一切军事措施，还请诸位慎重筹划。"

吴兆麟接着说："汤济武先生所说，确是定论；现在武昌既经首义，瑞澂决不甘心，定图报复，这是必然之势。这次武昌首义，军政商学各界均表同情，即以军事来说，湖北兵虽算不得十分强大精锐，在全国各地比较，确是先进之区，声威所至，必使清廷为之丧胆，我们只要坚持数月，全国定会闻风兴起。现在我们财政丰裕，武器充实，从速扩充兵力，积极训练，即使清廷派兵南下，我们胜利可操左券，请诸位不要害怕。况且这次革命的地址——武昌居全国中心，形势优越，在历史上为军事必争之地，得之则胜，失之必败，我们既经收复且雄踞此地，敌人无奈我何。不过此后军民两政，事务极繁，需要有人全权主持筹划，俾不致群龙无首。兄弟拟请在座诸位同志，公举黎元洪统领为湖北省大都督，汤化龙先生为民政总长，二公在湖北声誉素孚众望，如能出面主持大计，号召全国，必定事半功倍，前途无量。"

全场鼓掌，一致赞同。

黎元洪也起立答称："此事责任重大，务须慎重推举贤能，我实在不能胜这都督之任。"然而大众都置之不理，因为已经决定，不管他答应与否，定要强制执行。

并又决议将谘议局改为都督府，黎都督住议长室，派赵士龙、徐邦俊就室门外角为监护处，甘绩熙为警卫司令，负都督府守卫责任（甘后他调，改高志继任），所有卫士由陆军中小学学生轮流充任。又推李翊东为都督府铨叙部长，因往来人多，特设军法、侦探、稽查、间谍4课，规定徽章图样，佩带出入，并推定若干人暂任文书、庶务等事。

鉴于武汉民众对于革命不能深切了解，且恐日后清军南下，商民多起恐慌，又议定迅速制定安民布告，张贴通衢，以俾周知。

三　严密布置防务

黎元洪虽身居都督府中，还不能忘情于清室，以存观望，不敢担任都督职位，布告上不肯签名，就由铨叙部长李翊东代书"黎元洪"3字发出，分写数十份，遍贴武汉各交通大道，晓谕民众。观者欢声雷动，连白发老人也要其晚辈搀扶到布告前亲目一睹为快。于是，人心大定，民众安居乐业。旅汉外国人闻之，亦都为之惊讶，认为想不到黎元洪也是革命党。旗人残部更为心惊，多易服潜逃。都督府虽经建立，事繁人少，工作进行难免紊乱无章，又规定应办各事数条，俾各人负责遵循办理如下：

（一）谘议局改为湖北军政府。

（二）称中国为中华民国。

（三）中华民国纪年为黄帝纪元四千六百零九年。

（四）推黎元洪为湖北都督，布告各省和全国人民。

（五）檄文各省，一致响应，照会各国领事，继续通商。

（六）布告全国国民并军籍人等。

（七）促湖北各州县，一致反正。

（八）拟定军政府紧要命令。

（九）致书清朝政府汉族宰辅官员。

（十）告清室之汉族将士书，促其觉悟。

（十一）军政府暂设参谋、军务、政事、外交四部。

（十二）设立招贤馆，以储贤才。

是夜得密报：水师巡防营陈得龙在襄河口集合防堵我军，铁忠令他袭击城外革命军，但陈不敢登岸指挥。

军政府在藩库提银10万，派向一清为军需，将银分发各部队采购粮食，分头自餐，其余工作人员不论是否党人暂供一日三餐。

武昌连日军事劳顿，应行休息，但敌人退去不远，四邻未靖，仍宜严加守护，使用临时总指挥名义，命令在职军队，严加防御，并传示各城门，晚间8时一律关闭。防守令如下：

革命军总指挥令：八月二十日午后6时于谘议局

（一）据闻瑞澂欲派兵袭击武昌省城，本军今晚应用战斗精神彻夜固守。

（二）步队二十九标第一、二两营附炮两门归姚金镛指挥，防御宾阳门、通湘门、小东门一带。

（三）步队四十一标第三营及一、二两营留守兵，并步队三十标留守兵附炮6门归胡廷佐指挥，防御汉阳门、平湖门、文昌门一带。

（四）二十一混成协工程辎重二队附炮两门归李鹏升指挥，防御武胜门—带。

（五）工程八营附炮四门归李占魁指挥，防御望山门、中和门一带及楚望台军械库。

（六）炮队第八标归程国桢指挥，除派附属各部队外，其余在蛇山、黄鹤楼、楚望台布置放哨。

（七）马荣带兵一队防守谘议局内外安全。

总指挥：吴兆麟

注意：本晚口令“义军”“独立”。

是晚命令发出后，吴兆麟同蔡济民、徐达明、吴醒汉到各城门视察防务情况，并劝谕兵士要艰苦耐劳，严守军纪，尤其是夜晚更要切实防御，不可懈怠，并不可扰乱民众，才不负革命初衷。回谘议局后，蔡济民即往各监狱释放被瑞澂捕押的革命党同志胡瑛等出狱，所有狱中人犯一律带往谘议局集合，并云都是同志，可为我们出力，当即编为间谍一队，由胡瑛和陈鸿浩带领担负巡查街道事务。

都督府最初由蔡济民、邓玉麟、谢石钦、蔡大辅、吴醒汉、张廷辅、高尚志、徐达明、王宪章、陈鸿浩等组织谋略处，办理一切军政事宜，到第三日改编为参谋部。

四　十八星红旗长空飘扬

二十一日，刘公入府参加政事。二十三日，居正亦从上海到汉，蒋翊武亦自襄河回来参加军机，同日又推汤化龙兼都督秘书。

二十四日，谋略处改为参谋部，以杨开甲为部长，杨国章、吴兆麟为副部长；孙武为军务部长，蔡铭忠、张振武为副部长。孙武炸伤未愈，由张振武暂时代理。又成立军令部，由杜锡钧为部长。此外各干部如李春萱、马骥云、蔡汉卿、潘公复、熊秉坤、黄元吉、李翊东、方兴、钱芸生、赵士龙、徐万年、邢伯谦、李白贞、陈磊、胡祖舜、杨玉如等凭个人热心，各以需要，而派以职务。但因财政不裕，自都督以下，所有文职官员都采取众议、推举制度，不分职位高低每人每月只领取薪金 20 元。

黎元洪初被举为都督时，他处处为自己留后路，不敢就职，当他看到大局已定，无法挽回，才剪去发辫，做起都督来了。革命党人则心地坦然，只要是汉人，都一视同仁。于是黎元洪的旧部和汤化龙的故旧，一个个都夤缘而进，日有增加，旧军阀、旧政客的势力逐渐扩张，革命党的力量一天天削弱，甚至遭致借端残杀。

这里还有一件事应补叙一下，十九日的深夜，孙武曾因伤势过重几次昏迷过去，经徐凤梧医生尽力抢救才得转危为安，这时汉口的革命党人，先后前来探视慰问，并说此时武昌正猛攻督署，胜利可以操券而待。孙武就问大旗还在吗？答称：已被敌人搜去了。孙武就敦促赶快再制，令李白贞、李汉仆等人买料连夜做好两面，一面交邓玉麟、李春萱送到南湖炮队带进城内插在中和门上，一面交李锡生、绍虎送到武昌插在黄鹤楼上，表示革命军已经占领了武昌城。所以二十日的清晨十八星红旗在万众欢呼声中冉冉升起。

于是各标营、都督府及其他所有机关、团体，都照样仿制。不到三天，武昌大街、小巷、商店、住户，一律悬挂，整个武昌城蔚然成了万顷波涛的红色海洋。

1961 年

（选自武汉市政协文史学习委员会编《武汉文史资料文库》第 1 卷，武汉出版社 1999 年 8 月第 1 版）

记鄂军政府的初期外交活动

杨霆垣*

辛亥之役，我在武昌亲历其境，几十年来，几经沧桑，经历之事，大半遗忘。仅就记忆，志其梗概。

宣统三年（1911年）八月二十日黎明，我赴抚院街（今民主路）法政学堂（旧抚台衙门改建），经过候补街和粮道街，见沿途有军人袖缠白布，互喊口令。从履坦巷越胭脂山，进学堂门，适遇何奇阳同事自里面出来说："你来何为？现在党人起事，对面蛇山上（约当今之岳飞亭处）站岗的，就是革命军队。"我说："我已有所了解，不过我今天举行月考（我担任国际公法教授），不得不来对应考学员交代一番。"比入课堂，见只寥寥十数人，于是说明原因，叫他

* 杨霆垣：时为湖北法政学堂教授，后任湖北军政府外交部副部长。新中国成立后，任武汉市人民政府参事室参事。

们各自回去，我也当即由原路返寓。坐稍定，二胞兄震垣从外回来道，藩司门口贴有告示，有藏匿旗人者斩首语。我说：“这是种族革命，要推翻满族，也就是政治革命，要打倒帝制。我留学日时与黄、宋早有成约，遇有机会，定附骥尾（由周维桢介绍，我与黄克强颇为投契，随后因李宗藩关系，几乎每周必与宋教仁见面一次）。我今决心前去参加，义无反顾。如事不成，大江在前，兄可带我儿锡筠返鄱阳（我父时任鄱阳粮厅）安慰父亲，不要以我为念。”

这时尚未到7点钟，我和震兄谈毕，立即出门到粮道街宪法筹备处（今武汉市三十三中学）访世伯时象晋（经心书院同学时功玖父亲）。他正在与陶德琨谈话（陶也是经心同学），见我进来，喜出望外地说道：“总督瑞澂已逃，武昌全城收复，对外交涉急需着手。仲涵（陶字）是美国学生，懂得英国话。你是教国际公法的，正好用其所学。”我说，我也正为此事而来。麻城周龙骧亦在座，挺身言道，我也愿同去。于是四人联袂过蛇山，经过岗位，时老出示通行证，一路无阻。至军政府（旧谘议局），门口只有一个武装军士站岗，大门左侧就是楼梯，梯边耳房有一名叫梅国柱的出面招待。时老说：“这是我邀来办外交的杨某、陶某、周某。”我们各出名片一枚，梅持上楼。顷刻，梅持一白纸便条，上写派时象晋、杨霆垣、陶德琨、周龙骧组织外交部，下写鄂军都督黎元洪，并盖有私人印章。我与应云（周字）随即上楼，梅指左侧房说，就用这间房做办公地址。但这时，时老和陶同学竟不曾上梯而他往。我见室内单夹棉皮衣服堆满一屋（后来有一日过汉口，见一码头江边邮局楼上一间大房，也是如此堆满旗人衣物，但未闻这两处衣物究竟如何处理），嘱即派人清检腾空。当有庶务王寿祺（法政学堂学生）出来指挥办理。他一见我笑脸相迎道，原来是杨先生，好得很，一面指着堆物说，这都是从旗人家内抄获来的，你们可以随便择好的取几件穿吧。我说我们不要这些，你赶快收拾干净要紧（在汉口也有人取一件轻软皮衣给我说，这叫骕骦裘，价值千金。我说我不开这种洋荤，一笑而罢）。楼正面向南的一间房，门前贴有“机关部”3字，有一人自内出（后知此人即居正）对王庶务道：“现在外交部成立，你可到书肆购几部国际法来作参考用。”王答：“这是我校教国际法的杨先生。”我也接着说：“勿用买，我有书。”转而我又对应云说：“你可帮同他们收拾房间，我到法政学堂取几部急切需用书来。”

这时也不过上午8时左右，我想看看司门口一带光景，走东厂口转百寿巷（今彭刘杨路大中华餐馆一带），过长街（今解放路），见臬司马吉樟穿着旗式袍套，蹒跚自兰陵街（今湖北省人民医院一带）步行回衙（臬司衙门在陈友谅墓前面，即今湖北省汽车修配厂处）。据说他同藩司连甲这日清晨上谒瑞督，知瑞已逃，连甲见势不妙，乘机溜了，他的轿夫也不见了。他暂避民房，待军队开走，才瑟缩而归。幸而这一带既无军队，人民亦多簇拥在司门口观看热闹，无与为难者。我才到藩司前照壁上看了告示，经察院坡（今民主路青龙巷口至横街头一段街名）到楼院街我校，取出有贺长雄《战时国际公法》《外交史》《中立法规》《国际先例》及《赤十字会章程》等书。回部时办公桌椅都已布置停妥，庶务处送来写有“外交部”3字、上盖军政府戳证的白布长条，请悬在右襟，以便出入。移时悬着同样条徽的不下10人，从机关部蜂拥到办公室内，我对他们作了如下的谈话：

（一）革命外交，若法若美，往例俱在，只要办理手续，准情合理，军民守纪，遵约保侨，是不难得到外人同情的。不过我们这次起义地点，是在武昌一隅，不是国家首都。交涉对象，又是领事，不是各国公使。领事是商务官，也不是外交官。我方去文，必须请其申报各该国驻北京公使转报各该国政府请示。对方来文，也必须说奉本国驻北京公使接到我国政府令饬如何云云，才能生效。其间稽延时日，在所不免。

（二）我到府时，见楼梯下耳房内有人缝制十九星旗，我问这是何意。他们答道："我们兴汉灭满，本是拟定旗帜上只有18星的，因为中国本部是18省。现在还要打算收回台湾，所以改为19星。"我说："东三省不要了，给满族吗？蒙古、西藏也不要了吗？这是外人分裂中国领土的主张。要知我们革命只是推倒满族皇室统治，不是把满人一律排除，更不是要他们退回东三省自成一国。蒙、藏更要团结起来，达到全国统一。这一点是要请大家注意的。"

（三）都督派我们组织外交部时，除我和周君外，还有时老象晋，他是时伯弼与时季友（都是老革命党）的严亲；陶德琨是美国留学生，听说他去另组财政部，又有人说他到银圆局去当局长去了。时是老前辈，我想候他来部，再行分配职务。一切交涉文件，暂由我和周君负责办理。

（四）汉口有英、俄、法、德、日5个租界，各有领事馆和工部局。此外尚有瑞典、比利时等6国驻汉领事，不过关系较轻。且在贸易往来上，都是通用英语，将来通事一职，要请各位勿惮烦琐，各尽所长，努力帮助。今请诸君将各人擅长哪国语言，告诉我知。相谈结果，知缺少懂德语和法语的人。第二天有人介绍一位娴习德文的青年，但今我已不记其姓名了。至于法文，我有同乡陈南轩（天主堂教友）曾在广西边界办理对讯事务多年，现充法租界工部局翻译，决定随时请他帮助。

这天，我由部出，正遇李玉珊老友（两湖书院同学，胡柏年、胡谦之的姻亲，戊戌年间就常往来）匆匆上楼而来。说他同外甥夏维崧跑俄领事馆，领事敖康夫极表赞助。今特来见黎都督，说明此事。夏维崧通俄文，在汉口阜昌洋行当通译，胆小畏事，在这革命紧张时期从不过武昌来。当时敖康夫为外国驻汉领事团领袖领事，一切接洽又不得不借重于他。我不得已，与军务部商拨小火轮一只，派人随时通信协助；并于阜昌洋行内设立办事处，即以夏任处长。下午，彭汉遗同学（经心书院学生）来谈，说今晚拟乘轮东下，运动黄州驻军反正，我表示欢送。二十二日就有电来，云黄州“光复”了。

是日，武昌各城门紧闭，严禁商民出入。闻在昙华林文华书院旁，有每人出钱一串，用绳吊下城的。我曾乘隙往看，确有此事，并且为数不少。外人只准其出，入必具备公文，所以我部与外人尚少接触。阳夏占领后，城门大启，外人踵至，有要求见黎都督的、有请护照下乡采办的、有揽售军火的、有请愿报效的，其中以日本人为最多。同人分别款洽，几无片刻暇矣。

二十一日，以昨晚时老来，表明另有要务，以后不能再到，我力请机关部另派部长，我愿副之。于是派牟鸿勋到部。同人等见他老老实实，如痴如呆，拒不接受，他扫兴而去。二十五日，谭人凤自上海来，先由周应云接谈，继而胡瑛由机关部出，亲切招待。谭走后，周对我说：“谭称，我这些年来革命密码，都用安南文，所以从无泄露情事。”我见胡谈笑风生，指对同人说：“这人很漂亮，就请他做我们的部长罢！”然说了也就完了，胡此后亦从未有第二次莅部之事。

这天我开始办公，本着同盟会纲领“驱逐鞑虏，建立民国”及外交惯例词句“履行条约，保护外侨”两项宗旨，拟一公文。由我口述，周应云笔写，周笠渔誊缮，即对驻汉各国领事发出照会，此为第一件事。阳夏“光复”，瑞澂所坐楚豫军舰，由文昌门外江面移至下游，依庇租界，又去照会，请饬离去，不然，将从凤凰山发炮轰击，损及租界，恕不负责。该舰终向刘家庙以下逃去，此为第二件事。第三件事系因有敌船挂德旗通往长江上游，对德领事馆提出抗议。往后文件皆我 3 人合作办理。他人或在武昌引外人赴招贤馆，往军务部，或到汉口送文件赴办事处，往各领事馆。至于华洋诉讼案件，汉口英租界一码头（今江汉路）原设有华洋公所，仍令照旧供职，所以即在军务匆忙之中，外人照常贸易，毫无闲言。

二十二日，汉口 11 国领事持大红名片到府，请勿妄杀旗人。我头一次晋见黎都督。黎住右侧一间大长房（据说即前议长室），房北面置一长方桌，黎居中坐，有两兵士持枪侍立。我进门时忽来电话，呼黎宋卿，黎起身南行至电话处，卫士仍持枪侍随。黎拿耳筒问谁。对方答称王遇甲，并说：“你是宋卿吗？为什么造反？”这些话我伫立在旁，听得很清楚。卫士立挂话筒，促黎返原位。我即交呈各领事名片说明理由，请黎酌处。黎问如何办。我说请都督亲写朱笔，出示严禁。黎道：“你说我写吧。”大意谓“我们‘排满’革命，只是推翻帝制统治。满族人民，俱是同胞，如无违反本革命军宗旨重大嫌疑事实，一律予以宽大，不得再肆妄行杀戮。犯者严惩不贷。此示。”黎写毕，即遣人张贴自强学堂门前（今武昌区湖北省中医学院）。我回部后并以照会通知各国领事，用昭大信。

二十三日，我嘱周应云及擅长英文的刘凤翔及马某（商业学堂英文教员，忘其名）料理部务，外出到宪政筹备处商筹办理赤十字会事。赵伯崴说："三天来被杀旗人不下四五百名，横尸遍地（我在司湖边及紫阳桥两处亲见倒地武装满人尸具各有数十），不及时处理，恐发生瘟疫。"于是邀同黄笃友、吕超伯、陈仁斋等同往文华书院晤余日章说明来意，余亦极表赞同。继往仁济医院找韦洋人、同仁医院找马洋人，皆表示乐从。即日定在教育总会着手筹备（今粮道街小学）。先由黄笃友出元宝一个，万文甫前后出元宝3个，陈仁斋、吕超伯各出若干台票，赵伯崴和我也各竭尽绵力，制袖章，印会章。赤十字会章，由我交出油印数百份。并说佩戴赤十字袖章，两方面都可通行，所以武汉大小绅商莫不踊跃输捐。数日之内，即收银4000余两。赤十字会成立，推马洋人为总办，下设委员若干人。函请都督如夫人黎本危为名誉会长，积极进行。我是委办之一。埋葬事宜结束时，各得酬劳簿及金质纪念章一枚。我的那一枚于抗日战争时期带回钟祥遗失了。

阳夏战事发生后，所有伤病军人，都容纳于汉口天主堂及苗家码头一间狭窄屋内。有一天，我随黎本危等前往探视，有名黄祯祥者病势垂危。我认为黄是有为青年，主张迁居武昌，好好疗治，俾得重上前线（黄后来任总统府顾问，受人唆使，专门骂宋卿，一日，我遇见他，曾质问及此）。归后，同人商量，定昙华林工业学堂（今武汉市十四中学）作为病房，会址并入。我妻和张知本的爱人，亦搬入山上宿舍居住，为病人浣洗衣被。那时捐款逾万，资用充足，崔承焕、沈某等教会中人呼朋引类，餐居其中。旁观者都说这成了文华公寓了。会中会计王一民，襄阳人，遭宪政系之忌，不知为了何事，一日会计被查抄，余款尚剩两三千金，全被劫光，王一民被捆绑而走，赤十字会也因此无形消失。

二十四日，张景良从前线下来，蔡汉卿请黎都督治以临阵退缩之罪，斩立决。黎不允。蔡转到我部，说黎怀二心，外交部人也都走了。我当挺身出道，外交一向由我负责，我并不曾离开一步。那时蔡身背包裹，手拿长枪，命所带炮队，把炮口转向都督府，嚷道："我们大家同归于尽吧！"我问因何要这样做？他总说张怀反意，非杀不可。我再次入见黎，黎说张是回来请增援的，可令再上前线立功赎罪吧！我将此意告蔡，并婉言劝解，蔡乃悻悻下楼，带队他往。张后终因与张彪勾结，在汉口正法。又有一天，张振武由黎处来部，跟有两军士带着一人，外立未入。张说，刘赓藻是奸细，他报告军情，虚张敌势，扰乱军心，居心叵测，拟于楼下大门口外处以斩刑。并对同人说，刘昨日举荐到参谋部的史直书、徐声金两人也定不是好人。我先日因部中职员多半武人，笔墨稍差，曾邀史、徐协助。他两人把衣襟上的白布条徽扯出相示道，我们已有职务。我知晓此事，当即为之缓颊说，史、徐都是两湖师范生，我的朋友，不是坏人。刘赓藻亦经不少知友关说，解缚释放。刘亦宪政系要人，后来张、方之死，恐此举亦属祸根之一。

二十五日，有英领事盘恩来见黎都督说："中国军民，勇武文明，保护外侨，周到可佩，已奉本国政府命令，承认民军为交战国。"黎当答谢。次日驻汉口租界的五国领事各出有同样布告，但对军政府并无正式来文，只由汉口办事处从俄领事馆取回原稿照抄一份贴在阜昌洋行门口。我得报告，亲自渡江观看过。原文如下：

为布告事：[①]现值中国政府与中国民军互起战争，查国际公法

① 原文"布告"字下"事"字上并无"严守中立"4字，我们当了解各国领事是对各该国商民的布告，训令他们要严守中立，并非对外文件。一切著记写作为布告严守中立事，实属辗转传抄之讹。

无论何国政府与其国民开战，该国内管辖之事，其驻在该国内之外国人无干涉权，并应严守中立，不得藏匿两有关系之职守者，亦不得辅助何方面之状态。据此，本领事等自应严守中立并照租界规则，不准携带军械之武装人在租界内发现及在租界内储匿各式各样军械及炸药等事。此系本领事等遵守公法，敦结友谊上应尽之天职。为此剀切布告，希望中国无论何项官民辅助本领事遵守达其目的，则本领事幸甚，中国幸甚。谨此布告。西历一九一一年十月十八日。

我归武昌后，除当办一照会致谢外，又按中立法规去一公文附军用品名目单，内分金属、非金属两类（原文甚长），连夜赶印，分送各国领事，请照单严禁侨商贩运售卖接济清军。

这天（二十六日），我由阜昌行前面沿江下行，铁栏杆外往来市民，一边走一边说："这在以前是只准洋人通行，不许我们华人走的。"又有人说："现在租界各街道上站岗的巡捕，也对我们有点客气，不像以前狐假虎威，仗势欺人了，这是民军革命的好处。"我此行走过法租界至日租界，从三元里打转，曾到法租界德兴里陈南轩处坐谈一会儿。

尚有一事附记于此，即我军在英租界设有北军招抚处，由蒋翊武主办，对北方军官给衣 1 套、现洋 20 元，士兵给衣 1 套、现洋 10 元，因此清军官兵颇有逃离者。至于愿意投诚的，也都予以收编，但自上项中立布告宣示后，该机构随即撤销。

二十七日以后，我因已无重要文件可办，常同赵伯崴到汉口"北京赤十字会"与徐笙虞周旋。这时上海亦有张竹君女士率领赤十字会同人到武汉协助一切，有时上街散步，见察院坡某书店陈设有我的书籍，回学校一看，我所存书籍已全归乌有。初起义时，几乎路不拾遗，三五日后，世风竟变。我虑法政学堂物具难保，请派军驻守，当时曾有陈血岑宪兵司令带兵一排驻在山上，我入校与陈晤谈一次，并说新兵人杂，有损军誉，应请随时督队巡查。陈说这是我们应尽之责（二十日晚，我住宅邻近高家巷余诚格公馆就有一兵背枪入内劫物。次日我和吕超伯等商议，才有保安社之建立，每夜由各居民 10 人一组，轮流巡查。后来藩库发现废旧大批台票，于是招募学生军，俾守卫公共各机关）。我又至内务部会晤冯喆夫说，这几天秩序稍乱，盗贼窃发，我的藏书全然散失，公家书物极应保管。冯立派人役，前往所有藏书地方，检点搜罗，集中保护。今日湖北省立图书馆的古典旧籍，尚能多数完整无缺供人参考者，冯之功绩，未容埋没。

九月初一日，湖南独立。二日，九江独立。三日，西安独立。九日，昆明独立。十日，南昌独立。我部得电，皆随时去照会通知驻汉各国领事以壮声势。不幸的是，即在十日这天，湖南都督焦达峰、副督陈作新被刺身死。十一日，前湖南省谘议局议长谭延闿继任都督。消息传来，宪政系同人于当晚宣布章程，在都督下分设军事、政事两部。军事部下编制如何，我尚不明，政事部下置 7 局：文书、内务、外交、编制、司法、财政、交通，机构设在南楼前长街中路小学堂（今武昌区教育局卫生局）。这 7 局中 5 局原陆续组织有部，除我外交部最先成立外，冯开浚之内务部、熊晋槐之交通部、胡瑞霖之财政部（后为汪济舟）、张知本之司法部，每部各设有副部长。我只认识交通副部长傅立相（襄阳人，前省立模范小学监学）。此次改组，突如其来，不知他部曾否有人参与其事，我部实一无所知。

在这敌我交战期间，除军事部门外，他部事务清闲，我部同人出生入死，艰难缔造，不肯任宪政系一概抹杀，争吵不休。外交局负责人出而调停，以欺骗手段对付说："我们划分权限，从此你们办理军事外交，这里只办政治外交。"那时我正好借此退休（一月以来，枵腹从公，处理一切，只有 3 人合作，多数军人不守绳墨，爱谈平等自由），乃毅然回家，不再闻问。见原部址门首贴有军事外交科字条，我问这是谁的主张，同人述说经过，我说："这是天大笑话，你们受了人欺。外交是国际事务，还能分作两处，各办各吗？"同人气不可遏，要和他们算账。我又转回安慰了一番。移时，张振武气势汹汹进门就说："外交部（仍算部，可见他对于改组事也不知道）人又在要钱（每月台票 20 串，已快到第二个月了）。"我当即厉言正色地答道："我进府以来，纯尽义务，每日清晨入值，深夜回家，从未取用分文，你说的话，容我查询。"周应云进前说："有此事，我们有 4 人共领了 80 串钱，这是会计当局体贴我们买菜蔬（周以后对我说，他有款存公储钱局，此时无从取得，手中分文无着，乏钱买菜）。府中同人多数这样做，不独我们 4 人。"我接着说："你看如何？"张摆摆头，未往下言。我又把政事部改组之事说明一番："那里既有了外交局，又另在此设科，叠床架屋，毫无道理。交战国已被承认，我的责任已尽，请从此别。"话毕，即往会议室的后面楼房同周笠渔聊天去了。这时军务部医务司长叶于兰也在座，我走出时，叶将我生平历史向张细说一番，张匆忙跟着我后至周房，深深道歉，请我原谅。

稍次，我法政学堂学生韩玉辰（号达斋，今改名大威）来说，愿在政事部司法局谋一枝栖，我即写介绍函，嘱他持见局长徐声金。

移时又来，说给一录事，位置太小，我复亲往说项，徐道：“慢慢来吧。”此时前交通部副部长傅立相正在那里为改组事破口顿足，大声喧嚷。徐指着向我道：“一个小学教员，就要当部长，真是黄鼠狼想吃天鹅肉。”我闻之，暗觉他们这样自视过高，目空一切，必定酿成意外。韩于司法部恢复独立后任科长，遵部示筹设司法独立，于湖北全省各县次第成立审判厅或民刑独立处，所有同学拔茅连茹，成了他们做官的终南捷径。

这时我已成闲散人，闻黄克强已来汉口，住第一宾馆，于是，过江晤谈，并将我的经过从头至尾述说一番。黄说：“据我所得种种报告，料想南京不久可下。一旦中央政局成立，必定先设参议院，你可早做准备，运动运动，去当参议员吧。这与你的身份也很适合。”我说：“参议员要由人自由自愿选人充当，不应出于运动，我不惯做这样的事。”黄说：“你这样，未免有些书呆子气。运动是要把你的资历、你的主见说给人听。人家晓得你的为人和见解，自然愿意选你。运动不是坏事。”我一笑置之。

十三日，黄到武昌，登台拜将，黎都督授印（台在今阅马厂喷水池处，不是立碑所在地）。我以离职人员，不曾上台观礼，只和三五友人跂足遥望。

十三日晚，各方反对政事部改组声浪，愈唱愈高，几乎要动杀机，汤化龙成了众矢之的。有人说：“汤也是谘议局议长，要效谭延闿危害我们，我们先下手为强。”有人提议立开大会，共谋解决。于是新旧职员（自然前无职守之人多数胆怯未到）齐集抱冰堂，争论一番之后，汤等自知理屈，承认错误，重订章程，各部依旧独立，新增一编制部。汤首先出席说：“我无他长，不过笔下来得，愿退而做编制部长。”张国溶继起说：“我愿做编制部副部长。”其他各部人员一律复职。唯我外交部长等于久悬，因我前有一句话愿以胡瑛为正部长，我副之，当场同人公推胡正我副。那时，我未到（又到汉口北京赤十字会徐君处周旋去了），闻胡当时曾起立说：“杨先生怎么未来呀？”这些经过都是到部后周应云对我说的。继又续增两部，一实业部，部长李四光；一教育部，部长苏成章。

我住会内，食宿两天，才得消息，过得江来。外交部设在梁敦彦花园（即今之湖北省图书馆地带），内部组织完全就绪，正、副部长下分设4科：一文书、二交涉、三调查、四庶务。我在副部长室稍坐后，上楼至各科室查看了一回，返室坐定。石山俨来说他是秘书，周应云说是调查科长，我说：“将你也改作秘书的好。”周说：“暂可不必。这一般人不好对付。江华本来说我在参谋部，今改外交部，他们拒不纳我。”我取出私章交他说：“你就在我室管管章罢。”因他是癸卯年同派赴日留学生，相知较深。又由史直书、徐声金之推荐，派伍耻候为文书科科员。因清军冯国璋火焚汉口，在这时期，酷无人道。同胡商议，去一谴责文，照会驻汉各国领事，借以提高我军威信。胡就叫伍君拟稿。伍是两湖师范生，不一时立成一稿。胡看了说很可以，复嘱文书科长姚元昶修饰润色，缮校发出。这是九月十六日的事。

十七日早，胡对我说：“你老哥要抬举我做部长，我对交邻之道，是个外行。且在汉口带有约一连新兵（驻商业学堂，今汉口交通大队处），无法兼顾。现宋遁初来了（同黄克强来的），你老哥如真不愿再干下去，我想请宋任部长，我退为副部长，不过仍要宋负全责，我居空名。”我答：“遁初才大心细，夙所钦佩，我往年留日时常见面，引为同调（宋那时列名日本黑龙会）。那么就照你的话办吧。”庶务科长某是胡的亲信，胡每次到部，总是成百成百的现洋带过江去，而且烟瘾甚大。这时我对胡才有深刻认识，觉得他虚有其表，不堪共事，越加灰心。是日下午，胡已渡江，我早餐后来部，见宋坐在我室，我二人畅谈时局后，提及胡要倚重的话。宋说：“我有许多事情，将来要赴北京，和袁谈判，哪能留在湖北！”

十八日，周应云说：“今有德领事馆来函，借口有合同关系，抗议我军驻兵下新河毡呢厂。”我当嘱会计取出两串铜圆（我驻外交职务以来，只取用过这一次款），包了两辆来回人力车，偕应云亲往查看。那里驻有炮兵营长张肇基，相谈之后，知其地当刘家庙对过。汉口市面已在敌手，侧面抄袭，势在必防。归而嘱应云以戒严地带为题，答复了事。

是日下午，胡瑛由汉回部，垂头丧气地说，所带新兵，全数跑散。继谈及宋，他又无可奈何地说：“我想给余日章去信，请他帮忙，或为代觅一熟手。你看如何？”我表示同意（但胡并未把信稿给我看过。近据蒲圻贺某谈，曾在一笔记中见此函，系用胡瑛、杨霆垣两人名义去的信，想是把我的号雨亭两字连写在一起了。也有用同音字误写的，如胡石庵《革命实见记》写作雨亭）。又过几天，胡对我说：“今来一人名王正廷（由余日章荐来），继你的任。你看可否？”我未置一词，即行告辞而出。

我之去职，人或疑我始勤终怠，作辍无常。实则自十二日冯国璋火焚汉口之后，上海、贵阳、杭州、苏州、镇江、桂林、安庆、福州、山东、广州相继独立。清军方面，袁世凯内调阁职，段祺瑞接替冯任。这些我认为是不久的将来必致停战言和的一大转折点。曾与内务部长冯开浚约，愿做夏口知事，复兴武汉。不料被徐声金巧取豪夺而去。

（选自全国政协文史资料研究委员会编《辛亥革命回忆录》第7集，中国文史出版社2012年6月第2版）

黄州“光复”

李长庚*

一　黄州地形

黄州居长江北岸，江防重地，为吾鄂下游之第一门户，如黄不守，省城即不能安，稍有军事常识者，类皆知之。今以黄州一郡之形势而言：其形如圆瓯，西南当大江；东为黄梅、广济，与江西之德化、瑞昌、安徽之太湖接壤；东北则为浠水；北为罗田；西北为麻城、黄安，与安徽之英山（英山于民国时划归湖北）、霍山，河南之光山、罗山、商城毗连；正西为黄陂。三面依陆，一面临水，陆则倚山为固，水则择江面之要害处而守之（上为阳逻，下为田家镇），势出万全，

* 李长庚：时任湖北鄂东军政支部黄防营统带（暂代），后任山东省昌邑县议事会议长。

事无一失，故历代兵家倚为重镇。是以武昌辛亥首义于三镇占领之后，各郡及各省未“光复”之前，革命党人有见及此，乃于鄂军都督府内选派党人中之熟悉黄州情形者，前往招抚，即本地势之重要也。

二　“光复”经过

辛亥八月十九日（1911 年 10 月 10 日），武昌首义占领三镇之后，黄州闻警（黄州距省城 180 里），全城骚动。清知府琦璋（满人，号振麟）与原驻防之黄防营统带张绍绪（河北人，号禹臣）联成一气，对于武昌首义大为不满，密议布防于黄州各要害处，以断绝长江上下游之路线，并有会合九江之海军，水陆进攻武汉之企图。议商未动，适以黄防营兵士欠饷过多，筹措不易，兵士闻武昌首义，恐饷无着，于是蜂拥至府、县两署坐索，并焚其标署。此项消息传至武汉，都督府内之党人重要分子认为有派人东下招抚之必要。乃于八月二十五日（10 月 16 日），遴选都督府内籍隶黄属与熟悉黄州情形人员李长庚、黄楚楠、熊持中、涂觉民、刘子通、黄巨川以及广济之彭汉遗、方孝正 8 人，克日前往招抚。李、黄等奉令后，于八月二十六日（10 月 17 日）乘保生轮东下，比日即达到目的地。舟抵黄州江面，两岸寂然，并无设防表现，于是停舟于黄州对岸之樊口，登陆探听消息。据闻黄州城内虽有兵士索饷，但未大张旗鼓，似有待时暴动之可能。遂先由李长庚、黄巨川二人（二人为黄州城内人）驾扁舟密赴武昌县城（现改为鄂城）对过之黄州关上（此关为长江大轮停泊之所，距黄州城约五六里），派人进城邀约黄防营内之革命同志，如徐得贵、姚德胜、夏星午、黄厚钦等出城，在唐姓私宅密商“光复”黄州办法。决议于徐、姚回城后，夜半由黄防营同志举火为号（焚烧城内之河东书院），鸣枪示威，驱逐黄州官吏。届时知府琦璋、知县潘诵捷（江苏人）、标统张绍绪等见兵变，知事无可为，逃匿无踪，毫无抵抗情事。虽鸣枪并未击毙一人，黄州于是“光复”矣①。

翌晨，黄楚楠、涂觉民、彭汉遗等在樊口得讯，即乘轮到黄州。其时黄州军民人等至岸欢迎者约在1000人以上，各手执白旗一面，上书“光复汉室，还我河山”字样，欢呼之声震人耳鼓。

进城后，即就原黄州协台衙门成立鄂东军政支部，布告安民，宣传革命宗旨。

三　支部组织

军政支部成立后，公推黄楚楠、彭汉遗为正、副主任，李长庚暂代黄防营统带，姚某、徐某、马某为黄防营三管带。熊持中任支部总务科长，涂觉民任军事科长兼教练，刘子通任政务科长兼交际，方孝正任军法科长，黄巨川任筹饷科长。同时委前黄州府经历高孝炜（福建人）为黄州知府，前戎粮厅县丞谢琦（湖南人）为黄冈县知县（因该二人赞成革命），其县丞遗缺推左项辅承乏。即用支部名义通令黄州各属，一切照常。并将“光复”情形电告省垣，随由黄楚楠、彭汉遗二人西上，向鄂军政府面陈一切。此八月二十六、

① 胡祖舜《武昌开国实录》谓：黄州二十三日全城骚动，兵变索饷，左项辅曾参加庚子自立军之役，同情革命，召驻军代表商谈，慨允筹支欠饷云云，与此有异。本文作者云：胡著殊不实。当兵变索饷时，左避不敢出，支部成立始委以县丞，何来筹饷之说。

七（10月15、16日）事也。

黎都督以黄州成立鄂东军政支部，名义庞大，不以为然，乃饬令改为黄州军事办事处，令到遵行。除正、副主任仍袭旧名外，其他科改为股，以准备作战，人员不独未减，反而增多。黄属青年有志之士，知武昌“光复”，纷纷前来投效，于是另设一招待所，储材待用。并就投效人员中拔其优异者，分用于知府、知县两署；又就其学识兼长者，分派各乡做宣传工作，以免不肖之徒故意造谣，煽惑人心。幸一般民众深明大义，无有骚扰及暴动情事。

四　工作情形

武汉首义10余日，黄州以下至九江止，江面上时有小股匪类拦路劫抢，当由李长庚率领黄防第二营前往分途剿抚。武昌县属之水师以及田家镇之炮台均一一就范，无越轨者。沿江商务间有歇业者，李长庚往各商埠向商民开导（如黄石港、蕲春、武穴等处），次第恢复，照常营业。影响所及，江西之九江旋亦宣告独立，时在农历九月初旬。李长庚于完成任务后率队返黄州防地。

湖北官钱局发行之官票（又名台票），向在江西省之九江以及安徽省内沿江各商埠流通无阻，信用昭著。一般商民见武汉首义，南北军兴，诚恐战事延长，于贸易大有妨害，致湖北官票滞于行使。此项官票关系湖北军饷甚巨，乃由黄州军事办事处电陈鄂军都督府请示办法。黎都督复电：令李长庚驰赴九江与马毓宝都督商洽，凡向来行使之鄂省官票，各商埠照常通用。一经晓谕，结果圆满。

李长庚奉令往九江洽商官票流通期间，其黄防营统带一缺由黎都督另派都督府参谋张济安（黄冈人）接充。张按照李统带原定计划进行，军民融洽，闾阎安堵。

时北伐军右翼总司令李烈钧由江西统率大军移驻黄州待命，一切供应均归黄州军事办事处负责，数月之久，从未发生异议。迨南北和议成，李部始陆续返回江西。

黄州“光复”，军政支部和军事办事处相继成立，其任用员属全由推举；每一政令行使必经开会决议，绝无独断行为，总期事之有成。此种办法，确有民主雏形，是以黄属各地，从未见有以兵戎相见者，实为湖北各属所仅见。所需饷糈及各种用度，纯赖税款收入。首义时，黄州江岸泊有盐商船只数十，无不自动乐捐，以供开支。

1912 年 2 月底，黄州军事办事处奉黎都督令撤销。

（选自全国政协文史和学习委员会编《亲历辛亥革命》，中国文史出版社 2010 年 12 月第 1 版）

湖北蕲州起义前后

田　桓*

辛亥农历八月十九日，武昌工程营熊秉坤以第一枪与金兆龙、方兴等发难起义，一举成功，震动全国。二十日下午，从下水船传来武昌起义胜利的喜讯，蕲州革命同志莫不喜跃，互传捷报，全城一片欢腾。

当时蕲州的同盟会会员通过1908—1909年的宣传和活动，已在地方士绅、军队、帮会和士、农、工、商各界，打下了相当厚实的基础。我对反清革命素具信心，加之性情急躁，所以一听到这个消息，就想奔上城楼，把“光复”义旗升起，同盟会和孝义会同志张浩、方伯芸等立即阻止说：武昌起义是我们意料中事，胜利是注定的，

* 田桓：时为蕲州高等学堂学生。
新中国成立后，任民革中央委员，上海市人民政府参事室参事。

但我们要慎重，不能鲁莽，再听听消息也来得及，还有好多工作要做呢。我听了他们的话，就转而先做一些预备工作。首先到城防保安队联络，该队都是家乡子弟兵，是缙绅们的御用工具，经过联系，都表示唯命是从。再到商会和当铺，商会会长俞肇周、当铺经理吕鑫泉，同我一直有联系，也表示乐从。我要他们供给各种布匹，他们立即派人送到指定地点。我连夜嘱咐同盟会员裁缝工人田发周，发动缝工赶制了两面白布大旗和成百顶鸭嘴帽备用。

二十一日，从武昌下来的人更多，我们对起义的情况有了进一步的了解。尤其是陆军小学的章某来我们高等学堂，更讲得有条有理。我们学堂本来就是蕲州同盟会的根据地，师生闻之，莫不额手称庆。独堂长杨子绪呆若木鸡，大约是他平时一直痛骂“乱臣贼子田桐（我的哥哥）、居正”，所以不免有大祸临头之感。其实他不知道，从日本归来，同他同吃、同住、同教课的汪应蟾、朱嘉蔚原是乙巳同盟会员，已在他身边搞了多年地下活动了。

二十二日一早，我带领几位同学，奔向北门和西门（北门是往来最繁盛的一个要道），同时把新制的两面白旗在城楼上高高升起，发布了蕲州“光复”的信号，还有人宣传马上就有大批革命军开到，借以鼓舞人心。这时，同学们在北门和西门，剪掉不少过往行人的辫子，每剪一个都送一顶鸭嘴帽。我趁热打铁，立刻奔到县衙门把县太爷和四衙门的辫子剪掉，并发给他们鸭嘴帽各一顶，他们慑于革命声势，都照戴无误。其时，师爷骆文卿，因受他儿子骆家伦（我的亲密同学）的影响，更表示高兴。可是他经不起考验，不久清廷派冯国璋统兵南下，汉阳陷落，骆文卿惊恐自杀，临死前在黑板上大书“田桓”二字，意思是被田桓胁迫所致。当时有人嘲笑清朝统治说，全国只有两个半忠臣，这位骆文卿可算得上是半个。

蕲州的“光复”，既未用兵，又不流血，仅靠升起两面白旗，剪掉若干条辫子，就易如反掌地获得成功，天下岂有这样一帆风顺的便宜事？然而外国有句谚语：“罗马不是一天建成的”，中国也有一句谚语，叫作“种瓜得瓜，种豆得豆”。果实是从种子中得来的，蕲州“光复”的种子是由同盟会播下的，而同盟会的种子则是太平天国革命留传下来的。因为有了这种合乎人群需要的因素，推动了大势的归趋，一旦武昌倡义，影响所及，自就发生一连串的连锁反应，所以，蕲州的“光复”，决不能归功于某一个人，不过我那时年轻气盛，在革命前辈的教诲和同志同学们的支持鼓舞下，奋勇先登，确是生平得意之事，至今回念，也还引以自豪。

这里得倒插一段往事：这年农历三月下旬，居正、焦达峰由武汉来蕲州，意欲去洗马坂达城庙盗取金菩萨（当时武汉同志经济困顿，共议筹款方法，居忽忆及达城庙的金菩萨，必欲盗之），路过我家，想打听途径。我母亲好客，当晚杀鸡为黍，热情招待。次晨，我为他们介绍了方向，并送至瓮门。途中，我轻轻地问：“三哥（居行三），我们今天说是‘排满’，明天说是驱除鞑虏，到底哪一天能把‘光复’的旗帜升起呢？”居笑而不答。我再问，还是不答。我又盯着问，他才说：“正在准备，不会太远。但你要遇事留心，胆要大，心要细，不要事一临头，就手足无措。”居的话虽简单，但使我壮了胆量，增强了信心。农历四月初一或初二日，我们学堂里突然传来黄克强三月二十九日攻广州失败的消息，但由于有了思想准备，所以并不因此气馁，相反地更加激励了斗志，敢作敢为。

同盟会成立不到四年，因清室对外丧权辱国，对内敲骨吸髓，因而人心所向，鄂东蕲州、蕲水、黄梅、广济一带，成为同盟会的世界。蕲州同盟会员在1905年从日本接踵归来的，除田桐去新加坡主持《中兴日报》外，计有陈乾（字肇乙，我父亲的学生，我长兄田桐的盟兄，行二）、詹廷云（字一卿，田桐亲家）、朱嘉蔚（字凌峰，我父亲的学生）、汪应蟾（字寿千，汪履之的胞侄），以及地方绅士张焕华（字准程）、张步蟾（字逸云）等，还有革命激进派黄侃（字季刚）、蔡汇东（字达生）之流，这都属“洋革命”，还有“土革命”（张难先语）。如文学社、日知会、共进会（乙巳后改称同盟会）的詹大悲、查光佛、陈志纯、李筱渠等。这些人都是当时蕲州声势赫赫的英豪，一举一动牵动大局。尤其是这些人在蕲州各方面都有千丝万缕的社会关系，因此蕲州高等学堂成为同盟会的大本营，蕲州劝学所（相当于后来的县议会）成为同盟会的庇护所，高等学堂堂长杨子绪虽然是革命的障碍,但在同盟会整个革命气氛下，他根本起不了多大的作用。

蕲州还有两支潜在的力量，一是缙绅，一是师友。劝学所是缙绅集会的场合，所长陈筱丹（陈志纯的父亲，举人）掌握大权，还有汪履之、童海珊、管竹泉、陈通生（田桐盟弟，行十）等，其中除陈通生外，其余都是蕲州乙巳同盟会的长辈，但他们对同盟会员言听计从。再说师友，我父亲名士莲，号又青，太平天国军门吕松年之婿，是蕲州著名经史学家，教授诸生三四十年，从游者先后数百人，悉有成就，当时称为新学派学者。他的门人弟子中，不少人参加了同盟会，即使并非会员，也都对革命有不同程度的贡献，声势相当浩大。我父亲是一个乐观主义者，对反清革命具有信心。当我长兄田桐在日本因出版《亡国惨记》触怒清廷，与同志等18人同时被捕时，他听了若无其事，毫不介意，并写对联歌颂之，曰：“焦桐（指长兄之名桐）名气传天下；文梓（指长兄之号梓琴）奇才压海东”，还说“此田氏克家儿也”。蕲州缙绅和师友对革命确曾起了不少作用，其他如孝义会、洪门等帮会组织，也作出了一定的贡献。

乙巳同盟会员除田桐在外地外，留在蕲州的只有汪应蟾等6人，他们十分谨慎地暗中进行活动。较为明显的是共进会、日知会、文学社3个组织，成员有查光佛、詹大悲、范班侯、李筱渠、陈志纯（筱丹子，中华人民共和国成立后为第一任湖北高等法院院长）等，其实皆同盟会的外围组织。更加激烈而露骨的要算黄侃和他领导的孝义会，其次是蔡汇东，即乙巳年在《二十世纪之支那》上评论辽东半岛一文的作者，他们两人在当时大有天不怕、地不怕之概。

黄侃号季刚，小号悦生，其父黄云鹄（字祥云），同治年间曾任四川布政使，季刚是他的小儿子，排行第十，故蕲州人称呼为十少爷。他是章太炎弟子，为我国汉学家中的第一流人物，为人狂诞不羁，较之太炎有过之而无不及。宣统年间，他年虽不满30岁，但就蕲州世家辈分来说，就是学界七八十岁的老人，也要算他的后辈。我当时看到他给这些老人作书，皆称世讲、姻世讲，更有再世讲等。但他对我父亲则称老伯。要严格衡量，我父亲辈分实际要比他晚一辈，盖他既重我长兄是同盟会创始人之一，又视我长兄为他的革命战友，他虽非同盟会员，但自始至终忠于为同盟会做工作。蕲州“光复”后不到一年，有些孝义会会员在地方上恃势闹事，经士绅们挽请我父亲向黄季刚说项，黄就把它解散了，可见他对我父亲的尊重。他的名字，正如其人，名副其实的一个“刚”字，既刚强，又刚正，正气凛然。我们高等学堂里存在着阻碍革命的大钉子，就是他一手拔掉的。

蕲州高等学堂堂长和监学都是由省里派的，其余教师则由本州聘请。堂长杨子绪是一个腐朽透顶的顽固分子，监学许待珍是个看风使舵的人物。1908 年，光绪与慈禧先后逝世，清廷宣布同时举行所谓“国丧”。堂长杨子绪如丧考妣似的，严令全堂师生“哭临”，必须匍匐在地，“苫块昏迷”，不得稍有动弹。试想慈禧、光绪是革命的对象，他们之死，正是我们的一场喜事，教我们如何哭得出？因此，我虽趴在地上，却是不哭而发冷笑，不时地还要搞各种各样的小动作。杨看在眼里，事后咆哮不止，要将我立即开除，所有教员包括监学在内，都劝说年轻学生顽皮是平常事，顶多记大过一次，开除是不恰当的。但杨一意孤行，竟于翌晨高悬虎头牌于揭示处，将我开除，全堂哗然。当时黄侃住在学堂前面黄氏公屋，得到消息后，不到半小时，就怒气冲冲地奔到学堂，将开除牌摘下，砸得粉碎，大骂老贼而去。这时学堂虽然议论纷纷，我还是决心卷起铺盖，准备离开学堂去闹革命。汪应蟾教师（他是同盟会到学堂最早的教师）对我说，你不要搬，仍然上课好了。又吩咐我去劝学所，向陈筱丹先生说明一下。我遵命去陈处，他早已知道内中情况，因而对我的陈述，报之一笑，仅说：“你回去上课好了。”该所就在学堂隔壁，陈立刻赶到学堂，与杨交谈，内容如何，我不了解，但自此以后，杨既没有收回成命，也没有对我作任何处分，我就这样糊里糊涂地照常上课。

一波未平，一波又起。没有几天，我想掀起剪辫风，以身作则地先把自己的辫子剪掉。杨堂长一肚皮的气，尚未平息，对此犹如火上加油，更加恼火，但他已尝到前几天的味道，只记大过一次以泄愤。不料风声所播，又给黄侃知道了，他虽是深度近视眼，但从来不恃拐杖行路，不知这一天从何处找来一根又粗又大的黑棍子，急匆匆地赶来学堂，将记大过的虎头牌一下子砸得粉碎，并且大吼大叫说："你今天到了小人国，就欺小人。若是明天到了穿胸国，岂不要穿胸吗？"杨子绪看到来势汹汹，吓得满身发抖。黄一连冲了堂长室前后三间，没有见到杨的影子，其实杨早已爬进工友的床脚底下最黑暗的一个角落里。从此以后，杨的威风扫地，革命的气焰相应地大大升高。杨一向把我看做眼中钉，千方百计找我的岔子，想把我赶出学堂，经过黄侃给他这两次打击，也只好乖乖地放下屠刀，学堂障碍就此拔掉，为蕲州"光复"创造了条件。蕲州"光复"在表面上看起来是轻而易举，其实经过成千上万人的共同努力，否则哪有这样一帆风顺的事。当时人们总说我在蕲州起义，其实我一个人哪有这么大的力量。

蕲州在辛亥八月二十二日响应武昌起义后，大约过了10天左右，才知道熊持中、熊十力、方孝正等"光复"了黄州（今黄冈）。我看蕲黄一带风平浪静，似再无事可做，便一心一意地怀着自豪的心情，到武昌进谒起义都督黎元洪，企图趁此机会在武昌崭露头角。原想抵汉口时，先到汉口军政分府访问老友詹大悲和他的秘书温楚珩（武昌起义的第二天，温楚珩往夏口迎大悲出狱，组织汉口军政分府，由大悲负责，何海鸣为参谋长，温楚珩为秘书），后因时间过于紧迫，无暇及此，径即渡江到了武昌。进城时，发现城楼上悬挂许多人头，因此又深以蕲州起义既不放枪，又不流血，完完整整地一锅端，感到骄傲和光荣。进城后，下榻蕲州学社。该社同人听说我来，都涌到客厅来迎接，一时，起义好汉、起义英雄之声，不绝于耳。

第二天上午，至都督府，拜会黎元洪。司阍者持我名刺告黎，此人就是田桐之弟田桓。在延见时，黎丝毫没有前清官僚习气，原来他心中有数，知道我是居正、黄侃最支持的人，因此对我特别礼貌，表示欢迎。交谈中，先与我叙家常，然后问及蕲黄“光复”情况。彼此倾谈，极为融洽。他还说：既来之，则安之，你最好到各处看看，多玩几天。在辞退时，亲手给我一条 5 寸长、3 寸宽的大红缎子徽章，上面写着“各部行走”4 个大字，盖上都督府大印。我立刻佩在胸前，出门时，重重警卫都持枪致敬，以后至各部通行无阻。当天请蕲州学社派人领我到军务部会见我父亲最得意的学生军务部司长刘懋哉。刘在几天中，先后介绍我与武昌各路起义将领蔡济民、邓玉麟、吴醒汉、李翊东（新中国成立后任湖北省政协主席、湖北省民革主委）、黄申芗等数十人见面。此行获得一个最可靠的结论，才知道过去蕲州同盟会的活动，是武昌文学社、共进会、日知会先后派人协同蕲州同盟会会员组织起来的（我入会的介绍人也是文学社查光佛等）。我在武昌住了不到半个月，仍回蕲州，正值蕲州高等学堂丁班忙办毕业，我就是这班学生，毕业无需考试，毕业文凭由各人自己填写。

这时候我认为一切都已有着落，南京临时政府已告成立，孙中山先生就任大总统，就想去南京观光，当铺经理吕鑫泉（交换书画的朋友）和药店老板韩春生等认为我前程如锦，因此特别热情，为我筹备行装，因为天气渐渐寒冷，便送来棉袍、棉马褂、皮袍、皮马褂和其他许多日用品。我本来是一个搞假书画、闹革命的穷学生，突然打扮成荣华富贵、翩翩公子的样子，居让芗（居正长兄）看见了，严肃地斥责说：“满身绸缎，你看像不像革命起义的人？”

过了几天，买棹东下，送行者纷至沓来，宛如山阴道上，应接不暇。抵达南京，驱车径至内务部。次长居正见了我高兴地说："老四（我在弟兄中行四），你来了。"他一面询问蕲州许多朋友的情况，一面吩咐庶务马伯援（乙巳同盟会员）为我在他房间内安设床铺。其实，我长兄田桐的房间，就在隔壁。居喜欢东谈西问，每到深夜，还要谈洗马坂、达城庙盗金菩萨，乃至黄季刚斗杨子绪的一些旧事。他对我兴致很高，隔几天他自动领我去总统府，引见中山先生，并陈述我在蕲州积极参加同盟会活动和起义经过。孙先生极为赞赏地说，"好！好！不愧为少年英雄！"这是我第一次见到中山先生。又隔几天，教育部委我为该部某科科员，居正和我长兄皆曰不可，后由范班侯（介绍我参加同盟会者之一）向我长兄和居正建议，送我至日本再求深造，由长兄与居正出资，于农历十一月底东渡日本。因为手中有钱，经过上海时，置办了西装革履。不巧，在三洋泾桥碰见石瑛（号衡青，我长兄盟兄，行六），对我大骂："你是到日本求学的，不是到英国当绅士的，这算什么样子？"居让芗、石衡青对我先后两次教训，使我深有感触，帮助很大。

1913年，孙中山先生以铁道总裁名义考察日本，留日东京学生总会派我与黄申芗（武昌起义将领）为代表，去横滨欢迎。中山先生对我在蕲州起义，印象犹深，因此任我为随从秘书，自此，我就在孙先生身边侍从。

（选自全国政协文史和学习委员会编《亲历辛亥革命》，中国文史出版社2010年12月第1版）

辛亥老人忆武昌起义

喻育之 刘心田 戴炳山 赵师梅
袁学彬 祁楚材 傅希奕 范志鹏*

一 在武昌第一次见到孙中山先生

我在辛亥起义前，考入武昌的湖北陆军测绘学堂，并加入了“共进会”。当时测绘学堂加入共进会者，有方兴、李西屏、喻义（育之）、

* 喻育之：时为陆军测绘学堂学生。
新中国成立后，任中南军政委员会委员，武汉市政协常委，武汉市人民政府参事室参事。
刘心田：时为湖北汉口《商务报》排字工人。
戴炳山：时为湖北新军第二十一混成协工程第十一营士兵。
赵师梅：时为湖北武昌中等工业学校学生。
新中国成立后，任武汉工学院教授兼电机系主任，湖北省政协委员。
袁学彬：时为湖北武昌武郡高等小学堂学生。
祁楚材：时为湖北新军第二十一混成协第四十二标第一营士兵。
傅希奕：时任陆军测绘学堂学员班正目（班长）。
范志鹏：时为湖北新军第八镇第十六协第三十一标第二营左队士兵。本文原标题为《辛亥老人忆首义》。

王经武、胡联侨、闵燮卿、李南星等共百余人。从那时起，我开始看到一些传播革命思想的书刊，如《扬州十日记》《嘉定屠城记》《猛回头》《警世钟》《湖北学生界》等，从而萌发了革命思想，以后进一步阅读同盟会“驱除鞑虏，恢复中华，建立民国，平均地权”的政治纲领和孙中山先生的一些演讲记录和文章，开始树立了对革命主义的信仰，奠定了对孙中山先生无比敬爱的感情。

辛亥首义那天，我和测绘学堂的革命同学，参加了进占楚望台，控制中和门的战斗，随后又参与了拉锯似的阳夏之战。军政府成立后，设立了湖北测绘局，朱次璋为局长，我和范义侠、尚鸣鹤、李南星等为局员。

1912 年 4 月，孙中山先生应黎元洪邀请来到武汉，据随行的胡汉民说：中山先生这次来武汉有三大感情：一是调查战迹，凭吊忠魂，即对于武汉革命军人的感情；二是伤痛瓦砾，督促建筑，即对于武汉商人的感情；三是哀念流离，抚恤疮痍，即对于一般国民的感情。

4 月 10 日，湖北军政界在武昌黄土坡举行欢迎孙中山先生大会，参加大会的约 300 人。我怀着万分崇拜和思慕孙中山先生的心情，参加了这次大会。

孙中山先生身着长袍马褂，神采奕奕地来到会场，受到全场的热烈欢迎。掌声雷动，经久不息。随同的有章太炎、居正、庞青臣、谷钟秀、程明超等。

这天，我感到非常幸福，全神贯注地聆听中山先生的演说。孙先生首先说明这次革命是国民革命，是为国民大多数谋幸福。凡事应以人民为重，军人与政府官吏，不过是国家的一种机关，目的是为人民办事。

中山先生在讲述共和与自由的真谛时说：共和与自由，是为人民全体而讲，非为少数军人与官吏所讲。官吏与军人，是人民的公仆，受人民的供应。倘此类少数人借口共和与自由，破坏纪律，国家机关即不能统一；机关不能统一，必然事无专责，形成一盘散沙，又何能为国民办事？

孙先生说明他辞职的原因时讲："这次解职，外间传说是功成身退，此实不然。身退诚有之，功成则未也。我之解职有两个原因：一在速享国民之自由；二是尽瘁于社会上的事业。我国种族革命和政治革命俱已成功，惟社会革命尚未着手。在未统一以前，政治军事皆极重要；而统一以后，重心应是社会问题，所以社会事业，在今日非常紧要。"

最后，中山先生着重地阐述了"功不必自我成，名不为自我居"。这两句话对待个人功利问题的观点，真是涵义无穷，发人深省。

我记得很清楚，被誉为我国"国学大师"的章太炎先生几次用双手拍着大胯，称赞不已。

（樊明　整理）

二　彭刘杨三烈士就义目睹记

辛亥武昌首义前，我是汉口革命机关报《商务报》[①]的一名青年排字工人，那时我的名字叫刘福林。一天，报馆休假，我和一个

① 《商务报》1910年被清廷查封。1911年文学社成立后出版《大江报》，进行宣传工作。

朋友到武昌去玩，走到紫阳湖，清兵不准我们通过，我们不接受，几个清兵就对我们拳打脚踢，那个同伴吓跑了，我被打得头破血流。后来，还是附近一位老太婆用香灰给我敷伤的时候告诉我：紫阳路有清廷的“皇殿”，是禁区，旗人可以去，汉人是不准通过的。我想，这是中国的地方，旗人、汉人都是中国人，为什么旗人可以去，汉人就不行？又气又恨。回到报馆，说给报馆负责人詹大悲听了；经过他的教育，我才懂得，这是封建专制和民族压迫。只有革命，才能推翻这种不平等的专制统治。随后，他把我带到武昌小朝街 85 号，介绍我会见刘复基，从此加入了革命团体“文学社”。

首义前夕，文学社与共进会两大革命团体联合起来了，成立了革命军总指挥部（设在武昌小朝街 85 号文学社机关内），推蒋翊武为总指挥，王宪章为副总指挥，孙武为参谋长，张廷辅、刘复基、蔡济民、彭楚藩等为军事筹备员，杨洪胜以开杂货店为掩护，担任交通。另设政治筹备处（在汉口俄租界宝善里 14 号共进会机关内），推胡瑛、杨玉如、杨时杰、詹大悲、何海鸣等为政治筹备员。并且推派居正、杨玉如赴上海，迎接黄兴、宋教仁、谭人凤来汉主持一切。从这时起，革命党人都很活跃，刘复基也脱离了军队，经常在指挥部工作。这时，我担任了指挥部的交通员，每天奔走于新军各标兵营之间，传递文件，沟通消息。有时刘复基亲自外出活动派我跟在一道。我们约定的暗号是：我打扮成一个串街走巷的小裁缝，袖子上别很多缝衣针，与他一前一后地保持一段距离，观察他的神情；他手里夹着香烟，猛吸一口，就是叫我向他靠近，香烟一丢，就是叫我赶快走开。就以这种方式掩护他进行工作。

辛亥年八月十八日（1911 年 10 月 9 日）上午，我正在起义军指挥部里，蒋翊武和刘复基在楼上研究起义时间问题。蒋翊武接到黄兴来信，说各省联系尚未打通，起义时间要推迟到下个月。刘复基认为，武汉形势紧迫，事不宜迟，主张立即行动。两人争论之后，蒋翊武派人将新军各标营中革命党代表请来开会。代表们一致要求及早行动。因为外面谣言很多，一旦事机败露，必将束手就擒，全功尽弃。蒋翊武还是有些犹豫，刘复基激动万分，甚至说蒋翊武“怕死”。蒋见群情如此，只好叫代表们各自先回军队准备，听候命令行事。

各营代表散去以后，机关正吃午饭，政治筹备处的邢伯谦气喘地从汉口赶来，惊慌地说：“不好了，汉口机关出事了！”接着，他把孙武在汉口宝善里装制炸弹失慎，受伤入院，俄国巡捕已将起义文件、同志名册全部搜去等等经过说了一遍。蒋翊武当场泪下，刘复基大声激愤地说，事到如此，哭有何益，不如今夜起义！话音刚落，邓玉麟正从汉口赶来，紧接刘的话尾，对蒋翊武说：“你是我们公举的总指挥，请你下命令吧！”于是蒋翊武断然地说：“刚才我已吩咐各标营准备，就下令今晚起义吧！”这时已是下午5点钟。

下达的起义命令，对各标营的任务和时间，都作了详尽指示。命令最后一条是：“予（蒋翊武自称）于12时前在机关部，12时后在谘议局。”同时蒋翊武还对传送命令的人口述：“上午主缓进是谨慎，下午主急进是时机紧迫，不得不动手。命令到达，期在必行。彼此是同志，是朋友，但军事行动是要重威信的。”嘱向各营代表口头传达。

蒋翊武下达起义命令后，随即亲自去找副总指挥王宪章，叫他同彭楚藩、杨洪胜分向各处赶送炸弹；刘复基仍留在指挥部里。天刚黑，刘复基去找龚霞初，一同从龚家出来，路上遇到张廷辅。3

人正在交换情况，发现有人盯梢，刘、龚二人立即分途从小巷绕回指挥部。接着王宪章来了，王问："炮队的命令是谁送去的？"刘说："是邓玉麟。"王说："我去接他回来。"刘复基对他说："留心，刚才我们发现有人盯梢！"王宪章说："我穿的是军装，怕什么！"边说边走了。

这时，刘复基打开留声机听唱片，我坐在他的身边。不久，彭楚藩、邢伯谦、蒋翊武、陈宏诰、王宪章等陆续进来。时间已是晚上9点了。蒋翊武对大家说："一切都布置好了，只听炮声行事！"这时大家都是一副严肃的坚定的神情，谁也没有吭声。不料突然有一人推门而入，神色仓皇地说："坏了，杨洪胜出了乱子，他送炸弹去营盘，被旗兵盘查，炸弹溜下来，炸开了！旗兵追捕，他边跑边丢炸弹，只怕很难跑脱……我看到工程营背后，有一排旗兵向十五协那边跑步过去！"

屋子里顿时紧张起来。彭楚藩镇定地说："不要紧，快11点了，马上就要动手，怕什么！"并对蒋翊武说："翊武，你把攻守地图再看看，好马上指挥。"又回头对牟鸿勋说："老牟，请你拿笔把我们的名字都写下来，恐怕我们战死了，也好落个名嘛！"一边说一边从衣袋里掏出一包现洋放在桌上，说："我身边还有几十块钱，大家分，准备打起来了，买点零食充饥。"刘复基首先拿了一块钱，叫我去买香烟。我刚要出门，忽然门口传来一阵急促杂乱的人声，蒋翊武听见了，在楼上喝问："干什么的？"外面回答是："会你老爷的！"蒋一听知道出了问题，转身对大家说："事情到了这个地步，不要慌，准备炸弹！"刘复基紧接着说："我打头阵，你们随我来。"边说边拿了两颗炸弹，飞奔下楼，对着迎面来的敌人扔去，可是事出意外，炸弹不响，楼上又扔下几枚，仍然不响。原来是孙武装炸弹失慎的消息传来以后，有人把存放的炸弹闩钉抽了；而这时匆匆应战，又忘记装上。眼看敌人蜂拥而来，“戈什”（满语，清朝高级官吏的侍从护卫）和警察首先捆住了刘复基。

楼上的人一看炸弹失灵，纷纷从屋上逃跑，跳下墙头，又被警察包围，彭楚藩机智地喊道：“我们是来捉人的！”警察拿灯一照，见彭穿的是宪兵制服，没有追问。陈宏诰认识警察中的熟人，打了个招呼混过关去。但是大批“戈什”跟着围上来，不分青红皂白，将彭楚藩、蒋翊武、牟鸿勋、龚霞初等一一逮捕。这时，街上人声鼎沸，老百姓纷纷涌来观看。蒋翊武因为是一身农民打扮，一路大叫“我是来看热闹的，你们捉我干啥！”到了巡警分署，蒋翊武乘警察打电话，一时疏忽，夹在人群中溜走，彭楚藩、牟鸿勋、龚霞初则被押送湖广总督衙门。

清兵包围指挥部时，我正在楼上准备外出，因为年轻个子小，乘机躲在楼梯下，用装炭的破篓子和撮箕扫帚遮盖，未被发现，等到清兵走后，我就混杂在看热闹的人群中观察动静。

深夜三四点钟，也就是 10 月 10 日凌晨，被捕的革命同志都押到了总督衙门。总督瑞澂派了他的亲信铁忠和汉阳知府双寿、武昌知府陈树屏 3 人会审，首先提彭楚藩。铁忠叫他跪下，他坚持不跪，昂然挺立。尽管这个大会议厅里杀气腾腾，阴风惨惨，彭楚藩视若无睹。铁忠问他的姓名，是否革命党，为什么造反？彭楚藩从容不迫，字字铿锵地回答：

“我叫彭楚藩，是革命党，我要革命，要挽救中国，要推翻卖国政府。”斩钉截铁，声震屋瓦。铁忠气得拍案大叫：“带下去，带下去……”彭楚藩连声高呼：“你们的末日到了！革命党是不怕死的！杀不完的！……”

第二个被提审的是张廷辅的夫人。她就住在小朝街指挥部楼下，以房东面貌出现，掩护革命活动，做过很多工作。铁忠一再追问张廷辅是不是革命党，逼她交出革命党人名单和造反计划，都被张夫人机智巧妙地顶了回去。

铁忠无可奈何，只得提审刘复基。照例先是一番威胁，急于想从刘复基口里捞到名单和计划，哪知道刘复基更是理直气壮地干脆回答：

“我是革命党，要杀就杀，何必啰唆！”

铁忠与双寿、陈树屏嘀咕了几句，就叫戈什将刘复基绑出辕门。刘复基一直破口大骂，走到刑场还不断高呼：

“同胞们，努力呀！……革命就要成功了！”“我是死得其时，得其所哉！得其所哉！”

接着，张廷辅夫人再被提审，铁忠仍然一无所获。于是改讯杨洪胜。铁忠一伙一见杨洪胜脸部被炸弹硝烟熏得焦黑，浑身血迹，只是低声耳语一会，立即叫戈什将杨洪胜推向辕门。这时大厅内外只听见杨洪胜引吭高呼：“好哇，只管杀吧！你们都没有几天了！”“同胞们，都起来革命呀！为了救国，我们死得值得！”

三　军营杀官造反　进攻督办衙门

辛亥年（1911 年），我在湖北新军二十一协辎重工程十一营当兵。八月十九日（10 月 10 日）早晨，军营中不断传来情况紧急的消息：彭、刘、杨三烈士就义；汉口、武昌的革命机关已被破坏；

瑞澂下令全城搜捕革命党……因此，革命军人个个心急如焚，无不盼望及早发难，拼他一个你死我活。

前一天，营中已奉命将子弹全部收缴，士兵一律不准外出。但我们的正目（正班长）李鹏升事先已通知大家，我们的任务是，听到南湖一声炮响，立即集合，并在营中放火，接应炮队进城。所以这天（八月十九日）晚上，我们几个人悄悄地溜到熊家沟一家槽坊楼上喝酒，大家约定听到炮声后，不要慌乱，要听从李鹏升的指挥。大约在晚上 8 点多钟，我们听到了枪声。原来是工程八营有个排长查哨，发现多人不在房中，又见正目金兆龙和程正瀛二人正在擦枪，顿生疑惧，一面大声责斥，一面夺枪。这时，金兆龙大喊道："兄弟们，还不赶快动手！"话音未落，程正瀛猛地在排长脑后击一枪托，排长受伤逃跑。我们一听到枪声，立即赶回营房，正碰上测绘学堂代表方兴向营房院内投一炸弹，虽未伤人，门窗玻璃多被震碎。督队官阮荣发和队官黄坤荣赶来弹压，被大家包围，当场杀死。随后搬出子弹分发，缠上白布条袖章，随同工八营熊秉坤一起奔上楚望台。

这时，首义各部大多到达楚望台集中，然后兵分 3 路，围攻总督衙门。第一路由紫阳路前进；第二路由水陆街，经过长街迂回；第三路由熊秉坤带领我们，由武泰闸向保安街主攻衙门正面。沿途与少数清兵遭遇，均被我们一一歼灭。这时，南湖炮队占领了凤凰山，向总督衙门开炮，因天黑有雨，炮弹多未命中。不久，忽见王府口火光烛天，总督衙门已被照得通红，炮弹接连命中。瑞澂由墙洞中钻出，逃上兵舰，张彪也逃往汉口。战至拂晓，敌教练队退守大堂顽抗，在我们奋力围攻下，终于大部歼灭，少数缴械投降。

第二天起义军领导人在阅马场谘议局开会，我们在街上巡逻放哨。当天下午，我们看到安民告示，知道军政府已经成立，黎元洪当了鄂军都督。

首义前，武汉的新军，有的去直隶（即河北）打秋操（演习）未回；一部分随端方开往四川；有的派往铁路沿线护路；所以实际起义部队人数并不很多。10月13日、14日两天，军政府公开在大街上招募新兵，报名者极为踊跃。10月16日，起义民军编为5个协，李鹏升在第五协当了营长，我也升了正目。当南下的清军刚刚在汉口刘家庙下车，立脚未稳，就被民军击溃，并且缴获了敌军一列火车的武器粮食。随后与清军在三道桥打了一仗，歼灭敌军四五百人。不料后来在对峙的几天里，民军内出现了汉奸，张景良反正后，又叛变投敌，民军枪弹后援断绝，加以清军兵舰助战，炮火猛烈，民军只得节节后退；汉口终于重落清军之手。

汉口失陷后，我们又退守汉阳，在汉阳坚持了个把月，因连续作战，伤亡颇重。后来我们转移到黄陂、孝感休整，营部驻在云梦。不久，南北停战议和，清朝政府覆灭，中华民国成立，孙中山先生当了临时大总统。我们这些首义前的南方老兵就奉命退伍，复员回家了。

（志豪　俊芝　整理）

四　亲手绘战旗　首竖武昌城

1911年10月10日午夜发动的武昌起义，经过一夜的拼死战斗，一举攻占了湖广总督衙门。总督瑞澂，第八镇统制张彪狼狈逃窜。天亮以后，武昌全城已为起义军控制。这时的武昌街头，只见左臂缠着白布的革命军，在搜索残敌。

正是10月11日中午刚过，突然武昌汉阳门和钟鼓楼前欢声雷动，人如潮涌，原来是汉阳门城楼上和钟鼓楼顶，各竖起一面十八星大旗，迎风飘扬。这两面旗帜标志着孙中山先生领导的革命，虽屡次失败而百折不挠，终于在武昌成功了！

早在1911年5月某日，辛亥革命主要领导人之一、又是革命团体共进会领导人的刘公，在他的昙华林住所，把我和陈磊（陈潭秋的哥哥）、赵学诗（我的胞弟）3个共进会成员，邀到他的寓所，要我们绘制革命战旗十八星旗，以备起义使用。我们3人当时就读于武昌中等工业学校，陈磊是机械系学生，学诗与我是电机系学生，我们都能绘图并有绘图仪器。刘公说明了尺寸要求，并向我们阐明了图案的含义：红地和黑九星象征“铁血”，就是说革命必须使用武力，以热血“驱除鞑虏，恢复中华”；在黑九角星内、外角上共有18颗金黄色的圆星，代表关内18个行省；黄色表示为黄帝子孙，意味着这是一次民族大团结的革命。同时，要求我们找一家可靠的裁缝店，秘密缝做20面。经革命党人吴玉麟的介绍，于草湖门（现得胜门街）附近，找妥一家裁缝店，在每天打烊之后，夜深人静时偷偷地缝制。直到起义前半个月，做好了18面，另外两面，因旗杆套未做好，所以我们先将这18面，送到小朝街85号起义军总部。

10月9日，革命党领导人之一的孙武，在汉口俄租界宝善里14号共进会机关内，装制炸弹，不慎爆炸。俄国巡捕闻声而来，大肆搜查，将革命党的有关文件、书信、名单统统抄去。同天晚上武昌小朝街总部被抄，10日凌晨，彭、刘、杨三烈士就义，蒋翊武出逃……消息传开，革命党人，人人自危，就连缝做十八星旗的裁缝店老板，也弃店而逃。

武昌首义宣告成功，代表清朝封建统治的黄龙旗，从此在武昌绝迹。但是，革命党自己准备的十八星旗，已被抄去，一时赶制不及。于是，革命党领导人邓玉麟、蔡济民等找我，问有何办法。我说，尚有两面藏在裁缝店里。大家非常欣喜，急忙赶到裁缝店，但见该店门户深锁，人去店空。又派人多方寻找裁缝店老板，终于使得这仅存的两面十八星战旗，很快地飘扬在武昌古城的上空。

五　参加学生军 攻守官钱局

辛亥武昌首义的第二天，一支青年队伍开到黄鹤楼附近的矿业学堂（现为黄鹤楼小学）。这支队伍，是陆军第三中学的学生军。他们勃勃英姿，受到了沿途群众的啧啧称赞。特别对于当时的青年学生，更具有极大的吸引力。于是，“当兵去！推翻清朝！建立民国！”的呼声，在广大知识青年中形成一股革命洪流。

我当时在武昌武郡高等小学堂读书。在这以前，学生中间已经有了革命组织日知会。同学刘家祺是日知会的活跃分子，常在同学中宣传孙中山先生的革命学说，鼓吹救国之道，必须推翻腐败卖国的清政府，建立民国，才能救中国。我就是在他的影响下，并且由他介绍加入了日知会，投身革命活动的。

10 月 10 日晚上，起义的枪声一响，全体革命党人，凭着大无畏的革命义愤，抛头颅，洒热血，前仆后继，占领武昌城，成立了军政府。但是当时革命的武装力量还很薄弱，急需壮大队伍。因此，军政府决定，以原陆军第三中学学生为骨干，成立学生军。我也幸运地参加了学生军的行列。

我参加学生军后，先是编在第一队，后又调到第三队，奉命护守藩库（即金库）、官钱局（铸制钱币和发行钞票的机构）。当我队进驻藩库时，偌大的藩库已空无一人，清朝官吏与卫兵早已逃之夭夭，里面的金银财宝和钱钞，都来不及运走。其中50两一个的银元宝，每箱装50个，共三四百箱，排列得整整齐齐；龙洋、钞票、铜币不计其数。金晃晃银灿灿，真是使人眼花缭乱。有人说，张之洞这个对清廷忠心耿耿的封疆大吏，在湖北兴办了汉阳兵工厂、武昌官钱局，恰恰是为辛亥革命做了两件大好事。乍听起来近似开玩笑，事实却也如此。因为革命党起义时兵力仅约一个师，以后扩充到八个师，这些部队的枪支弹药，全部由汉阳兵工厂供给；经费开支，全部由官钱局支付。

1911年11月中旬，在辛亥革命这场大风暴中，还有一件未被人们重视的插曲：正当清军全力向汉口、汉阳反扑，双方激战之际，孙中山先生从福建派人运来一架待组装的飞机。这在当时确实是件新奇而又振奋人心的事情。飞机是分装几个大木箱由火车运来，转放在演武厅（即武昌南湖飞机场）。由我们这队学生军担任守卫。因而我们知道有两名驾驶员，其中有位陈代表（名字忘记），首义前曾到法国学习飞机驾驶，所以由他负责组装飞机。但多次试行，由于引擎有故障，未能飞行，没有发挥应有的作用。

（渔阳　整理）

六　占领兵工厂　汉阳得“光复”

我 18 岁开始当兵，1911 年辛亥首义时，在湖北新军二十一混成协第四十二标一营前队四棚当一名正兵。协统是黎元洪。我们一营驻在汉阳龙灯堤，守卫汉阳兵工厂与钢铁厂。

自从该年夏天起，营房之中，时常流传革命党人要起义的风声，局势日趋紧张。当汉口共进会的总部被破获的消息传到汉阳时，整个驻地，浸入一片死静之中，革命党人屏息待命，黎明前的黑暗，就要打破。

10 月11 日晚上，我队革命党人李华堂通知我们说：“黎协统已在武昌起义，当了都督。我们全营晚上9 点起事，以枪声为号，都到操场集合出发。我队的任务是攻占兵工厂。”大家得知后，一扫愁云，欣喜万分，恨不得立即行动。3 声枪响之后，士兵们飞奔操场，人人摩拳擦掌，准备厮杀。我排排长翟焕明，此人一向反对革命，平时咒骂革命党大逆不道，无父无君，到处鼓噪革命党如何被杀等等，士兵们对他早已恨之入骨。正当我队冲向兵工厂时，翟向龟山方向逃去，我队士兵纷纷向他开枪射击。我不知从哪里来了一股神劲，亦举起步枪，枪声一落，翟踉跄倒下。我跑到他身旁，只见弹中太阳穴，鲜血迸出，确信真的死了，方跑步跟上队伍，向兵工厂方向奔去。午夜前后，汉阳兵工厂、钢铁厂，全部被起义军控制，汉阳得到了“光复”。

七　进据楚望台　奋力战汉阳

我 18 岁的那年，带着讨厌的、盘在头顶上的辫子，补入湖北新军第八镇十五协二十九标二营后队当兵。两年后，清政府从各营挑选识字的青年送陆军测绘学堂学习，于是我被选入。毕业后，留在测绘学堂学员班当班长，每月有 8 两银子的薪饷。到了辛亥年，新军中的革命活动活跃，学员们经常三三两两私下议论，气氛显得很紧张。尤其在 10 月 10 日那天，彭、刘、杨三烈士英勇就义的消息传来，军营里一片哗然；好似弓在弦上，势在必发了。

10 月 10 日夜，工程八营打响了革命的第一枪。因为工八营与我们学堂离得很近，听得非常清晰；我们“共进会”的总代表方兴、朱次璋立即赶去工八营联系，很快就返回学堂，集合队伍，每人扎上事先准备好的白袖章，快步抵达楚望台，占领军械库。随即以吴兆麟为临时总指挥，分兵 3 路进攻湖广总督衙门。同时以一部分同学占领中和门、通湘门、大东门，掩护蛇山的炮兵阵地。当晚在通湘门和清军打了一仗，清军此时已如惊弓之鸟，一击即溃。第二天，武昌城即全部为革命军占领。

武昌首义爆发，清廷大震，极力图作最后挣扎，调动大批军队，赶运汉口反扑。在敌众我寡的力量悬殊下，民军且战且退，但士气仍十分旺盛，在退守大智门，又经过几天悲壮激烈的英勇战斗，民军伤亡近 2000 人。现在汉口六大堆的烈士公墓，埋葬的就是当时的烈士忠骨。汉口失陷后，民军一路退守汉阳，一路退守武昌。黄兴在阅马场拜将台就任总司令后，汉阳战事吃紧。当时援鄂湘军第一协统领王隆中在汉阳十里铺待命，因对地形不熟，且新兵约占半数，缺乏战斗经验；我因为在测绘学堂学过测绘，对汉阳地形较熟，所以军务部命我去向黄总司令报到。黄兴十分高兴，命令我立即带队前往前线支援。经我建议，黄总司令改变了部署，将伤员送往医院，未受伤的官兵重新编队，留下 100 人听候调遣。经过调整后，虽然战事略有好转，但清军装备精、火力强、训练好、人又多，民军仍感难以支持。这时，军务部又派我和另外 7 人为督战官。经黄总司令下令，督战官各带一排士兵，如有不听命令，临阵退下者，就地正法。因此，战况才暂时稳定。但袁世凯倾注全力，命王占元 3 天内攻下汉阳，战斗更为激烈，民军伤亡很重。总司令部只好撤往武昌。我带着 200 多人，护送总司令绕道鹦鹉洲上游强渡，到达武昌。沿途收容民军近 300 人。随后，军务部又命我带少数人二次重返汉阳收容失散民军；不料我被流弹击中腹部。半月后，我伤愈出院时，恰逢江西援鄂军李烈钧总指挥向军务部要测量人员，因为我有那段经历，军务部就派我去江西援鄂军总部当了参谋。而正是从此以后，革命形势大为好转，全国义旗漫卷，大地星火燎原。民军在汉口、汉阳 30 多天的浴血苦战，赢得了时间；清朝政府不得不停战求和。

（剑庵　整理）

八　在川杀端方　回师援武汉

我 16 岁考入湖广总督张之洞办的新军。当了一年学兵，结业后分配到第十六协第三十一标二营左队当正兵。1911 年夏季，四川闹起铁路风潮，清政府为了镇压四川人民“保路”革命斗争，调派端方为川汉铁路钦差大臣，率湖北新军第三十一标全标与第三十二标一营，约 2000 人入川。

我们在黄鹤楼江边乘铁驳船到沙市，乘木船到宜昌，穿三峡峡谷步行入川。我们虽然离开了湖北，但是与革命党总部仍然保持联系。当离开重庆转往成都时，陆续不断地传来武昌起义的消息。只是端方为了防止我们“闹事”，扣压了我们私人信件，有些情况还不十分清楚。直到部队到达四川资中，武昌首义成功的确切消息终于证实。于是全体革命党人决定部队停止前进，并急速返鄂支援武昌革命。

这时，四川的革命风起云涌，我们为了表明对革命的态度，消除四川各革命力量对我们的猜疑，革命党人意识到，非将端方杀掉不足以摆脱当时的困境。为什么四川的各革命力量对我们由鄂入川的“新军”产生猜疑呢？这是有段历史根源的。清朝末年，在全国办了三十六镇（师）新军，每年秋季演习，湖北新军的成绩总是最好，号称“飞虎军”。新兵入伍考试比较严格。在当时，因为科举制度废除，参加新军成了知识青年最大出路。教官多由日本士官学校毕业生充任。张之洞在湖北办新军，为的是加强统治力量，不料，留日学生大多数参加了孙中山先生领导的革命党。加以知识青年极易接受革命思想。所以，这两部分人在新军中一拍即合，反而成了清王朝的心腹大患。四川铁路风潮一起，清廷点名指调湖北新军两标入川，其用心是打了一番如意算盘的；既可镇压四川革命，又能拆散湖北革命力量，一箭双雕，岂不妙哉！可是，四川革命党人，只知道我们是张之洞精心培育的“新军”精锐，就把我们看成“清廷的看家鹰犬”，是镇压起义的刽子手，因而有意要消灭我们。当我们决定部队停止前进后，立即以陈镇藩为首召集革命党人开会商议，会后马上行动。

这天是农历十月初七（即 11 月 27 日）晨，首先是第三十一标一营的士兵，闯进资中县天后宫端方的驻所。端方一见，吓得面如死灰，浑身发抖。

他嘴唇颤动地问："你们是不是要饷？"

士兵怒吼地回答："要饷！"

端方赶紧说："钱汇到了自流井，马上就到了。你们快回去吧。"

"还要你的命！"

这一声霹雳，只吓得端方呆若木鸡。几个士兵一起上前，把端方架到院里，只见手起一刀，端方人头落地。同时，端方的弟弟端锦，也被杀掉。革命党人和起义士兵无不拍手称快。但也吓坏了一些胆小鬼，以及平时对革命观望不前的人。如三十一标标统（团长）曾广大，各营的管带（营长）、队官（连长）等，一夜之间都悄悄溜走。第二天一早，大家推举一营督队官（副营长）陈镇藩为标统，率领部队启程回鄂。在途中，我们将端方、端锦两颗首级，分装在两个盛煤油的铁皮箱子里，内浸机油以防腐。由两名士兵一抬，每次4人，大家轮换，夜晚派专人守卫。每经一地，各界群众将这两颗人头当成稀奇，争先观看，络绎不绝，并对我们大加称赞。沿途经重庆、万县、宜昌等地，到年底回到武汉，将两人头交给了军政府。

（温斯章　整理）

（选自全国政协文史资料委员会编《中华文史资料文库》第1卷，中国文史出版社1996年4月第1版）

辛亥革命武汉战争实录

李白贞 *

辛亥年八月十九日（1911年10月10日），革命党人“光复”武昌，10月12日汉阳、汉口随即归顺。清王朝闻报大为震惊，立即命令陆军大臣荫昌统率陆军两镇（镇相当于师）南下，并令萨镇冰率领海军主力舰艇由长江上驶，同时起用已被革职的袁世凯为湖广总督，妄图镇压革命。眼见我军与清朝作决死斗争的一场大战，即将开始。为了做好战争中的救死扶伤工作，作为辛亥首义的一员，我便联合汉口商界和知名之士蔡辅卿、王甫琴、刘子敬、余春霆、崔世瑞、陈风池等成立红十字会，公推我负责；并与仁济医院、中西医院取得联系，准备救护、医疗伤兵，掩埋阵亡烈士。我自己出入战地，

* 李白贞：时任湖北军政府理财部催提委员兼总监处参议。
新中国成立后，任武汉市政协委员，武汉市文史研究馆馆员。

进行摄影工作。从战争开始直到停战议和，没有间断。对于当时战争情况，亲见亲闻，虽事隔多年，仍记忆犹新。

一　反复争夺刘家庙

10 月 18 日，清军乘火车一列，驰至刘家庙增援，刚下车时，我军炮队集中轰击，车翻人滚；我军步兵同时冲锋前进，喊杀连天，清军丧魂失魄，纷纷逃命。是役毙敌 400 余人，夺获军米 600 余担，子弹 400 余箱，其他被服甚多，完全克复刘家庙。

19 日和 24 日两日，我军继续向滠口进击。由于受三桥隘道的限制，遇到清军顽抗。我敢死队长徐少斌阵亡，胡效骞组织再度进攻，亦未得手。军政府决定构筑工事，暂取守势。

10 月 22 日，我军得报：荫昌已制订作战计划，分三路进攻武汉。一路沿铁路线进攻刘家庙为正面主力；一路由府河、新沟出蔡甸攻汉阳为侧面；一路由阳逻渡江至青山下游直取武昌为协助。信阳至黄陂、孝感及京汉铁路南段各城镇都分兵布防，结集其主力两镇于祁家湾一带。

军政府据报立即作了布置：何锡藩为汉口指挥官，率领第二协（协相当于旅）防御刘家庙，准备迎击南下清军；第一协宋锡全防御汉阳；第五标（标相当于团）刘廷壁戒备武昌青山；第四协张廷辅担任武昌城防；第五协熊秉坤向汉口增援。

23 日，三道桥清军增加两个标进至造纸厂附近。我军何锡藩指挥 3 个营担任正面，于铁路两旁设置炮队，又派机枪队增援，从右翼向清军侧击扫射，打得清军大败，我军亦有伤亡。于是与清军对峙于二道桥南北。24日一早，我军攻击前进至二道桥，清军由岱家山、陈家墩居高临下猛烈炮击，我军伤亡甚重，后退至刘家庙以北横堤抵抗，旋受清军母子炮弹的威胁，夜间退到刘家庙。26日拂晓前，停泊阳逻的敌海军乘我青山炮队一时瞭望疏忽的机会，偷驶至谌家矶，黎明时进至造纸厂，向我军防地侧面猛击，我散兵壕内外附近士兵伤亡甚重，只好迅速撤退至头道桥，又和滠口的清军机枪队隘路相遇，这时我军受敌水陆夹攻，无法抵抗，节节后退到大智门附近布置新阵地。清军即乘势越过三道桥、造纸厂，占领刘家庙。此役我军官兵死伤六七百人，遗失子弹粮秣无数，各部队长官忿恨已极，誓图报复。早饭后积极整理队伍，准备反攻。标统谢元恺自告奋勇作前驱。于是各部队官集合所部于午后1时出动，由谢元恺率队打正面先锋，第二协任右翼，第四协任左翼，齐向刘家庙进攻。这时士气极盛，行进甚速，锐不可当。

当时进占刘家庙的清军见我军勇猛反攻，急令机枪大炮各队作顽强抵抗，虽弹密如雨，我军仍奋不顾身，步步进逼。至距刘家庙五六百米时，谢元恺更令号兵猛吹冲锋号，各部队都装上刺刀，齐声呐喊，直接冲入清军阵地肉搏奋战，真如虎入羊群，所向披靡，清军不能支持，狼狈撤退，我军又夺回刘家庙。由于连日苦战，过于疲劳，且夜幕已垂，遂下令停止追击，即在刘家庙布置阵地，严密防守。

清军经这次我军的勇猛反攻，很多士兵吓得六神无主，纷纷私自潜逃。统领王占元、鲍贵卿等急令卫队架机枪于三道隘口，阻止后退。冯国璋亦严令在三道桥的部队忍耐坚守，只许前进，不许后退，否则以军法从事。

是晚，造纸厂附近居民潜来报告，谓：清兵在作战时，听到我军的喊杀声就心慌意乱，手足无措，更怕民军的白刃冲锋。又说，我军作战勇猛灵活，清军动作笨拙等云。

这次我军虽夺回了刘家庙阵地，但官兵伤亡惨重，统计如下：

（一）步兵第二协谢元恺标阵亡 500 余人，伤 180 余人。

（二）步兵第二协姚金镛标阵亡 100 余人，伤 70 余人。

（三）步兵第四协杨传连标吴元胜营阵亡 140 余人，伤 90 余人。

（四）炮队第四协蔡德懋标阵亡 50 余人，伤 70 余人。

（五）敢死队、工程队、输送队共阵亡 100 余人，伤 50 余人。

以上共计伤亡 1000 余人。清军方面死伤亦基本如此。

军政府又以成炳荣所部青山炮队瞭望疏忽，致敌海军为害，实属有亏职守，应以军法处问，经多人缓颊，始改记大过两次，戴罪立功。并因汉口战争死伤太重，特令步队第五协赴汉口增援；又令敢死队长方兴、杨开云两队同往汉口督队。

二　歆生路一带激战

27 日，清军在我未发动前，由造纸厂、姑嫂树分两路各附机枪多挺向我军进攻，我军即在刘家庙阵地回击，两军各以猛烈火力相持。标统谢元恺率所部在前，其余各队亦随之前进。惜我军多系新兵，不知利用地形，受敌机枪扫射，死伤甚多。至午前 10 时，炮火愈烈，空中子弹横飞，密如骤雨。我军仅有几门山炮，威力不大。清军又由滠口陆续增援约一镇以上，武器精良，兵经久练。我军虽然勇猛，实力悬殊，并且刘家庙一带地势平坦，掩护无凭，经几次冲锋，都被猛烈炮火击退。至下午 5 时，清军在炮火掩护下，由姑嫂树、岱家山向我侧面进攻。我第四协统领张廷辅所部伤亡过多，不得不向后撤退，而和它接近的部队亦跟随后退，虽有敢死队在后阻止，亦不能维持。至天晚时，始退至大智门新停车场附近宿营，刘家庙又为敌人所占领。

前一日，汉口指挥官何锡藩受伤辞职，原三十标统带张景良，自告奋勇承担责任。张系日本士官学生，颇具军事知识。满人果清阿是其妹夫，不为革命党人所信任。黎元洪力保委其为汉口临时指挥官。张奉派后往刘家庙布置作战未竟，即回市区宿于歆生花园。第二天前线战斗十分激烈时，张尚在歆生路畏缩不前。战地没有主将，而张配给士兵子弹各仅两排，不能持久作战，终于失败。实则张景良通敌出卖革命，是这次战败的重要原因。随即由汉口军政分府将张逮捕，就地正法。

是晚军政府得知刘家庙复失的消息，即召开紧急会议决议如下：

（一）步队第四协协统张廷辅受伤，以谢元恺代之，谢元恺标统之职以胡效骞代之。

（二）派尚安邦率炮队两营往汉口增援。

（三）通电湖南、江西两省速派精锐部队来鄂，以备应援。

（四）派工程营与敢死队员带工作器具，到汉帮助各部队筑设坚固堡垒。

（五）派游击队往黄（陂）孝（感）扰敌后方，牵制其南下兵力。

（六）电知上海《民主报》，速请黄兴来鄂，以资镇慑。

（七）汉口所有部队，迅速整顿，明日必须固守阵地，如有机可乘，则向前敌逆袭。

（八）复印白话传单，数指清廷罪恶，派间谍到敌军中散发，乱敌军心。

（九）通电各省，促其响应。

28 日，在大智门新停车场的我军，向昨日被敌夺去的跑马场进击，德、法两国租界的后方顿成为激烈战场。清军复用重兵压迫我军于法租界后面球场街附近，并用机枪扫射，沿铁路前进。我军即列野战炮 4 门于日本火葬场后面，向敌轰击。敌又另出一步队约 1000 人由三眼桥企图直扑我军阵地，其炮弹不断落于大智门车站后的居民村落，酿成大火。

是时，我军虽处于恶劣形势之下，仍固守阵地，一步不退，在歆生路一带的第四协统谢元恺令兵士躲在掩体内，等敌人走近 300 米内外，即冲出肉搏。正午时敌人渐渐逼近，我军冲出，同声喊杀，声震天地，炮队也瞄准敌人齐发排炮助战，敌不支而退。至郊外空旷地区，用机枪扫射，我军死伤虽多，而士气不馁，个个斗志昂扬。下午守球场的我军遭受敌人野炮猛轰，继以步兵进逼，渐退至歆生路一带。清军就占领了球场及外边各地，并将火葬场的野炮移到跑马场南端，继续采取攻势。傍晚我敢死队向大智门反攻，不利而退。这两日来，我军死伤共有 2000 余人。当时观战的外侨的评论说：民军之所以不能战胜清军，实由于武器不精，不能抵抗清军的机枪和退管炮的威力；他们勇猛善战，实堪钦佩，虽败犹荣。

从 10 月 19 日至此的 9 天中，我率红十字会和当地善堂、慈善家合组救护队抬运伤兵到各医院治疗；还在刘家庙后、古德寺前，修起了阵亡官兵 3000 多人的大墓；在球场街附近筑了 6 个大墓。并尽可能将死者姓名、籍贯、番号登记照相，使革命烈士身虽亡而精神不死。

28 日上午 6 时半，我军在大江南岸列野战炮多门，向停泊江岸附近的敌舰队射击，萨镇冰令舰队向我回击，相持约 20 分钟，敌舰遂下驶[①]。先一天，萨镇冰向英国东洋舰队司令通告，称次日下午3时后，将炮击武昌、汉阳两地，难免不危及租界。英领事通知各国船舶暂时下驶，投锚于100里外。日海军司令川岛通告侨民妇孺乘船避险于阳逻以下。是日从3时20分开始，萨的舰队轰击我南岸炮队阵地，与我对轰约一小时，发弹约300发。

29日，我军整理队伍时，清军发动进攻，列大炮八九门于大智门车站附近，轰击我军在跑马场附近和右侧及铁道沿线的炮兵阵地，我军亦予以应战。对歆生路张美之巷进攻之敌，亦被我军奋勇击退。嗣因敌炮轰击过烈，不能前进，仍退回原阵地，而以士兵隐蔽于歆生路一带屋后，待敌接近即开枪射击，无不命中。敌复以野炮数门，进据高尔夫球场俱乐部向我猛烈轰击，我大别山（龟山）亦发炮应战，3处炮火互攻，致歆生路后面一带房屋着火。当时，敌军在江岸车站的有第二、第四两镇、合计1.5万人，尚有第五镇、第十二镇未出动。袁世凯、荫昌则驻在信阳。海军有巡洋舰海容、海琛、海筹停泊阳逻，下游更有楚豫、楚同、楚有、楚泰、江元、江利6舰停泊7里外之沙口，清军火力十分雄厚，人数亦多，确占优势。我军猛攻不利，连战皆败，然而同仇敌忾，精神振奋，斗志迄未稍衰。

三　冯国璋火烧汉口

我军代理第四协协统勇将谢元恺与蔡德懋统带商量，拟转守为攻，率队直扑三道桥以北，各部亦都同意，就令敢死队持大令督战，

① 《中华民国史事纪要》：“……自晨6时半相持至下午4时15分，清舰势竭退去。”

阻止后退，率队勇猛前进，势如破竹。敌虽把预备队加入抵抗，亦不能阻止，狼狈退出歆生路。不意因蔡德懋转移炮位时，暴露目标，敌炮集中轰击，弹如雨下，我炮兵多有死伤，蔡德懋亦中弹阵亡。时谢元恺已冲至最前线，因身先士卒，奋不顾身，遂遭敌机枪射死，众见蔡、谢二将相继阵亡，士气大沮，不能前进。未几，指挥何锡藩亦受伤，敢死队长马荣、工程队李忠孝，先后激战而死。同时，其在街后村落激战的，时进时退，战况亦烈，伤亡亦多。敌人又不顾百姓生死，随处放火，秩序大乱，汉口战事竟陷于不可收拾状态。

是日起，汉口各报都停刊。据下午2时红十字会报告，武汉红十字会病院一次收容人数达900多人，此外死亡和因受伤倒毙于战地的，还不知其数。救护工作更形紧张。我请参战员甘绩熙将存于荣昌照相馆内从上月开战以来的阵亡将士照片底板，送至武昌军政府保存，并报告是日战情。军政府得报后，即召开紧急会议，派姜明经到汉口前线代理指挥，姜称病，不能接受任务，不得已急令前线各军部队暂取守势，维持现状。

30日，都督派吴兆麟、蔡济民渡江至汉口视察布置防御，以熊秉坤、胡效骞、甘绩熙、杨传连、伍正林5人分区担任防御。敢死队亦分5队配合督战。又令尚安邦编署炮队布列歆生路，防卫工程队附于炮队赶修掩堡，并令林翼支部为预备队。蔡济民、杨玺章、王安澜、周定原等分途担任督察。

上午，清军隔江炮击我兵工厂，我散布在汉口的炮队亦集中回击。歆生路屋多树密，我军利用地形隐蔽于屋角、树间，待前来搜索的敌人接近即狙击，无不应声而倒，且时有生俘，因此敌军不敢猝进。旋敌用猛烈炮火掩护，逐步前进。午后2时许，敌已进至堤防前面，我军步炮齐发，敌无物掩体，不支而退。不幸我炮队孟广顺中弹阵亡。这时前线指挥由宋锡全暂代，宋调守汉阳所部七成来汉口与林翼支标残部合并，由张步沄率领，王赞承督战，借铁路线作掩护，与敌相持。

此时清军大部已占领市街，街道口和民房屋顶架满机枪，遣游击队到处放火，任意抢劫，还不准保安队（相当于义务消防队）救火，曾有 3 人因救火遭到枪杀，直烧三昼夜，上自硚口，下至四官殿一带房屋化为灰烬。这里当时为汉口最繁华的地区，财产损失无数，老幼妇女被烧死的无数。事前冯国璋曾照会驻汉各国领事，谓汉口障碍物太多，进攻困难，要将汉口全镇烧毁，以便大举进攻，如有损害外人财产之处，清政府愿负赔偿损失等语。各领事接到照会，极不为然，舆论大哗，谓各国已声明严守中立，在租界附近，不得侵害寸土。并云民军起义以后，始终保护中外人民的生命财产，真是文明义师，而清政府尚如此野蛮，不讲公理，无怪各省全起反对。

是日，在汉口江汉关道署旧址的军政分府，原储饷缗弹药甚多，已全部被烧毁。后收检余烬，检出铜圆 18 箱，运送军务部接收。

四　黄兴来汉指挥作战

黄兴在香港接到武昌首义电信，即起程到上海，于 10 月 28 日来武昌，各同志热烈欢迎，与黎都督晤谈甚洽，众以千军易得，一将难求，向黎都督建议授黄兴为总司令。黄兴本是党中健将，早已身许革命，当然义不容辞。31 日晨，偕杨玺章等到汉口视察阵地，特制丈二长的朱红色中写“黄”字大旗作前导，一时民心士气为之大振。清军也震于黄兴的威名，互相告语，谓：是人曾在广东欲杀张都督（鸣岐）者，乃真将军也。闻者都群相戒备。当天黄兴即设总司令部于满春茶园，令杨玺章、蔡济民等检查汉口部队。检查情况如下：

（一）步队二协 2000 人，协统何锡藩负伤，由罗洪升代理。标统胡效骞，一标统姚金镛病，以刘廷桢代。

（二）步队第四协第七标兵额约 1000 人，协统张廷辅，标统胡廷佐。标统杨选青，官兵不在汉口。

（三）步队第五协兵额约 2000 人，协统熊秉坤，标统杜武库，标统伍正林，督带官方汉发。

（四）步队第一协统林翼支。

（五）马队一营，管带黄冠群。

（六）炮队一协，统带尚安邦。

（七）工程队一营，管带李占奎。

（八）敢死队二大队，队长方兴、杨金龙。

（九）季雨霖之一团，防兵约 1000 人。

据以上检查各队人数，第四协欠第八标，林翼支一标只有 100 余人。

敌我保守原有阵地，敌步兵散布铁路沿线，炮队则布列在玉带门一带，后方及大智门两旁与我对击。我敢死队待敌进至 100 米时，骤起冲锋，敌死伤甚多。上午 11 时半，我军向济生堂一带进攻，敌都潜伏于新马路附近矮屋内，经我军集中火力猛射冲锋，即行后退，以机枪回射。这时两军相距不过 200 米。敌大部队沿铁路西侧自玉带门来攻者，虽有接触，无大激战。敌在市街时被狙击，损失极大。晚上敌人又在英国租界背面华界街市及村落二三处放火。

胡祖舜辎重营是日奉令赴援，仅与王安澜、杜武库一见，即在歆生路和张美之巷口及徽州会馆以下布防，派队巡查街道。参谋甘绩熙、高建翎等防守满春茶园一带。此时敌人尚未深入街市。

黄总司令在检查部队后，于10月31日午后9时在满春茶园发布如下命令：

（一）敌军占领大智门新停车场附近，我湘军有步兵两协出发即到。

（二）本军今晚拟在原占领地以战斗形势过夜。

（三）步队第二协警戒线右翼由歆生路后城马路起，左翼至查家墩以东火车站堤防一带。

（四）步兵第五协警戒线，右翼与步队二协联络，左翼至玉带门一带。

（五）其余各队之集合地如左：步队第七标在满春茶园以北空地。马队一营在满春茶园西北端附近。炮队一标在满春茶园西北端附近。工程一营在满春茶园北端附近。

（六）步队第一标及季雨霖标，警戒汉口市街各标要地。

（七）各队给养用前军政分府预备之粮秣。

（八）本总司令在满春茶园。

今夜口号复汉。

11月1日，黄总司令正与杨玺章等商量进攻计划，敌方于午前6时由王家墩来攻，枪炮齐发，我军据堤防固守，预备队亦向前线增援。黄总司令亲率敢死队督战，不准退却，如有后退立即斩首。10时许，敌用机枪扫射作掩护前进，渐与我右翼接近，我军受伤甚多，稍向后退，敌即放火烧歆生路房屋，使我军失去掩护，乱发炮火轰击。于是我右翼不得不节节后退，左翼借抢救伤兵亦陆续后退。

总司令阻止无效，手刃数人，而兵士竟潜向右侧面而退。至午后2时，我军人数大减，总司令才下令退至玉带门一带。各路军队始复集合。清军节节放火，烧一段，进一段，汉口中心至满春附近市街变成了一片火海，居民相出逃避，一时火焰冲天，哭声震地。入夜火势更炽，延烧至四官殿。歆生路之敌又加紧压迫，徽州会馆以下之敌亦出没于怡心茶楼附近，转瞬亦即火起，并时向汉阳开枪。时我军前线，只有机枪队及步兵100余人尚在张美之巷一带作战。

驻汉阳守护兵工厂的协统宋锡全、王宪章密议，携饷银20余万元，舢板60余只，小火轮4只，满装着械弹，于夜间退赴湖南。后由黎元洪电湘督军，以临阵脱逃罪处以死刑，王宪章偕走未果，扣留汉阳，汉阳知府李亚东亦弃职逃走。

11月2日，黄总司令命令各队仍守常丰堤院附近至玉带门一带，又派查光佛通知甘绩熙、杨传连、伍正林防御张美之巷。午前7时，敌在歆生路刘家花园炮击汉阳兵工厂和武昌都督府，扬言即分攻汉阳、武昌，一面仍在汉口街道放火，焚烧商店和民房，火随风炽，愈烧愈烈，渐延及马王庙沿江地区及打扣巷、龙王庙、沈家庙等处。午后1时，清军步队携机枪由王家墩复向我左翼进攻，行至玉带门六七百米，我预备队和敢死队在堤防右侧突然冲出猛击，敌不支而退。旋经都督府决定，放弃汉口，退守汉阳。至午后6时，总司令即往武昌与都督商议善后事宜，军政府即召开会议，总司令报告分析了战争失败的原因6点如下：

（一）前日往汉督战，本期反攻，以图恢复，唯各队新兵过多，秩序混乱，难以指挥。

（二）军官程度太低，多不上前指挥。

（三）各队战斗日久，伤亡过甚，官兵疲劳未得休息，一闻机枪声，即往后退。

（四）兵士多在武汉附近招募，夜间私自回家者甚多，战斗员减少，军官因其仓卒招募，难以查实。

（五）我军全体步枪，无机关枪应敌，较敌死伤更重，炮队又系山炮，炮弹又不开花，射程不远，效力不及敌人之炮远甚。

（六）敌系北洋久练之兵，极有纪律，善射击，冲锋不及我军灵活，每闻杀声即后退，我军所持者唯此。

这次汉口战役，我参战人员死伤惨重，除居正在大智门被流弹伤面部、季雨霖在指挥团防守时被敌弹由胸侧洞穿背部而出经送治得生外，连日阵亡战士的人数达2000余人，在济生堂后、双洞门外，堆尸成山的有八九处，这都是我革命战士的遗骸。幸有红十字会、赤十字会的同志们冒着生命危险，在敌人弹雨下，完成了掩埋和救护工作。

五 海军归顺

自武昌首义的第三天，清廷令海军提督萨镇冰率领海军开进了扬子江，上驶到武昌，配合陆军大臣荫昌率领的陆战大军，用水陆夹攻企图夺回武汉。10月17日，萨镇冰乘坐楚有舰抵汉，随后海容、海琛、海筹3巨舰和建威、建安、江元、江贞、江利、楚同、楚泰、楚谦、飞鹰炮舰及湖隼、湖鹰、湖鹗、辰字各舰亦陆续开到，内中海容、海琛、海筹3艘战斗舰，还是甲午战后遗留下来的旧物。清廷这次把海军主力调来，都投入了武汉战场。但是，萨镇冰和黎元洪有师生之谊，舰中除了几个上、中级军官是满人以外，其他汉人多数同情革命。所以舰队开到武汉，瑞澂就想要炮舰轰击我军，而萨镇冰却并不这样做，并且有某舰帮带（副舰长）于到汉的第二日，带着随从二名借故登陆，潜来武昌密报消息，说海军中除了满籍官兵外，都对革命表示同情，只待时机成熟，终究是要归顺的。

黎元洪早年在北洋水师学校学习，萨镇冰任学监，对黎颇为器重。当萨的海军舰艇初到武汉江面，有人主张集中炮手将其击沉时，黎认为海军建设不易，击毁实在可惜。黎就亲笔给萨写信，首叙师生之谊，晓以民族大义，劝其率部归顺。同时，送致楚同、楚泰、建威、建安、江利各舰主一函，促其诛锄船内敌对分子，共成兴汉义举。不久，萨镇冰自下游给黎元洪来信，表示关怀以后国家政体，倾向议会政治。黎元洪又写了复信。

当黎元洪致函萨镇冰劝降之际，海军各舰在无形中起了很大变化，又闻九江湖口炮台邀击军舰并扣留之说，我军政府乘此机会派李作栋、李国镛潜赴九江探听，如果海军归顺，即速派舰西上援鄂，一面派员优抚萨镇冰，还带了汤化龙的密信，先去见汤芗铭。答复是："萨镇冰乘江贞轮至黄石港改搭渔船到九江，在英领事署住了一夜，次日化装作商人转赴上海去了。关于迅速援鄂一节，我以桑梓关系，义不容辞，但需要在会议后解决。"

关于海军反正的基本原因，经李作栋等的调查，有下列 3 点：

（一）长江水位下降，海字号三大兵舰吃水都在 20 米以上，武汉江面不能容，只得被迫下驶。当初清廷以为有海军开到武汉，就可迅速奏功，想不到民军能抵抗这样久，更想不到长江水位要下降。

（二）海军供应物资都在上海，在 11 月 4 日宣布独立以前，中部同盟会同志和海军已有联系将近成熟。萨镇冰初意想把各舰集中上海不使力量分散，后知上海虽已独立，南京尚在，故向东驶，不料到了九江即被阻。

（三）海军汉族官兵都赞同革命，尤其是下级军官，如海琛的船员张泽伯和驾驶副二杨庆贞、副三高幼钦、见习士官杨明、水手头目李春海、一等水手刘文才、号手王春山，海容舰的正电官金琢章，海筹舰的正电官何渭生、枪副二沙训龄、教练余正兴等，早拟乘时而起。复因各舰禁止互相往来，目的难达。他们编成密码 12 种，互通消息，团结一致。

11 月 11 日，海琛、海筹、海容、江贞、楚禄自动离开阳逻下驶，海琛士官杨明等得到舰长黄钟英的默许，行至中途把悬挂的龙旗投入江中，换上预备好的白旗；其他各舰也照样行动起来。高级参谋汤芗铭、副舰长杜锡珪都表示赞同。舰上满籍军官不敢反抗，避匿舱中。飞鹰帮带满人吉升投江自杀。行抵九江即派员和九江军政府接洽，表示态度，与民军一致行动。

19 日，由海军参谋汤芗铭、杜锡珪偕湖北代表李作栋、李国镛，率领海字号三大战斗舰及其余小舰，上驶到青山下游，靠汉口一边航行，向清军阵地且行且用大炮轰击。清军毫无防备，死伤甚多。直驶到鲇鱼套停泊，由湖北代表陪同汤、杜二人至军政府谒黎都督。黎极表示欢迎，设宴祝贺。席间讨论结果，因时届冬令，长江水位下降，海字三大舰，下驶至青山下游待命，其余各舰吃水较浅，即留在武汉江面，听候命令行动。这一举使清军力量大受创伤，而我军有了海军，可以控制江面，力量大增，可随时发动进攻。当舰队下驶至龙王庙时，清军用大炮轰击；伤我官兵各一人，有一雷艇中弹起火及时救熄，损失不大。汤芗铭即将在汉各舰编为第二舰队，留九江的各舰编为第一舰队，支援“光复”南京。海琛舰长黄钟英回到上海后，即在上海成立海军司令部统一指挥。此后山东“光复”，南京军政府派胡瑛为山东都督并运送部队军实从烟台登陆。从此，不但长江上下游畅行无阻，并且打开了华北门户，对全国“光复”起了极大作用。

海军反正，清廷大为震惊。迫于全国革命形势，于是下诏罪己，开放党禁，解散贵族内阁，改组为责任内阁。重用袁世凯任内阁总理，兼节制湖北陆军。谕亲贵不许干预政治，奕劻、载泽、载洵、载涛同时免职。决定实行立宪，拟具信条19条，宣誓太庙，布告臣民。以图挽回人心，作最后的缓兵之计。

六　黄兴拜将

自黄兴来汉指挥作战后，军政府各部党人连日密议讨论，对黄兴期望甚殷，唯职位名义问题，意见不一。新自上海来的同盟会员田桐、宋教仁和蒋翊武、杨王鹏等，以黄兴代表革命党，欲推为湖北、湖南大都督，或称南方总司令，驾于黎都督之上，以便统辖各省援军。而刘公、孙武、蔡济民、吴醒汉、杨玉如、吴兆麟等，根据湖北现在情况，欲黄兴属于黎元洪之下，只用战时总司令名义，不冠南方二字。因之吴兆麟与杨王鹏大起争论。

吴的主张是：黄廑午（黄兴字）的职位万不可影响黎都督的地位。因黎不是革命党同志，但在湖北军界资深望重。此次公举为都督并非黎氏本愿，当时都称他浑厚真诚，外人亦因黎氏关系，认我军为交战团体，各省陆续响应，来电表示推崇。若一旦将他更动，引起中外怀疑党人争权夺利，不秉大公，其不可者一。廑午为革命巨子，海内皆知，此次来鄂，大众热忱爱戴，乘此在湖北建立基础功勋，来日革命成功选举总统，自然天下归心，岂在区区都督虚名可较，此不可者二。廑午来鄂后，已推任总司令，由黎都督命令发表，是黄已在黎下，一旦驾而上之节制黎都督，即黎不计较，必有人代黎鸣不平，或至引起内争，此不可者三。若黄的大都督发表后，黎的都督如何解职，各省党人群起质问，我等将如何答复，即云大众公意，当此战争紧张之际，忽而主将易人，各方必将谓我们心地偏窄，不能容人，此不可者四。湖北军界同志公推黎氏登台以来，对黎绝对服从，一心一德，敌忾同仇；一旦更换，必生疑虑，不能安心杀敌，且与黎接近的人，藉此从中挑拨，发生纠纷，反令廑午面上无光，此不可者五。顷清军时有间谍，找寻我军间隙，以冀煽惑军心，幸我军上下一心，敌人无隙可乘，如我军内部发生摩擦，是予敌以隙，自取败亡，此不可者六。总之我们应团结一气，齐心杀敌，前途才会光明远大，我非反对廑午，实为大局计也。

杨王鹏颇不以吴言为然，起而争辩，谓江西革命军推吴介璋为都督，后换以马毓宝，未见有中外人起而质问，或内部发生变乱，湖北反去电欢迎，且今公举廑午为大都督，于黎职位并无妨碍；再则革命成功后，不举大总统而即以各省都督为完事吗？

吴云各省情况不同，湖北为首义之区，关系全局，各省以湖北为重心，唯马首是瞻，外人亦认为是交战团体的中心，非他省可以比论。

时在座者都同意吴兆麟的主张。杨玉如亦劝杨王鹏重视实际情况，不必固执己见，牵一发而动全身。杨大不悦，又欲与玉如争辩。

宋教仁即起立发言：此事不过征求大众意见，绝无成见。因廑午从事革命多年，声望卓著，同志们推为首领，原意藉以号召，使革命迅速成功，决无他意。我初来湖北，对湖北军事内情不熟，既有利害冲突，即可取消前所主张。

于是，大众决定举黄兴为战时总司令，所有各省来鄂援军统归节制调遣。并效刘邦聘韩信为大将，请黎用军政府名义聘请黄兴为战时总司令，登台拜将，以郑重其事，使各省来鄂援军均听节制，统一指挥作战，择定 11 月 3 日举行拜将典礼。

是日上午 8 时，在都督府前建立将台。传知各机关人员及驻武昌军队官长，派兵一标于午前齐集军政府，请黄兴登台拜受大将军典礼。将台四角树立军旗，中立“战时总司令黄”6 字大帅旗，气象庄严，军乐悠扬，文武官员环立台周。先由黎都督宣布典礼开始，大意谓：本都督代表中华民国四万万同胞，及全国军界袍泽，拜黄兴为战时总司令，于本日此时就职。推倒清朝专制政府，“光复”汉族，建立共和，同谋永远福利。我将士皆当心悦诚服，听令指挥，群策群力，驱除鞑虏，保卫国家。中华民国幸甚，同胞幸甚！说毕，请黄兴登台受职，由黎都督将关防、聘状、令符亲交黄总司令。黄总司令即发表演说：此次革命是“光复”汉族，建立共和政府，无如清廷仍未觉悟，派兵来鄂，与民军为难，我辈应迅速驱除在汉口之敌，然后北上“光复”北京，以完成革命事业。今日承黎都督与诸同志举兄弟为战时总司令，责任重大，实难负荷。但大敌在前，不敢不勉为其难。我军人应以服从为天职，艰苦奋斗为己任。兄弟愿从黎都督与诸同志之后，直捣虏廷，恢复神州，舍命捐躯在所不惜……言毕，大众鼓掌，欢声雷动。相互致敬礼而退。

七　退守汉阳

黄总司令就职后，即往汉阳西门外昭忠祠组织总司令部，分参谋、副官、秘书 3 处，以李书城为参谋长，杨玺章、吴兆麟为副参谋长，王孝缜、高尚志为正副官长，田桐为秘书长，日人萱野为军事顾问。

这时，湖南都督谭延闿派两个协来援，第一协王隆中达到汉阳，以归元寺为本部，待令参战。

所有湖北部队，由黄总司令划定防区分驻如下：

步队第四协统领张廷辅率所部 7 标，防守南岸咀至兵工厂一带。

步队第一协统领蒋肇鉴率所部二标，一标防守兵工厂附近，一标防守徐家湾。

步队第四标第三营驻徐家湾至琴断口一带。

步队第一标第三营驻防琴断口。

步队第十一标、炮队独立营、机关枪队及水师第一标散卒防守赫山。

步队十一标一营，附炮兵二队，由第五协统领熊秉坤率领，驻十里铺及归元寺附近。

炮队第三标一营，驻梅子山，并分派一队驻高庙南端。

黄总司令又通令各地防军建筑防御工事，于高地作盖沟两种，并令各部队分别构筑赫山、高庙、梅子山、十里铺及龟山下兵工厂、南岸咀各处工事。当时雇用民夫数千人，不加督促，而工作昼夜不息。

我军退守汉阳后，敌人即派一大队乘帆布船，由黄金堂附近渡河，企图偷袭，被我炮队发觉猛轰击沉，敌伤亡和为我生俘约 200 余人。

11月5日，黄总司令乘赶修防御工事时，偕参谋数人巡视阵地，同时根据孝感至新沟一带有敌人小部队出现，即派队至蔡甸、新沟搜索，而敌已退去。

6日，湘军第一协都是受过训的新军，秩序甚好，即调至十里铺驻防。上午6时，我军以汉口济生堂附近的清军为目标，开炮轰击，敌未应战。守兵工厂的我军亦隔河对敌人枪击，敌仍未应。下午6时，武昌我军炮击江岸车站达3小时，敌亦未还击。傍晚敌用火车运输军用品，我军在大别山开炮猛击。

7日，据报清军运来重炮及架桥材料，放在大智门和招商局附近。又探闻汉口现有敌人1万余人；还有5000人已抵黄陂祁家湾。另有一标由肖家湾南下。此后汉阳与汉口成敌我对峙之局势，不断用枪炮互击，并无激烈战斗。

9日，据报敌人第四镇全部驻汉口各要地，第十混成协全部驻孝感，第五镇一协晨8时全部抵孝感。又据乡民报告，敌有一支队拟由新沟向蔡甸前进。司令部即派祁国钧率马队一营、步队一营赴蔡甸附近，敌渡河即予以猛击。同日，湘军第二协统领甘兴典，率队抵达汉阳。该协原系巡防营，多徒手，又缺乏训练，由司令部发给枪弹，赶紧训练。

又据探报：敌运大炮数尊往硚口布置阵地，我龟山炮队发炮轰击，敌亦还击，毁敌炮位。我又炮击江岸敌军，敌复炮击我青山驻军，我即还击，毁敌炮位。我又炮击江岸车站的敌人，弹中附近列车，顿时火起。

10日上午4时，南下的清军，因误传我军往袭，与清第二镇互相火并，各有死伤。

八　袁世凯遣使言和

10日，袁世凯密派刘承恩来武昌军政府找黎元洪试探讲和。原来袁世凯组织内阁后，有保皇党人杨度与新自狱中释出的革命党人汪兆铭，发起国事共济会于北京，谋开和议，谘政院表示赞同。院长李家驹征求袁世凯意见，袁以清室大势已去，民军势不可侮，欲利用机会，操纵双方，因而默许。鄂籍道员刘承恩与黎元洪有旧交，袁密嘱达其意旨。不久袁世凯又派刘与海军蔡廷干携书南下谒黎，袁主立宪，黎要共和，双方意见距离过远，不得要领。后来袁因谋清窃国心切，又恐我方不能就范，故用全力夺取汉阳，以挫我方锐气。

是时，黄总司令正在汉阳与清军对峙，坚持抵抗，闻袁世凯向军政府提议和谈，恐军心发生动摇，降低斗志，特发手谕以振奋士气。

手谕内容如下：自鄂起义不旬日，吾同胞之响应者已10余省，足见天命已归。乃清廷不揣时世，不查民心，出其狴犴之卒，敌我仁义之师，是实妄干天诛，于我何妨！汉口之战，我军屡胜，虽有小挫，军家之常，又何介意。现鄂局大整，湘军来援，恢复之功，当在旦夕。顷据保定侦探何某来报，清廷已令袁世凯为内阁总理大臣，仍统陆军步队。袁世凯甘心事虏，根据本月初九罪己之诏，倡拥皇帝之邪说，先运动谘政院通电各省谘议局。有云政府十分退让，吾人只求政治革命，不求为已甚者云云。现袁已派心腹多名分道驰往各省，发布传单，演说谕众，希冀离间我同胞之心，涣散我已成之势，设心之诡，用计之毒，诚堪痛恨！我同胞“光复”旧宇，义正词严，既为九仞之山，何惜一篑之复，自不致为所动摇。然妖精善蛊，致惑众听，故特密谕同胞，速饬密探查拿前项演说之人，消灭传单，鼠窃之技无由而施，大局幸甚！

与此同时，黄总司令亲赴各战地视察，并派参谋副官到各队指导防务。连日汉口敌炮日夜不断向汉阳兵工厂、归元寺射击，无大损失。时有日人大元偕浪人多名，据称愿为我侦探敌情，经司令部聘用。

九　夜袭汉口

黄总司令据探报敌军大部渐移向新沟、蔡甸方面，汉口空虚；刘家庙的预备队亦不过 2000 人，决定反守为攻，袭击汉口，截断敌人后方联络。于是派遣专员勘定琴断口为渡河地点，令工程营负责架桥。另组征集队征集船只，以湘军第一协王隆中所部为右纵队，湘军第二协甘兴典所部为左纵队，步兵第五协熊秉坤率所部第十标和敢死队方兴，为先锋队。

16 日，步兵第一协掩护工程队就琴断口地方架设浮桥 3 座，限即晚 8 时以前竣事。令第十一标统带杨选青率所部渡河时，由南岸咀强渡龙王庙以为助攻，别遣一支队，由武昌青山潜渡刘家庙下段袭击清军后路。是夜 10 时 30 分，我军已相继渡河。时值连日阴雨，路滑气寒，清军多潜伏民房生火取暖，我军侵入防线，众始惊觉，仓皇奔逃，秩序大乱。我军进攻在居仁门及歆生路一带，清军各路防线，才逐渐集合增援，极力抵抗。我军因道路泥泞，前进困难。不料湘军第二协缺乏训练，先行溃退，清军乘势猛冲包围，以致牵动全局。龙王庙助攻部队，因清军据险扼守不能登陆。在武昌下游进攻部队，亦未能得手。总司令见时机已失，无法支持，即下令退却，时已 17 日晨 6 时了。

翌日，黄总司令以第十一标统带杨选青离阵结婚致遭败绩，挥泪斩于军政府前。湘军第二协统领甘兴典作战不力，旋于汉阳失陷后逃回长沙，经黎都督电达湘军政府以军法处斩。我军此次进袭失败后，即退回汉阳原阵地，整理戒备，以图再举。

十　苦战三眼桥扁担山

从 18 日起，清军向汉阳大举进攻。向美最时洋行购买枕木数百根，由三眼桥至姑嫂树之湖面上架浮桥 10 余里，又以小船数十只满载积薪企图渡河放火。被我第十标第二营管带尹奎元发觉，报第六协统领杨载雄，令善泅水的士兵 3 人潜渡对岸，放火烧毁。

19 日，探闻清军在夏口前线新沟作战者约在二镇以上。午后 3 时，一部在新沟架桥，由油榨岭向汉阳进发。其大队已抵马家湖；另一步队占领城头山。

20 日，清军一个混成协从新沟潜渡到达蔡甸，由陆路向三眼桥进攻，以威胁侧面。另一路由汉水正面进攻琴断口。同时清军在硚口上下游准备了帆布船数十只，企图水陆并进，我军将其全部击沉。

21 日，蔡甸清军向三眼桥进攻，我军马队管带周决胜率队竭力抵抗，队官严忠伟带伤苦战，敌未得逞。汉口清军同时向琴断口进击。这时守琴断口的是湘军第一协王隆中部，战斗不到一个钟头，就后退了。清军占领了琴断口，在汉水右岸建立了一个据点。

22 日，清军继续猛攻三眼桥，遭我军汤家山炮队轰击而退。同时清军通过琴断口，从汉口运送援军渡河，用大炮轰击锅底山我军阵地，战况愈趋激烈。

清军由于连日对三眼桥的攻势，都被我军坚守部队粉碎。23日，就改由琴断口全力攻占美娘山。鄂军第二标的祁国钧与湘军管带杨万桂合组敢死队，冒着清军的机枪弹雨，攀登山顶，夺回了阵地，消灭了清军，击毙敌指挥官一人，夺获标旗一面，机关枪二挺。

这一天，湖南又派来援军一协，由协统刘玉堂率领到达汉阳，军心民心又为之一振。

24日，清军再增援军向我进攻。黄总司令调广东先锋队加入汤家山一线；又令湘军增援三眼桥。可惜湘军据说因连战八九昼夜，无人换防，得不到休息，而且伙食供应不及时，经常挨饿，不经请示，径自撤退，丢失了美娘山、汤家山、扁担山、锅底山、磨子山等据点，情势危急。

黄总司令采纳甘绩熙、朱树烈等人的建议，组织敢死队进行夜袭，由甘、朱等到各营挑选数十人，陆军中学数人自告奋勇参加，首袭磨子山。清军遭到突然进攻，仓皇退走。再袭扁担山，湘军协统刘玉堂亦率部来到，在清军密骤的弹雨下，猛冲而上，又夺回了扁担山。由于天已大亮，清军大炮向我轰击，刘玉堂阵亡，其他部队也不战而退，磨子山、扁担山得而复失。

由于湘军两协自行撤走；加之第三协协统成炳荣酗酒误事，绕道进攻汉口三道桥失败，致使汉阳战局难以挽回。26日，清军向十里铺、赫山我军阵地进击，企图占领汉阳府城。在汉水正面，清军大举渡河，占领了兵工厂和铁厂，并炮击我军阵地。这时，黄总司令亲在前线督战，炮弹常落在身边数步外，仍然指挥若定，坚持不退。虽经浴血苦战，战局终不可收拾。傍晚，黄兴退至汉阳府署，略事部署后，渡江撤至武昌。

最后经调查，在11月18日至26日8天的汉阳战争中，我军死军官137人，伤85人，目兵死2693人，伤400余人。

汉阳失守后，有留日士官学生肖钟英，不忍汉阳陷落，摇动武昌，危及大局，自动组织敢死队赴汉阳作决死战。其友龚国煌竭力劝阻，保身留为国用，钟英不听。径渡江至铁厂码头登岸，持枪奋勇杀敌；敌不及防范，死伤甚多。旋用机枪扫射，钟英和敢死勇士全部阵亡。

撤退时，汉阳兵工厂所有存储械弹材料及机件，凡能搬运者，由军务部派员会同兵工厂总办肖佐权连夜潜运武昌，临时设立分厂，于铜圆局内整理安排继续复工。

鄂军由沌口陆续渡江，多数集合武昌郊外听候整编。湘军则自汉阳水陆两路撤退回湘。

十一　武昌备战

11月28日，武昌军政府召开会议，检查过去作战缺点及善后办法。黄总司令首先发言，谓此次汉阳战斗失败，非军队不多，防御不坚，粮秣不足，其所以致败的原因：第一是官长不能用命；第二是士兵失于教育；第三是缺乏机关枪。自第一次败退后，士兵一闻机关枪声，即惊惶万状，长官亦畏避不前，经屡次鼓励，力竭声嘶，毫不奏效。虽有热心爱国勇敢志士，自告奋勇前进，敌人即用机关枪扫射，前者既仆，后者就退，不敢继进，这是致败的最大原因。现在武昌部队，都是战败之卒，不经切实训练，恐不能再上前线作战。为今之计，只有放弃武昌，进攻南京，若得南京，即以精锐部队组织北伐，然后再来收复武汉，亦未为晚。

在会大众以黄兴放弃武昌，都不为然。范腾霄即起立辩论。谓：武昌为首义之区，动关全局，若不战而退，各省势必动摇，虽欲卷土重来，天下有谁再与共事？况武昌有长江天险，据险可守，敌焰虽张，绝非旦夕可图。如阳夏之役，以我未经训练之师，挡彼精悍之众，尚能相持40余日，今各省已纷纷响应，分电支援，必多精劲之旅，胜负正未可知，如何能轻言放弃。于是大家都一致主张坚守武昌。张振武、孙武更是坚决。张振武大声疾呼："武昌是我们首义之地，我们当与城共存亡，无论如何不能放弃。如有人说放弃武昌，当即立予处斩。"大众齐声鼓掌，表示赞成。

黄兴见大家一致和他主张反对，即退至黎都督房中，面告黎都督云：大家都不赞成放弃武昌，固守待援，亦是一策。我一人先往上海，如将南京克复，即带兵两万来鄂增援。就于当夜乘轮东下。时参谋长李书城和胡瑞麟、陈登山、黄中恺等，已先一日前起程了①。

黎元洪以黄兴既已离鄂赴沪，任蒋翊武为护理战时总司令，参谋部部长杨开甲辞职，即令改任顾问，原缺以吴兆麟继任，加委姚金镛为次长。又步队第三协统领，亦改委窦秉钧充任。并电湘促援。接谭都督复电云：汉阳不利，当调集兵舰扼住长江上下游，武昌仍可固守，湘当与桂粤合谋进援，已电商胡、沈都督矣。

军务部长孙武派胡捷三、叶午松、邢伯谦、刘龙群、胡光瑞等，分途收容散兵，整编队伍，防御武昌。

此次汉阳失守，人心悲痛异常。自此武汉三镇无一人力车上街，

① 《中华民国史事纪要》载：李书城、田桐等与黄兴同行。

大江两岸和襄河，上自金口，下至阳逻，大小民船绝迹。清军亦知民心不可侮，近在咫尺的武昌，不能飞渡。

黎元洪传知各城门严加警戒，并于 11 月 29 日午前 8 时在军政府召开会议，决议防御要点 7 条：

（一）各协分划募兵区域，赶速招募新兵，补足编制。

（二）调查现有枪炮弹药及防守应需军械器具，暨服装粮秣等项，如有不敷者，赶速筹备，以便需用。

（三）对于沿江一带增加极大防御，并于铁丝、电网上，装置极烈电流。

（四）暂将沿江一带防御地段计划分为 3 区，各专责成。（甲）青山至大堤口为第一区；（乙）由大堤口至鲇鱼套为第二区；（丙）由鲇鱼套至金口为第三区。

（五）各区防御地段，赶紧筑造掩堡，以后逐渐加工，务达坚固程度。

（六）派舰于长江上下游弋巡往来，以防敌人乘间夜渡袭击。

（七）分电反正各省，迅速派兵来援。

十二 各省派兵增援

同日，黎都督分电反正各省求援，电文如下："连日汉阳剧战恶烈，因我军力单薄，半属新兵，不能支持，只得退保武昌。窃思武昌关系中国全局，武昌危，即全局难保。元洪当督率将士誓以死守，以维大局。惟敌人以全力争夺武汉，同胞必以全力援助，方能取胜。为此，恳迅速调援老练之兵，携带枪弹，并机关枪、新式快炮，星夜来援，或另分兵敌境，以牵敌势，统希裁夺施行，并祈复示。”①

黎元洪求援电发出后，立即得到各地的响应，当天和第二天来电允予派兵的，就有湖南、九江、江西、江苏、上海、浙江、清江蒲、全州、云南蒙自等地军政府或军事长官。

我军退守武昌后，积极整理防务，军政府召开海陆军联络大会，矢志合攻南京，并于军政府添设海军处，每舰公举司令长，组织完备，一致进行。

蒋翊武自接受护理战时总司令后，设司令部于洪山宝通寺，任吴兆麟为参谋长。张其亚为武、黄司令官，率学生军一队，防武昌界（今鄂城），并节制黄州防营以为屏障。

江西援军统领冯嗣鸿率所部一协驰抵黄州，黎都督令驻阳逻仓子埠待命。

是日清军由汉阳方面向上游运动，其侦探常出没于沌口、簰洲之间。

我军政府因步队第八协立即开赴金口设防，即令舰队司令官加派兵舰 3 艘，分泊阳逻、木莫港及鄂城县一带游弋，以资警戒。

11 月 30 日②，汉阳清军在龟山用炮开始向武昌轰击，以军政府为目标，武昌城内外深感威胁，商店闭市，人心惊惶，而军政人员仍照常办公，力事镇静，藉安民心。午后 1 时，军政府西侧楼下忽中一弹，死卫兵一人，黎都督同杜锡钧、杨开甲、肖慕何、邝杰等少数职员仓皇出走，未几军政府军装室又中一弹，黎元洪退驻葛店，即晚在王家店暂宿。

---

① 一说黎元洪致各省求援电为 11 月 28 日，见《中华民国史事纪要》。
② 《中华民国史事纪要》载为 12 月 1 日。

时总监处刘公及各部总稽查议定，由刘公以总监察名义出示安民，通令各军暂归节制调遣，坚守武昌。谢石钦、梅宝玑、陈宏诰等分往各机关，切禁擅离职守，并巡视各处市街，讲演革命精神，安定民心。

十三　停战议和

12月1日，驻汉口英领事葛福提议，停战3天，袁世凯加紧进攻汉阳，本意是想军政府按照他提出的条件屈从议和。我军退守武昌后，袁认为时机成熟，就运动驻京英使朱尔典授意于汉口英领事葛福，提议停战3天，以便红十字会等清理战场、掩埋尸骨为词。

同时，汉口日、美、德、法、俄诸领事亦赞成英领事所提议，唯条件尚待磋商。

1日下午，驻汉英、俄等国领事，接北京公使团电告，就袁所提条件得加以斟酌，公推万国商会会长盘思正式与我方接洽。这时黎都督已离城去葛店，由军务部长孙武代表磋商妥协。但双方加用印信时，我军政府印信已为黎带走，迫切不及应用，由军务部秘书张汉仆另镌一印代之。最后议定规约5条，通令各军在开全国和议之先，当照执行。

（一）停战时各守现据界限，彼此不得稍有侵犯窥探。

（二）停战期限订于12月2日早8点钟至5日早8点钟止，计3天，两军不得在期间之内开战。

（三）军舰不得藉停战之期内泊近武汉南北岸，以占领优胜地位，须至青山以下停泊，至停战期满止。

（四）停战期内，两军不得添军修垒及一切补助战力等事。

（五）停战之约，须有领事官划押为中证人，庶免彼此违背条约以重信守。

3日，两军既经停战，南京亦已克复，士气大振，黎元洪移驻洪山。

4日，军政府以停战期促，即将届满，召集将领会议，将武昌全城划为3个防区，外围两个防区。第一防区，青山至大堤口，司令官窦秉钧；第二防区，大堤口至鲇鱼套，司令官何锡藩，第三防区，鲇鱼套至石咀，司令官张廷辅；金口支队长罗鸿升；簰洲支队长邓玉麟。

同时令舰队司令官派兵舰3艘开往上游金口一带游弋，令荆襄水师统领赵均腾，于煤炭港、东江脑、坪坊、峰口、柳关、新堤、黄陵矶、蔡甸附近及邓家口、簰洲对岸青滩等处，酌派水师扼要处分防。

6日，汉口英领事提议继续停战3天，双方同意。

在第二次停战期内，清廷调冯国璋任禁卫军总统官，以段祺瑞南下继任督师。

9日午后1时，清廷议和专使唐绍仪电请继续议和停战15天。自此由战争转入全国议和的局势。

都督黎元洪由洪山行辕迁回武昌城，以昙华林东路高小为都督府。

是时清军驻汉阳方面的为陆军第一镇，驻汉口和汉阳一带的为陆军第二、第四两镇。驻汉口的清军，自停战后，纷纷乘外国商轮逃遁。我军政府得报后，即改派护理总司令蒋翊武为招抚使，驻汉口办理招降事务，撤销护理总司令名义。又由各部总稽查处召集首干会商武昌防御计划，一致推举谭人凤为武昌防御使，兼北伐招讨使。仍以洪山宝通寺为使署。

次日[①]，谭人凤辞职，使署亦取消，各军统由大都督直接指挥。

此时，各省派来的援军相继到达。江南新编陆军一镇，由黎天才率领抵鄂。广东步兵一协、炮兵一营、机关枪3队，取道上海来援。皖军一标，由李烈钧率领抵阳逻待命。广西援军第一协，由赵恒惕率领抵长沙，同张其煌所部会合，向武昌进发。

武汉战事，尚有发生的可能，各机关长官开会讨论，公举吴兆麟为战时总司令。

15日，各省公推鄂军政府为中央政府，黎元洪为中央大都督②，对外代表各省，复推伍廷芳为议和代表。黎大都督即分电各省，请各推二人来鄂会议，组织统一政府事宜。

23日，黎元洪召集本省及各省援军开会，讨论军力布置及停战期满后的攻守方略，决议将现有兵力区分为左、右、中3部，可攻可守。

这段时间内，革命政府代表伍廷芳与清廷唐绍仪正在上海进行谈判。

不久谈判达成协议，清帝被迫退位，建立民国共和政体。辛亥武昌首义，开创了我国历史的新纪元。

1963年

（选自全国政协文史资料委员会编《中华文史资料文库》第1卷，中国文史出版社1996年4月第1版）

---

① 《中华民国史事纪要》：谭人凤12月9日离开武昌。
② 《中华民国史事纪要》：12月16日南京各省代表会，改选黎元洪为大元帅。

辛亥武昌起义前后记

朱峙三 *

辛亥革命后，予于役黄安，天门胡石庵以所撰《湖北革命实见记》一册见寄。有感斯作，遂欣然命笔。以距辛亥革命时近，材料易聚，于革命事迹、人物品谊随手札记，虽积久成帙，然未以示人也。抗日军兴，避寇恩施，得与吴昆、胡祖舜、殷子衡、佘子祥、宛思演、周鹏程等时相过从，诸同志以记往事、示来兹为嘱，于是续有所作。胜利复员，检视旧稿，已荡然无存。乃就癸卯迄辛亥年日记摘录，共成《历变记》《见闻录》两种。忆予自童年而少壮，自科举而学校，数千年君主专制，忽焉而民主共和，是历变也；当时予既躬与其役，所有经过，历历在目，辅以同侪所谈，是见闻也。其后继有所闻，复成

* 朱峙三：时任湖北军政府内务部书记官。
新中国成立后，任湖北省文物整理保管委员会委员，湖北省人民政府参事室参事。

《生存者言》若干则。一是皆以真实为主，不敢参以己见。其未经人道及者，尤为予所重视。敝帚自珍，欲以付印者屡矣，终以乏资未果。

嗟乎！武昌一夜枪声，而清社即屋，何其易耶？盖汉族人民处200余年专制之下，最后且假立宪空名，以缓和民气；汉族知其伪也，癸卯以后，革命之说大兴，不数年而促成武昌起义。从此共和观念深入人心，虽有袁氏窃国、张勋复辟，莫能动其始基。然无新民主主义革命之彻底胜利及社会主义革命之赓续进行，又何由见辛亥革命之具有绩效也哉！

辛亥武昌起义，头绪纷繁，所有记载，莫衷一是。予非夙具三长，势必挂一漏万。现辛亥党人名册，何处可寻；加盟与否，真伪难辨。昔闾左戍卒九百，只传陈涉、吴广二人；江东子弟八千，仅传项庄、丁公少数；其他亡秦豪杰，固未尽列姓名。阳夏战役瘗骨六大堆，其中在党籍者不及百之一二。由此固知群众力量，乃革命之基础也。平心而论，武昌起义首功，当推军界。文学社学界加入者甚少。共进会虽多文人，流品又流于复杂，以致时生龃龉，未收统一成功之效，反启“二次革命”之机。回思首义有功者多遭罢斥，以环境变迁而失节者亦大有人在。此非辛亥革命致败之一端欤。

一　历变记第一

（一）我的家庭简况及癸卯年日记

我生于光绪丙戌（1886年）。8岁时，父亲送我入学读书。清代以科名为重，读书是寒士唯一的出路；读书可以望进学、中举，一直到会点，就可做官了。我家以医为业，城里有大西门城隍庙旁边一栋小屋。后卖屋还账，便上无片瓦、下无立锥了。父亲 19 岁设馆教书，每年所入不及 60 串文；行医收入，倒有 200 余串。

我先从程松年、后从高幼泉两师读书。辛丑十月（1901 年11月），清廷下令，科举改试策论。癸卯（1903 年）初试，县府均及格，院试二试落第，颇失望。府试，承知府梁节庵（鼎芬，番禺人）嘉许，试前列，以为必入学。梁面许以入学后，送我住方言学堂习外文，有出路。当时以张之洞为西太后党，称“后党”，异于康梁之保皇党。张曾杀唐才常等12 人，为清议所攻讦。节庵受知于张，故骂康曰：“不料清平之世，有此一口两舌、无父无君之康有为，罪通于天，愿天诛之，毒加于人，愿人殛之。我孔子教，我广东人，天地清明，永不生此无父、无君之康有为，此我孔子教之幸也，此我广东人之幸也。”梁顺张之意旨类如此。

我癸卯年日记有云：“五月十三日。府试首场榜，我第五十二名。今晨 4 时到贡院，6 时名点完，接卷，见牌灯举起试题：

（1）《有人此有土、有土此有财义》。

（2）‘问：科举进身易，学堂进身难，有科举，则学生不能专心，科举可废欤？近日游学日本学生、上海学生猖狂流荡，不率教，不勤学，学生果可恃欤？然则主持学务者，若不废科举，恐无自强之时，若不惩学生，益重自由之弊，将何道之从？试深虑而畅言之。’

余以感寒咳嗽，草草成文，午后铃第二牌交卷出场。”

又云：“五月十九日。今天是府试，第三场，梁知府出题：

（1）《贤人君子心力足以存汉说》。

（2）‘问：政治之源，本乎地理，地方合并愈多，则政治上权力愈大。近如德之联邦，美之合众，皆本此意。迩者出洋学生，好创为地方自治之说，充其所言，势必将完全之中国，令之破碎支离而后快，是外人虽不瓜分中国，而中国实自瓜分也。夫以中国今日时局，开办铁路、电线、邮政、航海诸务，合全力以为之，犹恐不逮；岂划地自限，反足有为乎？然则其说之谬妄，盖已明矣。试任划中国一省自治，与今中国全境为治，其规模孰大孰小，绘一图以明之。’”

当时情况，梁知府是恨留学生的，是反对有革命思想的青年学生的。但应试者，旨在弋取功名，顺试官心理，自然要写一些忠君爱国、深仁厚泽之类的话，不过言不由衷罢了。

是年六月（7 月），学院考试终结，我落第了。凡是在清朝应过考试的人都知道此情景，一闻落第，无不愁郁万分，无论老少，均是一样。归里时，父母见我这种情形，遂劝我学医，绍先人故业。因心有所不甘，遂答以“且到明夏不进学再说”。这时，只希冀科举进身，并无革命仇清心理。

记得 12 岁时（戊戌），我家隔壁杜源茂的儿子杜大宗问我：“你是明崇祯的后裔吗？”我答不知道。当时我姊丈艾幼清在旁，便问大宗道：“你问这话做什么？”大宗道：“因为你们姓朱，流传到现在是未改姓的；我们姓杜，是改了姓的。我们是崇祯皇帝的一支。”我与姊丈听了这话，很是奇怪。当过其家，看了皇帝御谱，果为崇祯元年颁赐，他们是永乐的一支。我问父亲，父亲怒道：“莫多管事，我们是安徽老籍婺源朱夫子的后裔。”15 岁时，方知清初明裔，湖北的改姓杜，南京的改姓赵；武昌楚王后裔，顺治以后，方准存姓。

癸卯年日记又云：“冬月初三日。今日下午，无聊甚，与袁君至东门郑宅，借回新书十余种，皆革命杂志也。如《新广东》《浙江潮》各两册；又《扬州十日记》一册，《嘉定屠城记》一册。《江苏》杂志所载者，都是节录史实片段。《嘉定屠城记》有云：‘城自黄淳耀、渊耀兄弟于弘光元年闰六月十七日接守此城时，与侯峒曾、龚用圆等 10 余人，瘁尽心力以拼一死。七月初四而城破。’册中绘有黄氏兄弟像，是否当日真容，不敢断言。‘黄自缢时书墙上云：明遗臣黄淳耀，于弘光元年七月初四日，自裁于西城僧舍。呜呼，进不能宣力皇朝，退不能洁身自隐，读书寡益，学道无成，耿耿不没，此心而已。异日胡虏复靖，中华士庶，再见天日，论其世者，当知余心。写罢，视渊耀已悬尸梁间矣，仰屋而叹，遂缢其侧。’观此一段，则知反清革命为吾辈天职。我看完此册，终夜未寝，恨豫酋南下，杀戮汉人如此之酷，反清革命，心不能忘。”

（二）甲辰、乙巳年间的思想动态

光绪甲辰（1904 年）补诸生；乙巳（1905 年）考进武昌县师范，以求科学知识。学堂距我家甚近，是新建立的。应考师范的年龄要过 25 岁。我因年龄不够，乃多报 8 岁，考取了第一名。次年四月开学，堂内附设小学两班，学生 120 名。师范生与小学生同时上课。师范同学 72 名，堂长阮毓崧（字次扶），黄安人；小学堂长屈佩兰（字竞存），麻城人，都是在日本学速成师范的，由省学务所派充。同学中年长的多腐败气，只有陈协棫、王士元两人，常于晚饭后与我研究新书，谈论革命。陈说：“清廷办学，为行新政，为立宪预备，都是假的。”又说清吏如何压制农民，并写了一首诗给我求和，题目是“官吏催征”，诗曰：“东道乡农各自愁，画堂远隔不知秋；民租只抵皇家税，二百年来尽马牛。”王士元说，他的亲戚张君（忘其名），为革命事亡命各地，有诗句云：“中原西望泪滂沱，遗误无如马阮何”“短衣浪迹南洋岛，北望中原肯息肩（逃至南洋群岛后，冀中华革命军起事）。”今事隔数十年，不知逃者为何人也。

乙巳五月初三日（1905 年 6 月 5 日），阅汉口所出报纸：袁世凯、周馥、张之洞联奏，自本年起，12 年后，实行立宪政体。这叫作三督奏请变政。七月初二日（8 月 2 日），又载端方、袁世凯、赵尔巽、岑春煊、周馥等奏即时停科举，取消前刘坤一等所奏三科递减办法。这是清廷假立宪笼汉族人的手段。知识分子多知其非，跟我同班的叶清华、刘廷弼退学出洋去了。八月三十日（9 月 28 日），看上海《新闻报》及《汉口报》，载出洋考查宪政的五大臣于八月二十六日（9 月 24 日）在北京车站被皖人吴樾投弹行刺，炸死一人，伤一人，吴亦当场死了。阅后，我甚快慰，有些同学却说是刺客行刺，与革命无益。自此清吏大惧。十月初四日（10 月 31 日），铁良奏准派八旗子弟赴日本专学习陆军，以备将来任用；一面又在京设立宪政考查馆，以防汉族革命。这一年我的收获，就是得到了陈、王二君这两个朋友。

（三）丙午至辛亥年间日记及回忆

乙巳腊月（1906 年1 月），我毕业速成师范。当了半年小学教员，自以所学太浅，想往省城求点高深知识；还以不能自费留学为恨事。同年（丙午），考取两湖总师范。九月十六日（11 月2 日），张之洞以总监督身份，参加学堂开学典礼，训话半时而去。正学堂是两湖的大礼堂，命名有“崇正学”之意。正中大木屏四扇，全录以光绪皇帝口气转颁的西太后上谕：“朕钦奉慈禧……皇太后懿旨”

云云，都是要士子忠孝的一些言语。起首16字，是西太后的尊号。每有一次“恩典”，光绪帝即叫臣工上两字尊号。学堂监督梁鼎芬，以臬台（按察使）身份参加行礼。从前两湖书院，都是他当监院，可算是老办教育的；但书院的学生都不喜欢他，并作对联骂他。教务、庶务(即总务）、斋务三长，由曹履贞、易奉乾、陈树屏分担，陈为江夏县令，兼任庶务。教习60余人，皆是举人、进士，教经、史、文等课；4个日本人，教理化、生物等课。教习中知名者，当时为学生所敬重的，为黄福、杨鸿发、王廷梓、雷豫钊、陈武、刘尚桓、黄桂棻、沈塘等。仁、义两斋有460余人，湖南占40人，各省来考的（商籍）20人，为南皮人独占。这是张总监督所指定的学生名额。九月二十五日（11月11日）是星期日，这天下午我与仁、义两斋的同乡同学在正学堂前石桥上闲话，提到刘复前年跟宋教仁、田桐等在文普通为作“汤放桀，武王伐纣，后世称为贤王；曹操、王莽篡汉，史家目为叛逆。形迹略同，而褒贬各异，其故安在”一文，被开除经过一事。王继范冷笑曰：“请各位不要理他，他是我们同乡的祸水。”刘一笑而前，殴之，王随即逃匿。忽然四堂的同学何季达（字自新）走来说：“各位不要走动，我来谈一谈。”他先指正学堂木壁“上谕”骂了一声“那拉后！是压抑我们汉人的一个老□！”同学听此语，当时就走了三四个。义斋的同学方廉、夏道隆，仍坐在地上听何说。何云：“你看我们的总监督所写的两楹对子：上联‘志在春秋，行在孝经，此为鹄臣鹄子’；下联‘虽有文事，必有武备，法我先圣先师’。集成语甚好，甚切。但他是顺太后的人，为清廷效忠，压制学生。”大家又谈了一些闲话散去，只有刘复与何后走。

我的日记有这样的记载："十月初六日。今日下午，门禁放松了。学堂条规：惟星期六下午5时，可以不请假出门。我们两斋同学，闹了两次，向监学说：'不能同小学生一样看待。每晚5时晚饭后，自由出门，7点钟以前，一定回堂点名，上自习。'监学们颔首而已。是晚点名熄灯后，尚在铺床之际，对门寝室的何自新来劝我入日知会，立谈半时，我答复他：反清革命在心，事机尚未至，何必时时出诸口，反以惹祸。况且同堂的都尔逊、海伦，都是荆州旗籍。张立莹、任永谦（俱江陵人）与他二人说话，都很注意。其实张、任二人常说：'存报人之志，而不能下人者，是匹夫之刚。'季达尚刺刺不休，谓：'你不是楚王的后人吗？前几天，有人说你是楚王之后。'我当答以江陵与钟祥姓朱的才是。当时怕祸，即又云：'监学上楼来查斋了。'何始怏怏归寝。"

湖堂肄业，去年九月中旬至十二月半为试学期。丁未正月开学前，开除了8人。罪名是"不守规矩"或"程度不够"，如王朝弼、高振霄、周嵩如等。总而言之，不顺从监学的意思，就要加上一顶犯规的帽子。

"正月二十一日，我到省入湖堂。我的熟人益多，但谈革命的同学，自何季达去冬十一月中旬请假未回后，现时只有刘复。他作了五首辘轳诗索和，是用杜牧句为起的，'有人屈指数归期，肠断风流杜牧之。无奈韶华增马齿，更何绮思到蛾眉。惊寒孤雁难成阵，忍死僵蚕正酿丝。何故夜长眠不得，连床人尚说相思。'第三首颈联云：'徒劳口舌难为我（是说他宣传无力），剩好头颅付与谁（是说他在文普通仅受开除处分，未遭杀戮之祸）。'今春上课不久，又持此诗索和。我说：'君诗是插标卖首耳。革命思想在心里，何必亟亟以诗取祸？'他遂毁了此稿。"1933年腊月，我到蕲春，与刘谈及同学时事，他也不能全记了。

日记又有云："二月初九日夕，牟鸿勋送来一本《文字狱》，为日本印刷本，云自东京寄来的。其著名者，戴名世《南山集》案、吕留良改《四书》案与胡中藻为试官出题案。此三事为汉奸向清帝献媚，检出原本原证，杀戮甚惨，戴案株连200余人。阅竣令人发指。"

"五月放暑假，我回武昌旧宅。汉口《中西报》逐日将我应得之报（凡作社论者，必日给一份，又名义务报）转寄武昌。阅后知安徽巡抚恩铭，为候补道徐锡麟于五月二十七日以手枪击毙。徐当时被捕。二十九日，我县王长卿（安徽候补知县）自安庆归，详述此事。彼云：'是日参加警察学堂毕业典礼，亲见此事，以后详情不知也。'"

"六月初五日。见《申报》及《中西报》转载皖事相同。徐被捕后，尚有宗汉马某等，并牵及秋瑾女士，共死11人。"当时汉奸、官吏献媚清廷，剖徐烈士心肝致祭恩铭，惨矣哉！

"七月初八日。我以假满到武昌省城上课。同学交游益广，我与军队中陆军特别小学的同乡汪煜南、石道安时相往来，知军队中秘密组织情况。胥守约时充第三十标司书，彼似负有秘密任务。巴东人王文锦，时来看同房的张耀麟（长乐人），与谈革命。张不纳，且谓我非此道中人。但张对王有好感，王时向之借贷而去。张对我云：'王某因穷困而来当兵，他的书也读得好，所以我时时接济他。他劝我革命，我不感兴趣，一笑而已。'"

"前阅京电，本堂总监督奉调入京，补授军机大臣，兼管学部。"九月以后，外间新军招收学兵。凡知识分子，见科举已停，贫士无晋身之阶，遂相属投军。我邑万廷献练炮兵，在武昌所招收的同乡文士尤多，也算极一时之盛。秀才从军的佳话与"秀才造反，三年不成"的谚语同时并起了。以后各标、营乃有革命党参加，暗以种种方法，循诱新军，以粗浅的小说文字，如唱词之《猛回头》《警世钟》《扬州十日记》《嘉定屠城记》等，使动其愤怒复仇之心，而坚其反清革命之念。由浅入深，循序渐进。在五路小学以及文武普通、湖堂，都是用这个办法。几个高等学堂中的学生，将粗浅的小册子阅后即转送别人（小学或私塾学生）。当时虽说禁革命书报，尚不甚严，各县学堂也无向官厅告密的。

《猛回头》是由日本印寄内地的小册子，后来国内翻印，字、纸均劣。军营中几乎各部都有此书，由代表们相机分别给新招来的学兵传观。文字动人听闻，便于唱口。书的封面，印黄帝像，持钺站立；书末印有“匈奴未灭，何以家为”8个红字。《警世钟》起首是8句诗：“长梦千年何日醒，睡乡谁遣警钟鸣；腥风血雨难为我，好个江山忍送人。万丈风潮大逼人，腥膻满地血如靡，一腔无限同舟痛，献与同胞侧耳听。”以下系说白：“暖呀！暖呀！来了！什么来了？洋人来了，洋人来了。不好了，不好了，大家都不好了。老的少的，女的男的，贵的贱的，富的贫的，做官的，读书的，做买卖的，做手艺的各项人等都是那洋人畜圈里的牛羊，锅子里的鱼肉，由他要杀就杀，要煮就煮，不能走动半分。唉！这是我们大家的死日到了。”以下约有10万言，阐明大义，激励全国军学界反清革命。

这两种小册子是湖南新化人陈天华作的。自这两种书出，各省军、学界轰动，清廷有所警惕，遂谕留学监督向日本交涉。孙中山先生在日本，日政府以银圆8000元迫使孙中山即时离日，不得逗留一天。这时章太炎、胡汉民所办《民报》，已出版多期。日外务省宣布《取缔中国留学生规则》，并在《朝日新闻》中骂中国学生为“放纵卑劣”。陈天华气愤万分，投海而死。中国学生多相率回国。

"冬月初三日。范腾霄自日本寄《民报》至湖堂。"此时《民报》由张继与戴天仇主办。[①]章太炎的论文，最引人注意。时保皇党康有为所办《清议报》及其他杂志，主张君主立宪，亦多引古典，如周召共和及《尚书》中"抚我则后，虐我则仇""安民则惠，黎民怀之"等语，谓何必限于种族；又引孟子语"舜为东夷之人，文王为西夷之人"等说。太炎博学，引证驳之。

"十一日是星期日，东京又寄来《天讨》一册。拆看之，是精印的厚本，有图片多种，如袁世凯的首已坠地；张之洞像将头面各分一半于项上等。[②]又画三个狐狸奔逃，三个猛士正弓射之。太炎题词云：'东方贱种，曰鞑与狐，射夫既同，载鬼一车。'横题'猎狐图'三字。又太平翼王夜啸图，画石达开披发未冠，短装革履，倚一高马而立，作悲愁状。太炎题词云：'力拔山兮气盖世，时不利兮骓不逝。蜀道之难难于上青天，使人听此凋朱颜。'我阅此状，默想当时翼王失败时在大渡河情状，潸然涕下久之。"

"这个月中，与义斋同学方廉、仁斋同学邢伯谦渐渐相契了。牟鸿勋与我同堂，他向我说：'以后凡东京范君寄来书报，请君先阅；但阅后，要负责向同学传阅；并由我收回秘存。'"

戊申（1908年）春初开学，我尚未来堂，闻正月二十一日（2月22日）总监督赵尔巽到堂演说，讲了一小时。起首勉励学生，忠君爱国；继言要将本堂缩短期限毕业，须看有益经史、有关国计民生的书籍；末乃动怒云："不谓国家养士，如两湖师范学生，乃竟

① 《民报》自第六期起，即由章太炎主编，至第十八期止。时间是1906年7月至1907年12月。谓张继、戴天仇主办，非是。张继所编为第一期至第五期及第十九期。丁未冬寄到的应为第十六、十七期。

② 《天讨》为《民报》周年增刊，章太炎主编。其《现在汉奸之真相》图中，袁世凯头分为两半，张之洞头置于胯下。此言张头分为两半有误。

有与革党一气者；学生中收到日本来的逆书，称《天讨》的，大逆不道！我已嘱刘监督暗查是谁的书。书中敢詈前监督张相国，竟不烧毁，反敢存留，必追出此生”云云。[①]

这是二十三日（24日）星期一晚同学陈翰芳（阳新人）约至僻处告诉我的。我骇了一跳。回忆此书系交与浠水同学杨斗南阅看，杨转交何人，去腊以寒假在即，忘记向杨君问明。我与牟君很是担心，月余未见动静，心乃稍安。自此看东京寄来的书报，益加警惕。

二月间，同堂的刘汝璘（建始人），是上府富裕的同学。他订了两份上海报：一份是按期出的《国粹学报》，广东顺德人邓实主办。邓时年二十三，为名诸生，富革命性；一份是《民呼报》。每隔四五天可看6天前的报。这两种报皆主张民族革命。《国粹学报》表彰宋末、明末忠义节烈，以委婉文笔出之；《民呼报》则大张旗鼓，直率宣传革命。雅俗共赏，看者甚多。我这一年对革命有了显著向往。四月十五日，报载云南有革命军起义占河口，未几遭清军消灭。我始而兴奋，继而长叹。刘汝璘嘲我云：“你疯了吗？”

端午节，《中西报》社专函约我过江午餐。因我先有一幅插画，请刊该报，并题“五月榴花照眼明”成句。汉口所出报纸之有插画，可说是自《中西报》始。画中又题四句曰：“开扩赤心近晓日，漫将弱质媚春风；光明照出三千界，一个蝉声一树红。”借此双关而已，但不是好诗。当时同席吃饭的，有卖文的范韵鸾，写小说的胡石庵与胡恢汉、何海鸣两个访事，席间略谈革命志愿。座中总编辑凤竹荪（吴县人）嘱我细声小心，谓：“这是一家商报，不带革

① 此指《民报》第二十五期汪季新所撰《革命之决心》一文。

命性的；东家王华轩，是胆小如鼠的人。各位不必再谈革命。”我们遂默默无言，席散就返武昌。

“九月初十日。今日是星期日，街头遇同学方廉云：‘制台衙门前有告示，赶快去看！’我同谭风藻往看，但告示悬之甚高，大意是骂学生‘丧心病狂’，不应看革命书籍。”次午，检汉口所出报纸见载有此文，摘抄于下：“案准军机处函开：近闻南中各省书坊、报馆，有寄售悖逆各书，如《支那革命运动》《新广东》《浙江潮》《并吞中国策》《革命军》《新湖南》《中国魂》《二十世纪之怪物》《帝国主义》《新民丛报》《浏阳二杰论》《广长舌》……骇人听闻，丧心病狂，殊堪痛恨！……仰各书坊、报馆，及诸色人等知悉：自示之后，如敢故违，定即饬提严办。其学堂诸生及士民人等，务各束身自爱，不得购阅……”云云。

“十月初八日。今日星期日，早饭后，往萧宅，谈近来上海党人欲起事一事。彼父在上海会审公堂，久知消息者也。午后回堂，收到日本寄来《扬州十日记》，印刷精良，较我癸卯冬所看者为佳。晚间阅已大半。”次日下午3时无课，我一人在自习室摘录：“史阁部于弘光元年四月十四日白洋河失守时，奔扬州，闭城拒清兵，至二十五日而城破。清兵在扬州杀人……见于各寺院僧焚化积尸册簿所载者，80余万人；其落井、投河、闭门焚死者，尚不在内。幸存者不过千分之一而已。著书人为江都王秀楚。呜呼！观于此，吾侪应思报复此仇矣。……废书三叹息，至泣下数行。余前阅《江苏杂志》，见史阁部像、遗书、遗墨等照片，一夕流涕不能止。旧学先辈，未见此书，故总云‘本朝深仁厚泽’，奈之何哉。今日阅此书两遍，心内难过，置床头默思一次，辗转不寐，起坐床上，作古诗一首，首述扬州十日屠杀之惨，尾云：‘虏酋偶尔动恻念，十日封刀假示恩。散粮给与未死者，老弱残废千一存，寺僧未死多饿死，存者奴役身尸焚。浓烟直上冲霄汉，卅里以外闻尸腥。呜呼！清廷以杀取天下，生杀予夺恣其心。岂知积尸之中存有王秀楚，痛定思痛能写十日之惨声。当时秘密传抄本，使我汉族记仇深，如何未遭文字狱，勿乃呵护有神灵。今之当道甘为他族之奴隶，尚述深仁厚泽之皇清。’”

“二十二日。今晨吃稀饭毕，我欲出门，值袁祖焕来访。他说：‘入伍后，身体饮食俱好。由胥守约介绍认识好几位同志，最相契的是曾尚武、邓玉麒、黄申芗。黄是大冶人，与我为邻邑。我已入军队同盟会了。我住特别小学，只有日本语赶不上，其他文字及关于军事学的，我都会做。’我劝他细心学习，以图上进。袁君土头土脑，这次投军，是第一次离乡。11时，我请他上了小馆子，各自分途看客。星期日一天，各堂学生，照例好会亲友。”

“二十三日。清早，因经学教员请假，连续两堂无课，我至兰陵街湖北劝业场，浏览旧书、古玩。守门的李有才（太湖人）是个老绿营兵，见我至，惊讶曰：‘你来何早？场中要8点半钟开肆，必有什么事。’我说来玩玩的，他拉我在一旁耳语云：‘你知昨夜北京有“喜诏”（清制，皇帝死，先告各省以嗣位皇帝上谕，名喜诏；喜诏出后，再发表死者的“忧诏”）到否？恐光绪不存在了。’他是昨晚12时在场总办公馆听电话中说的。听到此消息后，我也顾不得看场中开市，即回堂与同室张肖谷、张福生及易赞周三人言之。此时堂中当局尚无所闻。到下午4时，堂中才得消息。同学牟鸿勋、邢伯谦诸人相谓：‘此时倒是好机会，各标、营志士何以无举动？’牟、邢二人当晚就外出探听去了。”

“二十四日。早6时，义斋同学晏凯（随县人）来我室耳语。左德威云，北京大乱了，西太后继光绪死了（光绪是十月二十一日就死了，西太后则是二十二日上午死的）。督署接京电云：‘张公被刺，袁公幸免，诸王争立。速调新兵来京，以备不虞’云云。同学共研究此电文，北京果大乱欤，倒是湖北新兵的好机会了。晚5时，我到西街去访沈雪庐师问讯，见街中有军警戒备。到沈寓后，沈师正卧病未起，惊问我何以到此；我说明来意，沈师垂泪，因沈与张有知遇感（沈前充督署文案）。我当时敷衍几句，就回堂了。邢伯谦来说：‘外间喧传此电。’我说：‘督署电文当系密码，外间何由得知。想系党人故意造谣，明天当知之。’晚寝后，监学两人时时在寝室门外走去走来，窃听学生私议。学生俟其走过，即痛骂其为‘小走狗，无耻，无耻’。”

庚戌二月初二日（1910年3月12日），我尚未到省，在家与理化同学程次松登大南门城楼，席地坐谈一时余，彼此感叹一番。学堂的规矩已松，迟到的也不开除了。十四日（24日），与程同船到省，各入学堂。询及武汉党人事，则无甚进展。

是年暑假未回乡，因省学务公所呈报提学使李宝巽核准两湖总师范与理化专科、方言三学堂各派学生到南京劝业会（此为中国第一次博览会）考察教育，以40日为限。我随堂长郭肇明及同学张肖鹄、张光申（湖南宁远人）、刘潮、彭继祖、程在云、张国恩共7人，在南京住了42天。星期日，同学约游览名胜古迹，我心中则久思一谒孝陵。

“七月二十三日，阴天。同学商议，今日不入场考察，雇小骡出朝阳门，谒孝陵。至陵前敬礼毕，小憩茶肆。与同人谈太祖驱元室、复故国种种功绩。张士诚、陈友谅各据土地人民，以相逐鹿，而卒未成功；太祖能用人顺民，与陈、张异，非兵力有优劣也。同学以我言为是。耽延5小时之久，仍乘骡回寓。途中与肖鹄各赋诗四首以志之。”

“归途在小书摊上买得《史阁部集》，印工精良，似日本印行之本。今日谒太祖高皇帝陵，又阅史公支持扬州残局之函与诗，夜寝竟不成寐。”

在金陵看过故宫，又看过太平天国的天王府遗址，耳闻目触，无一不动我兴汉灭清之念。

“二十七日。考察事已结束，乃约同人游莫愁湖。佥以天热，不愿去。我一人雇车往。莫愁湖有曾公祠者，闻系曾国藩灭太平天国后，宁人为之建者。祠内悬曾画像。因忆前年阅《苏报》，有骂曾一诗曰：‘三椽小阁一方池，满地生祠莽大夫；小阁江天容我望，人豪不惜惜人奴。’下午5时回。”

回鄂以后，将谒陵诗用个化名，在《公论小报》上刊出；后来又想用素秋的化名，在《中西报》刊登。凤竹荪说：“词太显露，不要登。”庚戌这一年，除看书报外，又游历明代故都，种族之念愈深，反清之心愈切。

“辛亥年二月初四日。到堂，与同室诸人寒暄几句。晚寝时，邢伯谦来说：清代快完了，你看城门上各钉有日本的大商标曰‘清快丸’。我们革命要依靠在东京的孙中山先生。近来革命消息甚好，湖北的中部同盟会已成立。军学同心兴汉反清，只等东京来款，就一齐动手。是不是‘清快完’了呢！后来见牟鸿勋，他说：‘今年乐观，广州已有种种布置，推翻清代的领袖必是孙、黄两位。’听了他们的话，觉得各省士气丕变，党人投军者多，军心一动，革命当可成功。”

（四）武昌起义前夕风声

辛亥二月（1911 年 3 月）至暑假前这一期间，我在堂中交情较深的，义斋是方廉、曾秉忠；仁斋是张祝南、张耀麟、易赞周等七人。方、张（祝南）均同情革命。另有张萌廷（樾）和邢、牟两君，也时时晤谈。广州三月二十九日之败，少年英锐，一时俱丧；以后如何举动，同学蔡以贞与我同调。每有会谈，他必参加，多有特别见解。其兄蔡济民为军中代表，每有举动，他必先知，转以告我，但我终虑难成。他说："现在革命重心移至武汉，长江流域有中部同盟会组织，积极进行革命。彭汉遗、居正（原名岳崧）负湖北责任；焦达峰、谭人凤负湘省责任。势甚顺利，各省均有代表来此，仍推孙中山为总理。这是有鉴于边区革命历次都归失败，所以出此。宋教仁常说：'在北京革命为上策，但做不到；边区革命是下策；只有长江流域革命是中策。'现在采取这个办法，一定可以成功。"这些话，即得之蔡济民的。他还劝我即时加入共进会。又说："我们将来宣传之责，还少得了你吗？"我说："自然少不了我，何必一定要入会。去年邢、牟两君曾劝我数次，我都拒绝了。"蔡一笑而去。

暑假回籍，是六月六日（7 月 1 日）下午。到家时，父亲问我何日毕业，早毕业早还陈债。我答以要还积欠，除非是换了朝，变了政。父亲说："现在各省对学生均特别注意，做党人更危险。汝前年存在楼上的书报，赶快清出烧毁，免得将来受累。"我上楼检出东京郑君 1903 年寄给我的一本《革命军》与一本《嘉定屠城记》。书后面还有我题的诗，当将诗稿留下。诗云："陶庵卑俗学（黄淳耀号陶庵，其八股文，天下士子多抄读，忠义气溢于纸上，陶庵则自视为俗学），乃以进身阶。志欲存南国，惟知虏北来。金陵无王气，嘉定有奇灾。忠烈同殉难，三仁大可哀（三仁谓龚用圆、侯峒曾、张铜眉）。”“制艺魁多士，文章有定评。弟兄双尺帛（弟渊耀与之同缢于僧舍），忠烈一朝成。日色中天暗，胡氛满地横。我观书壁语，掩卷泪沾襟。”

暑假满了，闰六月二十六日（8 月 20 日），我方到学。闻同学云，毕业要候京文转来，此时仍须补一月课，暂不考试。这是刘洪烈与监学权国垣、周凤章一些人的主张。我辈多延一月，彼等多得一月的薪资，可恨，可恨。七月十九日（9 月 11 日）晚，邢伯谦来告我云：“连日与鸿勋迭向军队接洽，文学社、共进会合并以后，真是同心协力。孙武就是武备学堂学生，曾出过洋的。他叫孙葆仁，现改名说是孙文之弟，以便革命宣传，鼓吹华侨出款。现在各处军队快动了，‘八月十五杀鞑子’的谚语恐怕要重演了。”其欢快之状难以形容，蔡以贞亦如此说法。

连日报载川省争铁路事，大闹风潮，正是吾鄂军、学界党人的好机会。八月初六日（9 月 27 日），刘菊坡来告我云：“中秋节必起事。”对门寝室的谭少钦同学（沔阳人）也悄向我言：“起义的大都督印已刻起了。”我问：“何以知之？”他说：“同乡费振华刻的，现秘密存在李春萱手里。”我半信半疑，因曰：“外边都晓得这事，哪有秘密可言！难道瑞澂他不防吗？”少钦年长于我，是同学中最老成的人，他与牟鸿勋、宛思演为兰兄弟。他虽不参加共进会，但张琴（即张难先）时时来他室中密语。三堂同学刘书封来寝室，与张肖鹄、夏秋舫（即夏宗言）说：“这三四天下午，彭楚藩屡向他讨取洋蜡烛一两支以去。”彭着宪兵服，传达已经认熟了他，一来便是会刘书封。我与肖鹊遇见他，他亦不甚招呼，间或点头而已。刘与彭之家在乡间距离甚近，彭亦不劝他革命。学堂毕业考试单已悬出，八月十三日（10 月 4 日）考起，十八日（9 日）完毕。十一日（2 日），刘书封来室，又说彭楚藩向他讨洋蜡 3 支去了，并闻彭云，现在外边紧张，督署戒严，他时时在外考查党人行动云云。刘君是老实人，竟被他瞒过，并不知道他就是革命的中坚。

八月十三日（10 月 4 日）上、下午，大考修身、文学俱竣。外间友人荣康卿请我吃饭，归后忽咯血甚剧，至中秋早晨始止。一切考试由肖鹊与书封代为之。以是十八日以前一切事，同学均不令我闻知，只有伯谦来说了几句话就走了。当晚闻鸿勋未回堂点名。

八月十九日（10 月 10 日），天未曙，斋夫杨万说外面紧张，同学尚未觉察。7 时，杨万来呼肖鹊，说牟先生被捉到制台衙门里去了；时常找刘先生那个姓彭的宪兵被杀了；蔡大辅亦在讯中（蔡原在湖堂住了两年，故杨万认识他）；其余 10 余人他不认得。此话一传，我加一层心慌，又咯血数口。肖鹊见我状态，嘱安心养病。但他此时亦极不安，因为他与牟鸿勋、宛思演均是 3 年前订兰谱的，我知道他加盟在先。肖鹊又匆匆出去了。不一会儿，杨万又来说，图画教员黄桂棻来考图画，是叫开平湖门的城门进来的，此时方知道各门紧闭，正在拘拿党人。闻邢伯谦与义斋同学苏成章、周之瀚等面如死灰，这是刘永寿（咸丰人）自义斋过来说的。我一天未进饮食。堂中全体师生，惊慌不定，寂寂无声。闻黄老师考后，仍叫开城门出去了。堂外有军警布置，无人敢出去探望，只有斋夫杨万、陈泗，时至前后探视，回报情形。到晚 10 时，闻枪声不断，知道是起义了。

（五）10 月 10 日以后湖堂同学情况

八月二十日（10 月 11 日）上午 11 时，督署已为各路军队攻下，瑞澂、张彪已逃出城。邢伯谦自外归堂，向同学说明实况。周之瀚此时尚在堂，袁国纪、苏成章一早出去了。附近县份同学纷欲散去。厨夫云："今晨未买菜，下午恐难开伙食，管伙食委员已逃了。"两斋同学参加秘密组织的，心中有点把握，其余诸人均不知如何是好。上五府与外省的同学如直隶人、贵州人均无办法。有向蒲圻同学商议，随之暂回其家的。贵州同学亦求随相熟同学暂避近县，看看动静。一时情形极为混乱。午后闻平湖、文昌两门已开，附近同学已散去一半。只有郧、施、襄三府同学，归途无交通工具，事先又未打算这一笔盘费。文普通、存古各官费学生的情形也大致相同。牟鸿勋尚在狱中未出，闻狱官、狱卒俱早逃散，党人在狱内锁着，手足还不能动。苏成章觅得一匹马，在外借得 4 个兵士，找一个铁匠到监狱中开栅，放出牟鸿勋并张廷辅、胡瑛等，及不知名的犯人 10 余名，牟回堂后，同学等争相慰问。苏成章、周之瀚、任素、刘汝璘等商酌施、宜、郧三府同学，暂住堂中，俟苏、牟、周等到谘议局商一办法再告。学堂教职员早已逃避，一切均无人过问。两日之间，附近各县同学多已散归，外籍学生尚有六七十人住堂，候苏、邢诸人信，再作打算。

二　见闻录第二

（一）起义前的秘密组织

日知会：日知会为当时著名之秘密革命组织，其前身为科学补习所，地址在武昌多宝寺街 3 号。此处所记这一段事是丙午九月初何自新、刘菊坡两君所说（何、刘均先入科学补习所，后入日知会）。自成立日知会后，党人激增，刘静庵主持之力为多。教会中人如胡兰亭、黄吉亭、刘藩侯能多方维护，殊为难得。先是丙午五月间（1906年6月间），孙中山先生以法国政府同情中国革命，曾派吴昆、乔义生伴同法驻津参谋欧吉罗，经长江口岸到汉过武昌，与党人见面。刘静庵就请欧在圣公会内讲演，听众极多，星期日军人尤众。初不知督署有戈什二人杂入听讲，所以欧等演说情形，官厅悉知了。

1907年十二月十三日（1月26日）中午，督署派军警包围圣公会。吴贡三、殷子衡、吴昆已先回黄州。十八日（1月31日），开测海兵舰下驶，到黄州、团风两地捕人，贡三先在黄州被捕。吴昆家住黄州江畔，捕者已入室，吴方剃发，告捕者曰："吴先生刚出门。"捕者转身外奔，吴乃从容从后门出，雇渔舟向上游逃去。捕殷子衡、吴贡三未加捆缚。薄暮轮行过葛店上10余里，殷跃入水，后卒为水军钩其发辫提起，自是加倍侮辱之。十二月十九日（2月1日）下午，武昌府衙门集讯，殷曾著日记述其事。吴昆有详细记载，他日或可觅得之。[①]

日知会骨干，犹是最初办科学补习所的诸人。日知会自迁移高家巷圣公会后，各界志士渐多加入，而曹亚伯尤为热心，发言激烈。他是基督徒，又系出洋留过学的，与黄吉亭、胡兰亭两会长是好友。

闻丙午（1906年）春初，开成立会时，何季达、朱子龙、孙武、冯特民先后发表演说，何季达引据书传，述清廷压制汉人以及文字狱等，尤为沉痛，听者动容流涕。

主审日知会案的是冯启钧（巡警道）、梁鼎芬（按察使）、陈

① 据刘凯南谈，彼曾函询吴氏家属，吴所存革命史料，于1954年大水期间，不幸损失尽净。

树屏（武昌知府）、王士卫（江夏知县）；陪审者为双寿、赵以楠、杨寿昌、熊家麒、程森等。用重刑严讯，刘静庵挞至九死，殷子衡鞭至血肉横飞。是时官吏效忠清廷，不惜汉人性命，盖与清初吕戴文字狱无异。刘静庵因美国人吴德施（文华圣公会主教）之救援，于丙午十二月二十五日（1907 年 2 月 7 日）由清廷外务部来电知照鄂督署，得免死刑。殷子衡判永久监禁。梁钟汉解原籍汉川监狱，判 10 年徒刑。朱子龙瘐死狱中。张难先以地方士绅联保，于丁未（1907 年）出狱，旋就武昌宣讲所讲员。这是日知会当时情形。殷子衡、梁钟汉起义后方出狱。殷与我曾一同教学 6 年。

积极进行革命，就日知会说，当推刘静庵、朱子龙、李亚东、张难先、梁钟汉、吴贡三、殷子衡等人。吴寿田自辛亥革命后，仅一度任参议员，即退隐不言功绩，束身自爱。癸酉（1933 年）居武昌，与我时相过从，所谈无非书帖、文玩；抗战时穷困愈甚，迁施南后，与我过从尤密，后不料其一病竟死也。

日知会开会数十次，揭示系传道，即讲耶稣教义。该会于门角置有签名簿，听讲者签名入座。当时签名簿保存已不完全。欧阳君所撰碑文，有“综计著籍者万人”一语，恐系指当时听讲签到人数而言。

文学社：辛亥以前，凡同情反清革命者，无不知有日知会。自刘静庵、殷子衡等 9 人被捕，拷掠几死，学堂学生互为警惕，怕谈反清革命一语，而实未忘怀也。日本留学生中志士，国内中学、师范学生，不忘清初文字狱惨杀汉人，仍继续做革命活动。刘尧澂、蒋翊武、熊晋槐、张难先、沈春岩、梁钟汉、赵鹏飞等，乃投入军营充士兵。《猛回头》《警世钟》《革命军》等小册子，灌输新兵革命思想；《扬州十日记》《嘉定屠城记》诸书，沉痛记述当日屠杀之惨。戊申（1908年）冬，杨王鹏、唐牺支、钟畸等，将军队同盟会改组为群治学社，吸收对象以士兵为主。旋又改振武学社。至辛亥正月，遂由李抱良、唐牺支、詹大悲、宛思演、刘尧澂、龚霞初等10余人发起，改振武为文学社。1911年正月初一日（1月30日），在黄鹤楼借团拜为名，开文学社成立大会，公推蒋翊武为首，由詹大悲草拟会章10条，嘱到会各标、营分举代表。二月十五日（3月6日），又借小朝街85号开秘密会议，举蒋翊武为正社长，王宪章为副社长；刘尧澂为参谋长，王华国、杨载雄为参议；王守愚、张廷辅、唐牺支、邹毓林、蔡大辅分任文书、会计、侦探等职，以詹大悲任汉口联络事宜。文学社始有军队外的同志加入。盖以詹大悲能文，有智略，故文学社多借重之。

共进会：孙中山先生在日本所组之机关为同盟会，而共进会为其一系。自东京取缔留学生后，孙先生被迫去日本，以会务嘱胡汉民、黄兴负责办理。黄只注意于南方，而广东失败不止一次。故宋教仁谓，谋革命在边省为下策，在中部亦中策也。于是有中部同盟会之组织。鄂人居正、彭汉遗，湘人焦达峰等，决定武汉为发难地点。仍以孙中山为领袖，用同盟会的握手礼，在愿书中则改“平均地权”之“地”字为“人”字。居正、刘公归自日本，时在武昌雄楚楼10号刘寓集会。所谓共进会，乃急进一派之党人也。5月，组织已健全，所收会员以不限定资格，故较文学社为多。夏初，学界加入者，如两湖同学，均在暑假前两月由牟鸿勋、邢伯谦所介绍，愿共戴孙武为首脑。蔡济民、熊秉坤、彭楚藩、丁笏堂、吴醒汉、梁维亚、徐达明等所介绍的会员，不纯为军界中人，凡同情反清者，即医生亦延之，如冉雪峰是已（丁笏堂介绍）。两湖师范、文普通诸同志，皆查光佛、谢石钦、李作栋等介绍加盟。至与文学社联合，则彭楚藩、胡恢汉、杨玉如诸志士之力。主持共进会的以吾鄂人为最多。八月初三日（9 月 24 日），孙武、刘尧澂集合会员 60 余人，在胭脂巷机关部开大会，决定中秋起义。同时电焦达峰，届期自湘响应。八月十九日（10 月 10 日）革命爆发，共进会之功为多。

（二）秀才从军

我幼时读嵇康《赠秀才从军》，视为宏壮之作。清季科举停后，学堂又不容易考进；且试期无一定，考后又不能即时入学，食宿都成问题，寒士哪有钱在省久候。秀才年逾 30 所考的学堂只有简易师范，但取录又有定额。适军队鼓励秀才从军，故上进只有投军一途。

投军的有两个目的：一种是求官。军队中知识分子少，就是初成的新军，也不过多识几个字，有异于绿营行伍。秀才从军，各标欢迎；入伍不久，可提为副目、正目，甚或提为排长。这些秀才名为学兵，多望提到陆军特别小学肄业。一种是革命。就是入营后，在士兵中物色同志，灌输反清革命理论，激起同仇敌忾，以达革命目的。抱这种志愿者，就我所知有下列诸人（曾在各县教读、其程度等于秀才的，如方本仁、张难先、熊晋槐、林仲卿等未计入）：

陈辉支（利川，第三十标）、易泽甫（荆门，第四十一标）、范腾霄（利川，护军马队营）、段良华、赵鹏飞（钟祥，第二十九标）、蔡大辅（京山，第四十一标）、李仪吉（应城，第三十标）、沈鸿烈（天门，第三十标）、金利生（沔阳，第四十一标）、张鹏展（黄冈，第二十九标）、沈武鑫（房县，第三十二标）、郑汇宗（汉川，第三十标）、彭华封（安陆，第三十标）、庞步骥（崇阳，第二十九标）、唐润明（松滋，第三十标）、尤焜（安陆，工程营）、郝可权（蕲春，工程营）、张敬业（第三十一标）、樊川（河南，第三十标）、余鹏举（云梦，工程营）、胡树勋（河南，第三十标）、李长龄（天门）、沈春岩（石首，第三十一标）、吕大森（建始）、陈润甫（汉阳，马队）、覃师范（蒲圻，工程营）、林翼支（随县，第四十二标）、陈飞雄、刘希曾、刘化南、张华清、刘承骥、杨雄亚（沔阳）、车指南（郧县）、曹文思（京山）、余晓江（应城）、毛精华（应城）、许壬林（罗田）、何常瑛（天门）、曾繁辉等。①

（三）起义前后的宣传工作

鼓吹革命的刊物在日本：革命书籍均印自日本留学界，如《浙江潮》《江苏》，其印刷精美，图片甚多，阅者喜之。吾鄂留学界所出版之《湖北学生界》，出五期，后改名为《汉声》，仅出三期即停止矣；书中无图片，纸印亦较前者为劣。癸卯（1903 年）12 月间，郑赤帆（鄂城人）连寄四次归，其文字不弱于《浙江潮》。有题句云："光祖宗之故业，振大汉之天声。"第一册撰文者以但焘、刘成禺、张继煦、李步青为多。文中攻讦刘云龙（远安人）为湖北留学界之蟊贼，谓其先以告密函寄鄂抚端方及学务公所监督梁鼎芬也。告密函不知何以在东京为留学界检出，于《湖北学生界》中表而出之（刘后自日本退学归，为南路小学教员），对刘函标题曰：《满奴献媚书》。函中称："夫子大人（指端方）函丈：自违矩范，再易蟾圆……"，以下为告密语。此期寄武汉及鄂属各府县中小学者为多，寄各大衙署长官者则秘不示人，即行毁去（此事范腾霄在恩施与我言之甚详）。

另有一事须补述者，北京军机处亦收到《湖北学生界》数份。

① 作者原非军人，名单中所列诸人的籍贯和所隶标、营，有明显错误的作了更正。又如范腾霄、沈鸿烈、曹文思（即曹进）、覃师范等亦非普通士兵可比。希读者注意核对。

丙午（1906年）冬，张之洞奉召入京陛见，黎明在朝房与军机大臣王文韶遇，偶语张在鄂办教育为天下先以誉之。张自翊其重大者为派学生东渡，开办文武高等及方言学堂等。王冷笑，袖中出《湖北学生界》一册与张观之。张阅数页无语。下朝后，即电嘱鄂督以后少派学生出洋，并请将刘成禺、张继煦等电调回鄂；否则停止官费，勒令归国（此系张先生面述，询之杨霆垣亦同）。

《湖北学生界》《汉声》，由但焘、程明超、张继煦、蓝天蔚、李步青、李书城、李熙、范鸿泰、屈德泽、权量、金华祝、卢慎之、范腾霄、周维桢、王式玉、万声扬、王璟芳、余德元、张鸿藻、周龙骧、左德明、刘道仁22人编印。张孝移题封面（张为鄂城张裕钊长孙，由陕西官费出洋，习法律）。负责发邮，寄中国各省图书馆、报馆，寄武汉学界、军队者，为范腾霄先生。书中署名“楚北英雌”者，为王璟芳之妻。王不久归鄂，为端方、梁节庵所收买，并记于此。

鼓吹革命的报纸在汉口：宛希曾（思演，黄梅人）自两湖退学后，改住法政。后以多量之款与詹大悲、何海鸣、查光佛、梅宝玑等办《商务报》，宣传革命。未久停办。至是又筹款接办《大江报》（据说宛独出资2000元，出版未久，即宣传革命；先则隐而显，继则大张旗鼓矣），公推大悲为主编，何海鸣为主笔。某日，黄侃与大悲饭后，带醉戏为《大乱者，救中国之妙药也》一文。黄次日即回蕲春。文刊出，詹遂为夏口厅传讯，詹以责任所在，自认此文为己作。何海鸣为詹争辩之，言词激烈。夏口厅同知击何手刑百余，收押，封闭报馆。《夏报》亦同情革命者，但不及《大江报》之明显耳（出版未久亦被封）。忆庚戌（1910年）3月，杨藻香（玉如）亦办《雄风报》，就汉口某印书馆付印，系小报性质。嗣因经费无着，数日即停止，对于宣传革命，未能畅所欲言。辛亥（1911 年）春间，又出《政学日报》，为文普通学生郑江灏（南溪）筹资所办。其同学向炎生投画稿两次。其骂张彪也，画一猫似虎形，刊之，题云："似虎非虎，似彪非彪，不文不武，怪物一条。"[①]民众争购阅之。又画一石洞，洞有鳞甲生动之化石形，谓系宜昌平善坝上古迹，时时有人以香楮祀之，有些人迷信过深，视为神物，今乃求雨不应。其题句云："这石龙，真无用，求雨不能下，徒受人间香烟奉。"[②]陈夔龙，字小石，时为鄂督，向讽其无用也。陈阅报大怒，命江夏县封《政学日报》。郑先逃走，乃拘炎生入狱，[③]起义后乃出。天门胡石庵，曾于起义前数日筹备《大汉报》，八月二十日闻武昌消息，乃以白纸及黄纸，用毛笔写《大汉报》两张，一贴江汉关署门左，一贴英租界附近。看报的一传十，十传百，人心为之振奋。其旁贴有江汉关监督齐耀珊与标统张永汉会衔盖印的告示，说革命军已逃，北京大军即到。百姓聚观而笑。

扩大革命影响的报纸在武昌：起义后，牟鸿勋、邢伯谦、苏成章等，以湖堂参加革命人数已多，要推动各省响应，非报纸宣传不

---

① 谢楚珩谈，其下尚有 4 句曰："因牝而食，与獐同槽，恃洞护身，为国之妖。"又"不文不武"一作"不伦不类"，特并录之。

② 陈少武（时任《通俗白话报》编辑）谈：《湖北日报》出版之际，正值张之洞调京入阁。赵尔巽继任不久，即换陈夔龙为总督。陈在鄂不问一事，专听部属所为。巡警道冯启钧请假回广东原籍扫墓，另委金鼎其人代理巡警道职务。金只知逢迎做官，不知处理报馆事宜，更不知世界大势之所趋。1909 年新春，《湖北日报》刊有插画一则，画一龙伏于石上，题词云："这石龙，真无用，低头伏处南山洞；镇日高高拱不动，徒劳地方香烟奉。虽有王爷撑腰也是空，勿怪事事由人弄。"陈夔龙见之，极为恼怒。接着《湖北日报》又载《中国报纸于官场有特别之利益》一文，陈更忿恨。因陈妻拜庆亲王为干女，陈是借庆亲王奥援，做到督抚的。插画、题词、论文，皆挑了陈氏之眼。适金鼎来见，陈向金鼎说："《湖北日报》讨厌得很！"金鼎为迎合意旨，即将《湖北日报》封闭，并逮捕经理郑南溪，随报陈请示。陈谓："并未叫你封闭报馆、逮捕经理。现在新闻界当旺，中枢都无可如何。只不过授意你警告他们，下次再不可以文字作戏弄。你竟任意行事，若不赶快消弭，全国报纸必代为声张。中枢闻之，恐有见责。你须好好处理。"金鼎慌了手脚，安慰郑南溪，许以设法启封，继续出报。

③ 炎生向未被捕，此处所记有误。

能鼓动士气，激发人心。计议同学中在汉口《中西报》《公论报》做社论的人，原有朱峙三、蔡良臣、刘菊坡（是时刘已退学，住高等巡警学堂）3人比较内行；乃由牟向黎督面述理由，黎心大动，即手谕提出藩库所存元宝六枚（600两），由张樾、张世禄等，马上将大朝街印刷（官报）局未走工人与汉口两家报馆的工人合并，出版发行《中华民国公报》，牟自任总经理，请同学张樾、任素、张祝南、刘菊坡、龙云从、张世禄等，连夜计划开印，于八月二十五日（10月16日）即出报一张，分赠各机关阅看（并分寄各省、各县学校与劝学所）；同时以200份张贴武汉市区通衢壁上。万众聚欢，人心大振。计第一次创刊，已散出4000份矣（从前汉口两家报馆日销不过1200份）。

牟君无暇兼任总经理，一切大事付之张樾、张祝南、任素3人。是时，撰述由张樾、任素、张祝南分担。蔡良臣、刘菊坡均先回籍；朱峙三以咯血病亦回籍。牟以事繁不能兼顾，由张樾兼任总经理，任素以副理兼编辑，张祝南任主笔。不久刘菊坡到馆，约黄笃生、熊铁华（专任插画）诸君，竭诚努力工作，常数日通宵不寐。

撰述诸人，夜间计划鼓吹方式，撰写各处电文，使清疆吏互相猜疑。如先载湖南响应，九江独立，南昌、安庆起义（其实浔、湘尚未独立）；继以檄文鼓动鲁、湘、皖、滇、赣各省。此皆祝南之作。亦有胡祖舜来稿经修正者，如桂、苏等省檄文是。张樾在湖堂读书时，寡言笑，极诚笃，爱看革命书籍，平时闭口不谈，但《公报》社论与发刊词均为彼与任素分作，极动社会人士观听。九月（11月）以后，西南各省与各大埠无不知武昌有《公报》者。报上消息，多系伪托，但读者无不争看，信为真事。民心日变，士气日增。自汉阳失败，黎督出走，武昌城内外曾一度混乱；但《公报》照常出版，仍假载事实，以镇定人心。城内外居民未散者，日望战况好转。次日即有汉口领事派代表请停战3日之事。武昌人心转安，《公报》鼓吹之力为多。

先是辛亥（1911年）2月，同堂刘汝璘、张樾、任素与余同订有上海《民立报》《天铎报》两种，两报均宣传革命，有时与《神州日报》对照阅览，觉许多事实出于杜撰。《公报》的三四位负责人，以“人心思汉”4字做文章，却也收效甚速，真有果不出吾之所料者。上海各报得武昌起义消息甚早。交涉机关、领事署、会审公堂、各洋行文书及买办、厨工、西崽，与夫充各机关包打探等，均以革命为破天荒之举，由于好奇心理，无不乐闻革命消息。汉阳失守之耗，沪上先得汉口领事电报，望平街《新闻报》《申报》均据实登载，广大观众顿呈愁惨之色。嗣有人阅《民立报》《天铎报》，所载汉阳消息完全相反，谓我军并未败退，观众佥称申、新两报造谣，蜂拥入《新闻报》馆，齐声喊打，该报员工四散奔逃，几酿大祸，巡捕驱逐半时乃散。此时不辨事实真假，皆激于反清义愤所致。武昌于黎督出走之日，作种种安定人心、鼓励士气之电文，并言南京不日可下。是晚谣言顿息，居民迁出者复回。忆此一段前事，抗战时我在恩施犹时与熊铁华、刘晓庶谈及，以此证当时民心向背。

《大汉报》为胡石庵独资所办，敢发直言伟论。两月后，销行甚广，遂与《公报》并驾齐驱。《群报》后出版，系黄陂马逐伯、黄安谢少芹[①]、武昌汪书城合资办理，揣摹时议，不敢大胆直言。此报本竞选参众两院议员者，态度当然如此。马、汪于洪宪时期劝进，于曹锟时代助其贿选，品质太差，为士论所不齿。

① 疑为贡少芹。

（四）学生军组织情形

八月二十二日（10 月 13 日）以后，各学堂学生以负责人逃亡，伙食无着，发生恐慌。其中矿业学堂、法官养成所，由代表奔走谘议局听消息，暂不离省。矿业学堂未走的学生（襄、郧、施三府的人数多），自动揭出一示，称大汉学生军。工业讲习所未走的学生，亦同情此举（该所设在小朝街丁栈，开办不久）。两处学生共有 100 余人，由都督府派刘绳武为统带，始成学生军第一营。汉口商业学堂未散归的学生 60 余名，亦由刘派赵士龙就汉口商业学堂再招收中小学生共 300 余人，是为第二营。武昌方面所收十六七岁的学生亦不少，于是成立第三营。此 3 营均直辖于都督，当即加以紧急训练，近则派守各衙门、藩库及银圆、铜圆等局（财政机关）；远则派赴近县，如黄陂、鄂城、黄冈等县，盘查汉奸等事。3 个营各级官长姓名如下：统带刘绳武（日本士官第四期毕业）。第一营管带田化龙（汉川人，陆军特别小学仁斋学生，共进会代表）；队长：一、冯尚翼，二、王良佐，三、王仁典，四、郑策勋。第二营管带赵士龙（汉川人，陆军特别小学仁斋学生）；队长：一、聂洸（应山人，陆军特别小学学生），二、辜华龄（广西人，陆军中学生），三、祝鸿道，四、高德沛（宜昌人）。第三营管带佘式谷（子祥，鄂城人，陆军中学生）；队长：一、萧肃（汉川人），二、余丙静（天门人），三、王家玉（秭归人），四、张宏材（天门人）。

（五）鄂军政府的人选[①]

辛亥八月二十二日（1911 年 10 月 13 日），苏成章、邢伯谦回

① 此处所记为一部分事实。因作者在民政部，故对民政特详。鄂军政府人选，军令、参谋两部未列，其他各部人事亦详略互见，也有错的。

湖堂来说："在谘议局的黎元洪，闭目不语，问之不答；张景良、杨开甲坐其左右，愁惨欲泣。李春萱、蔡济民、李西屏等，屡向黎开导恫骇；黎似神经刺激过甚，卒无一言。"又云，苏成章、谢石钦、李春萱等10余名同志，已起草先组织参谋部，办理一切。八月二十三日（10月14日），黎神志稍清，说："赶快防止清兵南下，豫军接近，须先制止。"允许剪辫、拜印，就都督职。发布紧要示谕四张，贴于通衢。

八月二十五日（10月16日）晚，都督决定就职，无甚问题。孙中山所派代表林某云："各地响应，必接踵而来。"一时有革命必成气象。军政府先成立政事、军务、理财、外务、编制、文事各部。政事汤化龙、舒礼鉴，理财吕逵先、胡瑞霖，外务黄中恺，编制张国溶、沈岐生，文事阮毓崧、万声扬等。此编制由汤、舒等所拟定，革命同志大为不满。不数日，又行改组，事权统于政事部。

政事部（地址在南楼前旧中路小学堂址）：部长汤化龙，苏成章副之。所属七局为：内务局舒礼鉴、周之瀚，财政局胡瑞霖、沈维周，交通局熊继贞（晋槐），编制局徐声金、李实，文书局阮毓崧、万声扬，司法局张知本、杨雨霆，外交局黄中恺、刘赓藻。

此一部7局，不久又改组，遂变成以下各部：

1. 内务部：部长冯开濬，周之瀚副之。参事室向炯、喻肖壁、宛思演，书记官室刘汝璘、朱峙三（鼎元）、聂守经、颜培唐，总务科长邱前模、张祝南，调查股调查员廖恺清、毛家祺，秘书室秘书段守仁、黄麟州、梁蕴玉、茹用九（黄、梁、茹是招贤馆介绍来的，3人皆系候补知县），民政科长黄燮丞、陶慕甫，铨叙科长曾晟、毛国栋、涂允承，印铸科长方作舟、王赓，警政科长张人骏，土木科长常春元（警政、土木两科杨时杰任正长时方补入）。

以后杨时杰任正长，周仍为副。参事则添周汝翼、马毓福、戚辉枢、喻蓝田、褚辛培五人，秘书为茹用九、罗良经、董玉墀等5人，其余职员未动（前任职员共75人，杨任添至90人）。

自军政府成立后一月，湖北政治重心，在内务、理财两部，用人之权，全属内务部。部长、副部长决定后，即发表委札（当日称札子，其程式仍照清制），限日到差，仅报督府存案而已。兹抄当时所委各县知事、书记官籍贯列表于下（当时武昌为首义之区，故不曰江夏县而曰武昌府，实与各县知事同级，非知府也。一月以后，又改称曰大县武昌府，尤属不类。是年冬改武昌县为寿昌，继又改鄂城。江夏县之名以没，遂用武昌新名）：

府县名称	知事姓名	籍 贯	书记官姓名	籍 贯
武昌府	吴跃金	汉阳	任树滋	贵州瓮安县
武昌县	吴传荣	汉阳	方家炘	汉阳
嘉鱼县	彭光荧	四川富顺县	萧晓宪	天门
蒲圻县	田潜	江陵	王炎基	
咸宁县	冯镇坤	黄冈	郑应昌	孝感
崇阳县	涂寿田	黄陂	余国华	江夏
通城县	漆滨	江西新昌	景龙黼	天门
兴国县	汪仁东	黄冈	樊树模	黄冈
大冶县	梁炳年	沔阳	常建勋	光化
通山厅	袁之菁	黄冈	童汉藻	黄冈
夏口县	徐声金	天门	范之干	江夏

（续　表）

府县名称	知事姓名	籍　贯	书记官姓名	籍　贯
汉阳县	左树爕	应山	周国琳	浙江鄞县
汉川县	酆瑞崧	蕲水	柯凌汉	云梦
黄陂县	张道坦	黄冈	吴树森	应山
孝感县	姚济苍	罗田	曾鑫	湖南衡阳
沔阳县	姚汝婴	黄陂	褚鼎卿	云梦
黄冈县	黎广润	黄陂	陈毓珍	黄陂
蕲水县	王堉	江苏吴县	吴光第	孝感
麻城县	孟继旦	武昌	杨兆璜	监利
蕲春县	吴耀楠	宜昌	庄克浚	江苏武进
罗田县	史森	江苏阳湖	孙旭初	汉口
广济县	阮复	黄安	明应奎	武昌
黄安县	褚辛培	云梦	朱鼎元	武昌
黄梅县	何世谦	汉川	范迪翔	江夏
钟祥县	傅良弼	湖南临湘	杨昌萃	监利
京山县	顾庆云	郧阳	苏甲林	监利
潜江县	欧阳启勋	汉川	胡龄	汉川
天门县	杨寿昌	四川	刘师宽	浙江会稽
安陆县	汪济舟	远安	刘麓岑	江夏
云梦县	阮武仁	大冶	朱懋炘	汉阳
应城县	杨鸿葆	沔阳	刘德钧	天门
随县	李光炎	监利	龚斌	崇阳
应山县	张仲友	黄冈	周安世	云梦
江陵县	黄炳言	沔阳	黎敏德	安陆

（续　表）

府县名称	知事姓名	籍 贯	书记官姓名	籍 贯
公安县	罗仰焕	湖南郴州	王锡三	黄安
石首县	鲁宗藩	荆门	卢宗岳	大冶
监利县	刘鸿枢	黄安	刘大受	汉阳
松滋县	罗良经	汉阳	李劲	孝感
枝江县	张新林	襄阳	胡调元	安陆
宜都县	石藩	宣恩	周栋	汉川
襄阳县	刘文彬	汉阳	姚范	汉阳
枣阳县	夏柏华	黄陂	万国钧	应山
宜城县	林树藩	宜昌	周丙炎	黄冈
南漳县	程荫南	麻城	徐懋华	汉阳
均县	许滨	云梦	张用威	恩施
光化县	雷震	黄陂	颜培棠	河南
谷城县	童绍基	枣阳	吴恩治	黄安
郧阳县	陈霈霖	均县	段彩文	
房县	吴宝炬	来凤	张大慰	建始
郧西县	尹忠	武昌	杨日新	应城
保康县	汤文英	江陵	李圣言	汉阳
竹溪县	龚茂峻	孝感	彭祖光	广济
竹山县	萧韵涛	谷城	黄璧	
宜昌县	王道昌	黄陂	吴寿松	黄安
秭归县	冯锦文	原籍沔阳寄籍江西新昌	何凝	江夏
兴山县	陈树荆	应城	赵增训	监利

（续　表）

府县名称	知事姓名	籍　贯	书记官姓名	籍　贯
长阳县	杨文澜	安陆	刘暹	安陆
巴东县	于泽润	汉川	梁汝雯	汉川
鹤丰县	毕世燕	石首	李荪枝	江陵
长乐县	常春元	监利	王仁术	孝感
恩施县	李凤高	夏口	周文炎	武昌
咸丰县	陈侃	沔阳	赵爱棠	沔阳
宣恩县	萧崇勋	黄安	吴肃	应城
来凤县	万云乔		佘维翰	
利川县	周鸿勋	原籍江西萍乡 寄籍 湖北黄梅	舒祖钦	汉川
建始县	孙萃斌	秭归	潘涛	汉阳
荆门县	金光灼	京山	文华国	监利
当阳县	黄鹤临	江西清口县	周之冕	天门
远安县	王爱民	沔阳	于泳裳	云梦

2. 军务部（地址在今湖北省公安厅）：部长孙武，蒋翊武、张振武、蔡绍忠副之。秘书谢石钦、梅宝玑，步兵科长胡干城，骑兵科长萧开贵，炮兵科长蔡济民[①]，工兵科长刘瑞璜，辎重科长李光甲，水军科长王仁谦，经理科长邢伯谦（内分粮食科：邵炳国，被服科：李楚翘），人事科长刘德俊，参议室参议李翊东、邓玉麟、聂豫、刘度成（在两湖书院南书库办公），军学局长吴元泽。

① 蔡未任过科长。

3. 理财部（地址在原善后局）：八月二十六日（10 月 17 日）会议，改经济科为财政局。胡瑞霖、沈维周任正、副局长，两人皆谘议局议员，党人多攻讦之。旋升局为部，胡仍为正，陶德琨副之，并兼造币厂经理。胡、陶相继辞职，一度由汪济舟代理。十月初九日（11 月 29 日），李作栋继任部长，潘祖裕副之。秘书姚汝婴、张国恩、董用威（必武）、周盛炎、熊道琛，书记官程贤智、朱佛缘，总务科长范化行，主计科长萧树斋，财务科长陈心，主税科长沈师麟，参议有吕逵先、刘树杞、陈英方、熊道璜、高元藩、王世杰等，徐荣廷、吕逵先先后任官钱局总理，时功璧、范尚武先后任造币厂厂长。部中共有职员 120 余人。

4. 外交部（地址在三佛阁街原湖北交涉使署）：部长为胡瑛，未久易王正廷。王系自九江投效者。后以科长夏维岳代，未久易胡朝宗。科秘、参议有江华本、姚勉之、杨雨霆、时象晋、陶宗汉、周龙骧等。

5. 司法部（地址在三道街旧学院）：部长张知本，彭汉遗、夏道南副之。秘书、参事有李稼生、韩玉辰、夏炎甲等。

6. 编制部（地址在今候补街小学）：部长徐声金，李逢年副之。政事部撤销时，汤化龙曾任编制部长。

7. 交通部（地址在今解放路三一堂小学）：部长熊继贞（晋槐），傅湘副之，秘书金宗鼎。武昌电报局长初为刘汝球，继由章盛恺接任。刘系北京电政学堂学生投效的。章为工程营士兵，起义之夕受伤，后任此职。汉口电报局长于郁文，亦工程营兵士。

8. 教育司（地址先在水陆街学务公所，后移昙华林）：当时无专门机构，1913 年 5 月始成立。司长姚晋圻，副司长时象晋。科秘、参议有郭肇明、饶汉秘、傅廷仪等；省视学有张承嘉、阮北康、张文藻、鄢从龙、张廑轩、刘永寿、夏道农、夏宗言等12人，照两湖、文普通、存古三校分配任职。

9. 各部总稽查部：各部总稽查部的组织，是监督各部而设立的机构，无首领。各稽查员地位平等，轮流巡视各机关。如有要求，立即报告都督，饬各属即时解决；如有错误，由值巡者立时纠正。最初总稽查规定只有8人，随时进退者数人，似是为人而设的。兹记其职员姓名于下：稽查员谢石钦、高振霄、牟鸿勋、苏成章、钱守范、陈宏诰、梅宝玑、甘绩熙8人，其后补牟、苏、高3人之缺者为丁仁杰、邢伯谦、蔡济民。

秘书鲁济恒、纪良；书记官田飞凤、沈文鉴；余为书记、办事员共20人。

三　生存者言第三

（一）集贤馆

八月二十三日（10月14日）以后，吴醒汉在阅马场模范两等小学内设临时招待所，收纳武汉附近及外县来投效人员。初名招纳处，后以名不雅，改名集贤馆。推周德宜、蒋秉忠为馆长，以刘民华、谢石钦等5人为科长，招待各界投效人员。其手续须有条陈、札委、证件、履历等呈阅。蒋延、任树滋为秘书，任系清进士，文字甚佳（首先上书于黎督者）。每日开饭至20余桌。集贤馆曾先委王云龙为鄂城（武昌）县知事，继委黄厚燊、黄应龙、冯洁云为蒲圻、崇阳、天门知事。自是以后，投效者益多，乃迁入王府口丁栈办公，计50

余日。所用人才，如饶汉祥、茹用九、陈廷英等，皆其最著者。停战后 10 日，尚有待用者 200 余人。此馆先后介绍或直送机关任用共达 3000 余人。

（二）红十字会

自汉口各领事答复黎督照会承认革命为交战团体后，由赵伯威商之文华附中校长余日章[1]，请马牧师就武昌同仁医院及汉口百子巷口之天主堂作红十字会会址，就工业学堂安置伤兵。盖交战数次，尚无住伤兵之地，黄兴到鄂后，始有临时野战病院设立。有同情革命的人士，约同武汉两商会吕逵先、徐荣廷等，发给徽章（布制的，长五六寸）；教会韦牧师尤热心此事。有徽章的人带同担架，两方可以通行。当战事之初，实未注意此事。自是清兵南下，冯国璋有所企图，红十字会人员先得消息，必告知我军，于我军颇有便利。

（三）输送大队

起义后第五日，军队开汉口布防，老工人多已改编各队。军务部乃临时成立输送大队 300 人，由队长王传彪统率（王亦两湖学生，躯干甚强）。

王于首义前先已回青山，第三日始来投效，向邢伯谦谋事，一时无可安置，邢笑谓：“你愿为扛子队长否？愿意，就立刻领款，去招伕子。”王即允领款招伕。盖革命军为在民众间树立好感，不抓伕也。王君组织此队后，诚实努力，不避危险；汉阳失败后，曾三次带队冒险到归元寺，抢出子弹、火药，最后又放火毁其不能急

① 基督教青年会编《余日章传》：1911 年春，吴德施主教请日章任文华附中校长。民军初起时，日章与武汉中外要人组织红十字会，救护伤兵和掩埋阵亡将士。传中谓黎元洪致萨镇冰函系日章赍送。鄂军政府外交部长胡瑛曾函请日章出任交涉事宜，后被任为驻汉交涉局局长。汉阳失守后，日章并一度担任总理后路粮台职务。

搬者。书记官阮景星与王君均于民初任教省立第一师范，每向余述当时危险经过。因忆旧事，补述于此。

（四）文普通中学堂起义前参加秘密组织的党人

文普通中学堂当时简称文普通，为社会上流行的名称。该堂招生两次：第一次由文高等改名，先招两班，每班约 60 人。第二次招生，先后共 4 班，每班学生亦 60 名。第一班学生参加反清革命的为宋教仁、刘朝禄（后改刘复）、黄乔鼐（即黄侃）3 人。被除名的为黄乔鼐。黄以言语数次刺激监学李贡三，李借他事除名，非为革命也。以后富于革命思想的为查竞生（即光佛，蕲春人）、赵光弼（黄安人）、谢石钦（随县人）、郑江灏（宜昌人）、欧阳瑞华（沔阳人）等，均在辛亥起义之先，从事文字宣传，勤于任革命工作。

该堂监督纪巨维（其曾祖纪昀），河北献县人，同治十二年癸酉拔贡，一向反对革命。其来鄂也，为张之洞所招致，盖其祖煐璇（曾官翔州知州）与张有友谊故。纪对学生，时训以忠君爱国之语，继承乃祖献媚清廷者。同学对纪有敬而远之之意。监学沈明道（宜昌人）、李贡三（浠水人），后增汪步扬、纪鸿两人。沈、纪曾留学日本，习速成师范。教员 10 余人，为周从煊、夏仁寿、曹汝英、王式玉、戴庆芳等。仅王式玉曾留学日本，与纪、沈参与《湖北学生界》《汉声》的撰述工作，但未久即回鄂任教。纪、沈对学生虽知有参加秘密组织者，从不加以制止，亦不向监督告密。郑江灏所述如此。

（五）其他学堂亦有参加革命的学生

辛亥六月（1911 年 7 月），法官养成所招收学生 200 人，应考的目的是以其为短期习法律、谋法官之捷径。八月初（9 月间），亦有陈宏诰参加共进会，为代表。

文华书院系美帝圣公会主办的学校。起义后黄兴来鄂，乃有文华学生董楚臣之参加。董以教会故，得充黄兴传令官。刘家庙一役，董自马上跌下，后住医院调治月余乃愈。停战议和后，乃就他业。黄吉亭会长与黄兴为好友，吉亭介绍楚臣任此职也。

曹道兴亦文华学生加入革命。汉口之役，临阵作战；其妻傅翠云加入学生队，亦临阵地，军队称为女将军，并画图以荣之。翠云为牧师傅悦斋之女（卢春荣先生为我言及）。

清季文华学生，每日体操唱歌。星期六下午，由余日章带高年级学生 30 余人，到蛇山麓树林旁，讲一些满汉种族之说，但说得很委婉。余日章的父亲亦教会会长，与黄吉亭素相知，星期日布道时，日章多参加演说。

杨琢玉先生说，1907 年春间，与曹亚伯相熟。曹每劝他同情革命，他未敢表示，但很受曹的感动。嗣与同学伍友瑛等 4 人，毅然剪去发辫。同学均大骇异，校长亦未制止之，也未处分。

（六）黎督离开武昌城退至九峰山情形

辛亥十月初七日（1911 年 11 月 27 日），黄兴在汉阳失败，敌据龟山发炮，直击武昌都督府，军务部先中二弹。张振武亦惊骇甚，曾开紧急会议。黄兴拟以大兵东下，谓南京破，武昌危自解。与会诸人，以为非守武昌不可。吴元泽、万廷献等多不敢言。范腾霄主张死守武昌，南京必下；暂避目标亦可。黎未明言，心中实萌退志；初十日（11 月 30 日）晚出走未成，十月十二日（12 月 2 日）晨，带亲随 10 余人启行。孙武、张振武闻讯大怒，派人尾追。是日，陈衔烈先乘马向葛店探路，黎乘小竹轿，促轿工速行，过卓刀泉略息。适军务部已得汉口领事派员送来停战条件，请黎督签盖者，黎不知也。

时谭人凤为武昌防御使，蒋翊武为上游总司令，吴兆麟为下游总司令①以镇定人心。孙武、张振武临时写了几张大布告。城内秩序欠佳，军务部复派多人骑马追黎督返城。

此时刘公已于前一天组织北伐总司令部。黎既离府，一切大权暂归刘公主持，各机关未迁避他处者，一律到部请示。《民国公报》员工不停止工作，照常出报张贴。各机关愿意死守者，由负责人向总部请领临时经费。部址在东场口方言学堂（即今湖北教育学院）。刘公先发内务部维持费4000元，财部及其他机关与《公报》馆亦均发款维持。各单位负责人领款时，奖激有加，冀同死守。

（七）起义时马队未即响应的原因

起义时，马八标标统喻化龙率大队兵马逃李家桥一带，士兵渐渐散去。另一部分由蒋耀垣带守督署。朱明超保护张彪去了。革命代表沙金海与士兵联络不够，士兵不明所以；沙对排长孙开基、张超廉、萧鼎勋等，更未与言革命事。唯司务长刘国佐（陆军特别小学堂学生）与祁国钧表示积极，其后二人皆作团长。以上1916年喻化龙在樊口亲为予言。解放后，遇当时士兵曹树廷与排长孙开基，所说相同。

（八）牟鸿勋受讯时的口供

牟鸿勋于八月十八日（10月9日）晚，在小朝街与彭楚藩等同

① 曹亚伯《武昌革命真史》：辛亥11月27日（十月初七日），以蒋翊武护理战时总司令官职务。29日（九日），蒋即在洪山宝通寺成立总司令部。时吴兆麟任参谋总长。12月6日（十月十六日），孙武、杨玉如、李作栋等建议黎元洪以谭人凤为武昌防御使，调蒋为顾问。谭与孙武争权，且舆论不协，12月8日（十月十八日）即改派谭为上海议和代表，次日去职。12月10日（十月二十日），吴兆麟被公推为总司令官，后改任北伐军第一军总司令官，至1912年1月12日复以孙武为总司令官，调吴为大元帅府参谋总长。谭之全衔为：中华民国军政府武昌防御使北面招讨使。

时被捕后，瑞澂派铁忠、双寿、陈树屏等审讯。当时供词，外间传说不一，《武昌两日记》所载，尤为支离。其后曹亚伯之《武昌革命真史》，胡祖舜之《六十谈往》《武昌开国实录》两种记录，对牟供词亦欠清晰。我记得牟出狱后，我曾问及此事。牟自云，讯者系陈树屏与双寿。瑞澂以牟为两湖师范学生，树屏为两学堂庶务长，必能知其底蕴也。时湖堂正届毕业的考试，陈时来湖堂与刘洪烈等商毕业结束事，未尝不欲全牟一命。双寿先问牟："汝为两湖学生，当知大义，所读何书？"牟答："读《猛回头》《警世钟》。"双寿以陈为湖堂三长（教育、庶务、斋务）之一，必知此人性情，遂另提牟为个别审讯。陈先云："汝不在堂考毕业，而期夜间逃出耶？"双寿知陈意，乃问："汝系秀才，从前读何书耶？"牟当时以为必死，闻已绑彭、刘、杨出辕门处斩，乃大声曰："我所读的是《扬州十日记》《嘉定屠城记》与夫清初文字狱中遭杀身灭族的吕留良、戴名世的著作。清廷虐待汉族，对读书人杀得尤惨，兴汉灭清，是我的素志。"双寿又问："你学堂有多少党人？"牟云："他们未加入革命。今日被捉，一人承当，一切事与别人不相干。"陈树屏插言："汝有神经病，我向来听见说过的。今日杀你甚易。"又以目视双寿谓："留待明天候拘齐各营党人，再杀不迟。"即嘱兵役以镣铐送入江夏监狱。1915 年 3 月，牟在北京又与我说，亦同。是当时陈、双二人对牟曾为个别审问。去年问同学张、周二君，答当时实系个别审问，盖陈以师生关系，意在曲全，实不料当晚起义也。

陈树屏，字介庵，皖之宿松人，清代以庶吉士散馆，分湖北为知县。陈曾三次任江夏县令，兼臬署发审局问官。又是日提审在英雄毂（学社名，所住学生，多数为高等巡警学堂走读学生），所捕巡警学生

7 人，如张伯举、顾庆云、许炳炎等，陈亦兼任该堂提调，对顾、张等询数语，即开释。起义后，湖堂牟、苏诸人，曾一度约同文普通、巡警学生，如谢石钦、刘菊坡辈，电宿松约陈重莅武昌主教育司，陈回电婉拒。双寿为汉军旗人，后改名王嵩儒，军阀统治时曾来鄂任秘书长、财政厅长等职。鄂人对之尚无切齿者，即有此一段善缘也。1919 年双寿在京与牟鸿勋尚相往来，兹并记之。

（九）彭楚藩烈士生平片段

彭烈士楚藩，生于鄂城。其乡在抗战复员后，一度改名青云乡，青云，烈士字也。予于乙酉（1945 年）冬自施南回县，提议改名，以纪念烈士者也。烈士幼聪颖，其父名愚村，为清县署书吏，居城时，与谢家巷孟宽甫先生为至友。愚村公虑其不寿也，改名和尚。时方 10 岁，戏寄与宽甫为义子。成童读书，慨然有大志，科举非所乐。20 岁时，在乡之附近广福寺教私塾。癸卯（1903 年）冬，闻由县中郑姓友人赠以《猛回头》《革命军》诸书。丙午（1906 年）夏，同乡万廷献任湖北新军炮兵标统，在本籍招新兵，烈士遂弃私塾投新军。入伍后，与同棚士兵谈革命者相契合。其先识张难先、刘静庵、胡干城等，皆日知会盟友。庚戌（1910 年）冬，考入宪兵营，管带为果青阿，旗人也。烈士对果青阿能服从命令，从未露革命锋芒，故瑞澂亦不知其为革命党首领，此其沉毅果敢者欤。

辛亥（1911 年）7 月杪，烈士频来湖堂，着便服，偶与予及张肖鹄遇，点头而已，不多言。予以为来访牟、邢诸人也。一日偶尾之，则会三堂同学刘书封者。刘所居与彭家湾近，或有戚谊。彭去，予问刘君，则知彭来访刘已多次，晤亦无多语，时讨取洋蜡烛一两支以去。刘为同学中最老诚、沉默之人，对反清素不感兴趣；后问牟、邢，则亦非来商秘密者。此事予至今尚未能理解。

烈士生于光绪甲申（1884 年），派名先栋。其妻秦玉枝，与同庚生。一女名宜弟，嫁同乡姜姓。弟啸云，在乡为小学教员。予忆丙辰（1916 年）执教寒溪中学时，其父愚村先生时向予乞为烈士传，卒以事未果，嗣知张难先已为之立传矣。新中国成立后，复见他书亦有烈士传。唯均叙及就义时年 25 岁，以甲申烈士生年推之，均有误。

（选自全国政协文史和学习委员会编《亲历辛亥革命》，中国文史出版社 2010 年 12 月第 1 版）

辛亥革命前后我的经历

郭寄生*

光绪三十一年（1905年）夏秋间，我在武昌方言学堂肄业时，同学时功璧、瞿芹荪、蒯立三（时号伯弼，枝江县人，为科学补习所、日知会活动人物。瞿，江苏人。蒯，福建人。以上3人本皆自强学堂学生，因自强末班与方言头班合堂，自强停办，故称同学。彼时瞿已升为方言东文班助教）合办教育图书社于察院坡横街头，秘密输进关于宣传革命的书报。我和同学陈文中在方言担任销售。越年（丙午）秋，因萍浏醴案，该社被封，我和陈被同学告密，陈被开除（陈后易名涛，投凯字营当兵，随又去日本习法政）；我被堂长梁鼎芬训斥了一顿，记大过两次，并由法文班改为东文班（意以法是共和

* 郭寄生：时任湖北军政府军法科第二课课长。

国，日本是君主国），降低了一个学年。时之父为举人，正充制台衙门文案；瞿之叔为现任藩台；蒯之父为现任道台。因此均未被捕，安全无事。

1911 年（辛亥）农历三月中旬，邓玉麟由扬州十二圩携同其妇谢氏回鄂。同学张育万（号和伯，为邓之亲戚）云，邓系回来积极活动革命，已与商量邀我参加襄助。介绍相识后，又由邓介绍我与孙武见面。逾数日，邓以办酒馆事嘱张和我在与营房接近地点觅房屋，约一个星期，觅得黄土坡 20 号铺房一间（黄土坡已改称首义路），孙、邓均满意。在开幕前，孙出共进会愿书，嘱张和我填写（张和我后皆为共进会方言代表）。愿书上有誓词，其誓词与同盟会誓词相同，仅“平均地权”易为“平均人权”。又面授诸种手势及问答语，其手势即：与同志相见先一鞠躬，对方如式答礼（当时朋友见面，除旗籍人作半跪外，普通是相互拱手），继即右手握拳（意谓“紧守秘密”），左手抚胸（意谓“抱定宗旨”），并整理领扣（意谓“恢复中华”），最后问何处来何处去。彼此既确知为同志乃作交谈。所用问答语常更改，如辛亥八月十九日所用“同心协力”的口号，同志尚多不知。

酒馆定名同兴，于是年三月初二日（3 月 31 日）开幕。初由孙武交邓玉麟大洋 100 元作开办费，不敷应用，另由张育万、费矩、向炯诸同志合筹七八十元补助之。所需桌、凳等物，则由张和我向姚家花园借用（姚家花园在同兴斜对过，为方言学堂别墅）。开幕后，张以病不能来，邓嘱我司账兼办关于笔墨事项。张病愈后，也常来馆同我合作。当时，我们对加入的同志，在簿上作记号，什、伍长为银圆，士兵为铜圆；又在另一簿上分记姓名，作欠账，仍不记其部队番号（似未记过学堂学生）。关于手势及问答语，多半由邓传授，间或由我传授。至于愿书是否由邓依式办理，实不确悉。星期日常有徐万年、马骥云、高尚志、曾子敦、费矩、杜武库、方兴、王文锦、王华国诸同志来坐。三月二十九日（4 月 27 日），广州起义失败后，因清吏戒备严，形迹稍疏。

农历四月下旬某日午后一二时，曾集议一次，到会 20 余人，以天气闷热，移在姚家花园树下散坐，此次孙武亦到。经总结各同志所报，会员已达一千六七百人，当时均觉此数欠正确（根据酒馆账上不过 300 人），孙、邓解说：此是新加入的，旧有会员未记在内。不过此是农历三四月间的情况，至农历六七月间争路风潮扩大，会员便飞速增加。但此后又发生有奇异现象：即本来为文学社社员，多改而入共进会；而本来为共进会会员，又多改而入文学社。各位同志跨社、跨会视若当然，究其原因，乃两革命团体的宗旨根本相同，且又同属于科学补习所、日知会的一脉相承，早已无彼此之分。所以到了必要时机，两革命团体的联合，一经协商，便顺利告成，取得发难时步调一致，成为统一的领导机构。

同兴酒楼于是年端午节前无形停业，至月底才完全结束，前后实不满 3 个月。所有大小账簿 7 本，由我交邓收存，退租及退还物件，均系我负责料理。

共进会经此次恢复活动已有一定基础。后来革命形势发展，遂得在此基础上吸收不少小组织，形成一个强大的革命团体。

八月二十日（10 月 11 日），即发难后之次日午后一二时，我和张育万、彭子升、向炯、赵师梅、费矩、贾汇川、方旭明、张天轸、邢子文诸同志约 30 人，分组在街头宣讲革命宗旨。此举乃学生中同志视为必要，自动结合为之，并无何人命令。午后 7 时，余在谘议局门首，方与高尚志、胡鄂公谈话，忽闻四围枪声大作，情势异常紧张。翌晨，始悉是清吏部翔宸率残部前来偷袭，意在捣毁谘议局，劫去黎元洪，幸弭平甚速，未成大变（黎在纷乱时曾离开谘议局）。

八月二十一日（10 月 12 日）晨，在谘议局晤胡瑞霖、沈维周（胡，江陵县人，沈，巴东人，皆谘议局议员），嘱我会同邢子文速拟新闻稿以资宣传（我和邢充汉口各报馆访事有年，为谘议局人员所素知）。

八月二十三日（10 月 14 日），邢子文任都督府书记长，邀我帮忙。

八月二十四日（10 月 15 日），在都督府见苏成章、牟鸿勋忙于誊清以孙文署名之布告稿。文首孙自称为大统领，词句典丽，但微嫌冗长。云系上海新到同志携来，后乃获知是查光佛同志手笔，在武昌所拟。随与王文锦、高尚志、高汉声诸同志晤谈，我以曾在街上亲见便衣数人，手执雪亮大刀追杀旗籍妇孺事情，力言革命宗旨主要在推翻清廷政权，挽救危亡，若任意杀戮，甚至妇孺不免，此则暴徒行为，不但为国际上所反对，且必定惹起种族仇恨。众称此言正大，应当严加制止。

是日，都督府正在商订编制，分配职务，闻胡鄂公拟组织军法科，王文锦曾询我胡为何人（胡为江陵人，我早认识），并与高尚志、高汉声、苏成章、邢子文诸同志主张我参加军法科，因之我充军法科第二课课长；其第一课课长即程汉卿。彼时很多同志对胡不满，对程尤甚（程原为第二十一混成协军法审判员）。而胡自觉与首义同志无多相识，又以程为黎之亲信，仅挂科长之名，每日往来汉口。我于是月底，又为何海鸣同志邀往汉口帮同创办《新汉报》，不数日程即充军法处处长（程后助黎为虐）。九月中旬，我因高汉声、陈宏诰之怂恿，曾在军法处充军法官10余日，终以与程不能合作，断然摆脱（高、陈均为总监察处军法稽查官）。

九月十二日（11月2日）天未明时，汉口危急万分，我和周楚材、甘绩熙、王光国、贾汇川、孙卓然、谢俊、高建瓴、高尚德、方兴、张中海诸同志二三十人，扼守满春戏园。诸同志中周年长，甘最年轻，往来后城马路、四官殿等处观察战事，均极勇敢。午前六七时，歆生路一带被清军纵火，烟云蔽天，大炮、机关枪又连续向我方发射，我军前线部队遂愈不支。午后二三时，闻有退守玉带门命令，我等亦退至玉带门，仅留甘绩熙一人，面晤总司令黄兴作报告（彼时黄尚未拜将，但已尊黄为总司令），余人经汉阳返武昌。此役仅21人受有命令，其余乃目击危急自动参加。首义后两三星期内，此种事情到处可见[①]。

我军退守汉阳以后，革命阵营已不如从前团结，各同志意见渐见分歧，瞻念前途，令人悚惧。闻季雨霖同志将招讨安、襄、郧、荆等处，旨在安定武汉上游，并集结沿途起义武力，绕道北伐。我认此举是巩固首义根据地的要图，乃商同高仲和、汪秉乾、邢子文、黎子尚诸同志随季工作。确能记忆的，尚有吴无为（存古学堂学生，共进会会员）、孙焕然（似是高尚志的副官，敢死队队员）、谢超武、耿毓英、陈重民、阙龙、吕丹书、陈雨苍、毛凤池、张难先等同志共50余人。十月初一日（11月21日）出发，由文昌门过江，经沌口行3日达仙桃镇暂驻。首先集结梁钟汉、李亚东、刘英诸同志武力，

① 《甘绩熙自述》与此有异。

至沙洋后我充招讨使署庶务科科长。1912 年 3 月底，季改任湖北第八师师长，招讨使署取消，我随季返武昌。

自民国元年（1912 年）农历八九月间张振武在北京被杀[①]和南湖马队发生事变[②]之后，湖北大多数革命党人俱被牵连，朝夕自危，同时察觉黎元洪勾结袁世凯摧残革命势力的阴谋已日益显露，为保持革命成果和自己生存，跟黎元洪已成不能并立的局面。

民国 2 年（1913 年）3 月 20 日，宋教仁在上海车站被刺，越三日身死[③]，全国震惊。当时曾有人以湖北为首义之区，进言黎元洪应有严正表示。而黎似预知此事为袁世凯所指使，仅去电上海都督陈其美探询情形，闻者多不满意。3 月 25 日、26 日，田桐由上海来，携有孙中山和黄兴各一信（孙信我未见）。黄信略云："遁初（宋教仁字）惨遭狙击，经据凶手具吐实情，令人骇怒。大憝未除，必滋后悔。吾党同志，务当振奋精神，重新努力。此间情形，由梓琴兄（田桐字）面达。并盼兄等与之详商种切。"此信系致季雨霖、詹大悲、蔡济民、熊秉坤、蒋翊武、蔡汉卿诸人。田抵汉口，先和季雨霖在汉南旅馆（在旧德租界一码头）相晤（彼时我也在该旅馆，故知之）。第二日，由季代田邀请黄信所致诸人在武昌昙花林第八师留守处会谈（第八师本有一团，团长李荣升，驻武昌城内，归都

① 张振武，字春山，湖北竹山人。以武昌首义有功，不无自傲之处。黎元洪密电袁世凯将张"立予正法"，1912 年 8 月 16 日被杀于北京。黎通电数张罪状，实则欲盖弥彰。

② 1912 年秋，湖北新军已裁去一半，存者多不自安。南湖马队原约好城防司令孙国安届时开城响应，被同谋张庆南告密，黎元洪派炮队司令姜明经围剿。马队负责人傅人杰逃走，队官王汉辉、王凤翔、李松年当场被击毙，被捕士兵分 3 批在阅马场枪决。计第一、二批各 20 人，第三批 16 人。黎元洪《书牍》亦自供南湖马队拟自起义门入城，"拿获"为首指挥人王泉明；又电谓上次改进团之变，未戮一人，云云，均属饰词。

③ 系 21 日身死。

督府直接调遣。其团本部和师部留守处在一起）。因蔡济民、蒋翊武两人不在省，蔡汉卿另有事未到，仅作了表面谈话。又隔一日，由季和田假汉南旅馆联名宴请各部队团长以上、宪兵司令部营长以上及政治方面的高级人士四五十人。宴后，一部分人作了一度秘密商议，决定筹组改进团，暂推季雨霖为团长，目的在“改进湖北军政，继续革命事业”（时并无必须倒黎之意，因湖北革命阵营已经破裂，又因季和黎很有私感，据说曾经拟定有规约数条，但我未见）。由季指定陈重民、管心源、丁景良、范汉民、李亚东、郭寄生、朱汉涛、毛凤池、吴无为诸人分负事务责任。但此时有一部分已被裁汰的生计无着、积愤甚深的中下级官佐，尤其是参加过资州反正的教导团人员①，闻此消息，认为是一个翻身机会，多来接洽。同时又忽有改进团票布发现②（迄不知何人所为），省城内外，顿时风声很大，各部队皆已动摇。

5月8日，举行鄂中有功革命官长授勋典礼时③，黎元洪神色颇形张皇。5月11日晚，突然霹雳一声，黎派人在汉口碧秀里（门牌已忘）围捕了第六混成旅旅长杜武库和第五混成旅参谋罗炳顺、军需彭正绶（第五混成旅旅长即熊秉坤）以及各部队的团长管心源、容景芳、王子英等多人（另有几人是在四五日前秘密被捕，如王神斧即是其中之一）；并宣布临时紧急戒严，一面派亲信部队严厉监视其他部队动作，一面下令逮捕首要。季雨霖、田桐、詹大悲等诸人于当晚乘外轮往上海；

① 1911年11月26日（辛亥十月初六日）下午，入川之湖北新军在资州反正，由陈镇藩率领返鄂，改为鄂军教导团。1912年4月4日，黎元洪给资遣散。

② 黎元洪《书牍》亦仅谓：“拿获散发票布党徒要犯顾斌、顾开文、罗子常、于达4名。”

③ 1913年1月，袁世凯以大总统身份发布授勋令。熊秉坤谓湖北授勋为4月7日，赍勋位证书来鄂者为余大鹏。

熊秉坤回云梦防区（旋被调职亦往上海），此是改进团第一次失败。至四月十二日（5月17日），黎通电以四六骈句作了一番自责，内有“民国初建，经纬万端”和“黄台之瓜，讵堪再摘”等语，似对孙、黄来信而发；但对改进团事只字未提，局外人听之，殊难知其意之所指①。被逮捕的杜武库诸人，亦陆续开释，改调闲职。此因黎元洪知此事大有来源，且对宋教仁案亦自觉其表示不洽舆情，所以不能不马虎了事。至对第八师驻在襄河中上游一带的第十五旅阙龙（阙系团长）部队，则以其为季雨霖的军事主力，极为嫉视，必欲整个取消而后快。经阙龙多方斡旋，勉强延至改进团第二次失败时，才由刘铁率领在沙洋宣布独立，为湖北唯一的讨袁实际行动。

1913年6月，袁世凯见各省有因宋案直接攻击于己的，乃先发制人，突然下令免江西李烈钧、湖南谭延闿、安徽柏文蔚、广东胡汉民等4都督之职②，一时，形势顿呈极度紧张。在此时期，季雨霖、詹大悲率同志多人，由上海回返汉口。季住日本旅馆松乃家（在旧日租界），詹住大达医院（在旧英租界）。不日，蔡济民、蒋翊武、熊秉坤、刘英、王宪章、梁瑞堂、黄申芗、彭临九、温楚珩、谢超武、杨王鹏、耿毓英、丁景良、范汉民、容景芳、郭寄生、彭达五、谢石钦、高汉声、王文锦、邓贤才、苏成章、李亚东、阙龙、胡玉珍、管心源诸人，陆续会合。此次活动，是用国民党的名义，但以改进团的原有结合为基础，所以社会上和各部队中仍视为改进团的活动。季雨霖并密令刘铁在沙洋发难。一切布置正要成熟时，又被黎元洪

① 见黎元洪《书牍汇编》。所谓“黄台之瓜，讵堪再摘”，事实上，在袁、黎勾结之下，已经是“瓜蔓抄”了。

② 1913年6月9日免李烈钧，14日免胡汉民，30日免柏文蔚。

预得消息，急电袁世凯迅速派兵相助，因有李纯先率一师南下之事。黎既得外来的武力，胆气益壮，是月下旬间，下令分途捕人，此是改进团第二次失败。诸人陆续搭日本凤阳轮、大元轮和日本兵舰[①]往上海，未往的多避往外县，其他也有被逮捕的，也有往江西、湖南催促李烈钧、谭延闿发难的。詹大悲、丁景良两人于凤阳轮抵九江前即以小划上岸，劝告湖口林虎首先发难。7月上、中旬间，江西李烈钧、安徽柏文蔚、湖南谭延闿、广东陈炯明（胡汉民已往上海）、福建孙道仁、四川熊克武、上海陈其美各都督纷纷树立讨袁旗帜，号“讨袁军”，声势至为浩大[②]，民国革命史上称为“二次革命”。袁世凯命段芝贵、冯国璋分统强大兵力，配合海军，以武汉为策应地，分途进击。至9月间，各省革命势力相继瓦解，二次革命的结果，又被袁世凯获得完全胜利。此乃革命党放弃领导而又预见性不够，遂致失败而不可收拾。

综观上述，改进团是革命党人接受革命领袖指示的一种结合，也是湖北代表性最大的讨袁集团，尤其是因宋案而发生，可称为二次革命的一个先锋军。虽其一再失败无所成就，而其历史价值是不可磨灭的。

（选自全国政协文史和学习委员会编《亲历辛亥革命》，中国文史出版社2010年12月第1版）

① 季雨霖、詹大悲等出走，系乘日轮岳阳丸。当时参加者虽均不复省记，但黎元洪关于此案文电，可资反证。

② 1913年7月12日，李烈钧组织讨袁军。15日南京独立，17日安徽独立，18日广东、福建独立，20日上海独立，25日湖南独立，8月4日四川熊克武独立。未几，均失败。

武昌起义前后忆事八则

李健侯*

一　人心倾向革命

1906年我15岁的时候，由黄安来武昌就学。当时正是唐才常被湖广总督张之洞处决之后，一般知识分子情绪十分激动，根源已久的“排满”暗潮，经过这件事，更高涨起来了。当时一些禁书和进步刊物，如《扬州十日记》《嘉定屠城记》《革命军》《民报》等，同学们争相阅读，重视之过于正课。即使是与《民报》对立的《新民丛报》，当时人们也抢着阅读。经过一段时间，推翻清朝的思想在多数同学中滋长起来了。

* 李健侯：时为湖北军政府学生军士兵，后任米脂军政联合督察处主任。

1906年至1910年，我住省立中路小学，同学240多人，其中李祖璥、张寿康和万咸桂3个人，都受到同学们、教员、监学和当时以讲理学著称的堂长李熙的特别看待，优礼有加。他们3人的功课并不好，但是喜欢阅读禁书和进步的刊物，有志参加革命活动，不屑于待在自修室做蛀书虫，因此，大家认为他们是未来的民族英雄人物，所以都尊重他们。张寿康、万咸桂和我在一个教室，我常和张、万攀谈或借书，也感到他们具有推翻清朝统治的思想，不同于别的同学专门计较个人的前途。相处之间，无形中我的思想也受到他们的影响。在中路小学肄业的中途，李、张二人退学，据说是投奔到蔡锷那里去了（蔡当时在广西）。下学期万咸桂也去了。大家都很赞扬他们。首义前夕，黄侃以“大乱者救中国之妙药也”为题，在《大江报》发表社论，获得我们同学和社会上许多人的欢迎和赞扬。这一切说明了人心之倾向革命。

二　反对借外资筑路运动

1910年冬季，我在湖北省立中路小学毕业，尚未离校，读到张伯烈、夏道南两人署名，由上海寄返母校为反对借外资修筑川粤汉铁路的宣传文章。张、夏是留日学生，湖北铁路会代表。文章磅礴而犀利，骂清政府腐败无能、丧权辱国，读之大快。数日后有素昧平生的钱选青来访，他自称是骑兵第八标的队官。他对我说：“现在进步青年都参加争路运动，某日要在贡院开会，你们学校可推派两人参加，务须到会。”我很兴奋地接受了，届时前往贡院（私立法政学校）开会，会场门首贴的是“湖北铁路商办协会”几个大字。

会上除张伯烈、夏道南讲话外，汤化龙、刘成禺等都发了言，语意激昂，群众大为激动，还有流泪的。他们在发言中曾算了一笔账，湖北全省以3000万人口计，如果每人认股半元，就超过预借外债的数字。在这以前，老百姓曾反对借款筑路，清政府的答复是："路是要修的，你们有钱，政府就不借外款。"经过这次会议的鼓励和倡议，许多绅商都自愿负责劝认路股，凑足需要的路款。当时并推定了劝认路股的发起人。

不久，我又参加了汉口四官殿的一次会，这个会比前次的会更是有声有色。四官殿高敞的房子挤得满满的，除少数老年人有座位，大多数人都是站着。穿制服的军人几占半数，其余多是学生、商人等。这次会，除一般的宣传鼓动、讨论认股等外，主要的事是推选代表进京请愿。有推张伯烈、汤化龙的，也有推黎元洪、夏寿康、宓昌墀、夏道南等人的，意见纷纭。被推者有的不敢承担请愿任务。一时全场秩序相当混乱。在人声嘈杂当中，忽见一兵士趋至讲席，拔出佩剑，"咔"地一声，砍落左手两指，大声说："再有推辞不就，扰乱秩序者，有如此指。"全场为之感动，顿时秩序大定。大家以黎元洪虽为"人望所归"，但现任统领，不宜任代表。最后，推选宓昌墀、汤化龙、张伯烈等4个人（另一人姓名忘了）为代表。

汤化龙任湖北谘议局议长时，对反对清政府向四国银行团借款筑路的事是支持的。在湖北铁路协会的大会上，汤化龙的讲话，曾历数时政的腐败，特别严厉抨击当时邮传部大臣盛宣怀，认为邮传部把张之洞费了很大力气收回来的川粤汉铁路建筑权重又送给外人，无非是想在借款时攫取巨额回扣，是媚外肥私，丧权卖国。他号召湖北全体同胞踊跃筹集筑路款项，抵制外债，争回路权，以救亡图存。

会后，大家都说汤议长的主张对得很。

三　反动统治阶级失去了控制能力

辛亥前的几年间，在我们学校里，很多禁书都流行着，学校当局视而不见。他们认为禁阅的书刊，不过是宣传排满革命，与自己无直接利害关系，所以懒得过问。比较开明的老师则认为“排满”革命是有道理的，如我们的国文教员包柚斧就是这样说的。总之，在学校内禁阅完全成了具文。在新军第八镇和第二十一混成协里面，除旗人外，士兵绝大多数都参加了文学社、共进会等革命组织，初级军官也有参加的。这个情况，旗人当上级的当然无从知道；汉人任上级的，明明知道，也不过问。我在1910年，常到二十九标第三营吴百川（名学斌）处，他当时是一个副目，他和全棚弟兄及正目都加入了组织。我每次到他那里，总听到他们高谈革命的道理。有一次我在百川处，适值出操时间，百川约我随队伍到野外去玩。全队不过三四十人，由百川率领，荷枪出通湘门，行不远，就停止行进，架枪休息，各人毫无顾忌地大谈将来如何起义的事。我是队伍以外的一个学生，他们对我毫不避忌，我觉得他们坦率有余，谨慎不足，曾告百川，不宜这样随便。他告诉我，现在队伍里都是我们的同志，过于顾虑是不必要的。可见军队的高级长官对部队内的革命组织，是茫无所知的。

1908年，清王朝光绪帝和西太后相继死去，依照成例，各学校负责人率领学生穿礼服到紫阳湖皇庙哭灵，但大家不仅不哭，反而哄闹甚欢。居民一般也是婚嫁如常，反动官厅也未责其违制。

我们学校把历代清帝的名字编印成表，教同学们作文时必须避讳。同学王啸虎痛恨避讳破坏了字体，不但不讳，而且时常大呼玄烨、胤禛、载湉等不置，以泄其忿，学校当局也无可奈何。

以上这些事，说明了封建统治阶级到了这时候，已经不能用旧的封建框框来束缚人民了，他们对广大的被统治的老百姓，已失去了控制能力。

四　武昌起义后的军队情况

1911 年 10 月 10 日武昌首义，一举而推倒了当时压在湖北人民头上的总督瑞澂，这主要是湖北新军的功绩。革命的胜利使老百姓欢天喜地，对革命军怀着感激拥戴和崇拜的心情，他们与军人接触，有说有笑，丝毫没有顾虑。军队的官兵当时也满怀革命热情，都把老百姓看作一家人，看作同志。老百姓和军人的关系，变得极为亲热。三道桥刘家庙附近的战争，前方枪炮声不绝，老百姓都毫不畏惧地自愿帮助运送给养和弹药。起义后的武汉一时显示出革命深得人民赞助和军民一致的新气象。但这种情况的存在为时并不久。

湖北新军原共有一万三四千人，这就是以张彪为统制的第八镇和以黎元洪为统领的第二十一混成协。当革命形势及川、鄂、湘、粤争路风潮一天高涨一天的时候，瑞澂为防备革命和维持统治秩序，分调新军一部驻鄂北和鄂中各重要地点。铁路督办大臣端方又率领新军一部赴四川，企图镇压四川的“民变”。这样，在首义前夕，驻武汉附近的军队就所剩无几了。武汉起义的消息传到北京，清政府即时派荫昌带大兵来鄂“剿办”（后改派冯国璋）。鄂军政府成立后的重要措施，就是扩大武装力量以应付战争的需要。这时募兵旗帜和各级司令部的牌匾，满街都可以看到。不到两个月的时间，军队已扩充到八九个镇。这些新扩充的部队，除步兵外，特种兵很少，而且人数也多半没有满员。骤然增加这样多的部队，所需要的四五千名各级干部，主要是下级干部，都由新军留驻武汉部队的士兵充任。这些干部中有不少人自认为这种提升是革命胜利后应得的报酬，认为黎元洪、汤化龙甚至各镇协长官的地位，都是他们赐给的。他们中间的很多人，因看到几个钟头就把瑞澂打跑了，几天，全省各县都“光复”了，再几天，各省都响应了，更认为枪杆就是一切，什么组织，什么纪律，都不需要。他们对上级时常不尊重，轻则言语龃龉，重则按枪相向。上级逐渐感到不安，急想恢复纪律和威信。黎元洪则由于害怕革命，也极力想恢复和维护旧秩序，遂委蔡汉卿为戒严司令，实行“大力整饬”，乘机杀害了许多革命同志。当时社会上给蔡以“屠户”的称号，这反映了黎、蔡等摧残革命力量的严重程度。

五　汤化龙参加鄂军政府的首鼠两端

武昌首义后，汤化龙为形势所迫，虽然参加了鄂军政府，实际上是持两端的。汤化龙的六弟汤震龙曾亲口告诉我：当汉口战事不利时，武昌城门紧闭，禁止一般人出入，对外通信都隔绝了。他哥哥（指化龙）自备函电稿，使他缒城送至长沙，亲交湖南谘议局议长谭延闿。这些函电，有的是致谭本人，有的是请谭代发。他见谭后，被闭居密室，饮食供应甚丰，但不准出室外一步。约两星期后，谭始命亲信秘密地导引他离长沙，回武昌。这桩事，充分说明了汤化龙与谭延闿的互相勾结，对革命的两面态度。

六　群英会事件

孙武任鄂军政府军务部长，恃自己有功，骄下慢上，大家多对他不满。某月某日，群英会发动当时湖北人所称的“第二次革命”来推翻他。这时我在学生军二营二队充下士，驻长街官钱局。上午9时许，我值班守卫，忽然枪声大作，正惊异探询间，本队下士李英向群众说明是群英会起义，反对孙武，并称自己就是群英会的一员，请大家不要惊慌云云。紧张之际，只有加强警卫，以完成保卫官钱局的重大责任。我们的队长高德沛平日对同学管教很严格，这时去报告他，找不到人。3个排长都是行伍出身，队长既然找不到，他们就挺身与同学共安危，大大地鼓舞了同学们的勇气，顿时好像大敌当前一样，特别显得团结。12时左右，我们正在官钱局南北两端放哨，实弹警戒，远见一队人直向我们步哨线走来，稍为安定的情绪，又复紧张起来了。口号对答无误，让他们接近，曹大把和张排长趋出哨位，视察究竟。等来的队伍逼近了，才知道他们是都督派来帮助我们保卫官钱局的教导团的一队。他们全部穿官长制服、呢大衣，背枪进入官钱局，经排长们说明情况，架枪休息。这些老大哥真有他们的特殊风度，在远处时断时续的枪声中，满不在乎地、毫无拘束地有说有笑。茶点后，向我们道过辛苦，又背着枪稳步而去了。这次事件没有闹大，我们队里的李英以后也看不见了。

七　反洪宪运动

1916年，袁世凯背叛民国，要做皇帝，改民国5年为洪宪元年。当时我们保定军校的同学都愤慨万分，誓起反对。杨效欧、徐祖贻、何培基和我，约定借假日离校，径去天津，暂寓张辉瓒在天津日租界设置的招待所，待轮南下。因到医院诊病，医院院长日本人伊藤在谈话中知道我们候船到青岛，自动为我们介绍轮船，并借钱给我们买船票，又自称和黄兴是好友，素有金钱往来。我们急于南下，不察究竟，接受了这个素不相识的外国人的“帮助”。临行时，伊藤复备函介绍住在青岛的日本人某“照顾”我们。到山东后，我们四人都投入驻坊子的吴天民部，任该部队的教练。这时青岛为日本军占领，反袁部队都驻胶济路沿线如坊子、周村、潍县等处，实际上都受到日本人的监视，甚为不安。后袁世凯病故，黎元洪继任总统，反袁军队受黎改编。吴天民部被编为中央宪兵师，原说到平度州进行改编。吴部由日本人备车运送到青岛时，到车站就被日本宪兵缴械。湖南同学刘君拒不交出手枪，被日本人打伤。群情愤激，多数散去。我也忿然离开了吴部。

这时，谭人凤先生在青岛，他虽须发皓然，而革命意志甚坚。他留我住在他青岛的寓所，并对我说：“黎元洪是个无用的人，不久必被北洋军阀推倒，还是要革命的。”一直到8月底，看看北京方面没有发生混乱，他才让我回保定。

回忆此行，有值得研究的一事，就是素不相识的日本人伊藤似乎是很热忱地帮助我们反对袁世凯的；及袁世凯死，又是日本宪兵诱缴了我们部队的械，真是“赵孟之所贵，赵孟能贱之”，完全是以对殖民地的手段对待我们，既用欺骗手段，又用强力手段，这是深足引为教训的。

八　无名英雄吴百川

1905年，我到武昌投考中北路小学，和吴百川同寓，我们年岁相同，性情也合得来。后来他未考取，回黄安住县立小学。一次他因和同学争吵，被开除学籍。他认为学校如此处理，是非不明，愤怒之下，准备把学校烧掉。当天深夜，他潜入校内，把煤油泼到教室的木壁上，正在擦火柴，被校工发现了，把他扯到堂长室。堂长陈逵九先生，是丁艰回籍的小京官，县长为讨好他，安置他当堂长。堂长一怒之下，写了一个条子把吴百川送到二衙里关了起来。第二天，全城轰动，都说学校里有人放火，已捉住送到衙里去了，可能是革命党。县长亲到陈堂长这里来问讯。大家见事态扩大，恐于学校声誉和前途有碍，劝说陈堂长不宜将事扩大。堂长考虑到学校的声誉与个人的前途，写信给二衙要回了被寄押的学生，索性留个见面余地，安慰几句话以后，送两串钱的盘川，叫他回家读书，明年再来投考。百川接了两串钱，谢也不谢一句，回到寓处，背起行李，径到省城（现在武昌）来了。百川是桃花镇人，由黄安县城到武汉，桃花镇是必经之地，他怕被家里人看见，绕小路越过，并未入门。百川到省后，请人介绍投入右旗二十九标三营充当备补兵，这是1907年的事。他身体壮实，发愤锻炼，在不到3年的时间，由副兵、正兵，升到副目。

1909年秋季，百川到学校来找我，我才知道他从军的事。这次会见以后，他时常到我寓所来（雄楚楼黄安学社），一谈就是几个钟头。他见到我读《明夷待访录》一类的小册子和徐锡麟、秋瑾、章太炎、邹容等的诗文，就把他的革命活动向我介绍，并说不久就要起义。因此，我知道他已参加了当时的革命团体文学社，他在军队里是一个营的代表，他们队里的兄弟们，绝大多数是参加了革命组织的。他曾引我到过小朝街某号文学社去和麻城金某见过面，约我常去。我当时无意加入，去过两三次，以后就没有去了。我也常到他营里去，他介绍我给同营的兄弟们，说我是他的好朋友，不要心存疑虑，所以他们谈话对我毫无避讳。

1911 年夏季，我参加升学考试，仍住学社，除准备几门应考功课外，时间更有余裕，百川来的次数更多，有时晚间也不归营。他还注意学社内所住的青年学生如倪季端、汪焕奎等人的思想和爱好。越到后来，他对社内人的谈话也越无避忌，无所不谈。

起义的前几天，百川没有来，大家都很担心他，怀疑他出了事。八月十九日晚间约 12 时，山前的枪声响得很紧密，我们知道这是起义了。大家都坐了一夜没睡。二十日清晨，百川同另一个兄弟骑着马来到了学社，全学社的人都聚拢来欢迎他们。百川向我们作了简短的谈话，鼓励我们要即时勇敢地参加到革命队伍中去。谈毕，他就急促地走了。

百川不久当了营长，来和我商量，要我到他营里任督队官。我因为不懂军队的事，不敢应允，我就在这时参加了学生军。百川旋被调到汉口和冯国璋部作战，战事失利，退守汉阳，坚守汉阳整整一个月的艰苦战斗，他是始终参加的，从汉阳撤退到武昌时，他的一营已所剩无几了。这时，我已转到学生军二营二队，驻官钱局。汉阳失守时，武昌大为震动，黎元洪逃跑了，各机关也星散，居民逃避一空，我曾背枪由司门口步行至保安门，未碰见一个人，可以想见当时情况之紧张。这时百川一营驻大朝街，从某输送队补充部分兵员，迅速编整。他来官钱局邀我去帮忙，我势不能再拒，就答应去。刚到营部，奉令开簰洲布防。时严冬气候，连日大雨雪，道路泥泞，难以行走。他带我到前线查哨，精神充沛，毫不以为苦。布防就绪，就停战了。和议告成后，百川的营被编入七协十三标。该标统带祁国钧，学生出身，年纪很轻，百川不重视他，情感彼此很不融洽。百川对士兵的教育管理，还是用旧方法，对做错事的都打军棍。停战后，士兵无所事事，犯纪失错的更多，百川在醉中脾气更大，打军棍日必数起，有请他从宽处理的，他必说："这都是七娘八老子的人，不这样就管不了他们。"这也是当时一般军官对士兵的态度。

南京临时政府成立了，我得百川同意，去南京考入了陆军部举办的"入伍生队"；后来政府北迁，袁世凯不承认这个组织，改为陆军第二预备学校，我即回武昌南湖就学。这时又与百川见了面，他已以退伍的美名被编遣了。之后，他被任为军务部科长，很不痛快，不久自动离职。湖北的局势变了，黎元洪被段祺瑞亲来武昌逼迫，只身到北京去了。王占元为湖北督军，凡是有革命嫌疑的人，都被逮捕屠杀。百川在武汉站不住脚，回黄安乡间，在五云山桃花大寺聚集同志百余人，杀猪宰羊，誓师起义，准备攻取县城以为根据，因人少城坚，未能攻下。他是桃花镇地主，毁家以供给养，不足时，就向邻近有钱的人捐枪捐谷捐款。时间久了，供应不继，百川率众到李集搜集物资，引起黄冈地主的仇视，勾结黄安县政府向桃花镇实行所谓"围剿"。百川率众抗击，以一当十，予敌人以很大损伤。最后，敌人采取围困的方法。数日后，同志仅存 10 余人，粮尽弹绝，百川与余众突围，易服逃到汉口，散住六甲街和大智门车站附近的旅馆，仍继续从事活动。桃花镇之役，百川的八弟和家属数人被捕后牺牲，房屋被匪兵付之一炬。百川的五哥在粤汉路南湖段任土工队长，收容同志做土工，以掩护革命活动。狗腿子伪装革命，百川警惕性不高，于1916年冬天不幸被诱捕，数日后，就被刽子手王占元枪决了。

（选自全国政协文史资料研究委员会编《辛亥革命回忆录》第2集，中国文史出版社2012年6月第2版）

黎元洪与清军的一次秘密通话

晏勋甫*

武昌起义前，我是清陆军第三中学堂（在武昌南湖）学生。1910年前，我与一些同学，如湖北的耿丹、佘子祥、万耀煌、张笃伦、辜仁发、袁如芹、李汉卿，湖南的雷洪、侯元英，贵州的吴勉安、席正铭等参加了共进会。起义后，我们同学担任了守卫都督府、藩库、湖北官钱局、电灯和电话公司，以及巡逻武昌各主要街道等任务。我后来担任了检查电话局的工作。

清军攻陷汉阳后的第二天（1911年11月29日）下午3时左右，清军第四镇第八协协统王遇甲，在汉口某地，打电话要黎元洪与他通话，我们照办了。王是借前方军事上的"胜利"想来诱降黎元洪

* 晏勋甫：时任湖北军政府军令部课报处中校参谋。
新中国成立后，任民革武汉市委主委，武汉市人民政府参事室主任。

的。他劈口就大声说道：“你是宋卿（黎字）吗？我与你都是湖北人，我们都是协统，朝廷对你我都不薄，你为何做此不义之事，将湖北闹得天翻地覆？现在汉口、汉阳都在我们手中，此地虽与武昌有一江之隔，但长江是不能阻挡我们前进的。你现在赶快出示安民，要地方马上恢复秩序，各安生业，听候我们来处理。你如果马上做了，我们的情感，还是一样照旧。至于在朝廷方面，我们对你也好说话。你如果犹豫不决，我们大军一到，非同小可，那时我们对你不独无法维持情感，并且也认不了同乡，更不能代你向朝廷进一言而来挽救你了。到那个时候叫我们真不好办了。”当时黎元洪在电话上以哀号的声调对王说：“我是一个老实人，你是知道的。这哪是我搞的事，都是他们利用我的名义瞎搞一通。所出的告示，都是他们拟定的，我不仅事先不知道，写出以后我也未曾过目。我是一个完全的傀儡。今天你把这一笔账专门算在我的头上，那真是冤枉极了。你如过江来，我可以和你详谈。”谈至此，我令电话局接话员中断了这个电话。因为我是都督府军令部谍报处中校参谋，与贵州同学吴勉安同做检查电话局的工作的。我和吴勉安都住在电话局，每天对各处来往的电话，都有检查监督之责。又每天都须将所接各处重要电话，作成记录以资检查的。

我令电话中断后，黎元洪尚叫电话局。他说：“电话局，电话局，我们电话还未说完，你们赶快接上吧。”我说：“这样的电话不能再接了。”黎问我：“你是哪个？”我即答复他：“我是晏成猷（我在 1926 年大革命时期改名勋甫，是以字行），我就来都督府。”黎听我说后，他也不再叫接电话了。我到了都督府，径趋黎室，我问黎元洪：“王遇甲是什么人？是哪里人？他是做什么的？”黎说：

“他是鄂城人，是日本士官学生，由湖北挑选出洋的，是陆军第四镇第八协协统；他是歹人，是汉奸。”我说：“王对都督在电话上所说的话是很亲切的，并且对都督很关心，都督没有把他当作歹人对待哩。现在汉阳既已失守，黄总司令不辞而去南京，武汉人心惶惶，军情紧急，大有朝不保夕之势。如果都督意志不坚定，而因王遇甲这一番话诚惶诚恐起来，试问此种局面，如何得了？况且都督是起义时因受军民拥护勉强出来负责的人，现时人对都督的看法，尚不一致。如果都督和王遇甲所谈的话被别人知道了，不惟于都督不便，其如整个大局何？”黎被我这样一说，面红耳赤，呆不作声。缓了一下，他勉作笑容对我说：“算了，算了，你不必说了，请你千万不要告诉别人。”我说：“这个电话来得奇怪，还有我的同学同事吴勉安也在场，难免以后不让别人知道。”黎说：“你赶快回去嘱咐他们，叫他们不要乱说，要紧，要紧。”我应允办了。从此以后，也没有其他的人传出此番话来。

（选自全国政协文史资料研究委员会编《辛亥革命回忆录》第7集，中国文史出版社2012年6月第2版）

黎本危谈黎元洪与武昌起义

黎本危*

1962年3月26日，笔者访稿于黎元洪的改醮夫人危文绣（又名黎本危），我向她问起黎元洪在武昌起义前后所持的态度时，她向我谈了很多，下面就是她的谈话。

关于武昌起义的事情，很多人都对于黎宋卿（黎元洪，字宋卿）的实际情况弄不清。在武昌起义之前，他只是一个混成协的协统，但他原来却是带着一个镇，他是从1万多人的统制缩编为5000多人的协统。他在天津北洋水师学堂毕业后，一直是在海军里干事情。中日甲午战争期间，他几乎为清廷尽了忠。当他所在的那条兵船被敌人打沉的时候，他就跳进大海里去了。他之所以没有死掉，就是

* 黎本危：系黎元洪夫人，曾任湖北师范学校总理。

亏他会泅水，他在大海里浮了几乎半天的时间，才被人救上来。他回到湖北，张文襄公（张之洞）就抓着辫子往上提拔他。他在张总督的任内身兼数要职，在汉阳兵工厂（即湖北枪炮厂）干过一个时期，在武汉时当到了统制。

自从瑞澂当了制台，就对他排挤得很厉害，把他的队伍缩编成一个混成协还不算，又把部队调得哪里都是，给他在武汉的部队总共只剩 1000 多人。瑞澂所以对待他不好的原因，就是他不给瑞澂送孝敬。瑞澂就为这参了他四大款：一为克扣军饷，二为调度无方，三为遇事懑憨，四为对上不敬。瑞澂所以没有把他参掉，就因为他还兼了个都统的头衔，这个头衔就使瑞澂不能随便撤掉他。

在辛亥革命之前，宋卿的队伍驻在左旗，连同他的协统衙门也设在里面；张彪是个统制，管 1 万人，驻在右旗，统制衙门也设在右旗的营盘里。那时宋卿在武昌有两个公馆：大太太住在中和门，我就住在千家街。宋卿经常住在我这里，他住在中和门的时候是不多的。宋卿有两个心腹听差，一个叫作肖洪升，一个叫作郑洪贵。他们两个人的名字，都是宋卿给他们起的，这两个名字里面都对宋卿含着吉利的味道——“洪”贵了，“洪”升了。宋卿的参谋长姓刘，名字我不记得了。

宋卿在辛亥革命以前，从来也没想过他会革命，他不但不革命，而且在革命初起之际，还亲手砍死一个革命党人。在 1911 年农历八月十九日（10 月 10 日），因瑞澂同张彪等人事前都离开了武昌，宋卿还在制台衙门里的时候，忽然在辕门外来了 3 个革命党人向他请“命令”（大约是请他出来下命令）指挥军队革命的意思。他得到通报，马上带着指挥刀（大约是把战斗使用的）走出辕门。这 3

位革命党人一位姓彭，一位姓杨，一位姓刘。宋卿一见这3个人，这3个人就立正向他敬礼，他怒冲冲地问："你们3个来做什么？"这3位革命党人齐声说："请您下命令指挥我们革命！"宋卿一听来头不对，就猜出是革命党人，他马上把脸一沉，说："好，你们听命令就跪在这儿罢！"这3位革命党人不知怎么真的跪在地上。他见3人跪了下来，就抽出指挥刀照着一个头上砍下去，接二连三砍了几刀，把这人砍死在地。当宋卿正砍第一刀的时候，肖洪升就向其余两个人说："你们还不跑，在这等死？"他们这才起身飞跑了。宋卿杀人以后，自知不妙，一面吩咐肖洪升往左营搬箱子，往中和门大太太那儿送，一面自己也不敢回家，就到刘参谋长的家里躲避起来了。

这时候，各处的枪声响成一片。制台衙门的卫队如临大敌，肖洪升押着几抬箱子，才走到往中和门的中途，就碰上了一支新军里的革命队伍。肖洪升抬头看到他们臂上的红布，早就料定他们的来头，恰巧又遇到了刚才逃跑了的那两位"传命令"的革命党，那两人也看到了他，说："你只要说出黎元洪现在在哪儿，就放你走，否则你是脱不了身的。"肖洪升不得已说出了宋卿的去处："协统现在刘参谋长的家里，你们找到他千万不要说是从我口里知道的。"他们这才找到了宋卿。他们在刘参谋长公馆既然见着了宋卿，立刻就把刘公馆包围起来。

当天，进出刘公馆的人一批跟着一批，他们的目的是一致的：请宋卿下命令，指挥革命军队进行救国！上午，到那里去的仅仅是革命部队里的士兵。下午，各界人士都来了，不但有武昌城里面的各界代表，连整个的武汉三镇也都派来了代表，这里面有革命党，有武汉三镇的八大商行，也有各校的学生们。最后闹得宋卿不得下台的时候，他这才向代表们提出了问题："你们叫我下命令也好，当都督也好，革命也好，反满也好，我都可以照办的。但是，这样一来，马上就有这样几个问题：第一个问题是北军打来怎样办？"宋卿这句话刚一出口，那些革命部队里的代表们立刻表示："清兵若来有我们去打！"房里的革命代表们话音未住，两院里的队伍就接着吆喝："我们去打！我们去打！"宋卿又说："既然大家能这样齐心一致行动，当然事情好办，可是军饷又从哪儿来呢？"这时大家都望着八大商行的代表们，这些代表就说："统领大人，您老人家既然肯出来救国救民，军饷有我们来筹就是了。"这时候全场的人声叫嚷起来，有的说："黎统领的要求圆满答复了，可以兴汉灭满了。"有的说："赶快找地方成立指挥机关发号施令吧！"有的人早就准备了乐队，叫了吹鼓手，说："就请统领往谘议局去商量大计去吧！"说着大门外的乐声和着鼓锣、喇叭声不约而同地交响起来。代表们眼看宋卿无话可说，齐手拉着他从椅子上站起身来，接着就蜂拥而去，吹吹打打地把他送进了谘议局。

宋卿到了谘议局以后，一连三天三夜没有捞着睡觉的机会，这三天三夜他的喉咙说哑了，他的眼睛熬红了。我不时地熬西洋参水送去给他喝。我见了他，他总是和别人在谈话。这时候，武汉三镇的死尸躺得到处是；男男女女的尸首简直都发出了臭气味。这些尸首中，有些是蓬头散发的旗民胖太太，有些是脑满肠肥的满洲男人。旧的死尸正在那里发臭，而新的死尸却一具一具地倒下来。革命军虽然到处搜索杀满人，但是他们在死人身上翻出来的财物，却都一律地集中起来交给了谘议局。据说，他们从那些杀死的旗人太太们身上搜出的金银器皿，和从她们手上脱下的金镯子，都一样一样地交给了谘议局。黎宋卿虽然知道他们在财物上有纪律，但是他对于滥杀旗人却不满意，他几次三番命令制止都无效。

在这样混乱的状态下，他仍然打定着逃出武汉，重归清廷的主意。在进谘议局的第三天夜间，他和肖洪升溜出了谘议局。第一次，他想用绳子叫肖洪升把他垂送下城去，被城下的巡哨喝回去了。第二次，又要垂送下城，被城下的哨兵往上放了一枪；他用手枪自杀，偏偏遇到打不响的子弹；用刀自杀，这时却又被肖洪升抢下来。正在此时，革命军搜索着他了。不由他自主，把他又拥了回去。宋卿离开谘议局这几个钟头可不打紧，倒使我吃了苦头。在他走了不到半个小时，就来了几百个革命党兵，枪口对准了我千家街的房子，向我要人："快出来！再不出来我们就开枪了！"我立刻出去向他们说："请你们进去找找好放心，好在我们没有后门。"我又说："你们为什么不往中和门公馆里去找找看呢？"他们说："那里一个人影都没有。"我这才知道连他的全家人都跑了。他们这一帮去了，那一帮又来，一直折腾得我一夜没有睡。在天亮以后，有一帮兵在逼问我的时候，忽然跑来一个人，向那个追问的人摇摇手说："走了！找着了！"

在队伍撤走以后，我又给他煎了一壶参汤送了去。他喝了以后，就睡在枕上打起了鼾声。这时候要再有人和他谈话，我就去和他们说："请你们让他睡些觉吧！他真的熬苦了，不论有什么事，也请你们等他睡醒再说，好不好？"他们这些人我都没见过，有的穿着军衣，有的穿着便服，他们听了我的说法都同意。有的人还说："等他睡醒您劝劝他，他若跑到北京会被杀头！"我听了他们的话，认为有道理，乘黎宋卿睡熟的时候，我就想好了一套话。

在他醒来以后，乘着没有别人，我就和他说："您快打断往北京跑的念头吧！您若往北京跑对您不利：

一层是您已经跟着革命党干了3天了。您想给清朝尽忠，就该在刘参谋长家里拔刀自刎。后来既然被他们吹吹打打地送进了谘议局，也有名无实、半推半就地当了3天革命党，不但武汉三镇无人不知，就是全国各省也不会不知道这回事。这样一来好有一比，如果有一个有夫之妇被别人抢了去，这个妇人半推半就地和这个抢亲的睡了3宿，在3宿以后又感到后夫不对，后夫不及前夫，再舍死忘生地投奔了前夫，前夫会怎样对待她？是不是会吐她一脸唾沫之后，抛给她3样自尽的东西——钢刀一把、绳子一条、毒药一包呢？因此我劝您不论后夫如何不如意，只要他还要您，您就跟着他一心一意地过下去罢！——跟着革命党过下去吧，这是一层。

还有一层，您是汉人，不是旗人，甚至连汉军随旗的资格都没有。革命党糊里糊涂把瑞制台和张统制放走，只有您留在武昌不走；再加上您和瑞澂、张彪两人平时不和顺，清廷只要听信了他们一番先入为主的谗言，即便当今皇上是您亲老子，也难免不对您来一个'辕门斩子'，是不是？您既然处在这样环境，就是自杀又能得到谁的同情呢？

最后一层，革命党既然闹得这样天翻地覆，说不定就会把清朝闹下去，万一革命党得了天下，您倒是从天上掉下一位开国元勋。即便革命党被大清打下去，也会有千千万万人陪您死，不但我跑不脱，就是从中和门已经逃走了的大公馆的人也飞不上天去，是不是？我劝您只能前进，不能后退！您再回头想想，您在中日战中几乎死在海洋里，清朝又给了您一些什么赏赐？您若遇不到张南皮（张之洞），能不能有现在这个二十一混成协还是问题吧？”

黎宋卿听我说话，最初还说：“妇人女子知道什么！”后来渐渐地听了进去，听到后来边听边点头，一直听到我说完，他用手往桌上一拍说：“对！”说着打起精神三步两步闯到了议事厅，立时要求谘议局里的所有人员，大家动动脑筋，草个通电稿子——鄂军都督就职和驱除鞑虏、恢复中华的通电稿子。这个通电稿子一直拟了好几天，拟了一张，宋卿一看说不行，拟了一张又一张，总是拟不出一张使他满意的稿子来，最后弄得大家谁也不敢动手了。

说来也很凑巧，正在大家束手无策的时候，忽然来了一位烟气十足的瘾君子，他还是一位到谘议局看朋友的。他向朋友要了几张不合用的稿子看了看说：“当然这样电稿打不出去，到底还是黎大都督眼力高！”原来这位不速之客就是饶汉祥啊！饶汉祥的这位朋友听了他的口气，立刻就请他：“那这篇东西关系中华民族的国运，尤其是汉族的命运，既然是‘国家兴亡，匹夫有责’，就请老兄大笔一挥吧！”说着就把笔交给了饶汉祥。当饶汉祥的这篇稿子交给宋卿看了以后，他马上拿着稿件走到议事厅里问：“这是谁的大手笔？”这才给他介绍了饶汉祥，饶汉祥当天就当上了鄂军都督府的秘书长。

宋卿发出这个通电以后，一方面等候各省的回电响应，一方面派兵渡江攻占汉口、汉阳。后来几十天内各省纷纷通电响应。

（刘化南　笔记）

1962 年 3 月 26 日

（原稿由中国政协文史馆馆藏）

廖克玉谈辛亥见闻

廖克玉 *

武昌起义的经过是这样的：1911 年 10 月 9 日上午，共进会领导人孙武，在汉口租界宝善里 14 号秘密机关里检查炸弹，失事爆炸，租界当局立即通知江汉关道齐耀珊。齐想乘机立功，用革命党人的鲜血染红自己的顶子，迅速报告湖广总督瑞澂。瑞澂听了部将张彪和师爷张梅生的意见，出动军警，搜捕革命党人。当时文学社的领导人、湖北起义军总司令蒋翊武，刚从岳阳到武昌，原来还认为时机没有成熟，准备将起义推迟，一听到孙武出事的消息，即在小朝街 85 号机关部与彭楚藩、刘尧澂、张廷辅、邓玉麟等人商量决定，提前在当晚 12 时起义，蒋翊武还以起义军总司令身份拟订并签署了

* 廖克玉：系湖广总督瑞澂夫人。

起义命令，派人送往炮兵营，作了周密的部署，只等号炮一响，全城发动。这时正是 1911 年 10 月 9 日下午 5 点钟。

哪里知道偏偏在这个紧要关头，清军跟踪而至，突然闯入小朝街机关部，把起义领导人统统捉住，并且搜出了新军各营的革命党人名单。可是这些清兵不认识蒋翊武，把他当作“乡下先生”同其他一伙人一起丢在一个院子里，使他得以越墙逃走。彭楚藩等人被捕后，以为用不到片刻工夫，送命令的人一到炮兵营，号炮一响，全城响应，问题就会迎刃而解。哪里知道，偏偏这个送信人怕死，一头躲进亲戚家里不敢出来，贻误了战机，结果彭楚藩、刘尧澂、杨洪胜三烈士壮烈牺牲，当晚的起义没有发动起来。

在这关键时刻，摆在瑞澂面前的有两种不同意见：一是张梅生等人的意见，主张立即调兵遣将，根据搜查到的名单，把各营新军中的革命党头头一网打尽。二是陈树屏的意见，建议杀了三烈士之后，把搜查到的名册一把火烧掉，以安军心，使局势缓和下来，徐图后策。面对这两种意见，瑞澂犹豫不决，名册既不肯烧，调兵遣将又太慢，结果使革命党人赢得了一天宝贵时间。于是 10 月 10 日晚上 7 时，工程八营熊秉坤等首先发难，占领了楚望台军械局，各营革命党人闻风而起。即使到了这个时候，大权在握的瑞澂如果组织力量，坚决镇压，局势还可能朝另一个方向发展，偏偏在这个紧要关头，这位制台大人却听从夫人廖克玉——革命党人安插在他身边的暗探的建议，掘墙逃走，以致清朝军队群龙无首，迅速崩溃，辛亥革命取得胜利。

关于武昌起义的史料，车载斗量，极为详尽，但是瑞澂其人在 1911 年 10 月 9 日、10 日两日内的表现，这两天湖广总督衙门里面的情况，尤其是瑞澂掘墙逃走前后的经过，史料讲得很少，略有记载也不确实。廖克玉老人当时正在制台衙门，对瑞澂及其周围的一切都非常关心，所以虽然事隔68年，她脑子里还有清晰的印象。为了给这一重大历史事件提供一些旁证，我们特请廖老把在武昌湖广总督衙门内的所见所闻，特别是农历八月十八、十九（10月9日、10月10日）这两天的具体情况，一一详告，经过整理，报道如下。自然，这仅仅是一种回忆，年代又如此久远，决不可能丝毫无误，但是有些事情廖老却记得十分明白，而且多次告诉我们："这些事情外面讲的都不对，我说的是真的。"

一　做大官蚀老本

廖老说：我和瑞澂是宣统二年（1910年）二月到武昌的。他这次升了那么大的官，要求跟随的人很多，他尽可能有求必应，所以班子弄得非常庞杂。我们在衙门自搞发电机，自搞暖气设备（瑞澂有气喘病，武昌冷得厉害，没有暖气他没法过日子）。这样开支就很大。当时规定，总督衙门每月只有3600元经费，可是光给张梅生的月俸就是300元，这点钱不敷开支，就只好自己掏腰包。所以他做了一年制台（清朝称总督为制台），蚀了不少钱，还不包括逃走时丢掉的东西。

在清王朝做大官会蚀本，这种事情对于现在的读者，尤其是读过《官场现形记》的读者来说是无法理解的，实际上这却完全可能。因为清朝的规矩，一切衙门开支都实行"包干制"，官吏的正式俸给少得可怜，可能连副轿子钱都不够。另外对于各地主官，每年另发一笔钱，叫作“养廉银”，数目相当可观，一个省的抚台可以拿到上百万。但是衙门里的一切开支，都要由自己负责，因此要发财必须刮地皮，而刮地皮的本领有大有小。瑞澂有鉴于他哥哥犯法、抄家、充军的“前车之鉴”，刮地皮比较保守，制台衙门的排场又弄得那么大，亏本也就不奇怪了。

廖老还向我们谈到了她的私房钱的来历：瑞澂给我们家属每人每月 20 元，这是明的，暗里常常给我 50 元、100 元。在苏州藩台衙门，缉私营有一笔款子，每月给我 500 元，可是只拿了两个月就没有了。但我也有我的生财之道，这就是出去打牌，赢了归我自己，输了向他要，有时赢了也说输，向他要钱，这样我就多了一点钱。这笔钱一直存在苏州王家乐那里，他一直照付本息，一点不欺侮我，所以我始终感激他。

二　几个关键人物——端方、张彪、黎元洪

廖老在武昌制台衙门常常出头露面，所以看到过同辛亥革命有关的许多人。其中她记得顶清楚的，一个是川汉铁路大臣端方，一个是第八镇统制、提督张彪，一个是第二十一混成协统领黎元洪。

端方也做过湖广总督，也是辛亥革命的“触发者”之一。如果说瑞澂是清王朝覆灭的第一号罪人，镇压四川保路同志会的罪魁、四川总督赵尔丰是第二号罪人，端方便可排行第三。他系满洲正白旗人，姓托忒克，字午桥，号匋斋。此人博学多才。我们翻阅过他的两本著作《端忠敏公奏稿》和《匋斋吉金录》，确实有点见解。不过为人阴险奸刁，很得慈禧的信任。一生做过许多大官，从

陕西巡抚到湖北巡抚署湖广总督，再迁江苏巡抚署两江总督。光绪三十一年（1905年）还出国考察政治，第二年回国，建议立宪，同时任两江总督，再任直隶总督。慈禧于1908年死去，第二年他就被摄政王载沣免职。辛亥那年，四川保路同志会抵制清政府铁路国有政策，发动护路运动。他被任为川汉铁路大臣，率领湖北新军入川镇压，把武昌兵力调得非常空虚，文学社、共进会得以乘机起义。

谈到端方，廖老说：端午桥不像个好人。他成天怕人行刺，行踪非常诡秘。有时候明明同人家约好今天到，却不是提早就是延后，弄得人家措手不及。辛亥那年，他去北京，路过武昌，我和瑞澂专门在制台衙门请他夫妇吃饭。瑞澂叫他四哥，我叫他太太四太太。他们则在黄鹤楼回请我们。席上瑞澂对他说："四哥，小弟身体实在不行，您还是回湖北来吧。"他笑笑不做声。实际上这个人官瘾极大，已经做过湖广总督、两江总督、直隶总督，怎么肯再做"回汤豆腐干"。那时办铁路最时髦，他做川汉铁路大臣，野心大得很。想通过办铁路同洋人联络，然后再靠洋人升官，看样子是想把总理各国事务大臣的位子弄到手。

廖老又说：端午桥虽然相貌平庸，但据说肚皮里很有学问，最喜欢名人书画，收藏过许多珍品。他死了以后，后人就靠出卖他的收藏过活。

在谈到张彪这个第八镇统制（镇比现在的"师"大些，比"军"小些）时，廖老对这位将军很反感，因为"他喜欢杀人"，武昌起义前制台衙门杀彭楚藩、杨洪胜、刘尧澂三烈士，就是他和张梅生的主意。廖老说：辛亥革命前张彪常到制台衙门来，因为他是提督、统制，专管军队。他常常向瑞澂夸口说自己同军队怎么有感情，军队里怎么讲义气，决不会造大帅的反等，瑞澂也顶相信他。此人是山东人，身材高大，膀阔腰圆，很有点威武气。他对我很客气，在武昌他太太常请我去打牌，他有两个姨太太。我们打牌，张彪有时在旁边看看，同我敷衍，但从不入局。

对于黎元洪这位“床底下都督”，廖老的印象倒顶好。她说：黎元洪是湖北黄陂人，他的夫人是江西人，和我同乡。他是个武官，是一个协（相当于后来的旅）的统领。白白胖胖，很有点福相，人也很和气。我到武昌后，逢年过节他总要到制台衙门请安，看到我就打千，喊太太，但是眼观鼻，鼻观心，问他话总回答是、是。这种情形在衙门里经常碰到。有时我躲在屏风后面偷看瑞澂会客，有些知府、知县之类的官，半只屁股坐在椅子上，讲话都不敢抬头，瑞澂问话，他们老说是、是、是。一次大概是召见一个知县，瑞澂一开口，他说“大帅，是、是、是”。再问他一遍，他还是“大帅，是、是、是”。瑞澂本来脾气不大，给他横一个是、是、是，竖一个是、是、是，弄火了，拍了一下桌子骂道：“混蛋！你这个人这么糊涂！”他一吓便从椅子上直立起，扑通跪下，口里仍旧是“大帅，是、是、是”。我差点从屏风后面笑出来。

曾经有材料记载：“瑞澂出走，革命军都统黎元洪曾遇之。瑞欲自匿，黎忽举枪问曰：‘公欲成名乎（谓殉职而死）？欲全命乎？’瑞闻而泣下，俯首气失。黎竟笑而纵之曰：‘公且去，毋溷吾辈事。’”在我们复述了这段记载后，廖老笑道：哪里有这种事，黎元洪根本同革命党没有关系。后来我听瑞澂说过，武昌起义本来轮不到黎元洪当都督，可是因为头一天（10 月 9 日）清兵抓到了革命党的头子，革命党原来的总司令（大概是指起义军总司令蒋翊武）逃掉了，临时又推不出别的人，才想到去找黎元洪。因为黎元洪平时对待部下很好，大家都相信他。不过黎元洪本人当时一点也不知道，听到城内枪声炮声，发生兵变，吓得不得了。一听到有革命党来找他，更害怕得魂灵出窍，一头钻进了床底下，革命党在他家里找了半天，才把他从床底下拖出来。开始，他还以为要杀他的头，等革命党说明来意，他才定了心。因为是从床底下拖出来的，所以后来大家叫他“床底下都督”。想不到他居然会做大总统。民国初年我到北京，有一次在一个戏馆里碰到他，虽然多年不见，我又换了衣装，他还认得我，很客气地朝我含笑点头。我怕惹事，不敢同他多说话，点点头打过招呼就算了。

三　杀彭楚藩等不是瑞澂的主意

10 月 9 日夜，清兵把彭楚藩、刘尧澂、杨洪胜等人捉到制台衙门后，请瑞澂发落。清朝是个专制王朝，可有一点很怪，像这样的谋反大案都是公开审讯，允许旁听的，因此这夜三更，制台衙门里人山人海。但这个胆小的制台害怕革命党人混在中间行刺，不敢亲自升堂，委托铁忠（满人）、双寿（满人）、陈树屏（汉人）3 人代审，自己同张梅生、张彪等人在里面一边听消息，一边商量办法，我躲在屏风后面偷听。直到今天，我还记得很清楚，杀彭楚藩（其他两人的名字她已经记不得了）不是瑞澂的主意。

瑞澂这个人讲究“积阴功”，不大肯打人杀人，平日有时厨子做菜不好，他也偶然发脾气，叫来骂一顿，说他太黑心，揩油揩得没了边，烧这样蹩脚的菜给我们吃，还吓唬他要打屁股，可只要厨子一跪下讨饶，我再一说情，他就算了，从来没打过。这次审讯彭楚藩等，张梅生、张彪坚决主张当场把他们杀掉。瑞澂开始一言不发，踱来踱去，后来给他们催得紧了，才叹了一口气，算是同意了。当时我和我的妈妈站在屏风后面心里很急，但是不好出去，只好让他们杀掉。后来回到房里，我埋怨他不该乱杀人，他还是摇摇头，叹一口长气，说道："事情闹大了，我没有办法啊！"

四　掘壁洞是陈德龙出的点子

农历八月十九日（10 月 10 日）这天杀了彭楚藩等，本来以为可以太平无事了，可是四面八方仍旧不太平。这一天瑞澂很不安，脸色阴沉。当天夜里吃饭以后，有人报告说军队里有人造反。瑞澂一听非常紧张，马上把张梅生、张彪、楚豫轮管带陈德龙和其他文武大员找来商量对付办法。张梅生竭力主张死守制台衙门等救兵，还对瑞澂说："只要大帅不走，我一定陪大帅一起，死也死在一起！"张彪也赞成张梅生的主张。但是陈德龙认为只靠瑞澂身边这点兵，是守不住制台衙门的，拼命劝瑞澂逃走，还对他说："大帅到了楚豫轮上照样可以指挥，犯不着在这里等死。"两方面争执不下，瑞澂急得团团转。这时我和妈妈都在屏风后面听，妈妈马上关照我，快点劝瑞澂逃走，瑞澂一走，清兵没人指挥，很快就会垮台，革命党就有办法了。我听了妈妈的话，瑞澂一进来，就对他说："张师爷是个书呆子，只晓得精忠报国，不晓得随机应变。陈管带的话有道理，趁现在还能走，赶快逃出制台衙门，到楚豫兵轮不是照样可以指挥吗！待在这里，家眷在一起，你怎样指挥打仗啊！你即使不怕，我们女人也怕啊！”瑞澂原本胆小，给我这么一说，就决定听陈德龙的话逃走。

为什么不用其他办法逃跑，偏要掘壁洞呢？因为那时革命党已经到了制台衙门附近，四面八方有枪声，前门人声嘈杂，我们又那么多女眷，一开门马上就会被发现，制台衙门又没有后门，所以陈德龙说：“后花园离楚豫兵轮停的码头很近，可以在墙上打个洞，大家从洞里逃出去。”瑞澂当时已经吓得没有主意，听了这话，认为有道理，就带了我们男女老少一大堆（其中有他的儿子、儿媳），什么东西也不带，到了后花园。这时候月亮已经上来，照得很亮，时间大概是九十点钟。陈德龙先叫几个戈什用枪托敲掉墙上的泥巴，再用刺刀刺进砖缝撬松，最后一二十个戈什用枪托敲打，掘了个大窟窿。瑞澂先叫戈什保护我和妈妈出去，他自己接着带了其他人走出。到花园外面，还算僻静，没有碰到人。说什么黎元洪放我们逃走，是不符合事实的。还有人说瑞澂和张彪在制台衙门坚持到早晨 3 点钟，炮弹打中了签押房才逃走，也是瞎说。

从后花园到江边这段路虽然不远，但是我们却心急慌忙，尽管女眷小脚伶仃，还是跑得很快。瑞澂此时倒还镇定，一再安慰我们，叫我们慢慢走。大概一二十分钟工夫，大家都上了楚豫兵轮。陈德龙马上命令开船，朝汉口那边驶去。船离码头不多远，就听得制台衙门那边枪声炮声四起，好像革命党已经打过去了。我和妈妈在楚豫轮上住了两夜，瑞澂要我们先搭长江轮到上海，到了上海，就住在哈同花园，哈同夫妇待我们很热情。大约隔了一个月，瑞澂带了两个仆人来到上海。我看他辫子剪掉了，胡子剃掉了，人也憔悴不堪。他告诉我说，是躲在一条外国轮船的大橱里逃出来的。他到上海后，天天担心被清廷捉到北京治罪，我花了 3000 元，托哈同疏通，才算没事。不久，有人编了一本戏，叫《鄂州血》，骂瑞澂听女人的话，临阵脱逃，在大舞台上演。罗迦陵问我去看不去看？我说："人家骂我，还去看！"后来罗迦陵出面干涉，演了没几天就停止了。

"民国成立以后，革命党找过你这位功臣没有呢？"提起了这个问题，廖老颇为感慨地说道：瑞澂死后，宋教仁曾经请我到一品香旅社见过一次面，称赞我为民国立了大功。后来他被袁世凯暗杀，就没有人管我们了。民国 2 年（1913 年），章太炎在哈同花园结婚，孙中山夫妇和黄克强都来贺喜，我问孙知道不知道我和瑞澂的事情，他说不知道。我详细地对他讲了一遍，他听了很高兴，也称赞了我一番。当时的孙夫人还是孙科的妈妈，很胖。

廖老接着说：民国 24 年（1935 年）我在江西庐山碰到黄大伟，此人是同盟会会员，我对他说："我为民国立过功，孙大总统也首肯的，现在怎么把我忘了？"他无可奈何地回答说："我也是无权无势啊！"后来，在上海找到江西邓文辉，他也是同盟会、国民党的元老，但酒色糊涂，自顾不暇，又怎能照顾我呢？解放后，他在南昌，姓名常常见报，现在不知情况如何。

（许寅　王铿　整理）

（选自全国政协文史资料研究委员会编《辛亥革命回忆录》第 8 集，中国文史出版社 2012 年 6 月第 2 版）

武昌起义之回忆

载　涛*

清宣统三年（1911年）八月十九日（农历，下同）陆军第八镇及第二十一混成协以少数之军官在湖北武昌首举义旗，倡导革命。为时不过一昼夜间，而几于全军响应，其一切经过，自有其他记载，不待我再来复述。我彼时的职任是军咨大臣，职司军令，不参加内阁会议和御前会议。及军事既起，我曾任第三军军统，一直到袁世凯来京，停战议和。在这以前，我所知道的是北方军队的情况，不久我就解除了军职，对于武昌军方起义和总督瑞澂潜逃，只能就我追忆及调查所得，供给些资料。但是革命之所以爆发，并不是一件

* 载涛：时任清政府军咨大臣兼两军统监。
新中国成立后，任中国人民解放军炮兵司令部马政局顾问，第一至三届全国人大代表，第二、三届全国政协委员，民革中央委员。本文原题为《武昌革命之回忆》。

偶然的事情。大家都知道武昌起义是湖北陆军，当时将陆军又叫作新军（新是对旧巡防营及绿营而言）。湖北编练新军，已有很悠久的历史，所以不能不从头说起。以下计分3个部分。

一　湖北新军之建置

自光绪十年（1884年）张之洞任山西巡抚时，曾向吴长庆军中调用武职官员吴元恺、吴良儒等为整顿军队之用。后来，张之洞由两广总督调任湖广总督，二吴亦随同来鄂。光绪十七年（1891年）鄂省成立新军，派吴元恺为统领，招募恺字4营。光绪二十年（1894年），中日战事发生，派恺字营赴前敌，由吴元恺率领出关。张彪留鄂筹备接济及增援兵力，同时令张彪增招两营，即由张统率，更名为护军营，为前后营编制。张之洞调署两江总督，护军营张之洞亦随在南京，曾聘有德国武官多人教导训练。同时，因南京为扬子江中、下游门户，分别在狮子山、富贵山、幕府山等处由德教习计划建筑炮台，并在江阴亦筑有炮台。此时甲午战争将毕，黎元洪（湖北黄陂人）于黄海战役在广甲兵舰充下级军官，海军失败，广甲沉没，黎泅水获救，遇前敌统领丁槐（云南总兵）跟随南来，赴张投效。黎为水师学堂出身，通英文，即留用，委监修狮子山炮台。台成，委为该台台官。各路炮台总台官为张彪。及刘坤一回任，张之洞亦回鄂督任。自同治三年（1864年）以后，南京驻湘军多营，统兵人员相沿多用湘籍，护军营遂随张回鄂。光绪二十三年（1897年）增添马、炮各二哨。马队附属后营，炮队附属前营，前后营皆为3哨编成。

黎元洪因后任总台官刘光才将其撤职，又来鄂省，附住候差，月支薪 12 两。因添马、炮队，委黎为后营帮带，专任训练马队。光绪二十四年（1898 年）扩充护军左右旗各 4 营，委姚广顺为左旗督带，王得胜为右旗督带。工程营成营，升刘温玉为管带。同时成武防营四营，以谢澍泉为督带，仍由张彪为护军统领并节制武防营。

光绪二十五年（1899 年），日本武官福岛安政少将游历来鄂，张之洞向其接洽，由福岛与日军部联系允可派遣军营武职人员前往日本游学。遂派黎元洪、刘温玉、谢澍泉 3 人为领队。率领 20 余初级军官赴日入联队见习。时马炮队皆成营，黎为马队管带，杜长荣为炮队管带。

光绪二十六年（1900 年），八国联军侵略北京，所有见习人员均调回国。是年由北洋新建陆军调用刘承恩（后来此人两次过江为袁黎两人联系，其与黎熟识，即由于此）。钟麟同等 8 员分任各营管带，而以刘、钟为督带。并委张彪节制训练，成立左右两旅各四营，所有初级军官皆由护军营调用。

光绪二十八年（1902 年），成立将弁学堂，委张彪为堂长。由各营选拔优秀军官来堂肄业。聘请日本大原武庆、小岛米三郎等为军学教官。时德国教习尚留有何福满、萨对尔、富克斯 3 人。唯因彼时已注重日本军学，德国教习备员而已。

光绪二十八年至三十一年（1902—1905 年），湖北陆续成立军队数十营。及练兵处（奕劻、袁世凯、铁良为督办、襄办大臣）成立，规划全国陆军为 36 镇。湖北应成第八镇及第十一镇，因经费关系，第八镇外另先成立第二十一混成协。所有第八镇及第二十一混成协官兵，全由护军营改编。并先于光绪三十一年将恺字营、武防营裁撤，其原有经费，皆拨归护军营作为改编新军之用。

光绪三十四年（1908年）八月，奉旨派副都统玉英楷莅鄂点验陆军，事竣覆奏，认为成绩优良，准予成镇。遂正式任命张彪为第八镇统制，并以黎元洪为第二十一混成协统领。

湖北陆军自经点验后，官兵授课认真，声誉益著，中央及各省来电或公文调用军官，常有所闻，如湖南协统杨晋，云南第十九镇统制钟麟同；安徽协统余大鸿，江苏协统陈德龙，河南协统应龙翔（先由陆军部调用，并曾任禁卫军步标统带），奉天协统蓝天蔚，新疆协统杨缵绪，以及后来升任第六镇统制之吴禄贞等，并先后由鄂军中调用中级官数十员分任军职。湖北军队自早期成立，对于用人行政向有一定统系，上级官现经手训练多年，中下级官皆久于其职，官与兵相习，是以除向外发展外，全镇协上下一心，非外力所能动摇。

二　辛亥武昌起义之前因

自宣统二年（1910年），湖广总督瑞澂来鄂后，不久即将协统刘温玉更动以邓承拔补充，步队二十九标统带李襄邻免职候差，遗缺以张长胜补充，更名景良；步队第三十二标统带蓝天蔚去奉，以孙国安补充；步队第三十标统带宝瑛调陆军小学堂总办，以杨开甲补充；混成协步队第四十二标统带谢澍泉调巡防营统领，以张永汉补充。他如管带新更者为杜锡钧、吴连庆、姜明经、杨齐风、谢国超等。其余初级官佐更不计其数，此为军心涣散之最大原因。

张之洞任湖广总督时，极力造就军事人才，成立学校，如特别小学堂，将校讲习所，一次毕业即有数百人。尤其特别小学堂，皆由军队中优秀正副目选拔来的，但是毕业后仅以原薪候差。即军队出缺，亦系由督练公所考试录取，主管长官皆无权任用。在营中候差者，轻易不易派出，群聚无聊，目睹国势积弱，政治腐败，心积不平，研究革命，此亦为原因之一。

自瑞澂督鄂，各省革命风潮时常发生。如广州安庆等处虽皆失败，而革命潜势力到处蓬勃欲动。此时湖北军队调往各地，军心已不免动摇。主管长官多系新进人物，对于部下尚难十分掌握，上下离心。所以一旦爆发，人人自危，为长官者皆退缩不前，唯以保全身家为得计。

三　革命军起瑞澂潜逃

瑞澂发觉革命分子已潜伏在军营中，即严令缉拿，并获有名册，拟按名逮捕。彼时统制张彪曾进言，可将名册当堂销毁，不追究既往。瑞未能采纳，于是有彭楚藩、刘复基、杨洪胜 3 人被捕讯供后，即日就义。其加入革命者人人自危，以为与其落网就刑，曷若铤而走险，秘密合谋，遂仓促起事矣。

八月十九日夜，革命军起事时，督署仅有教练队二队不及 200 人，为卫队。临时又由马队第八标调来 50 余人，队官为朱明超，在督署左近分别守卫望山门、保安门、文昌门及王府口、花堤。时有已撤职之步队标统李襄邻前来，即派其守卫王府口，在上列各地与革命军抵抗。午夜 2 时许，瑞澂将督署后墙打开一洞，潜逃出城，避入楚豫兵舰。同行者有陈德龙，陈为瑞澂在江苏巡抚任内之协统；原亦为湖北护军工程营第二队队官。此次随瑞来鄂，自命为协统之候补者。彼时王得胜在旧军官中资格最老，且已补授南澳镇总兵，邓承拔为士官第一期，均不易更动，只有黎元洪一人，且是混成协，可能独当一面，陈之垂涎在此。当捕拿革命党人时，气焰凌人，想要一体清除，立功夺位。等到事体搞大，又无法应付，亦随同逃走。

宣统二、三年间，各省党人此伏彼兴，全国人民亦皆觉悟，趋向改革。但若瑞澂处置得当，或可延缓时日。另有传说俟湖北军队分散各地，借永平秋操，于八月二十五日开始，即在湖北武昌县（现称鄂城）起事而省城响应。在革命方面，鉴于历次失败，一击瓦解，所以武昌起义前，先由革命党人插入军队，联络士兵，对于官长则不轻易着手，其原因系官长为自身利益起见，恐难于倾心参加。后来提议，有愿意加入及明白种族意见者，亦可认为志同道合。所以事变时官长多尚不知，亦有参与其间，临时始将少数分子延揽加入者。鄂省军队官兵万有余人，加入革命者不过少数，起义爆发后，不出24小时竟能一呼百应，问其何以如此神速，在当局亦难于置答。武昌发生事变以前，孙武在汉口因制造炸弹受伤入医院，省城重要分子皆潜伏无踪，若不操切处置，则群龙无首，当难遽成事实。

据深知内幕人说，黎元洪之为人，寡言不多事，秉性忠厚，有泥菩萨之称。虽早年学的是海军，而自20余年前即入陆军，亦情形熟习。革命发生前夕，犹向瑞澂建议防范党人，临时尚在协司令部发号施令。及事态变大，联络中断，炮队第八标、工程第八营起事，其所属炮工等队在塘角地方相继响应，黎无法维持，回至私宅，此时瑞澂已出走。革命军集合蛇山谘议局，各自发言。有人倡议，应选一有资格者出为领导，以资号召，众赞成。时湖北上级军官中，张彪率领余部正与革命军对峙，协统王得胜事变时已无踪影，协统邓承拔随端方入川，仅有黎一人在省城，且系湖北黄陂人。因有人知黎所在，将其寻获，为众所推，亦不问其愿否。彼时倘若抗拒，即有生命不保之虞。其经过详情，早有他人记载，不多述。

综上言之，瑞澂是度支大臣镇国公载泽之姊婿，由江西九江道不到两年就升任江苏布政使、江苏巡抚。自陈夔龙调任北洋大臣，即骤升湖广总督。平日骄傲自满，不听人劝。又因革命主义渗入军队，更觉得人人可疑，草木皆兵。湖北陆军是张之洞一手训练出来的，其经过已如上述。张于宣统元年（1909 年）死后，瑞澂仗着皇族内阁给他撑腰，他认为张彪、黎元洪等都不可靠，蓄意先将协标统（即旅长、团长）陆续更换，早就人心解体。临事复张皇失措，听信陈德龙的鼓动，主动将革命分子一网打尽，及事态扩大，竟以一逃了之。后来一般舆论，皆以为革命迟早一定实现，但若不是瑞澂之操切激变，尚不会发动如此之快。这样批判，与当时情况是符合的。又每值瑞澂参观军队学堂，其子国华毫无学识，公子哥儿而已。随其父到处招摇，身着陆军协都统军服，立于人群之中，不知其为何种职务，平日依势骄横，可想而知。瑞澂轻视国家名器，纵子胡为，以致军队官长人人侧目。

又据张彪之子张学骞（士官六期）向本人谈及，瑞澂逃走以后，武昌省城一隅之地，与革命军对抗者，仅有张彪率领之教练队及马队一队，兵力不过 200 余人；守住保安门、望山门、文昌门及长街、王府口、花堤、镇司令部街，方圆不过数里，士兵又仅有步枪，无重火器。由是夜至次日中午，张彪曾在寓所三楼上见革命军集合在蛇山南麓谘议局一带。当黎明时，驻在城外辎重营由管带萧安国率领，在文昌门外叫门，张亲自察看，开门放入，即将队伍交萧带领，亲赴楚豫兵舰向瑞请求，命楚豫援助，向蛇山敌军开炮射击。陈竭力拒绝之，云："倘若糜烂地方，责任更大。"商之再三，方发射数炮，皆未命中，遂返身回城。而所守之三门已放弃，全部退过汉阳矣。跟踪至汉口，急速再追，方将退走部队收容，只得暂守刘家庙、滠口一带待援反攻。八月二十三日、二十四日曾由宜昌调来巡防营二营，由仇师元率领到汉口，联合守住刘家庙一带。至一星期后，王占元率领第三协始到。九月初冯国璋到汉，始将守卫责任减轻。其进攻汉口、汉阳皆由冯主持。不过进攻汉阳，有汉水之隔，曾由冯委托张招集旧部设法征集船只，搭建浮桥。张因派其部下远至数十百里搜来船只，在汉阳上游黑山一带搭建浮桥二座。冯军开始渡过江水，乃能进攻龟山及汉阳也。以上所说，为他书所不载，亦可以明了这一方面的情况，故附记之。

1961年7月

（选自湖北省政协文史和学习委员会、湖北省社会科学院编《新编辛亥首义回忆录》下，中国文史出版社2011年9月第1版）

清廷对于武昌起义之应付纪实

恽宝惠*

清宣统三年八月十九日（1911 年 10 月 10 日），武昌新军起义，震动全国，清廷调兵遣帅，期于以北洋军之精锐一举而扑灭之，其经过事实，我所见各种记载，如李剑农之《最近三十年中国政治史》及陶菊隐之《北洋军阀统治时期史话》，其叙述最详者又如张国淦；然皆偏重武昌方面，及袁世凯如何密谋和平，汉阳既下，如何主张停战，而于清政府派陆军大臣荫昌南下，如何布置军队作战，则皆略而不详。此一略之史料，若征之《宣统政纪》，则仅寥寥几道电旨，即尚有内阁档案，亦仅荫昌数电奏而已。距今 50 年，当时躬与其事

---

* 恽宝惠：时任清政府陆军部承政司秘书科科长兼陆军大臣行营秘书长，后任北洋政府国务院秘书长，故宫博物院总务处副处长。
新中国成立后，任中国人民大学清史研究所特约研究员。

者，除我及张联棻、蒋廷梓 3 人外，恐已少有存者。然张、蒋二人在前线之任务，均属于冯国璋之第一军（蒋今年已 86 岁，记忆力很差，且当时系专习炮兵），其陆军大臣行营方面，或只我尚能追忆（当时行营组织之各首长，除我外已无一存者）。就我所追忆者，虽不能说无遗漏，若及今不将它记载出来，则政府军应付之事实，可以说从此石沉大海，史料所关，传闻难信，今就我亲自经历，所见所知，特缕述如下。

荫昌所统率之军队，何以编制得如此之快？且先头部队，何以于数日之内，即乘车直达汉口？则不能不追溯到是年“永平秋操”。宣统三年，在直隶永平地方，举行陆军秋季演习，分东、西两军。兹先述其编制：以第二镇第三协步兵及第二镇之其他兵种，编为混成第一协，由原第三协统领王占元率领，第四镇全镇由代理统制第八协统领王遇甲率领，是为西军，以舒清阿为西军总统官；以第二十镇全镇由署统制张绍曾率领，并以伍祥祯统带之步队一标，禁卫军马队一标（刘嗣荣统带）、工程队一营，编为混成一协，是为东军，以冯国璋为东军总统官。特旨派军咨大臣载涛为两军统监。载涛出京，乘马经由遵化、玉田至滦州，设统监幕营。时东、西军预行演习，均已经完毕，正在预定八月二十日晨举行讲评之际，突接武汉警讯，遂电奏将秋操临时停止。除第二十镇仍留滦州外（后来张绍曾等电请颁布君主立宪信条，即在此发动），立命参与秋操之步队二十二标统带马继增率领全标并带机关枪 12 架南下，分防铁路沿线，至汉口刘家庙为止（后来此支队首先到达刘家庙），并电河南巡抚宝棻，调步队第五十二标统带张锡元，就近率队带机关枪 9 架赴汉口，并于武胜关、驻马店两处留兵分防车站。

第一混成协（此本是参与秋操之临时番号，下仍改称第三协）及第四镇全镇（统制王遇甲，于冯国璋接统后易以陈光远），于八月二十日陆续由滦州乘车出发。此时，政府方面除接得湖广总督瑞澂电报，并已逃往“楚豫”兵舰外（后来因受青山炮击之威胁，瑞遂乘舰逃往九江，不久又避而之沪矣），只得到黎元洪致陆军部靖密一电（靖密电本仅各镇统制及混成协统领始获使用），电文寥寥数十字，略云“陆军第八镇工程营兵少数变乱，现瑞帅不在署内，又觅张统制不得，元洪正督同其他部队守城剿抚，下衔为第二十一混成协统领黎某叩”。

军咨府、陆军部编制南下军队，谕旨以陆军大臣荫昌亲率陆军两镇赴鄂，并令海军提督萨镇冰派遣兵舰协同作战，特由内阁颁给钦差大臣关防，即日组织陆军大臣行营。陆军部临时编发“果密”电本，交秘书长收掌，专备重要军情译用。行营编制及首长人名列下：

参谋长　易迺谦（陆军部军制司司长）；
副官长　兼军法处长　丁士源（部军法司司长）；
秘书长　恽宝惠（部承政司秘书科科长）；
军械处长　存厚（部军械司科长）；
军需处长　唐汝谦（部军需司科长）；
军医处长　何守仁（部军医司司长）；
卫队长　张堃（宪兵营管带）。

另设炮队协领，以龚光明充任（冯国璋接统第一军后，易以蒋廷梓）。

当时军队临时编制，以荫昌所统率为第一军，以冯国璋统率为第二军，继续南下；以载涛统率为第三军（禁卫军两协、第一镇全镇），专巩卫京畿。嗣于荫昌启行后，又启用袁世凯为湖广总督，兼办剿抚事宜，荫昌所率各军及水陆援军，亦得会同调遣，后又将荫昌调回。于是冯改为第一军，易以段祺瑞（由江北提督调京）为二军，及袁任内阁总理大臣来京，载涛已解军职，第三军任务遂就此结束。

八月二十二日下午，陆军大臣率全体幕僚乘车由京汉线前进，于二十四日下午过彰德，曾与袁世凯会晤，我另有记载。随军调用陆军部电报生 3 人，沿途挂用电报线，及京汉路行车用之专线，此 3 人归秘书处统辖指挥，并电邮传部饬知京汉路前门车站，遇有军电到达，随时抄送府、部，不准片刻稽延。

当陆军大臣行营专车过保定时，第六镇统制吴禄贞下车，第三混成协统领王占元登车随行，并请颁发军令，遂发第一号军令。原文照录如下：

1. 党人有第八镇、第二十一混成协全部或一部。

2. 该协南下之任务，以搜索革命党并掩护本军集中。

3. 武胜关以南、刘家庙以北，有陆军第五十二标及第二十二标分站掩护。

4. 本大臣在列车办公。

第八镇及二十一混成协部队，分驻武昌城内外，此次系由工程第八营首先发难。余皆陆续响应（各种记载已详，不再赘述），唯辎重第八营未参加，由管带萧安国率带所部，并马标第三营马队一队，随同统制张彪渡江。于八月二十七日，步二十二标（统带马继增）到达刘家庙时，与革命军作遭遇战。正值萧营及马队在汉口跑马场附近，因马部误以萧营为革命军，向之开枪射击（彼时第八镇及第五十二标官兵，皆着蓝色军衣，与革命军衣色相同，北军一时未能辨别），及发觉误会，前线已呈混乱，遂相率退过三道桥（在刘家庙以北，滠口以南）。

其时陆军大臣行营专车已抵孝感车站。因前面兵车数十列自祁家湾、滠口已达三道桥，皆拥挤堵塞，不能再进。遂止于孝感，即在列车办公。车靠近站台，收发电报皆便利。

自京出发后，因此次隔江作战及攻占龟山，均以炮兵为最重要。当时安排兵车，计分 50 列。概由京奉路转京汉线南行，途中发觉前方各炮队虽有山炮、野炮 72 尊，而实弹仅有 25 发，万难配用，遂急电陆军部查明速运，事经彻查，乃知安排列车时，将运送炮弹车排在 51 列，竟无从飞越向前。因前方军情紧急，乃电调禁卫军炮兵一营，随带应用实弹，剋速前进，禁卫军炮兵第一营管带吴金声率领全营炮兵于二十八日到达孝感，谒荫昌后即开赴前线作战。其时第三混成协及第四镇部队已全部开往前方，王占元、王遇甲、陈光远已先于二十七日经过孝感前往滠口。

行营参谋长易迺谦带同（即带领）参谋陶云鹤、徐孝刚两人，随登炮营兵车至滠口。时刘家庙对岸青山正在构筑炮兵阵地，轰击停泊江心兵舰，遂派陶、徐登海琛兵舰，见海军提督萨镇冰，请准彼二人在舰督同炮兵测准青山炮兵阵地开炮，遂将阵地平毁，兵舰得解除威胁，但各舰以后迄未向武昌施放一炮，《史话》记载各舰曾悬白旗向革命军投降，但武昌方面未能即作适当处理，内容确否不详。

又第八镇统制张彪，暨代理正参谋官（即参谋长）易甲鹇（八镇正参谋官系刘锡祺，因公赴岳州，临时由四十一标统带易甲鹇代理，适遭此变，后刘锡祺返鄂，为革命军所杀）、湖北军师参谋官铁忠，均到行营谒荫昌，愿留军效力，张、易两人旋即随易迺谦前进。

又第十一协统领李纯率六镇之一部抵孝感，当即派步二十一标统带吴金彪编一混成支队，进至蔡甸，作汉口侧面之攻击。李纯及十二协统领周符麟均留行营（吴禄贞回镇后，周即请假，吴委二十四标统带吴鸿昌代理）。

前方各列兵车，于易迺谦、丁士源指挥之下，已疏通开动，陆续前进。九月初一日下午，革命军约二营，向滠口三道桥进扑，至头道桥，甫下火车，北军山炮向之猛击，敌遂败走。初二拂晓，敌又开炮向滠口施放，禁卫军炮兵队开炮反击。是日下午，第三协派步队一大排过三道桥监视桥梁，见有敌炮占领造币厂，击北军旁队。第四镇山炮还击，掩护步队退至头道桥。初三午，北军侦探兵由滠口进至造纸厂、刘家庙一带搜索敌情，见敌约一大排，向此方射击，北军还击，毙敌正副队长各一名，并获执照、手枪、手簿等项。又第三协派步兵一队向三道桥前进，敌炮忽从造币厂西北方向此方射击，禁卫军用管退炮还击，敌方遂向造币厂东北方变换阵地，北军仍以炮猛击，敌遂败退（以上系根据当时军情报告）。

至此，易迺谦乃以电话请荫昌下令于初三晚进攻汉口，电令发下，正在各作准备时，忽见刘承恩、蔡廷干两人徒步而来，询知彼等由武昌晤黎元洪而归，并略述黎为左右把持，不得自由发表意见，盖彼二人系奉袁世凯密派赴鄂与黎接洽者也，刘等要求车站以手摇车送到孝感，谒荫昌请发护照回彰德。

初四日晨，前方电话报告：攻汉部队已于是日拂晓到达刘家庙，并获山炮36尊，现正向大智门及跑马场追击中。其时丁士源奉荫昌命赴前方慰劳军队，次日易、丁二人回孝感行营报告。易曾与黎元洪隔江直接通电话，易告以北军声势，黎允投降，但未谈及条件，而电线中断（此据易口述，确否不详）。丁既抵汉口江岸，曾至附近之江汉关税务司办公室，据税司洋员报告（丁熟谙英语），顷接长沙税务司电报，今早谘议局议长谭延闿通令取消白旗，各衙署均已重挂龙旗云。

九月初四日下午，北军占领大智门车站，汉口已无敌踪，易迺谦、丁士源乘马经行德、法、英等国租界，绕至江岸之招商局，遇局员施某。施说："踞招商局之革命党，系湖北人戴天仇，甫于今晨放火焚烧川土（鸦片烟）货栈，乘小舟向下游而逃。"施并云："此次战事，华街尚少损失，请严令官兵弗入华街。"正谈话间，张彪陪同冯国璋亦至，盖冯已奉命为第一军总统官，定期接统前线军队，荫昌奉召回京也。在此时，陈光远报告，第二镇工程营管带李长泰、第六镇工程营管带劳谦光在襄河龙王庙，督率工兵支搭浮桥，劳谦光猝中炮阵亡，请妥予棺殓。话未毕，突由道旁刘万顺货栈内飞出一枪弹，将张彪之二等参谋官某头部射穿，立即毙命。易、丁两人仍然乘马回刘家庙，电呈荫昌，传发宿营命令。原文如下：

1.汉口完全克复，但地为五方杂处，所有全线部队，不许越过铁道线以南。

2.第三混成协警戒自循礼门，玉带门至襄河沿岸，并放列炮位以备攻击汉阳，并与蔡甸之吴金彪支队联络。

3. 第四镇全部警戒自循礼门至刘家庙。

4. 第八镇一部分部队，除派官为第三混成协、第四镇向导外，并会同十一协各部队警戒刘家庙至滠口兵站。

5. 刘家庙应设兵站，派第十二协统领官周符麟办理。

是时，冯国璋在孝感已见过荫昌，定于初八日接任第一军总统官事，并得袁世凯来电，不日动身南下，并问钦差大臣关防应在何处交接，荫昌回复即在信阳车站；遂于九月初十日早，率全体幕僚开车北上，下午4时至信阳站，袁已停车在站相候，双方交接情况，我已另有叙述。关于前方军事布置，另由易迺谦向袁之参谋长陆锦面作交代。至冯国璋接统以后，如何攻夺龟山，占领汉阳，及奉袁令停战等，均非我在事所经历，兹不复详。

附　录：

武昌起义事前酝酿之经过，各种记载已详，原定农历八月二十五日举事，临时定于八月十九日晚动手者，则由于总督瑞澂之激变。一时群龙无首，推黎亦非预定，事之成后，固非首义者所及料，即在南北两方之湖北籍军官，且因立场不同，各行其是，当时人颇能道之，无待我再为分析。但事变既起，清廷遣兵南下，已形成南北之内战，炮火相加，必遭糜烂，乡土观念，则固为人所同具，亦有无怪其然者，兹将与本稿有关系之人一一分别约列于下：

1. 第六镇统制吴禄贞（鄂籍，士官一期），事迹从略。

2. 第二十镇的协统蓝天蔚（鄂籍，士官二期）、第二十镇统制张绍曾（直隶大城，士官一期）等电请宣布君主立宪信条，其执笔者为学习军法官吕均（皖籍，后来张任总理，吕为院秘书长），主谋者为蓝天蔚。张之为人，立场并不坚定，政治头脑分析亦不清楚，当时另一协统潘矩楹（山东济宁，士官三期）即不赞成此举，后来清廷用分化手段，一纸诏书，将张加侍郎衔，授为宣抚大臣，而罢免其统制，张俯首听命。蓝亦遁而至关外矣。又宣统二年（1910年），清廷办理贵胄陆军学堂（是第二次），以贝勒载润为督理，张绍曾为监督，负学堂全责。出任统制时，学生全体送别，张当以忠君保国为军人天职，勉诸生以学成其事也。

3. 代理第四镇统制第八协统领王遇甲（鄂籍，士官二期）。

4. 河南混成协统领应龙翔（鄂籍，士官二期）。

此两人原系第八镇未成镇以前所招之学兵，后保送日本官费留学陆军，于冯国璋接统第一军后，令王遇甲仍回第八协本任，另以陈光远（直隶武清）为第四镇统制。应龙翔于民国成立后辞职。

5. 行营炮队协领黎光明（鄂籍，士官二期，炮兵科）。

于冯国璋接统后，因进攻龟山、汉口，临时改委蒋廷梓（江苏武进，士官三期，炮兵科）接充，蒋本系小站炮队学堂学兵，袁世凯保送日本官费留学。

6. 陆军部军衡司科长蒋作宾（鄂籍，士官四期），临时代理军衡司司长。

准备兵车之事由其执掌，并将运送炮弹车列排在最后，论者以为蒋有心如此安排，俾炮队开到前方临时无弹施放，若律以贻误戎机，厥咎甚重，但确否未便臆测。

7. 海军参谋汤芗铭（鄂籍，留学法国）。

汤为湖北谘议局议长汤化龙之胞弟，革命事起，汤在“海琛号”旗船为萨镇冰之参谋。“楚豫号”被青山炮击后，瑞澂急令下驶，而停泊江心各舰船，迄未向南岸还击一炮，行营参谋长易迺谦（鄂籍，士官二期）见海军并不协同作战，始派陶云窪、徐孝刚登“海琛号”指挥开炮，其时汤芗铭尚在船也。说者以为汤不谙炮术，所以未能瞄测开炮，此说殊幼稚可笑。

（此稿有部分材料，系由全国政协委员载涛供给，特为声明。）

1961 年 1 月 20 日

（原稿由中国政协文史馆馆藏）

记辛亥武汉之战

张联棻[*]

辛亥武汉之战，在九月七日（农历，下同）以前，清军主帅是荫昌，从九月八日起，则易为冯国璋。我于九月十五日奉令由北京起程南下，赴汉口前线，担任冯国璋的参谋长，亲自随同冯国璋指挥作战，制订计划，布置整个军事，直到奉到停战令为止。

冯国璋奉令率军南下，接替荫昌，主持武汉军事，所部最先抵达刘家庙的为六标二营，管带为丁搏霄。六标二营队伍还没有下火车，民军早已派队从侧面抄出，向列车进攻，弹如雨下，车厢多被击中。丁搏霄以未奉到任何命令，不敢擅自打开子弹箱子，装备子弹，而当时情势危急，迫不得已，丁即下令插上刺刀，肉搏冲锋。这支民

---

* 张联棻：时任清军第一军总参谋长。
新中国成立后，任民革北京市委员会委员，北京市政府专员。

军为数不过百十来人，当下被击溃。六标二营遂在刘家庙选择阵地布防，防止其他民军来攻。

民军试探性的进攻被击退后，除留少数队伍在汉口前线外，大部分主力集中武昌和汉阳，一面在武昌蛇山置大炮 30 余尊，沿长江青山之下建筑坚固工事，并在青山江边泊船五六十艘，准备随时渡江向北进攻清军左侧，并在汉阳龟山、大别山和黑山一带排列巨炮 40 余尊，沿襄河上下，均建坚垒，另外在蔡甸配备兵力，准备随时出击清军右侧，构成攻守两宜的形势。

自清军六标二营管带丁搏霄击退民军袭击后，冯国璋召开了军事会议，指出：武汉为南北枢纽，水陆咽喉，自古以来，为军事必争之地。太平天国起兵进攻武汉时，曾国藩率军三失三得武昌，结果制胜。从战略上的地理来看，武汉为兵家集中之地；从经济上的地理来看，武昌为商务交会之地。以陆地而言，武昌之东，洪山为屏障，汉阳之西，四平山、黑山、大别山为方城，汉口之北，武胜关为要塞。以水路而言，扼长江、襄河之天险，据田家镇之门户。而兵工、火药、钢铁诸厂成立已数十年，产品很好，足以济用不穷。且铁路直达京师，交通便利，实四方之锁钥。虽然昔日之势，重在武昌，武昌以洪山为扼塞，洪山失，则武昌不守，顺流以取汉阳、汉口，势如破竹；但是今日之战，重在汉阳，汉阳的大别诸山，俯瞰武汉，汉阳占领，则武汉不攻自破，为今之计，唯有先取汉阳，为攻心之上策。到会将领深以为然。最后，军事进攻配备如下：

六镇镇统李纯，率混成十一协及混成十九标的炮一队，分甲、乙两支队，渡襄河出击民军的左侧。

王遇甲率四镇直渡襄河，进攻民军正面。

吴金彪率步队二十一标第一、第二营炮队，第六标第三营左队山炮 4 尊，步队机关枪一队和马队，第六标第一营卫生队 1/4，编为甲支队。

马继曾率步队二十二标第一、第三营步队，二十一标第三营炮队，第五标第一营的一队山炮四尊和机枪一队半，卫生队 1/4，电信队一队，编为乙支队。

甲支队出发孝感，分水、旱两路，向新沟渡河进攻。一由水路进至毛家渡、军桥、四叉河至新沟渡河，一由旱路经坛口、香河口至新沟渡河，向民军侧背前进。

乙支队出发至驼骡口，循大智门西方长堤，经驼骡口预架之桥，相助渡河，与甲支队取得密切联系。

甲支队占领蔡甸后，迅速前进至驼骡口东方，占据阵地，以便掩护乙支队渡河。

乙支队占领驼骡口东方阵地，即行渡过军桥，与甲支队互相配合，同时前进。倘甲支队前进为难，乙支队必须抢渡，援助甲支队前进。

另抽第八协部队一标作预备队，为甲、乙两支队增援。

甲支队至驼骡口东方，占领阵地后，乙支队渡军桥之时，第八协步队一标，应随即跟乙支队继续渡桥，竭力帮助攻击汉阳，与甲、乙两支队会合。

炮队在江上要地列阵，以牵制襄河沿岸民军，并约海军舰队助攻大别山、武昌城，以阻民军西援队伍。

八镇张统领抽派奋勇队，备有船筏，作抢渡模样于沙口，以乱民军军心。

混成十一协各部队严密监视民军偷渡，抄袭清军后路。

各个队伍渡过襄河以后，次第攻击四平山、黑山、大别山、兵工厂、梅子山、伯牙台诸要隘，克复以上的地方，在高处竖起红旗为号。

冯国璋部署军事完毕，我已赶到，代参谋长李纯交替职务。我即接任参谋长，开始任事。

九月二十一日，李纯率甲、乙两个支队出发前方，正遇天气不好，阴雨连绵，行军发生困难。

九月二十三日，雨更加大，甲支队冒雨分水、陆两路前进，泥深没胫，行走不便，只好宿营东山河岸。

工程营二营管带李长泰携布舟36只，工程营六营管带劳谦光携布舟40只，联合装置，尾随二十一标前进。行半小时许，大雨倾盆，巨风搏面，波浪汹涌，篙楫不能施展，士兵衣服皆被淋湿，饥寒交加，竭力支持。二营布舟年久失修，有些渗漏，多为雨水浇注，负载颇重，行至孙家台，沉于水中（距孝感15里），急拖上岸来，投宿老百姓家。

九月二十四日，雨仍不停，甲支队因四湖咀浮桥沉于水中，不能渡河，当晚宿营，以待天明。

九月二十五日，午后雨止，工程营觅得民船8艘，拖带布舟至苏家庙。

九月二十六日，行军10里，泊二十一标营侧。重建四湖咀浮桥，次第相济而行，至距四湖咀30里的四叉河驻军。

当日民军千余人，在琴断口架桥，另有民军3000人，由驼骡口渡河，云集襄河北岸，准备移动。

清军据报，檄乙支队二十二标标统张敬尧，率第三营及机关枪队（机关枪第六队的半队）迅赴王家墩，冒雨行军，次日清晨始到达目的地。

民军自白房子出双墩、河墩，与河北民军夹攻四镇右翼，约战4小时，民军遭受清军炮队及机关枪队同时轰击，阵地动摇。张敬尧突率二十二标第一营和二十一标第三营，围攻民军左翼，民军不支，纷纷溃走，清军占领了琴断口和土堤。

在三叉河经长码头、双墩西方土堤线上，清军列炮猛射，民军不能抵御，狂奔渡河，多被溺毙。

黑山民军的炮兵阻力甚大，清军未能前进，就在土堤宿营（九月二十七日晚）。

九月二十八日，甲支队出蔡家台，弃舟登岸，分3路进至新沟宿营，翌日抵蔡甸，乙支队亦开赴驼骡口。

九月二十九日，韩家墩、黑山、紫霞观诸山及沿河北岸的民军，用丛炮交射。土堤西南端为旷野地方，没有什么障蔽，其时甲支队未到，乙支队兵力单薄，约战斗两小时，清军退回土堤。

当两军酣战时，清军海容、海筹两艘兵舰混进了革命党人，驱逐大副、二副，两舰遂起义，舰尾悬九星旗，驶抵鸡鸭厂，突击清军三道桥阵地。清军炮兵还击，弹无虚发，两舰败窜二道桥，再经清军炮兵轰击，由梧桐口分别退往武昌、青山下游。另一鱼雷艇，亦被清军炮兵击败逃逸。

九月三十日，乙支队（步队第二十二标、机关枪一队半、山炮一队）出发土堤，改道沿南台湖趋驼骡口，人马掉在泥水之中，急以水牛挽山炮节节前进。

正午，与民军遭遇，清军当以两营攻击民军正面，以一营胁其左侧，炮队复驰入阵地，猛射驼骡口、亚细亚油房、琴断口。民军不支，向河南岸溃退，清军进驻北岸。

十月一日，甲支队出发蔡甸，分两路前进。左侧卫改沿襄河南岸前进，主力军直向兴隆集大道前进，民军守三眼桥，散布地雷抗拒。甲支队踏泥迎战，四平山民军用炮 20 余尊轰击，炮弹下落，如陨雹一般，清军步队二十二标二营黑夜收兵。

乙支队抵黄金口，向民军猛攻，民军不敌退去。

十月二日，甲、乙两支队掩护架设军桥于上黄金口，日暮桥成，计用布舟 30 只、民船 68 只，全长为 94 丈。

军桥架好以后，清军重新编了甲、乙两支队。甲支队为步队第二十一标（少第三营）附机关枪 2 挺、山炮一队和马六标第一营。乙支队为步队第二十二标、步队第二十一标第三营、步队第十五标第一营、步队第十六标第三营、第五镇山炮一队、机关枪两队、第二第六两镇桥梁队各一队和卫生队 1/4。

次晨，民军海容、海筹两舰，率鱼雷艇两只掩护民军步兵过青山，清军炮队击之，沉鱼雷艇两只，海容、海筹两舰亦受重创驶退。

十月三日，乙支队夜渡黄金口军桥，桥梁队尾随。二十二标趋美娘山，黑夜不辨途径，沼泽泥泞，行军前后相失。黎明见美娘山脚河阔 10 丈，河前小沟宽六七尺，山上民军用炮猝射，桥梁队匿布舟于沟内，士兵伏在堤下。张敬尧率奋勇队（由二十二标抽数十名、工程营抽几名组成）以小沟布舟六只渡河登山，持枪角击，手投石子，毙民军数人，民军向山腰溃走，乃架桥。

桥架好后，二十二标教练官丁效兰，督率所部及奋勇队 300 名携机关枪 2 挺渡河，吴长植接着率十五标到达南岸。

民军退守仙女山，张敬尧率部攻其左翼，吴长植率部攻其右翼，炮队在长码头以快速巨炮射击四平山，并助步兵进攻，击散了仙女山的民军，双方战斗激烈，死伤甚众，是晚在山下露营。

甲支队进攻三眼桥，民军迎战，受创颇重，清军乘势一鼓攻入民军腹地，呼声震动山谷，民军急忙退入山根垒中，坚守不出。

是日清军炮队分别射击大别山、梅子山、黑山、四平山、仙女山等处，又以重炮射击武昌，甲、乙两支队借着炮兵威力前进，占领了四平山下一片阵地。

十月四日，甲支队仍列阵于三眼桥，牵制汤家山的民军，以掩护乙支队右侧进攻。张敬尧率右翼队伍奔驰炮火之中，肉搏登山，挺刃而斗，民军溃退，撤往锅底山，凭着堡垒扼守要隘，清军跟踪追击，攻坚不下。

紫霞观的民军和其他山头民军，用炮交互向清军射击，炮弹纷纷落地，其势甚猛，清军右翼队伍死伤很多，同时锅底山的民军乘势反攻，清军炮队移炮还击，战至午后 4 时左右，民军不支退走，清军趁机夺取堡垒，民军败撤扁担诸山。

另有民军在滠口及谌家矶附近一带登陆，乘虚袭击二道桥，清守军力量单薄，急檄第三协抽步兵一营（即六标的二营）乘火轮赶往，行抵一道桥被民军兵舰炮攻，改由纸厂隐蔽地方登陆，向前驰进，迎击偷袭的民军。

民军与六标二营遭遇，激战未久，零星散去。六标二营穿过河滨小径抵达机器厂，被民军兵舰发炮射击，但六标二营仍冒炮火进攻机器厂的民军，将民军击败，民军向梧桐口方面溃走，民军兵舰亦随即退返下游。六标二营整军以待，严守阵地。

清军江岸兵力单薄，为防民军黑夜袭击，乘虚扰乱后方，遂增派十九标步兵一队护守二道桥，护桥而阵。

十月五日，甲支队进攻三眼桥，汤家山的民军死力抗拒，炮火循环攻击，清军未能前进。那时和乙支队隔绝，两不相顾，彼此不敢独力深入，只好暂守阵地，以观情况。

清军炮兵团队射击黑山民军，并用重炮猛轰黑山山后十里铺的民军。民军阵地遭受威胁，立呈动摇现象，清军步兵乘势出击，夺取扁担山及黑山迤西的小土岗。

民军急驶兵舰到张水集西来攻，更以步兵800名出张水集趋谌家矶，意图截断清军从铁路增援。清军当下令大队出击，民军队伍凌乱，士无斗志，旋即溃走。

另有民军千人，进攻机器厂，趋张水集，清军六标二营遣一队扼铁路前土窖（在铁路前方600米），以机关枪迎击，民军未能取胜。

随着民军又出大队，列阵指向二、三道桥之间，清军六标二营急回兵铁路，战斗一小时许，民军被困苇地，死伤相继，结果败退。

清军六标二营乘胜追击民军，民军死亡400余人，清军仅伤6人。

十月六日黎明，民军卫队及学生军共1500人，由军政府总参谋长张振武率领，进袭锅底山。清军令张敬尧率部迎击，激战不久，民军不支溃走，张振武落水未死，吴长植率十五标会同追赶，直到十里铺西。民军用铁丝网环布地雷，坚守阵地，清军进攻未下。

此时甲支队破三眼桥敌，毁民军堡垒，夺汤家山，获陆炮7尊，枪械子弹无数。吴金标率十五标出乙支队右翼，绕道包围民军左侧（十里铺的民军），二十二标二营攻民军右侧于黑山之麓，四镇步兵一营、机关枪一队，由水电公司渡河配合进击。民军侦知，急集结于黑山西南凹处丛林之中，清军炮队向之猛轰，步队出动助攻，民军仓皇溃走汉阳，清军追至黑山七里铺而止。

夜间，民军开始反攻，来势凶猛，两军混战多时，结果民军退走，清军亦未追赶。

十月七日，清军分为 3 个纵队，向民军出击，一队攻大别山，两队攻汉阳。大别山高处阵地，可以控制武汉，民军建筑层层堡垒，地势险峻，清军不好仰攻，官兵冒着猛烈炮火，拼命进攻，伤亡惨重，还是前仆后继，猿登踏尸前进，竟破民军之防。

下面民军援兵，由于被阻于清军一、二纵队，无法援助，清军乘势抢上山头，手执红旗，四起四落，才将民军旗帜拔去，竖立清军之旗，民军溃退武昌、沌口、青山等处。

大别山占领后，清军一、二纵队，随即攻入汉阳，吴金标以标兵一部搜索隐匿的民军，另一部标兵追击渡江的民军，民军落水溺死的为数不少。

清军进据汉阳，枪炮、火药诸库均无损毁，攻占汉阳仅激战四小时。

原来民军将领张振武，以新沟为蔡甸之咽喉，蔡甸又是汉阳的门户，曾向黄兴建议布置重兵于此处，无奈黄兴不听，未能接受。

汉阳为清军攻占后，汉口民军亦仓皇败溃，汉口不战而得，冯国璋当即电奏清廷告捷，并继续布置军事。

汉阳、汉口既为清军掌握，为了继续进攻和防止民军袭击，因此冯国璋下令，责成镇统李纯暂守汉阳，所属各部占领阵地，联络警戒，以备不虞。兹将各部配备地点分述如下：

步队第十五标，附马队一队、山炮二尊，左翼由襄河通扬子江之角起，右翼到汉阳城东北角止，以防武昌民军攻击。

步队第二十一标，附炮队一队，由汉阳城东北角起，至西关外归元寺东端附近之地止，以防民军由沌口袭击。

左翼与第十五标联络，右翼与第二十二标联络。

步队第二十二标及第二十一标第二营之两队，附山炮 7 尊，由归元寺东端经药王庙、徐家湾、十里铺至黑山之线警戒。

马六标第一营，由太湖咀至汤家山之线警戒，并派侦探向远方搜索，随时注意敌人的动态。

第二十二标第二营在古琴台，第三营在邓家湾，作为预备队。

卫生队在杨家岭设裹伤所，收容死伤之人。

是晚，民军 2000 余人，携有土炮 4 尊入黄陂县城，以土塞门，仅留东门出进，布置工事，凭墙而守。

清军派混成十九标统带施从滨率部往攻，附山炮二队、马队一队、工程队一队、辎重一队、机关枪 4 支、卫生队半队，于十月八日达毛家站，九日拂晓抵猫儿山（距黄陂县城 3 里），置炮其上，步队展开前进，以一营攻小西门，以三营由管带潘鸿钧率领攻大西门及南门一带，马队迂回于两翼之间，二营三队由管带金挹率领，附本营前队、工程第五营右队、辎重营左队为预备队，并掩护炮兵阵地。

民军森列快枪，佐以土炮、灰瓶、石子满布城上，城外沟渠环抱萦回，极为险阻。清军薄城时，拣奋勇队兵 140 名，梯城而登，民军弹、石交掷，清军前仆后继，拼命而上。

民军大部驻守大西门，清军以机关枪攻城，并饬步队第二营前队一大排，掩护山炮二尊助攻，城裂丈许，民军阵地动摇。某部民军潜出东门绕袭猫儿山，图阻清军攻势，清军炮队及工辎各部合力击退这支民军。

十月十日黎明，清军令限克日破城，施从滨亲自督军，奋勇队一鼓缘梯而登，民军丧失斗志。8时左右，孙宗先部攻入小西门，潘鸿钧部攻入大西门，击毙民军无数，其余溃不成军，清军追至河边收兵。

民军残部陆续集合在许家桥、马迹山一带，纠合江西民军屯仓子埠，会同青山民军约8000人，由阳逻登岸，分三纵队出辛集、唐木口、许家桥，袭击黄陂。

清军闻报，急檄四镇步队十四标及第三协部队一营、山炮一队，命混成七协统领陈光远率领，前往黄陂支援。

十月十六日，陈光远率部抵达黄陂，以炮一队阵城东南双凤山土山，一队阵河南岸军桥左右，射击通辛集、唐木口、马迹山、甘露山的各路，以十四标为左翼，以十九标为右翼。分阵任家大湾，上下委蛇相属。十四标占领任家大湾至毛家河之线。十九标占领马家河经牛舌头湾、张八里店、任家大湾之线，马队屯于城的西南，以备滠口、唐木口之敌。并以十四标附属之第五标二营及十九标之第三营为预备队，屯驻东关。

十月十八日，民军出徐家桥，据马迹山射击清军左翼。辛集的民军见清军阵容坚强，兵力雄厚，不敢前来进攻。清军警戒部队为第十四标第三营之左队，坚守在甘露山。

马迹山的民军攻势甚猛，以密集炮弹轰击清军。陈光远在双凤亭上看见情势甚急，遂增兵左翼。激战约两小时，民军攻势更盛，清军急饬第十九标第一营，抢登甘露山南土岭，威胁民军之左侧，移双凤亭炮一队于甘露山西小山之上，向民军击射。至下午2时后，民军阵线动摇，士兵鼓噪，清军趁势薄营，民军不能抵御，死亡600人，退往马家集。次晨，退仓子埠，清军伤亡不过数人。

民军失去阳夏两地后，值江西统领冯嗣鸿率兵来援，又出兵攻击清军后路，因两次黄陂之役均告失败，士气日挫，激战结果，仍被清军击溃。

清军大获全胜后，汉阳、汉口及长江北岸，已无民军踪迹，民军撤退长江南岸，坚守武昌。

黎元洪等知以武力北进，不能取胜，更恐武昌难保，遂与清廷内阁袁世凯密商议和。酝酿结果，袁世凯果下停战令，并派段祺瑞接替冯国璋统率大军。段祺瑞到武汉，静待议和，冯国璋移交后回京，任禁卫军军统新职，我也由汉返京，调任禁卫军参谋长之职。武汉之战，就此告一结束。

补充资料：

我于清军秋操时，任东军总统冯国璋的总参谋长，在秋操自行演习，正在闭幕休息的时候，忽然接到北京来的电报，因为武汉起义，停止秋操，召东军总统冯国璋即速回京，参与会议。

此时，由于武汉情势紧急，已由荫昌率第一军沿京汉铁路南下，进攻武汉民军，以期收复失地。

冯国璋到京会议后，被指定为第二军总统，克日率部取道津浦铁路南下，准备到镇江一带坐镇，防止民军起义。

冯国璋就职第二军总统，我被任为第二军的参谋长，立即在北京贤良寺组设司令部。

相距不到 3 天，又接到袁世凯由彰德来电，调冯国璋到彰德参加紧急会议，此时袁世凯已被清廷起用，任钦差大臣，随即又兼湖广总督。冯国璋到彰德会议后，被任第一军总统，接替荫昌主持武汉军事，冯国璋仅带少数参谋人员赶赴前方。我也随着冯国璋的调动，担任了第一军的参谋长；在我未到前方以前，由李纯暂代第一军的参谋长。

九月十五日，我偕司令部组织的一批人员由京乘两列火车经京汉铁路南下，携带大清银行10万元支票的军饷以及弹药、通讯器材等前往汉口。其时袁世凯已抵广水行署，冯国璋电我着将第二军关防面交袁世凯，换取第一军关防。车过广水，我下车亲到行署面见袁世凯，交出第二军的关防，袁世凯亲自将第一军的关防面递给我。我接过第一军的关防，由广水上车，带到汉口前线。路经三道桥，才知道第一军的司令部已进驻汉口大智门。车抵汉口，我先见了冯国璋请示机宜，由代参谋长李纯交替职务。我接任参谋长后，马上开始办公，首先制订作战计划，通过讨论，经冯国璋批准执行。

作战计划批准下来，我亲临驼骡口，布置进攻汉阳诸山的军事。当时看到襄河险要，隔水作战，大有困难，为此我和军法处长兼外交处长、深通德文的姚济苍商议，由他通过德华银行的关系，转向驻汉德国领事借到架桥器材，帮助了二、六两镇的工程营，完成战时渡河工程任务。二镇工程营营长为李长泰，六镇工程营营长为劳谦光。劳谦光在架桥时，被梅子山民军一炮击中阵亡。

二、六两镇部队渡过襄河以后，猛攻各个山头，抢夺山头的官兵因民军居高临下，阵地占着优势，加之炮火猛烈，向上仰攻困难，屡次进攻失败，无法前进。我看到本军官兵抢夺山头，起伏多次，均不得手，请示总统冯国璋，组织奋勇队数队，每人许以纹银50两，分抢各个山头。在重赏之下，才将民军击退，夺下山头，占领民军阵地。民军溃走，分乘民船退往武昌。由于当时情势混乱，民军落水淹毙的不计其数。

清军正在布置军事，准备进攻汉阳的时候，民军有 1000 余人，黑夜在驼骡口渡河，乘着拂晓向我司令部袭击。那时我因计划军事，精神疲劳，似睡非睡的时节，突然接到书面报告。我一面报告总统冯国璋，一面急调相距 5 里路的六镇教练官吴新田率步兵一营前往迎击，并令已在前方的管带丁搏霄率部全力夹攻。接报告后约 6 小时，才将民军包围缴械。据被俘的民军士兵所述，他们失败的原因，主要是他们过河以后，将浮桥拆去，用的是背水之战，不来援军，故而失败，只好投降。

蒋廷梓是日本士官学堂炮兵科毕业生，那时任司令部炮队协领，用 7.5 生的德国管退炮射了 3 个炮弹，就把武昌谘议局（民军都督府）的房顶揭去。那时民军将领正在进行会议，在炮弹命中的威胁下，被迫撤退到武昌城外的洪山一带。

由于以前荫昌率军进攻汉口，曾经用火攻的办法烧毁房屋，使民军无处隐蔽，不能巷战，因此老百姓蒙受极大损失，弄得怨声载道，社会舆论极坏。我军有鉴于此，在进攻汉阳的民军时，曾经下令不准放火焚烧房屋，不准奸淫掳掠，并派马督察长带领四个稽察队，都是捧着大令，持着马刀，拿着军棍，分布四门巡视，遇有散兵游勇、地痞流氓以及土匪等趁机滋事，重则就地正法，轻则打军棍，并由冯总统保姚济苍为汉阳知府，出示安民，以维持治安秩序。

克复汉阳不久，我带参谋吴新田、师景云、杨文恺、熊炳琦、翟殿林等及弁兵一班，去龟山慰劳将士和察看战迹。由于我是身穿少将军服，头上军帽的宽金边发亮，同时用望远镜探望武昌蛇山，为民军所发现，当时由蛇山射来九炮，炮弹落在我们的附近，因为没有引线，皆未开花，所以我和参谋及弁兵等安然无恙，没有一人受伤。

当武汉战局紧张的时候，我正在司令部计划军事，忽由汉口租界过来一人，名叫朱芾煌，手持袁世凯任直隶总督时的一张通行护照，声称要见冯总统，有要事相商。当由我部警戒兵带到司令部。我随即报告冯总统，冯国璋说："你替我代见吧！就说你是我好了。"我马上吩咐卫队站道，传朱芾煌见面问话。朱芾煌上前就说："你不是总统冯国璋，你是参谋长张联棻，如见不了冯总统，就无话可讲。"我一面派人把他监视起来，一面报告了冯总统。冯国璋和我商议对付之策，决定据情电报袁世凯请示。袁世凯接了电报，随即回电，电文大意是："此人不是好人，专门在外破坏你我兄弟名誉，请你就地正法，但克定刻不在京。"冯国璋看了袁的回电，便说："杀了吧。"我细读袁世凯的电报后面一句话，似有隐情，便说此人不可杀。冯国璋再拿电报一看，才看出电报尾子上，还有"但克定刻不在京"的一句话，他问我这事如何办，我建议向北京打电报询明袁克定现在何处。这个电报打出去后，得北京张士铨回电，说袁克定现在彰德。再打电报给彰德袁克定，袁克定回了电报，电文是："我与朱芾煌生死相共，如他死，我亦不能生。"冯国璋看了袁克定的电报，才知道朱芾煌此人是如此的重要，和我研究结果，派出宪兵一连，乘火车一辆，将朱芾煌押送到彰德，交与了袁克定。后来才明白，原来朱芾煌是通过袁克定替袁世凯与南方革命党人奔走联络的一个重要人物。以后有人说，朱芾煌在武汉战役的时候，他曾经和冯国璋见过面，谈过话，这与事实不符。这件事情，由对传朱芾煌问话到派宪兵押送去彰德交与袁克定，都由我亲自办理，其间朱芾煌始终没有和冯国璋见过一次面。

从袁世凯对朱芾煌这一件事来说，他复冯国璋的电文中的一个“但”字，如稍有粗心，必成大错，不能符合他的企图。由此可见袁世凯是一贯用权术来御下，使在他眼前做事的人很难揣摩和体会他的用意，处理问题颇不容易。

后来袁世凯做了总统，为了酬谢朱芾煌的功劳，派他出任粤海关的监督，此人在解放后才去世。

那时前方战事正处于极激烈阶段中，清军虽拼命作战，但汉阳、龟山仍在民军手中，没被清军打下。忽然段祺瑞被任命为湖广总督，到湖北接任来了，冯国璋派我代表他乘火车北上迎接。段祺瑞是我的老师，一见面，他就问我：“你还想做清廷的官吗？”我那时也不知道南方革命是正当的途径，清廷局势很难维持下去，段祺瑞既然这样问我，一定有一些道理，我随即答复他：“我跟老师走就是了。”段祺瑞听我说出此话，很是高兴。当时有靳云鹏、曾毓隽在场，靳云鹏是段祺瑞的参议，曾毓隽是段祺瑞的秘书。

我回到司令部的次日，段祺瑞的参谋长吴光新来电话，叫拨一协队伍交给他们，维持后方治安秩序。我请示了冯总统，冯坚决不肯。段祺瑞见冯国璋不拨队伍，请示了北京，清廷下了谕，着即交出一协队伍与段祺瑞指挥。冯国璋接到上谕，很是为难，和我商讨。他说：“前方战事正是紧张的时候，兵力尚嫌不足，哪里能抽派队伍？”我建议打出两个电报，第一个电报作为没有接到上谕，只说前方战事激烈，有些支持不住，请速增派大军来支援。这第一个电报打出后，再接着打第二个电报，只说奉上谕，不敢不遵，但前方困难，业已详报前电中，请皇上圣裁。结果又奉上谕：不增不减，好好维持前方战事，击败敌人。

接到上谕允不抽调队伍后，清军拼命进攻，夺占了龟山，汉阳、汉口得以相继收复。冯国璋与我商议，除一面电清廷报捷外，一面布置下一阶段的军事作战计划，准备乘胜进攻，一鼓渡江，再取武昌，规复武汉三镇的整个区域。

原来，袁世凯令拨一协队伍交与段祺瑞指挥，其用意是采取一种釜底抽薪的办法，使冯国璋不能完成前方战事的任务，含有威胁清廷、推翻清廷的企图。这一协队伍没有抽调，冯国璋将汉阳龟山攻占，收复汉阳、汉口，军事上取得胜利后，袁世凯又借着清军战胜的机会，作为对民军言和的资本。以上袁世凯的内心机谋，是我和冯国璋回到北京后才知道的。

清军占领龟山以后，正在计划渡江进攻武昌，忽接内阁急电，命令前线停战 10 天。唐绍仪随即来到汉口大智门，代表出席南北和议，并有命令调冯国璋回京，任禁卫军军统，前敌一切事务都交给段祺瑞了。

南北议和成功，清帝溥仪被迫退位，袁世凯坐收渔翁之利，遂其阴谋野心，达到了他的个人欲望。

当汉阳、汉口先后克复，如果冯国璋指挥清军继续南攻，渡江攻夺武昌，很可能清廷尚能维持一个时期的统治。但是局面演变，奉命停战，南北议和，清廷遂告瓦解。

在武汉之战的其中一段时间，我亲身参加策划全盘军事，正式作了阵中日记。在军事结束办理移交的时候，阵中日记已面交段祺瑞手。现在我所写的，是遗留下来的一些片段材料，虽然回忆起来大致不会有多大的出入，但是只能作为参考，为此附带说明。

（选自全国政协文史资料研究委员会编《辛亥革命回忆录》第6集，中国文史出版社2012年6月第2版）

南北两方军事行动的回忆

王镜芙*

一

1911年春季，我本想到吉林延吉厂边防督办吴禄贞那里去，找他的屯田营管带柏文蔚（柏是我当年在学校时的体操教员），嗣见报载吴已他调，柏亦随去，因未成行。本年夏季适有同族的长辈王仙甫与冯国璋为先后同学，他以安徽陆军测绘学堂总办入京公干之便，把我介绍于冯。但这时因袁已下野，北洋派的人物都销声匿迹，不敢像袁在朝的时候那样趾高气扬。同时清廷中的亲贵又复利用湖北派陆军留学生，如卢静远、哈汉章等，以挟持北洋派势力。所以，

* 王镜芙：时任安徽都督府参谋。
新中国成立后，任安徽省文史研究馆馆员，青阳县政协常委。

冯在军咨使任内，已成一个失势的官僚。他无法安插我，叫我等候机会再说。迨武昌起义，清廷简派他为第二军总统官，军司令处的人选，都由冯自己主持。我想这是一个机会，继而一想他是去打革命的，我没有去参加革命，反而同他一阵去打革命，这与我原想去吉林找柏先生的宗旨是背道而驰的。但又一转想，柏之去向不明，我不如隐忍一下，等得到柏先生所在的地点再舍此就彼。如能得到一点情报，亦可作为投革命军的晋见之礼。想到这里，我的主意也就拿定了。于是，往煤渣胡同冯的旧宅去求见。冯把我介绍给总参谋（参谋长）张联棻。我将行装搬入第二军司令处后，即有一个张副官来招待我。

冯应袁召，由京到彰德。走时很秘密，司令部中的人员都不知道，他仅带亲信官兵四五人即乘车匆促南下。自彰德会议后，冯以袁的奏保，接统荫昌的第一军。他并未回京，直接致电京中，把原来的第二军司令处改编为第一军司令处，待命出发。并将司令部的人员分别加委。委我任工参领副官。工参领官是姚济苍（号博施，江苏人，原陆军部侍郎姚锡光之侄），总参谋张联棻，一等参谋李士锐（天津人）、师景云（号岚峰，山东人，后当陆大校长），二等参谋熊炳祺，副官长李某（不记名），炮协领官蒋廷梓（号仲材，江苏武进人，后为袁的大元帅统率办事处第一厅厅长），炮协领副官周荫人（后为福建督军），总军械官王亨鉴等。

冯本人由彰德直趋信阳，接收荫昌所统的第一军。据他日后告诉大家说："荫昌把什么东西都带走了，仅仅移交了一份官兵人员册子。"并说："荫昌由北京率部乘京汉车南下，只到达信阳为止。因荫怕革命党厉害，不敢前进，终日在花车上，同一帮西洋留学生尤其是留德的，大吃大喝，高谈阔论，闹得不亦乐乎。”

冯接统第一军后，将部队整编，挥师前进，一把火烧了汉口。其时，他的第一军司令部人员尚在北京，待命出发。这时京津各报，都将冯烧汉口的罪行登载出来了，我们阅报才知道。在未出发之前，正参谋张联棻，叫我物色两个可靠的密电员。我想这个责任很重，硬着头皮去找了两个密电员。一个姓秦的，是保定人；一个姓龚的，是合肥人。我想借此机会，或可得到一点秘密消息。这两个密电员，后来即在冯的身边办事，由冯的大儿子率领（冯的大儿子也是电报毕业生），在汉口冯的花车上办公；我的消息，从此更显得灵通了。

二

大约在是年的农历九月二十，第一军司令部才由北京出发，全部人员由张联棻总参谋率领，乘京汉铁路火车南下。行抵广水，即袁世凯大本营驻节所在地。袁驻车站附近，他的卫队名武卫军，分左、右两翼。左翼的统领是段芝贵（号香岩，合肥人，老武备学堂第一期肄业，因不守校规被开革，未毕业），右翼统领为倪嗣冲（号丹忱，阜阳人，以知县经袁提拔为东三省的民政司）。倪的专责在皖，段则专司拱卫。第一军司令部的专车，在广水约停了两个小时，各处首长，均戎装前往谒袁，我留守车上未去。大家谒袁毕后，车才继续南开，本晚夜深才到达汉口大智门。大家下车，各处的正副首领皆到冯所乘的花车上谒冯，我亦参加。冯对大家说：“革命党藏在汉口的民房内作为掩蔽，来向我军射击，我放火把民房烧了，革命党也自动退过汉水，所以汉口即为我军所占领。”又说：“现在敌人占据汉阳兵工厂、龟山要塞，终日向我们轰击，汉口遍地都不安全，只有大智门车站一带，有法租界的遮蔽可作掩护，所以我住在花车上比较安全。”他叫参谋、副官、炮协领、工参领四处，都驻在专车上，靠他的花车附近办公。其他军械、军法、军医、军需等处，则驻扎在大智门车站。

冯国璋将第一军司令部的驻扎地点安排就绪后，一面调整部队，筹划进攻汉阳要塞战的腹案，一面向广水大本营袁世凯那里汇报，待命进攻汉阳。

清军侵占汉口后，在冯国璋及其他一般人物的思想上，以为所负的任务，完成了 1/3，从此可得清室信赖，永做“满奴”。袁世凯的打算，完全不是这样；袁认为即使武汉方面的军事全告成功，仍恐蹈“鸟尽弓藏”“兔死狗烹”之覆辙。倒不如先发制人，趁此机会，进一步来攫取中央政权。于是他一面叫冯国璋悬崖勒马，对进攻汉阳一节，暂时按兵不动，静待后命。一面再施伎俩，向清廷佯作善意的建议。大意是说：“方今各省蠢动，天下滔滔；以全局而论，武汉不过是弹丸之地，如中央能够控制全局，则武汉一隅的胜利，自在其中；否则即使武汉全告成功，亦难挽救全局。请中央权衡轻重，不能只顾一隅而弃全局”。袁的这一献策，又把清廷难住了。只有奕劻以师生的关系致电问计于袁，而袁则吞吞吐吐含糊其辞，请奕劻要用政略的方针，来解决全局的危殆。哪知奕劻老朽无能，早已萌荐袁自代之念；于是征求袁的意旨，请袁入京，而袁的内阁总理大臣、节制前敌各军的新头衔因即发表。袁入京后，旋即令冯迅速侵占汉阳。冯即行调整部署，预备进攻。

兹将冯的部署及南北两方面的军情分述如下：

自清军侵占汉口后，南北两军均无激烈战斗，双方保持胶着状态。在北军方面是待袁的命令下达后才开始总攻。在民军方面则是作防守之计。不过龟山炮击日日不免，而小部队的偷渡夜袭常常发现。有一天清军得到情报，民军有向清军阵线弱点夜袭的企图。这时驼骡口方面的清军兵力，比较单薄，恐民军由此处夜袭，来攻清军的弱点。因此，一等参谋师景云把工兵第四营配备到该方面，协同步兵防守，叫工参领处下达命令。是夜，果然民军从驼骡口偷渡夜袭，因清军早有预备，没有发生激烈的战斗，民军即自动撤退。

进攻汉阳的要塞战，需用大炮的优势火力，但清军缺乏这种重炮。于是姚工参领官自告奋勇前往青岛，向德国人订购重炮。因姚是留学德国，又会说几句德国话，他自吹与德国人交往的朋友很多，必能达到物美价廉的目的。这个任务本是炮队协领官的，姚以为有回扣，是一笔大财气，挟他的叔父姚锡光的势力（姚锡光是陆军部副大臣，冯的老师，曾充过老武备学堂的教习），向冯毛遂自荐。冯只得让他去青岛向德国人接洽。姚又向冯建议，请德国技术人员到汉口来帮助架设渡汉水的大桥，以利作战。冯亦依允。

姚自青岛回来后，即叫我督率员工把火车路旁的道木尽量用火车装运至汉水岸边他所选定的架桥点，我为此大忙了好多天。但桥的面积很大，需要的道木很多，一时缺乏车辆，难以运完。他叫我以命令式去找车站司令官。那时后方每一个站设一个兵站司令官，专管后勤，另设一个车站司令官，调动车辆。这时京汉铁路已划归军用，由陆军部统辖，总兵站是苏锡弟（号慕东，太平人，陆军部郎中，军需司司长）。我见了车站司令官，因无车可拨，他带我见车站站长。站长说："车子都为军需运完了，就是军统（指冯）的命令，也没有办法，我不干了，我明天去见宫保（指袁）。”结果，不但没有要到车，还碰了一鼻子灰。我回报姚，他又气又急。因为进攻汉阳在即，时不及待，且德国人已拿去订银2万两，专候道木运齐，即开始架桥。

姚参领官看车运道木缓不济急，就想用工兵营来运。于是召集二、四、六三个工兵营管带，到工参领处开会。不料工兵第二营管带李长泰问姚："昨夜总统官（指冯）给我的各个命令，参领官是否知道？"姚说："不知。"李说："既是参领官不知道，则今日的会，不要再开了。"于是大家散会。原来冯已早有计划，表面上利用姚向德人接洽帮助架桥，实际上已密令工兵第二营管带李长泰，另选架桥点，用该营技术素称优秀的番布舟桥队，在民军的猛烈炮火轰击下，冒险架设可过四路纵队及重炮车的番布大桥。在一夜之间，即要完成任务。当时有人讥姚为傻瓜，要车运木，终日忙得"不亦乐乎"。

在工兵第二营管带李长泰于汉水架桥的当晚，军司令部的参谋李士锐持冯国璋的紧急密令，突然来到我的卧车室内，向我宣布，任命我为进攻汉阳的旗语、灯语司令官，叫我立即赶赴汉口大楼（最高点），同前敌总指挥第六镇李纯统制联系。我说："我没有学习过旗语、灯语这门科学，我怎能当司令官呢？这个责任重大，我实在担任不起，请你向总统官（指冯）速为陈明，另简贤能。"

李长泰（工兵第二营管带）在夜间几小时内，即把一座距离很大的军用大桥架成，迨天将拂晓时，清军在大炮的掩护下，主力部队由李纯率领一拥而过，遂将汉阳的要塞龟山和兵工厂完全占领，黄兴率领的民军被迫撤退，汉阳之战，遂告结束。

三

清军占领汉阳后，冯国璋膺了男爵的懋赏，仍欲进攻武昌。而袁则要求前方屯兵不前。袁的企图是和冯背道而驰的。袁恐冯不顺从他的意旨，所以有三次来使试探。第一次来使未曾露面，仅暗中嗾使冯的心腹部下向冯进言，大意是：武昌倚长江天险，若无海军协助，难从正面进攻，现海军已归顺民军；若从湘、赣两省进兵，取迂回包围之势，则用兵力必多，现后方无可增援的部队；即使能抽调一部分兵力，而旷日持久，大非汉阳速战速决之可比，且湘、赣两省，已归顺民军，若以全局着眼，不但不能再向武昌进攻，即此孤守下去，也恐成问题，请冯熟思而妥筹之。冯的部下虽是说得天花乱坠，但冯不听。袁于是又派第二次来使，明见冯国璋说："武昌首动，各省附和，天下滔滔，靡所底止。吾公手握劲旅，左右全局，若遇非常之变，亦应权衡轻重，量力行事。万勿因近弃远，以小失大，请三思之。"而冯则答曰："倘有不测，我当为国尽忠，以报天恩，它非所欲也。"袁于是又有第三次来使。这次很突然，来使当面对冯说："宫保叫你班师回京。"冯问："有命令吗？"使曰："叫我口达。"冯遂电询袁是否真有其事？而袁的回电很妙，只是说来使荒唐，但并不加罪。冯心下稍为明白，遂派宪兵管带王某（不记名）把这个来使送回北京。车抵彰德，为袁克定所挟留。这一事实，虽是袁子所为，但袁本人恐属主谋。冯虽稍有所悟，但袁毅然决定奏请以段祺瑞接替冯国璋。

冯、段二员的调动，事前很秘密，即军司令处的人员中，亦鲜知其消息。我虽预知，但不敢声张，当大家知道时，冯的专车已升火待发，军司令部的人员，多数是跟他走了，只是我留下未走。他们都是北方人，思家心切。在冯未去之前，有民军方面的人把我介绍到汉口电灯厂与工人黄千林（号恩良，怀宁人）见面，他是武昌军政府的交际部副部长，专接待清军中的人物。他与我意气相投，结了个盟兄弟，他大我 10 多岁，叫我到武昌去工作，但屡次请假总是不准。今既冯去段来，在这一个新旧交替之际，倒是我出走的好时机。虽是一再请假不准，但我何不效陶渊明的挂冠而去呢？于是我就不辞而去，直趋南京找我旧日的受知师柏文蔚先生。在我走的第二天，正军法官（即处长）王某（不记名，段的学生，北方人）因受了我的影响，他也偷偷地过了江，投入民军工作了。第三天副军法官郭某（忘其名，亦段的学生）也跟着到武昌去了。

四

柏文蔚曾是芜湖安徽公学的体操教员，我是该校的学生，所以与柏有师生的关系。柏常向我说："欲救祖国，必学陆军与实业。"所以，我以后由安徽公学转学到南京实业学堂新矿科（实业学堂的前身格致书院的学生为老矿科），旋又转学江北陆军学堂工兵科。时柏文蔚应赵声之约，辞去芜湖安徽公学体操教员，到南京充赵营的前队队官。每逢星期休假，我总是由学校到柏先生那里闲谈。我由汉口解冠弃职，到了南京。得悉柏文蔚先生驻兵浦口，奉孙大总统的命令，将原来柏所统率的第一镇扩大改编为第一军，任命柏为第一军军长，正在入手组织，预备北伐。我当即渡江至浦口第一军司令部（即从前张勋江防营统领行署）晋谒柏先生，以数年不见的师生，值兹革故鼎新之际，一旦欣然相逢，彼此欢洽之情，当有不可言喻者。他对我说：“袁方的要人函约徐绍桢将北伐之军改作北援之军。”（徐这时是北伐军总司令）我说：“从徐以往的经过来看，他总算是一个开明的官僚，未必就能与袁方勾结，恐怕是袁方的诡计，借此来离间分化我们的。”柏曰：“不然，徐之得膺第九镇统制及入后一度得署江北提督，皆是袁的一手提拔。他不仅是受袁的知遇，且为袁之兵权势力由北而南渐的首要人物。”因此，柏叫我不要去见徐。他约定我翌日晋见孙大总统，我即遵嘱按时随柏往总统府，晋谒中山先生。这是我同他第一次见面。他对我很和蔼，详询汉口方面的袁军情形，我即作了详细的报告。中山先生命我暂住南京下关，借探汉口袁方来使奸细，并发给我护照，以资保护。

柏奉命扩编第一军，计辖一、四、九等 3 个师，第四师是皖军，一、九两师，乃是徐绍桢原来所创练的南京第九镇的班底。因柏有革命历史，所有的官兵都一致拥柏而不拥徐，徐指挥不灵，颇受牵制。因此，对北伐的问题，徐与柏的矛盾，更趋尖锐化了。但不久，徐改调卫戍总督，以柏文蔚为第一军团长（即军团总司令）率师北伐；所有苏、扬、镇、沪、浙、粤、桂、皖等地集结到南京预备北伐的各部队，统归第一军团长柏文蔚指挥，俟到达徐州后，再推功高者为主帅。

兹将第一军团及各友军的动员序列略举如下：

第一军团长兼皖军总司令及第四师师长柏文蔚，军团部参谋长刘晟（日本士官毕业），副参谋长端木横生（号余宾，当涂人），参谋第一司司长（作战）郭道弥（名世纶，皖北人，南京陆师学堂毕业），参谋第二司司长（谍报）陶 ×（不记名，镇江人，陶骏保之弟），参谋第三司司长（后勤）王镜芙（青阳人，江北陆军学堂毕业），副官长李祝丞（怀远人），炮兵司司长黄邦爵（号竞卿，寿县人，南京陆师学堂毕业），工兵司司长孙麟（号卓如，寿县人，安徽武备学堂毕业），军需处长刘德裕（湖北人），军医处处长柏栋臣（南京人），军法处处长尹 ×（不记名，北京人），宪兵营营长吴魁（号樨庭，江苏吴县人，日本宪兵学校毕业，柏的学生），第一师师长原为葛应龙，后改高佐国，第九师师长冷遹（号御秋，镇江人），第一旅旅长郑维成，第二旅旅长伍崇仁，第七旅旅长袁家声（皖北人），第八旅旅长杨冠英，团长有岳相如、毕绍珊、孙子美等，余从略。苏军统帅为程德全（四川人），杨军军长徐宝山，沪军军长陈其美，浙军军长朱瑞，粤军军长姚雨平，桂军军长王芝祥，皖军司令柏自兼，淮上军旅长张汇韬（号孟介，寿州人），皖军副司令李德湖（号兵臣，寿州人）。柏又命令第一旅旅长郑维成为前敌指挥官，我为本军团及各军宿营司令官。柏先生亲率本军团的各师主力部队由津浦铁路南段攻击前进。以临淮关为第一到达点，宿县为第二到达点，徐州为第三到达点。因清军只有张勋的江防军抵抗，后方无增援部队；而长淮上游的倪嗣冲所率的武卫右军，也是孤军深入。清军的主力部队，只有二、四、六各镇，都开在武汉方面应战。其余的一、三、五各镇及姜桂题所统的毅军和冯国璋入京新改组的禁卫军等，都要留守北京及近畿与关（山海关）内外和鲁省，对于津浦南段方面，实感空虚；而我们的右翼张汇韬所领之淮上军，足可以牵制远来应援的倪嗣冲之孤军；所以津浦南段敌我双方，均无多大的激烈战斗。张勋的部队一闻柏所率领第一军团开到，一触即溃，节节向北逃窜。我军正面的主力部队甫达滁州、明光一带，而两翼的皖军（即第四师）已将临淮关“光复”。柏军团长到达后，即令迅攻宿县，第二天即接到前敌郑指挥官的捷报，敌人复向徐州方面溃窜。柏随令郑指挥官向徐州追击前进，并令皖军协助，从左、右两翼包抄敌人。因此张勋在徐宿一带无喘息的余地，立即向北溃退。柏到达宿县后，随接前方郑指挥官捷电，谓张勋已败退利国驿和临城一带。柏一面令皖军肃清两翼之敌，一面率正面的主力部队由宿县到达徐州。柏先生所受领的任务，可算完成。

（选自全国政协文史资料研究委员会编《辛亥革命回忆录》第8集，中国文史出版社2012年6月第2版）

武昌起义前后的一点回忆

高震中*

一　投军革命

我生长清朝末造，眼见外侮日亟，每读书至“天下兴亡，匹夫有责”之句，即兴强国必先强兵之感。光绪三十一年（1905 年）高小毕业，投第八镇第二十九标第三营当兵。入伍前，初由队官检查体格，再由管带检查，最后由统带检查。统带铁忠，询知我籍隶宜昌，因事先听宜昌傅总兵有“宜昌人不好”的说法，嘱管带要我觅具铺保，再补缺额。当时虽不满意铁忠，而为遂其素愿，并未向困难低头。入伍后，营中操练重于学科，私心遂感不足。一日假出，

* 高震中：时任北伐军第一军辎重第一营管带（营长）。本文原题为《辛亥首义前后的一点回忆》。

路经武备学堂，见张之洞所写“执干戈以卫社稷，说礼乐而敦诗书”一联，由此遂争取投考信字斋（第二期）陆军特别小学堂，光绪三十三年（1907 年）幸被录取入学。宣统二年（1911 年）毕业。

在校时，同学高尚志、蔡济民两君，谈及安徽巡警学堂总办徐锡麟杀巡抚恩铭一事，问我作何感想。我说非常同情，并说革命工作，只要不怕牺牲，前仆后继，定操必胜。高又说：“拟改名为高怀耻，你看如何？”我一笑置之。最后高说我的思想很好，即与幼香（蔡济民号）商量，介绍我参加共进会，担任联络员。嗣后经常切取联系的有杜武库、杨炳山、王文锦①、徐达明、梁邦福②、熊秉坤、方兴诸君。朝夕研究的是：如何实行革命，发展组织，推翻专制王朝，拥护孙文革命主张等事。

那时我是一个青年知识分子，参加秘密活动，对于同队士兵，知无不言，很少避忌，以致引起排长广沛和班长文华的怀疑（两人皆旗籍）。尤其是文华暗中监视更力。某日星期，得到通知：“今天细密检查，士兵一概不准外出。”届时由管带张楚材亲自检查，临到我床，特别注意，把服装、铺被、书籍反复翻阅，卒无所获。检查毕，宣称：“高某行为不检，违犯营规，着从轻处罚，禁闭一星期开除。”这是宣统三年（1911 年）5 月间的事。

开除后，决意离开武昌，以防万一，遂走避北京友人黄恺元处③。

---

① 作者自注：王文锦，字子绣，湖北宜昌人。湖北自强学堂毕业，入文学社，积极做革命活动。武昌首义，任第八标统带，调都督府参议，又调宪兵司令。毕血会会长。

② 作者自注：梁邦福，字居贤。以凯字营士兵，拨补第三十标第二营，任文学社第二营代表。武昌首义，任第三标统带。

③ 作者自注：黄恺元，字保苍，湖北宜昌人，日本士官第五期毕业，同盟会员。回国任清军咨府科员。武昌起义，随黄克强来汉，任总司令部顾问。后任第八师第十五旅旅长。

黄时任军咨府科员。历时不久，就将我介绍到陆军部军制司司长易迺谦[①]处存记备用。当我初见易时，他说铁韵铮[②]早有来信谓，特别是学生，都不能用。我才了解到清吏防止革命，真是无孔不入。而我除了革命，别无生路，由此更坚定了革命信念。于是销声匿迹，奉命唯谨，绝不稍露锋芒，以减少他人的注意。到7月间，委我为机关枪队排长，分发南苑教练处训练。当时和武昌方面同志如王文锦、蔡济民诸君，还是暗通消息，保持联系。

二　永平秋操

宣统三年（1911年），清廷准备在永平秋操演习，编练机关枪队。队官由陆军速成学堂（该堂结束）教职员充任；排长则在此次毕业学生中，每省挑选成绩较好的二名充任。计编为13队，队官13人；排长26人，我是其中一人。士兵由第五镇步、骑、炮、工、辎酌挑若干名编成。

永平秋操，可以说是清朝的一个大典，邀请各国派员参观。那时机关枪是新式武器，陆军部决定向德国订购马克沁机关枪52挺，编练13队，每队4挺。其效力每分钟发射子弹500粒，每一挺火力与步兵一队相等。后因秋操时间迫促，先向湖北、南京借用16挺，提前训练，等候由德国运来分发各队。这批枪在8月间才运到北京。

永平秋操总方略：分为东、西两路军，以山海关为界。山海关以

① 易迺谦，字举轩，湖北汉阳人，日本士官第二期毕业。清军南下时，任荫昌参谋长。

② 铁忠，字韵铮，湖北荆州驻防旗人，日本士官第一期毕业。清政府于各省设督练公所，铁忠任湖北督练公所总办，为瑞澂以次压制革命最力者。

东为东路军，派冯国璋为总指挥；山海关以西为西路军，派舒清阿为总指挥。东路以曹锟第三镇、张绍曾第二十镇编成；西路军以马龙标第二镇、王遇甲第四镇编成，并调湖北第八镇炮队第八标统带龚光明为炮兵协领（军以上设置），湖北第八镇工程第八营管带王永泉为汽球队（即演习时信号队）队长。清贝勒载涛为阅兵大臣。湖北派往参观者，计有第四十一标统带易甲鹇和督练公所科员张学骞。

1911 年八月十六日（10 月 7 日），清廷命令西路军第二、第四两镇及机关枪队乘京奉路车向唐山、滦州一带集中。八月十七日至十九日（10 月 8 日至 10 日），镇操演习完毕，休息一日，二十一日（12 日）开始演习军操。适接陆军部电，秋操停止演习，待命出发[①]。下午 7 时，天气陡变，降下冰雹，大如鸡蛋，约半小时始息。二十二日（13 日），命令第二、第四两镇及机关枪队分乘京奉车转京汉路向汉口前进，由荫昌亲自指挥，率领先头部队到达孝感，停止待命[②]。输送部队时间约二星期完毕。八月二十七日（10 月 18 日），河南陆军第二十九协以协统应龙翔[③]到差未久，故未率队出发，由宁统带指挥前进。车至滠口与二道桥之间，被革命军炮兵迎头痛击，车头当被打毁，车内死伤官兵四五百人。迨该部队退却时，据闻遗弃枪弹粮秣甚多。

---

① 据其他参加者谓，辛亥永平秋操，东军冯国璋，西军舒清阿，阅军大臣载涛。马队演习冲锋之后，请载涛作讲评。时载涛面无人色，向舒清阿说："武昌革命党造反，演习暂停。"匆匆讲了几句话，载涛即在开平衙门召见冯、舒二人，谓朝廷有命，派一军往剿武昌"乱党"。涛贝勒以东军不妥，改以冯国璋带领西军前往。

② 据清方档案，宣统三年（1911 年）农历八月二十三日谕旨："现在派兵赴鄂，亟应编配成军。着将陆军第四镇及混成第三协、混成第十一协编为第一军，已派荫昌督率赴鄂。其陆军第五镇及混成第五协、混成第三十九协为第二军；派冯国璋督率，迅速筹备，听候调遣。"与所述有出入。

③ 作者自注：应龙翔，字云从，湖北黄陂人，日本士官第二期毕业。回国任湖北武普通学堂教官、北京贵胄学堂教官、禁卫军统带，调河南任协统。辛亥革命后，任陆军第二预备学校校长。

三 清军南下

八月二十八日（10 月 19 日），河南部队败退之后，清方暂取守势。荫昌乃急调第二、第四两镇开赴前方，并令萨镇冰率舰队助攻，陆海军并进，企图一鼓而下汉口。九月初六日（10 月 27 日）晚 7 时，荫昌命令次日拂晓第二镇由滠口沿戴家山、张公堤向汉口进攻；第四镇沿铁路经刘家庙、何家墩向硚口进攻；萨镇冰率海军舰队由长江向汉口助攻。军司令部设在列车中，每日下午开往武胜关外。攻击令置陆军大臣字样，胭脂色长方形关防。这时革命军与清军作战，相持多日，因革命军指挥者多系旧军官，缺乏乘胜进攻精神，使清军得以继续增加兵力，形成寡不敌众的局面。革命军迫不得已，乃于九月十一日（11 月 1 日）全部放弃汉口，退守汉阳，汉口遂被清军占领。荫昌指挥进攻汉口得手，向清廷告捷，不久即电召回京。旋派袁世凯为钦差大臣、湖广总督兼办剿抚事宜①、节制水陆各军的布告，遍贴汉口市郊矣。荫昌回京，袁世凯派冯国璋继任第一军军统。进攻汉口部队已达到歆生路（即江汉路）一带，但不敢进入街市，因革命军利用市内房屋为掩蔽，不时放枪。清军竟纵火焚烧，拆除建筑物，以图达到消灭革命的目的。火烧 3 日，上至硚口，下至蔡家巷一带最繁盛之区皆成一片焦土，被害者不计其数，损失生命、财产难以估计。

---

① 清政府于 1911 年八月二十三日（10 月 14 日）撤瑞澂湖广总督职，以袁世凯补授。九月初六日（10 月 27 日）召回荫昌，以袁世凯为钦差大臣。至九月十九日（11 月 9 日），袁世凯被任为清内阁总理大臣，湖广总督改以魏光焘补授，由王士珍署任；王托病请开去署任，又以段芝贵护理总督。未有一人实际到职者。武昌民军方面传为笑谈。

清机关枪队排长林逢春[①]与我同事，交情甚好，非常同情革命。他看到士兵用机关枪扫射革命军，死伤甚重，又不便制止士兵对自己同胞作战，因之于九月初十日（10 月 31 日）愤而自用手枪把右大腿骨打断，当时不省人事。经队官报告统领陈光远，陈说不必声张，以免影响其他部队。当即送往天主堂医院医治。次日上午，我请假前往医院探视，适有红十字会的医生李其芳进入病房。李原系革命同志，见我与林逢春都是南方人，他就不避忌讳，向我们传达武昌起义实际情形：黎元洪为都督，黄兴为战时总司令，现在已有 9 省响应独立，各省援兵纷纷开到武昌、汉阳等处，不日反攻汉口。他又谈到这次革命军在汉口失败，是因敌人机关枪厉害。黄总司令向黎都督报告："我们有机关枪无人会使用。"黎都督说："清军机关枪队的官长，我认识的有高震中、王钊[②]两人，他们都是湖北的陆军学生。可派红十字会李其芳前往汉口探听，伺机设法同来武昌参加革命。"

我当即同林逢春磋商，为扩充组织、壮大实力计，还须动员意志相投的同事参加革命。于是共同商定下列办法：

（一）林住第四号病室，商准院方，不再增加病床；

（二）就此间病室作为养伤和接待来访同事之用；

（三）约定李其芳医师每日下午 1 时来病室接谈一切；

（四）将平时认为有革命思想的同事，开列名单交存林手，分别进行联系；

（五）打通专司第四号的女看护韦小姐（广东香山人），以免

① 作者自注：林逢春，字聘棠，广东汕头市人，保定陆军速成学堂毕业。以同情革命，愤而自以枪射断右腿，竟成残废。

② 作者自注：王钊，字彦夫，湖北罗田人，保定陆军速成学堂毕业。新中国成立后为湖北文史馆馆员。

泄露消息。

接着我在医院脱掉制服，同李其芳由法租界江边码头乘小船渡过下新河上岸，即至都督府晋见黎都督，报告敌情，绘具敌人兵力配备略图，以供参考。旋奉委为都督府参谋兼鄂军机关枪队教练官、炮兵总稽查等职。次日林建魁[①]、李鉴藻[②]、张谞文及队官王钊等，先后来到武昌。林建魁任都督府参谋，指定我与他担任训练机关枪和稽查炮队汉奸事宜。王钊、张谞文、李鉴藻任战时总司令部参谋。黎都督当令我与林建魁往见军务部长孙武和黄总司令，报告一切。后因反攻汉口需人孔亟，黄总司令电请都督调我和林建魁兼总司令部参谋，留在司令室担任作战有关联系任务。

四 反攻汉口

黄克强同志被推为总司令之后，积极准备反攻汉口。经过周密布置，于九月二十六日（11 月 16 日）下令，次日拂晓开始攻击。主攻部队于当日下午 7 时出发，将达到琴断口时，正遇大雨，道路泥泞，行进迟缓；通过桥梁时已经黑夜，士兵打起火把过河。因此，我军行动事先被敌人发觉。湘军王隆中协，系湖南第四十九标官兵扩充，老兵当了官长，新兵未受训练。甘兴典协系湖南巡防营改编，纪律很坏，渡河后士兵衣服为雨浸湿，分散在住户人家烤火，集合不易，经黄总司令号令说服，始将部队集中。但部队展开时，天已大亮，我军行动完全暴露在敌人炮火之下，以致不能达到拂晓攻击之目的。这次攻击

① 作者自注：林建魁，字光斗，四川中江人，保定陆军速成学堂毕业。护法之役，在成都作战阵亡。
② 作者自注：李鉴藻，字少堂，湖北襄阳人，保定陆军速成学堂毕业。曾任北伐左军参谋长。

部署，以王隆中协及学生军担任右翼，甘兴典协担任左翼，熊秉坤协担任预备队。开始进攻时，所有参谋、副官，均编为督战员，黄总司令亦亲临前线指挥进攻。开始时，王隆中协颇为得手，先头部队已达玉带门，熊秉坤亦加入前线，进至水电厂。午后4时，敌人炮火向甘部射击，甘部不能支持，败退，队伍溃不成军。甘竟不报告总司令部，擅自命令向岳州集合。当退却时，天气很冷，人多拥挤，过桥时，争先恐后，以致桥梁折断，落水溺死者甚多。此次进攻损失很大，主要原因是：士兵训练不够，纪律亦差；加之缺乏炮队和机关枪队助战，以致同敌人兵力相形见绌；甘兴典不听命令，擅自撤退，其他军队受其影响不小。黄总司令据情电达湖南谭都督。据闻后来甘兴典退回长沙晋见谭都督时，谭问他："你到哪里去了？"甘说奉令援鄂。谭又问："是何人叫你回来的？"甘无言可答。谭立即宣布他的罪状："不听命令，擅自撤退，贻误戎机，应予正法。"

清军见革命军反攻汉口失利，乘机谋攻汉阳。据我所知，清军在第二、第四、第六三镇挑选奋勇队，编成一混成标为前敌，并抽调第二、第四两镇一部分兵力，配以野炮、机关枪为主力军，由距汉口120华里之新沟地区，开始架设浮桥渡河，因新沟为汉水河狭水浅之地，容易架设浮桥。汉阳革命军驻守该地部队为敢死队，队长金兆龙，所部兵力太少，抵抗不住。另有清军一部分，从琴断口渡过汉水，向革命军右翼阵地美娘山、仙女山进攻，形成包围之势。血战一昼夜，次日午后4时，仙女、美娘、扁担、磨子各山阵地，先后为清军占领。革命军退守汉阳十里铺之线。黄总司令亲到前线指挥，力图夺回阵地。是日晚，挑选敢死队100余人、学生军30余人，由参谋甘绩熙率领夺取阵地。次日战事吃紧，湘省派来援军一协（原湖南巡防营改编而成），统领刘玉堂（山东人）率部乘江新轮船抵汉阳南门码头停泊待命。黄总司令当即派我前往江新轮船欢迎，即将黄令交刘玉堂统领。他说："还未吃饭，吃过饭后就出发。"是时前方战事愈形紧张，我立即请刘统领命令官兵先行登岸，准备参加战斗。我问刘："共有官兵多少人？"他说有 2000 人。我当报告黄总司令，由副官处赶办 2000 人菜饭，以便刘统领一协官兵之用。官兵吃饭后，即由刘统领亲自指挥，加入前线作战。是日与甘绩熙带领之敢死队一同夜袭磨子、扁担两山，击退敌人，重新占领阵地。黄总司令命刘玉堂部死守，不准退后。到了次日天明，美娘山清军炮兵向磨子、扁担两山侧击。至午后 4 时，甘绩熙负伤，刘玉堂阵亡，指挥无人，部队败退，扁担、磨子两山复为清军占有。士兵伤亡不少。革命军受此挫折，以致汉阳无险可守。黄总司令在十里铺指挥督战时，副参谋长杨玺章正与黄总司令谈话，不料被敌人子弹击中阵亡。黄总司令镇静如常，仍调度前线军事。当汉阳吃紧时，武昌既无法派队增援，王隆中协又拒不受命。接着十里铺又被敌人突破，黄总司令即令汉阳兵工厂总办萧必强督率员工，迅速拆卸机器上的重要零件，以免敌人利用；并派我协同办理，限是日下午 7 时以前拆卸完毕。我临走时，黄总司令嘱我回报。萧必强总办将拆卸的零件用麻袋捆好置于江中，该厂拆卸任务，在限定时间内完成。我回到武昌，天已傍晚。在都督府监印室与李参谋长书城相见，他正在更换长衣，准备乘轮往上海。那时黄总司令已上了船。李参谋长说："反攻汉口，湘军既不愿攻击，撤回并无关系。我们不攻汉口，就不会失汉阳。"并问我："走否？"我说："无处可走，只有与首义名城共存亡。"

当湘军由十里铺撤退至归元寺东端时，人多拥挤，非常混乱。

士兵争先恐后，无法制止。适有炮兵第一标执事官王全胜向退却部队发放一炮（五生的七山炮），出口开花，落在湘军密集队中，死伤 10 余人。湘军官兵就将王全胜捆送总司令部，当经副官处派人审讯。据王全胜说："部队退却无法制止，发射一炮可以阻拦退却；死伤官兵 10 余人，确是错误。"该标教练官蔡永盛（安徽人）以为王全胜开炮射击，死伤官兵 10 余人，事出无心，可以免罪，想来做保。黄总司令说，王全胜任意开炮，击死官兵甚夥，违犯纪律，不能宽恕，着即正法。蔡永盛是否因公来部，由副官处电询统带尚安邦再作处理。旋据尚统带回电："蔡永盛确是有紧要公事前来请示，并不是来保王全胜的。我可负责。"时因布置退却关系，遂将蔡永盛交尚统带领回。司令部人员分别离开汉阳，有到武昌者，有乘轮东下者。这时汉阳形势更加紧张了。我军在汉阳的作战部队亦分别遵照退却计划，先后达到安全撤退目的。

五　防御武昌

汉阳撤退后，军政府召开紧急会议，由黎都督主席、黄总司令主张放弃武昌，攻取南京。孙武、张振武、蒋翊武等皆主张坚守武昌，都督府应移后以便应战。于是军政府令蒋翊武护理战时总司令，吴元泽为参谋长，总司令部设于洪山宝通寺；同时布置长江上下游防务。清军在龟山架炮向武昌轰击，军政府理财部、军务部均落有炮弹。城内人心恐慌，纷纷向城外逃避。黎都督随带卫队一排，携带都督大印，由大东门出走，暂驻葛店。军务部长孙武闻信，即派员乘马追赶，告以汉口领事团有照会斡旋，急需都督盖印，务请都督速返武昌。至十月十二日（12月2日）停战3天，又继续停战7日，遂由停战延长而宣告结束。都督府亦迁回武昌东路小学（武胜门内），又迁至藩台衙门。

都督府参谋长杨开甲，因总司令部迁往洪山，就将所有参谋20余人派往各协联络，每协派两人。我与黄元吉同志被派到青山第三协，前往报到时，统领窦秉钧①、统带刘廷璧及胡廷翼极表欢迎。但其他个别统领有发生误会者，以为都督府不信任，所以派来人员，名为联络，实系监军。后来甚至有撤回者。我们在第三协则相处很好。以后总司令部布置武昌防务：上游由武昌黄鹤楼、蛇山至簰洲一带，派何锡藩为第二区指挥官，以第一、第二、第四各协部队担任防务，下游由武昌武胜门至青山一带，派窦秉钧为第一区指挥官，以第三、第五、第六各协部队担任防务。布置就绪，士气大振。人心安定，市面照常营业。我与黄元吉同志随即前往下新河第一区司令部工作，同时军务部委我为参议，仍留第一区担任联络任务。

嗣后，总司令部召集部队中级以上官长到洪山宝通寺会议。由蒋翊武总司令主席。他说："武昌防务现已重新布置，上自金口，下至青山，分为第一、第二两区，并指定步、炮各部队负责，严密注视及防止清军从两翼渡江。以目前形势而论，我们决定坚守武昌以待各省支援。"又说："清军在汉口作战时，尚不知革命军的虚实，不敢进攻汉阳，我军不反攻汉口，汉阳不会这样迅速撤退。"总司令继说，我们的队伍一面防御，一面还要整理，军械装备还要补充。

---

① 作者自注：窦秉钧，字衡之，武昌人，日本士官第四期毕业。回国后任湖北陆军特别小学堂教官、陆军小学提调。武昌起义后，曾任统领、司令官、统制等职。新中国成立后为湖北文史馆馆员，1957年12月10日逝世。

时机一到，不仅改守为攻，还要大举北伐呢。接着参谋长吴元泽[①]说，这个计划是决定了的，不过今天提出通过各位一下，取得一致同意；现在坚守待援，较为妥当。

六　准备北伐

武昌停战多日，清军仍然盘踞汉口至孝感以北地带。清廷混乱，正在酝酿退位。我军为了先声夺人，特编组北伐第一军，挑选最精锐部队首先成立第三镇，以便驱逐清军退出湖北地界，使各路革命军顺利会师北京。

北伐军编制、长官姓名如下：

第一军司令官杜锡钧，第三镇统制窦秉钧，步兵第五协统领熊秉坤，第六协统领杨载雄，骑兵第一营管带周洪胜，炮兵第三标统带柳柏顺，工程第一营管带李占魁，辎重第一营管带高震中，机关枪队第一营管带张超年，奋勇队统领王安澜。第二军司令官李烈钧，协统冯嗣鸿[②]，协统唐祚祯。第三军司令官赵恒惕，湘桂联军前敌指挥官姚团长。北伐左军司令官刘公，第一协统领庞成功，第二协统领樊之淦，第三协统领冯征远[③]。江南援鄂军统制黎天才，第一协统领犹云龙，第一标统带颜得胜，第二标统带宋玉庭，第二协统领张联升，第三标统带赵荣华，第四标统带孙建屏。

---

① 吴元泽，字惠轩，湖北保康人，日本士官第一期毕业。历任湖北将弁学堂堂长、新军管带、统带、广西讲武堂总办等职。后任军学司司长。

② 冯嗣鸿，湖北竹山人，与张振武为表兄弟。自江西带兵援鄂，后即任职湖北。1912年8月张振武在北京被杀时，冯曾受误伤。

③ 作者自注：冯征远，字允斌，河南新野人。清末投湖北第八镇工程营当兵，毕业陆军特别小学，参加革命活动。首义以后，任北伐左军第三协协统。

武汉危急时，鄂军政府分电各省乞援，江南所派为黎天才部。黎天才原系广东巡防营统带，士兵滇粤籍居多。先是新任四川总督岑春煊调充卫队，护岑入川。旋因四川独立，岑春煊不能到任，黎部驻扎上海虹口，进退维谷。黎即向革命军自告奋勇，率部援宁，参加战斗，官兵颇为勇敢，攻占雨花台，铁良被迫出走。因作战有功，改编成镇。第一协由原来滇粤籍官兵改编；第二协以收编张勋所部战败投降的张联升部队改编。在停战期间，由南京开拔来鄂，番号为江南援鄂军。迨南北统一，改编为江南留鄂第一师，指定师司令部驻汉阳，部队驻汉口沿京汉路至祁家湾以南。嗣后又改编为中央陆军第九师，黎并兼襄郧镇守使，移驻襄阳。

北伐时，孝感城内还驻有清军1000多人。湘桂联军前敌指挥官姚团长率兵一混成团，担任中路攻击，沿京汉路乘车到三汊埠停止待命。该团纪律严明，作战亦很勇敢。而清军部队纪律废弛，士兵最怕打仗。姚团长令火车向孝感前进，抵大士阁（约离城3里）附近，汽笛长鸣不已。清军部队闻声即仓促向车站登车北退，遗弃枪弹、服装、粮秣等甚多。是役姚团长出奇制胜，不费一弹收复孝感。此时我所率之辎重第一营，即在孝感与姚团会师①。

北伐左军第一、第二两协，原系前第二十九标驻防襄郧一带的部队扩充而成，第三协系原巡防营刘温玉部队改编。北伐左军成立后，各部即由驻地向河南挺进。

北伐第一军于1912年十一月三十日（1月18日）分批由武昌出发。第五协第九标任前卫，统带杜武库任前卫司令官，经阳逻、仓子埠、黄

① 查《辛亥革命资料》（《近代史资料》总25号）所载耿毅《辛亥广西援鄂回忆录》，桂军占有孝感无姚团长其人，本文或有误记。

陂、扬店向孝感前进。以和议告成，北伐停止，第三镇司令部、第九标、炮兵第三标、辎重兵及机关枪各一营分驻孝感；第五协司令部及第十标驻云梦；第六协司令部及第十二标驻黄陂，第十一标驻仓子埠。

七 湖北裁军

武昌起义，清军南下，湖北革命军即成立 5 协，以后扩充为 8 协。为了准备北伐，又将 8 协扩编为 8 镇，计：第一镇统制唐克明，第二镇统制杜锡钧，第三镇统制窦秉钧，第四镇统制蔡汉卿，第五镇统制吴兆麟，第六镇统制王安澜，第七镇统制唐牺支，第八镇统制季雨霖。

北伐既告停止，所有各镇均就驻地整训。袁世凯深知军队为政治资本，恐民军势力太大，于己不利。那时北洋 6 镇分驻直鲁等省①，而湖北一省就有民军 8 镇，以兵力对比，已超过北洋，自然为袁之大忌。乃于 1913 年 3 月派总统府顾问覃师范②来鄂与黎都督磋商裁军问题，几经商讨，乃决定召开裁军会议。出席者有第一至第八镇各统制和军务司长蔡济民、参议王文锦等 20 余人。黎宣布开会意

① 作者自注：北洋 6 镇，第一镇以北京旗人占绝大多数，年轻体弱，不能作战，驻北苑，统制为何宗莲。第二镇以直隶、山东人为多，有战斗力，驻保定，统制为马龙标。第三镇以直隶、山东人为多，分驻东三省，有战斗力，统制为曹锟。第四镇以直隶、山东人为多，驻天津、马厂一带，战斗力强，统制为王遇甲暂代。第五镇以山东人为多，分驻关内外，有战斗力，统制为张荣成。第六镇以直隶、山东人为多，驻保定、石家庄一带，统制为吴禄贞。按北洋 6 镇统制时有更换，故述者有不同处。来新夏《北洋军阀史略》谓，北洋常备左镇成为北洋第二镇；常备右镇成为北洋第四镇；清政府选旗丁编京旗常备军，成为北洋第一镇；又将武卫、自强改编为北洋第三镇，以第二镇一部及武卫右军先锋队扩编为北洋第五镇；以第二镇之一部及其他编余部队编为北洋第六镇。在 1902 年至 1905 年编成时，除第一镇京旗由铁良掌握外，其余五镇由袁世凯心腹王英楷、曹锟、吴凤陵、吴长纯、段祺瑞分任统制。

② 覃师范，湖北蒲圻人，日本陆军士官学校第四期毕业。

义时，略谓现在南北统一，湖北兵力过于庞大，现中央派人来鄂，商讨此事。拟将湖北八镇缩编为三镇，万一不敷分配，或者增加两协。接着就由第一镇起，挨次发言，黎问唐克明：“愿裁愿留？”唐说愿留。杜锡钧、窦秉钧、吴兆麟均表示愿裁。蔡汉卿、王安澜愿留。第七镇唐牺支、第八镇季雨霖因兵员不多愿裁。另外成立两个混成旅。这一会议上，湖北军队即裁去一半。裁军后的编制：第一师唐克明，第二师蔡汉卿，第三师王安澜，第一混成旅徐镇坤，第二混成旅吴德震。所有编余官兵由各主管单位资遣回籍[①]。我所在的第三镇官兵即于4月内奉令退伍，一时人心惶惶，谣言四起。都督府就近调黎天才部一团配机关枪一连到孝感监督编遣，第三镇除第六旅编入新第三师外，其余均资遣回籍。反黎运动不能不自是而起。后北洋军队开入湖北，黎本人完全成为袁氏俘虏，倒不足惜！二次革命失败，湖北长期在北洋军阀统治之下，则的确成为历史上的遗恨。

八　讨袁失败

1913年5月，袁世凯为先发制人之计，首先调李纯第六师来鄂，名虽听黎副总统节制指挥，其实是来应付西南局势的。7月间，赣、宁、湘、桂独立，袁世凯命令李纯、王占元两师由鄂分左、右两翼进攻南昌。李纯先入南昌，被任命为督军。王占元与李纯争功，相持不下，由宣抚使段芝贵调王占元返鄂，静候解决。此时南京

① 湖北裁军，黎元洪原则上以附己者留，异己者去。唐克明自上海投黎，为黎所重用，蔡汉卿虽以革命起家，却与革命为敌；王安澜原系黎亲信。其余各部以党人为多，故均予裁去。1912年6、7月间，黎元洪所为《工程营退职训辞》《遣散军队谕文》《告诫军人文》《严令各军人遵守军纪文》等，均对此而发。

已组织讨袁军总司令部，黄兴为总司令。我从孝感退伍后返回武昌，接南京友人毕景鄂来函说，黄恺元任讨袁军第八师第十五旅旅长，盼速来南京。我即乘轮东下，抵南京后，先晋见黄总司令，他委我为总部参谋。时黄恺元所部已陆续开往京浦线作战，黄恺元请准总司令叫我随军出发。我军到达兖州，受袁军各路重兵压迫，四面受敌，寡不敌众，不得不转移阵地，向后撤退。当时第八师团长以上均日本士官毕业：师长陈之骥①、参谋长全敬存、第十五旅旅长陈裕时、第十六旅旅长赵恒惕、第二十九团团长黄恺元、第三十团团长王孝缜、第三十一团团长陶德瑶、第三十二团团长张华辅。陈裕时、赵恒惕任职不久即去职，由黄恺元、王孝缜升充旅长。9月间，讨袁军完全失败，黄总司令早去上海，其余人员分途星散。第八师部队，由师长陈之骥负责处理。陈是冯国璋的女婿，故该师得到和平解决。

我由南京潜回武汉，住武昌梳妆台16号。户籍警士常来说退伍军人不得逗留武汉，限期要我离开。后来朱兆熊②介绍我到南湖陆军第二预备学校应龙翔校长处，任第四连第三排排长。户籍警士又来催我离开，我将学校委令拿出给他看了，才得无事。

（选自湖北省政协编《辛亥首义回忆录》第3辑，湖北人民出版社1957年3月第1版）

---

① 陈之骥，为清直隶总督陈夔龙之子，日本士官第五期毕业。据其他记载，黄克强离南京出走时，何海鸣由沪至宁自称总司令，以陈之骥为江苏都督。陈以何突如其来，即将何加以拘禁，往迎冯国璋。何即于此时鼓动士兵，再次宣布独立，从8月11日直战至9月1日才以失败告终。守南京最力者为第一师之第三团及第八师之第二十九团。兵士多湖南人，故何海鸣得以鼓动作殊死战。据此则陈非革命者可知。

② 作者自注：朱兆熊，字渭卿，湖北孝感人，日本陆军士官学校第四期毕业。曾任北洋第三镇骑兵第三标统带。武昌起义后回鄂任都督府顾问，调第三镇参谋长、陆军小学校长，鄂军第一师第一旅旅长。荆襄独立时任第二师师长。